L'HOMME ET SON DEVENIR SELON LE VÊDÂNTA, LE SYMBOLISME DE LA CROIX ET LES ÉTATS MULTIPLES DE L'ÊTRE

RENÉ GUÉNON

ALICIA EDITIONS

TABLE DES MATIÈRES

L'HOMME ET SON DEVENIR SELON LE VÊDÂNTA

Avant-propos	3
1. Généralités sur le Vêdânta	7
2. Distinction fondamentale du «soi» et du «moi».	18
3. Le centre vital de l'être humain, séjour de Brahma.	26
4. Purusha et Prakriti	32
5. Purusha inaffectée par les modifications individuelles	38
6. Les degrés de la manifestation individuelle	42
7. Buddhi ou l'intellect supérieur	47
8. Manas ou le sens interne; les dix facultés externes de sensation et d'action	50
9. Les cinq vayus ou fonctions vitales. Les enveloppes du «soi».	55
10. Unité et identité essentielles du «soi» dans tous les états de l'être	59
11. Les différentes conditions d'atma dans l'être humain	64
12. L'état de veille ou la condition de vaishwanara	67
13. L'état de rêve ou la condition de Taijasa	72
14. L'état de sommeil profond ou la condition de Prajna	78
15. L'état inconditionné d'Atma	84
16. Représentation symbolique d'Atma et de ses conditions par le monosyllabe sacré om.	89
17. L'évolution posthume et l'être humain	93
18. La résorption des facultés individuelles	99
19. Différences des conditions posthumes suivant les degrés de la connaissance	104
20. L'artère coronale et le «rayon solaire».	109
21. Le «voyage divin» de l'être en voie de libération	114
22. La délivrance finale	124
23. Videha-Mukti et Jivan-Mukti	130
24. L'état spirituel du Yogi : l'«identité suprême».	136

LE SYMBOLISME DE LA CROIX

	Avant-propos	143
1.	LA MULTIPLICITÉ DES ÉTATS DE L'ETRE.	149
2.	L'HOMME UNIVERSEL	154
3.	LE SYMBOLISME MÉTAPHYSIQUE DE LA CROIX	158
4.	DES DIRECTIONS DE L'ESPACE	162
5.	THÉORIE HINDOUE DES TROIS GUNAS	169
6.	L'UNION DES COMPLÉMENTAIRES	172
7.	LA RÉSOLUTION DES OPPOSITIONS	176
8.	LA GUERRE ET LA PAIX	184
9.	L'ARBRE DU MILIEU	188
10.	LE SWASTIKA	195
11.	REPRÉSENTATION GÉOMÉTRIQUE DES DEGRÉS DE L'EXISTENCE	198
12.	REPRÉSENTATION GÉOMÉTRIQUE DES ÉTATS DE L'ÊTRE	201
13.	RAPPORTS DES DEUX REPRÉSENTATIONS PRÉCÉDENTES	204
14.	LE SYMBOLISME DU TISSAGE	207
15.	REPRÉSENTATION DE LA CONTINUITÉ DES DIFFÉRENTES MODALITÉS D'UN MÊME ÉTAT D'ÊTRE	212
16.	RAPPORTS DU POINT ET DE L'ÉTENDUE	216
17.	L'ONTOLOGIE DU BUISSON ARDENT	220
18.	PASSAGE DES COORDONNÉES RECTILIGNES AUX COORDONNÉES POLAIRES ; CONTINUITÉ PAR ROTATION	223
19.	REPRÉSENTATION DE LA CONTINUITÉ DES DIFFÉRENTS ÉTATS D'ÊTRE	226
20.	LE VORTEX SPHÉRIQUE UNIVERSEL	229
21.	DÉTERMINATION DES ÉLÉMENTS DE LA REPRÉSENTATION DE L'ÊTRE	232
22.	LE SYMBOLE EXTRÊME-ORIENTAL DU YIN-YANG ; ÉQUIVALENCE MÉTAPHYSIQUE DE LA NAISSANCE ET DE LA MORT	235
23.	SIGNIFICATION DE L'AXE VERTICAL; L'INFLUENCE DE LA VOLONTÉ DU CIEL	238
24.	LE RAYON CÉLESTE ET SON PLAN DE RÉFLEXION	242
25.	L'ARBRE ET LE SERPENT	247
26.	INCOMMENSURABILITÉ DE L'ÊTRE TOTAL ET DE L'INDIVIDUALITÉ	252
27.	PLACE DE L'ÉTAT INDIVIDUEL HUMAIN DANS L'ENSEMBLE DE L'ÊTRE	255
28.	LA GRANDE TRIADE	258

29. LE CENTRE ET LA CIRCONFÉRENCE	262
30. DERNIÈRES REMARQUES SUR LE SYMBOLISME SPATIAL	266

LES ÉTATS MULTIPLES DE L'ÊTRE

Avant-propos	271
1. L'infini Et La Possibilité	277
2. Possibles Et Compossibles	282
3. L'être Et Le Non-Être	288
4. Fondement De La Théorie Des États Multiples	293
5. Rapports De L'unité Et De La Multiplicité	297
6. Considérations Analogiques Tirées De L'étude De L'état De Rêve	301
7. Les Possibilités De La Conscience Individuelle	306
8. Le Mental, Élément Caractéristique De L'individualité Humaine	311
9. La Hiérarchie Des Facultés Individuelles	316
10. Les Confins De L'indéfini	319
11. Principes De Distinction Entre Les États D'être	322
12. Les Deux Chaos	327
13. Les Hiérarchies Spirituelles	330
14. Réponse Aux Objections Tirées De La Pluralité Des Êtres	334
15. La Réalisation De L'être Par La Connaissance	337
16. Connaissance Et Conscience	341
17. Necessité Et Contingence	346
18. Notion Métaphysique De La Liberté	350

L'HOMME ET SON DEVENIR
SELON LE VÊDÂNTA

1925

AVANT-PROPOS

À plusieurs reprises, dans nos précédents ouvrages, nous avons annoncé notre intention de donner une série d'études dans lesquelles nous pourrions, suivant les cas, soit exposer directement certains aspects des doctrines métaphysiques de l'Orient, soit adapter ces mêmes doctrines de la façon qui nous paraîtrait la plus intelligible et la plus profitable, mais en restant toujours strictement fidèle à leur esprit. Le présent travail constitue la première de ces études : nous y prenons comme point de vue central celui des doctrines hindoues, pour des raisons que nous avons eu déjà l'occasion d'indiquer, et plus particulièrement celui du Vêdânta, qui est la branche la plus purement métaphysique de ces doctrines ; mais il doit être bien entendu que cela ne nous empêchera point de faire, toutes les fois qu'il y aura lieu, des rapprochements et des comparaisons avec d'autres théories, quelle qu'en soit la provenance, et que, notamment, nous ferons aussi appel aux enseignements des autres branches orthodoxes de la doctrine hindoue dans la mesure où ils viennent, sur certains points, préciser ou compléter ceux du Vêdânta. On serait d'autant moins fondé à nous reprocher cette manière de procéder que nos intentions ne sont nullement celles d'un historien : nous tenons à redire encore expressément, à ce propos, que nous voulons faire œuvre de compréhension, et non d'érudition, et que c'est la vérité des idées qui nous intéresse exclusivement. Si donc nous avons jugé bon de donner ici des références précises, c'est pour des motifs qui n'ont rien de commun avec les préoccupations spéciales des orientalistes ; nous avons seulement voulu montrer par là que nous n'inventons rien, que les idées que nous exposons ont bien une source traditionnelle, et fournir en même temps le moyen, à ceux qui en seraient capables, de se reporter aux textes dans lesquels ils pourraient trouver des indications complémentaires, car il va sans dire que nous n'avons pas la prétention de faire un exposé absolument complet, même sur un point déterminé de la doctrine.

Quant à présenter un exposé d'ensemble, c'est là une chose tout à fait impossible : ou ce serait un travail interminable, ou il devrait être mis sous une forme tellement synthétique qu'il serait parfaitement incompréhensible pour des esprits occidentaux. De plus, il serait bien difficile d'éviter, dans un ouvrage de ce genre, l'apparence d'une systématisation qui est incompatible avec les caractères les plus essentiels des doctrines métaphysiques ; ce ne serait sans doute qu'une apparence, mais ce n'en serait pas moins inévitablement une cause d'erreurs extrêmement graves, d'autant plus que les Occidentaux, en raison de leurs habitudes mentales, ne sont que trop portés à voir des « systèmes » là-même où il ne saurait y en avoir. Il importe de ne pas donner le moindre prétexte à ces assimilations injustifiées dont les orientalistes sont coutumiers ; et mieux vaudrait s'abstenir d'exposer une doctrine que de contribuer à la dénaturer, ne fût-ce que par simple maladresse. Mais il y a heureusement un moyen d'échapper à l'inconvénient que nous venons de signaler : c'est de ne traiter, dans un même exposé, qu'un point ou un aspect plus ou moins défini de la doctrine, sauf à prendre ensuite d'autres points pour en faire l'objet d'autant d'études distinctes. D'ailleurs, ces études ne risqueront jamais de devenir ce que les érudits et les « spécialistes » appellent des « monographies », car les principes fondamentaux n'y seront jamais perdus de vue, et les points secondaires eux-mêmes n'y devront apparaître que comme des applications directes ou indirectes de ces principes dont tout dérive : dans l'ordre métaphysique, qui se réfère au domaine de l'Universel, il ne saurait y avoir la moindre place pour la « spécialisation ».

On doit comprendre maintenant pourquoi nous ne prenons comme objet propre de la présente étude que ce qui concerne la nature et la constitution de l'être humain : pour rendre intelligible ce que nous avons à en dire, nous devrons forcément aborder d'autres points, qui, à première vue, peuvent sembler étrangers à cette question, mais c'est toujours par rapport à celle-ci que nous les envisagerons. Les principes ont, en soi, une portée qui dépasse immensément toute application qu'on en peut faire ; mais il n'en est pas moins légitime de les exposer, dans la mesure où on le peut, à propos de telle ou telle application, et c'est même là un procédé qui a bien des avantages à divers égards. D'autre part, ce n'est qu'en tant qu'on la rattache aux principes qu'une question, quelle qu'elle soit, est traitée métaphysiquement ; c'est ce qu'il ne faut jamais oublier si l'on veut faire de la métaphysique véritable, et non de la « pseudo-métaphysique » à la manière des philosophes modernes.

Si nous avons pris le parti d'exposer en premier lieu les questions relatives à l'être humain, ce n'est pas qu'elles aient, du point de vue purement métaphysique, une importance exceptionnelle, car, ce point de vue étant essentiellement dégagé de toutes les contingences, le cas de l'homme n'y apparaît jamais comme un cas privilégié ; mais nous débutons par là parce que ces questions se sont déjà posées au cours de nos précédents travaux, qui nécessitaient à cet égard un complément qu'on trouvera dans celui-ci. L'ordre que nous adopterons pour les études qui viendront ensuite dépendra également des circonstances et sera, dans une large mesure, déterminé par des considérations d'opportunité ; nous croyons utile de le dire dès maintenant, afin que personne ne soit tenté d'y voir une sorte d'ordre hiérarchique, soit quant à l'importance des questions, soit quant à leur dépendance ; ce serait nous prêter une intention que nous n'avons point, mais nous ne savons que trop combien de telles méprises se produisent facilement, et c'est pourquoi nous nous appliquerons à les prévenir chaque fois que la chose sera en notre pouvoir.

Il est encore un point qui nous importe trop pour que nous le passions sous silence dans ces observations préliminaires, point sur lequel, cependant, nous pensions tout d'abord nous être suffisamment expliqué en de précédentes occasions ; mais nous nous sommes aperçu que tous ne l'avaient pas compris ; il faut donc y insister davantage. Ce point est celui-ci : la connaissance véritable, que nous avons exclusivement en vue, n'a que fort peu de rapports si même elle en a, avec le savoir « profane » ; les études qui constituent ce dernier ne sont à aucun degré ni à aucun titre une préparation, même lointaine, pour aborder la « Science sacrée », et parfois même elles sont au contraire un obstacle, en raison de la déformation mentale souvent irrémédiable qui est la conséquence la plus ordinaire d'une certaine éducation. Pour des doctrines comme celles que nous exposons, une étude entreprise « de l'extérieur » ne serait d'aucun profit ; il ne s'agit pas d'histoire, nous l'avons déjà dit, et il ne s'agit pas davantage de philologie ou de littérature ; et nous ajouterons encore, au risque de nous répéter d'une façon que certains trouveront peut-être fastidieuse, qu'il ne s'agit pas, non plus de philosophie. Toutes ces choses, en effet, font également partie de ce savoir que nous qualifions, de « profane » ou d'« extérieur », non par mépris, mais parce qu'il n'est que cela en réalité ; nous estimons n'avoir pas ici à nous préoccuper de plaire aux uns ou de déplaire aux autres, mais bien de dire ce qui est et d'attribuer à chaque chose le nom et le rang qui lui conviennent normalement. Ce n'est pas parce que la « Science sacrée » a été odieusement caricaturée, dans l'Occident moderne, par des imposteurs plus ou moins conscients, qu'il faut s'abstenir d'en parler et paraître, sinon la nier, du moins l'ignorer ; bien au contraire, nous affirmons hautement, non seulement qu'elle existe, mais que c'est d'elle seule que nous entendons nous occuper. Ceux qui voudront bien se reporter à ce que nous avons dit ailleurs des extravagances des occultistes et des théosophistes comprendront immédiatement que ce dont il s'agit est tout autre chose, et que ces gens ne peuvent, eux aussi, être à nos yeux que de simples « profanes », et même des « profanes » qui aggravent singulièrement leur cas en cherchant à se faire passer pour ce qu'ils ne sont point, ce qui est d'ailleurs une des principales raisons pour lesquelles nous jugeons nécessaire de montrer l'inanité de leurs prétendues doctrines chaque fois que l'occasion s'en présente à nous.

Ce que nous venons de dire doit aussi faire comprendre que les doctrines dont nous nous proposons de parler se refusent, par leur nature même, à toute tentative de « vulgarisation » ; il serait ridicule de vouloir « mettre à la portée de tout le monde », comme on dit si souvent à notre époque, des conceptions qui ne peuvent être destinées qu'à une élite, et chercher à le faire serait le plus sûr moyen de les déformer. Nous avons expliqué ailleurs ce que nous entendons par l'élite intellectuelle, quel sera son rôle si elle parvient un jour à se constituer en Occident, et comment l'étude réelle et profonde des doctrines orientales est indispensable pour préparer sa formation. C'est en vue de ce travail dont les résultats ne se feront sans doute sentir qu'à longue échéance, que nous croyons devoir exposer certaines idées pour ceux qui sont capables de se les assimiler, sans jamais leur faire subir aucune de ces modifications et de ces simplifications qui sont le fait des « vulgarisateurs », et qui iraient directement à l'encontre du but que nous nous proposons. En effet, ce n'est pas à la doctrine de s'abaisser et de se restreindre à la mesure de l'entendement borné du vulgaire ; c'est à ceux qui le peuvent de s'élever à la compréhension de la doctrine dans sa pureté intégrale, et ce n'est que de cette façon que peut se former une élite intellectuelle véritable. Parmi ceux qui reçoivent un même enseignement, chacun le comprend et se l'assimile plus ou moins complètement, plus ou moins profondément, suivant l'étendue de ses propres possibilités intellectuelles ; et c'est ainsi que s'opère tout naturellement la sélection sans laquelle il ne saurait y avoir de vraie hiérarchie. Nous avions déjà dit ces choses, mais il était nécessaire de les rappeler avant d'entreprendre un exposé proprement doctrinal ; et il est d'autant moins inutile de les répéter avec insistance qu'elles sont plus étrangères à la mentalité occidentale actuelle.

1
GÉNÉRALITÉS SUR LE VÊDÂNTA

Le Vêdânta, contrairement aux opinions qui ont cours le plus généralement parmi les orientalistes, n'est ni une philosophie, ni une religion, ni quelque chose qui participe plus ou moins de l'une et de l'autre. C'est une erreur des plus graves que de vouloir considérer cette doctrine sous de tels aspects, et c'est se condamner d'avance à n'y rien comprendre ; c'est là, en effet, se montrer complètement étranger à la vraie nature de la pensée orientale, dont les modes sont tout autres que ceux de la pensée occidentale et ne se laissent pas enfermer dans les mêmes cadres. Nous avons déjà expliqué dans un précédent ouvrage que la religion, si l'on veut garder à ce mot son sens propre, est chose tout occidentale ; on ne peut appliquer le même terme à des doctrines orientales sans en étendre abusivement la signification, à tel point qu'il devient alors tout à fait impossible d'en donner une définition tant soit peu précise. Quant à la philosophie, elle représente aussi un point de vue exclusivement occidental, et d'ailleurs beaucoup plus extérieur que le point de vue religieux, donc plus éloigné encore de ce dont il s'agit présentement ; c'est, comme nous le disions plus haut, un genre de connaissance essentiellement « profane » [1], même quand il n'est pas purement illusoire, et, surtout quand nous considérons ce qu'est la philosophie dans les temps modernes, nous ne pouvons nous empêcher de penser que son absence dans une civilisation n'a rien de particulièrement regrettable. Dans un livre récent, un orientaliste affirmait que « la philosophie est partout la philosophie », ce qui ouvre la porte à toutes les assimilations, y compris celles contre lesquelles lui-même protestait très justement par ailleurs ; ce que nous contestons précisément, c'est qu'il y ait de la philosophie partout ; et nous

nous refusons à prendre pour la « pensée universelle », suivant l'expression du même auteur, ce qui n'est en réalité qu'une modalité de pensée extrêmement spéciale. Un autre historien des doctrines orientales, tout en reconnaissant en principe l'insuffisance et l'inexactitude des étiquettes occidentales qu'on prétend imposer à celles-ci, déclarait qu'il ne voyait malgré tout aucun moyen de s'en passer, et en faisait aussi largement usage que n'importe lequel de ses prédécesseurs ; la chose nous a paru d'autant plus étonnante que, en ce qui nous concerne, nous n'avons jamais éprouvé le moindre besoin de faire appel à cette terminologie philosophique, qui, même si elle n'était pas appliquée mal à propos comme elle l'est toujours en pareil cas, aurait encore l'inconvénient d'être assez rebutante et inutilement compliquée. Mais nous ne voulons pas entrer ici dans les discussions auxquelles tout cela pourrait donner lieu ; nous tenions seulement à montrer, par ces exemples, combien il est difficile à certains de sortir des cadres « classiques » où leur éducation occidentale a enfermé leur pensée dès l'origine.

Pour en revenir au Vêdânta, nous dirons qu'il faut, en réalité, y voir une doctrine purement métaphysique, ouverte sur des possibilités de conception véritablement illimitées, et qui, comme telle, ne saurait aucunement s'accommoder des bornes plus ou moins étroites d'un système quelconque. Il y a donc sous ce rapport, et sans même aller plus loin, une différence profonde et irréductible, une différence de principe avec tout ce que les Européens désignent sous le nom de philosophie. En effet, l'ambition avouée de toutes les conceptions philosophiques, surtout chez les modernes, qui poussent à l'extrême la tendance individualiste et la recherche de l'originalité à tout prix qui en est la conséquence, c'est précisément de se constituer en des systèmes définis, achevés, c'est-à-dire essentiellement relatifs et limités de toutes parts ; au fond, un système n'est pas autre chose qu'une conception fermée, dont les bornes plus ou moins étroites sont naturellement déterminées par l'« horizon mental » de son auteur. Or toute systématisation est absolument impossible pour la métaphysique pure, au regard de laquelle tout ce qui est de l'ordre individuel est véritablement inexistant, et qui est entièrement dégagée de toutes les relativités, de toutes les contingences philosophiques ou autres ; il en est nécessairement ainsi, parce que la métaphysique est essentiellement la connaissance de l'Universel, et qu'une telle connaissance ne saurait se laisser enfermer dans aucune formule, si compréhensive qu'elle puisse être.

Les diverses conceptions métaphysiques et cosmologiques de l'Inde ne sont pas, à rigoureusement parler, des doctrines différentes, mais seulement des développements, suivant certains points de vue et dans des directions variées, mais nullement incompatibles, d'une doctrine unique. D'ailleurs, le mot sanskrit darshana, qui désigne chacune de ces conceptions, signifie proprement « vue » ou « point de vue », car la racine verbale *drish*, dont il est dérivé, a comme sens principal celui de « voir » ; il ne peut aucunement signifier « système », et, si les orientalistes lui donnent cette acception, ce n'est que par l'effet de ces habitudes occidentales qui les induisent à chaque instant en de fausses assimilations : ne voyant partout que de la philosophie, il est tout naturel qu'ils voient aussi des systèmes partout.

La doctrine unique à laquelle nous venons de faire allusion constitue essentiellement le Vêda, c'est-à-dire la Science sacrée et traditionnelle par excellence, car tel est exactement le sens propre de ce terme [2] : c'est le principe et le fondement commun de toutes les branches plus ou moins secondaires et dérivées, qui sont ces conceptions diverses dont certains ont fait à tort autant de systèmes rivaux et opposés. En réalité, ces conceptions, tant qu'elles sont d'accord avec leur principe, ne peuvent évidemment se contredire entre elles, et elles ne font au contraire que se compléter et s'éclairer mutuellement ; il ne faut pas voir dans cette affirmation l'expression d'un « syncrétisme » plus ou moins artificiel et tardif, car la doctrine tout entière doit être considérée comme contenue synthétiquement dans le Vêda, et cela dès l'origine. La tradition, dans son intégralité, forme un ensemble parfaitement cohérent, ce qui ne veut point dire systématique ; et, comme tous les points de vue qu'elle comporte peuvent être envisagés simultanément aussi bien que successivement, il est sans intérêt véritable de rechercher l'ordre historique dans lequel ils ont pu se développer en fait et être rendus explicites, même si l'on admet que l'existence d'une transmission orale, qui a pu se poursuivre pendant une période d'une longueur indéterminée, ne rend pas parfaitement illusoire la solution qu'on apportera à une question de ce genre. Si l'exposition peut, suivant les époques, se modifier jusqu'à un certain point dans sa forme extérieure pour s'adapter aux circonstances, il n'en est pas moins vrai que le fond reste toujours rigoureusement le même, et que ces modifications extérieures n'atteignent et n'affectent en rien l'essence de la doctrine.

L'accord d'une conception d'ordre quelconque avec le principe fondamental de la tradition est la condition nécessaire et suffisante de son orthodoxie, laquelle ne doit nullement être conçue en mode religieux ; il faut insister sur ce point pour éviter toute erreur d'interprétation, parce que, en Occident, il n'est généralement question d'orthodoxie qu'au seul point de vue religieux. En ce qui concerne la métaphysique et tout ce qui en procède plus ou moins directement, l'hétérodoxie d'une conception n'est pas autre chose, au fond, que sa fausseté, résultant de son désaccord avec les principes essentiels ; comme ceux-ci sont contenus dans le Vêda, il en résulte que c'est l'accord avec le Vêda qui est le critérium de l'orthodoxie. L'hétérodoxie commence donc là où commence la contradiction, volontaire ou involontaire, avec le Vêda ; elle est une déviation, une altération plus ou moins profonde de la doctrine, déviation qui, d'ailleurs, ne se produit généralement que dans des écoles assez restreintes, et qui peut ne porter que sur des points particuliers, parfois d'importance très secondaire, d'autant plus que la puissance qui est inhérente à la tradition a pour effet de limiter l'étendue et la portée des erreurs individuelles, d'éliminer celles qui dépassent certaines bornes, et, en tout cas, de les empêcher de se répandre et d'acquérir une autorité véritable. Là-même où une école partiellement hétérodoxe est devenue, dans une certaine mesure, représentative d'un darshana, comme l'école atomiste pour le Vaishêshika, cela ne porte pas atteinte à la légitimité de ce darshana en lui-même, et il suffit de le ramener à ce qu'il a de vraiment essentiel pour demeurer dans l'orthodoxie. À cet égard, nous ne pouvons mieux faire que de citer, à titre d'indication générale, ce passage du Sânkhya-Pravachana-Bhâshya de *Vijnâna-Bhikshu* ; « Dans la doctrine de Kanâda (le Vaishêshika) et dans le Sânkhya (de Kapila), la partie qui est contraire au Vêda doit être rejetée par ceux qui adhèrent strictement à la tradition orthodoxe ; dans la doctrine de Jaimini et celle de *Vyâsa* (les deux Mîmânsâs), il n'est rien qui ne s'accorde avec les Écritures (considérées comme la base de cette tradition) ».

Le nom de Mîmânsâ, dérivé de la racine verbale man « penser », à la forme itérative, indique l'étude réfléchie de la Science sacrée : c'est le fruit intellectuel de la méditation du Vêda. La première Mîmânsâ (Pûrva-Mîmânsâ) est attribuée à Jaimini ; mais nous devons rappeler à ce propos que les noms qui sont ainsi attachés à la formulation des divers darshanas ne peuvent aucunement être rapportés à des individualités précises : ils sont employés symboliquement pour désigner de véritables « agrégats intellectuels », constitués en réalité par tous ceux qui se livrèrent à une même étude au cours d'une période dont la durée n'est pas moins indéterminée que l'origine. La première Mîmânsâ est appelée aussi Karma-Mîmânsâ ou Mîmânsâ pratique, c'est-à-dire concernant les actes, et plus particulièrement l'accomplissement des rites ; le mot karma, en effet, a un double sens : au sens général, c'est l'action sous toutes ses formes ; au sens spécial et technique, c'est l'action rituelle, telle qu'elle est prescrite par le Vêda. Cette Mîmânsâ pratique a pour but, comme le dit le commentateur Somanâtha, de « déterminer d'une façon exacte et précise le sens des Écritures », mais surtout en tant que celles-ci renferment des préceptes, et non sous le rapport de la connaissance pure ou jnâna, laquelle est souvent mise en opposition avec karma, ce qui correspond précisément à la distinction des deux Mîmânsâs.

La seconde Mîmânsâ (Uttara-Mîmânsâ) est attribuée à Vyâsa, c'est-à-dire à l'« entité collective » qui mit en ordre et fixa définitivement les textes traditionnels constituant le Vêda même ; et cette attribution est particulièrement significative, car il est aisé de voir qu'il s'agit ici, non d'un personnage historique ou légendaire, mais bien d'une véritable « fonction intellectuelle », qui est même ce qu'on pourrait appeler une fonction permanente, puisque Vyâsa est désigné comme l'un des sept Chirajîvis, littéralement « êtres doués de longévité », dont l'existence n'est point limitée à une époque déterminée [3]. Pour caractériser la seconde Mîmânsâ par rapport à la première, on peut la regarder comme la Mîmânsâ de l'ordre purement intellectuel et contemplatif ; nous ne pouvons dire Mîmânsâ théorique, par symétrie avec la Mîmânsâ pratique, parce que cette dénomination prêterait à une équivoque. En effet, si le mot « théorie » est bien, étymologiquement, synonyme de contemplation, il n'en est pas moins vrai que, dans le langage courant, il a pris une acception beaucoup plus restreinte ; or, dans une doctrine qui est complète au point de vue métaphysique, la théorie, entendue dans cette acception ordinaire, ne se suffit pas à elle-même, mais est toujours accompagnée ou suivie d'une « réalisation » correspondante, dont elle n'est en somme que la base indispensable, et en vue de laquelle elle est ordonnée tout entière, comme le moyen en vue de la fin.

La seconde Mîmânsâ est encore appelée Brahma-Mîmânsâ, comme concernant essentiellement et directement la « Connaissance Divine » (Brahma-Vidyâ) ; c'est elle qui constitue à proprement parler le *Vêdânta*, c'est-à-dire, suivant la signification étymologique de ce terme, la « fin du Vêda », se basant principalement sur l'enseignement contenu dans les Upanishads. Cette expression de « fin du Vêda » doit être entendue au double sens de conclusion et de but ; en effet, d'une part, les Upanishads forment la dernière partie des textes vêdiques, et, d'autre part, ce qui y est enseigné, dans la mesure du moins où il peut l'être, est le but dernier et suprême de la connaissance traditionnelle toute entière, dégagée de toutes les applications plus ou moins particulières et contingentes auxquelles elle peut donner lieu dans des ordres divers : c'est dire, en d'autres termes, que nous sommes, avec le Vêdânta, dans le domaine de la métaphysique pure.

Les Upanishads, faisant partie intégrante du Vêda, sont une des bases mêmes de la tradition orthodoxe, ce qui n'a pas empêché certains orientalistes, tels que Max Müller, de prétendre y découvrir « les germes du Bouddhisme », c'est-à-dire de l'hétérodoxie, car il ne connaissait du Bouddhisme que les formes et les interprétations les plus nettement hétérodoxes ; une telle affirmation est manifestement une contradiction dans les termes, et il serait assurément difficile de pousser plus loin l'incompréhension. On ne saurait trop insister sur le fait que ce sont les Upanishads qui représentent ici la tradition primordiale et fondamentale, et qui, par conséquent, constituent le Vêdânta même dans son essence ; il résulte de là que, en cas de doute sur l'interprétation de la doctrine, c'est toujours à l'autorité des Upanishads qu'il faudra s'en rapporter en dernier ressort. Les enseignements principaux du Vêdânta, tels qu'ils se dégagent expressément des Upanishads, ont été coordonnés et formulés synthétiquement dans une collection d'aphorismes portant les noms de Brahma-Sûtras et de Shârîraka-Mîmânsâ [4] ; l'auteur de ces aphorismes, qui est appelé Bâdarâyana et Krishna-Dwaipâyana, est identifié à Vyâsa. Il importe de remarquer que les Brahma-Sûtras appartiennent à la classe d'écrits traditionnels appelée Smriti, tandis que les Upanishads, comme tous les autres textes vêdiques, font partie de la Shruti ; or l'autorité de la Smriti est dérivée de celle de la Shruti sur laquelle elle se fonde. La Shruti n'est pas une « révélation » au sens religieux et occidental de ce mot, comme le voudraient la plupart des orientalistes, qui, là encore, confondent les points de vue les plus différents ; mais elle est le fruit d'une inspiration directe, de sorte que c'est par elle-même qu'elle possède son autorité propre. « La Shruti, dit Shankarâchârya, sert de perception directe (dans l'ordre de la connaissance transcendante), car, pour être une autorité, elle est nécessairement indépendante de toute autre autorité ; et la Smriti joue un rôle analogue à celui de l'induction, puisqu'elle aussi tire son autorité d'une autorité autre qu'elle-même » [5]. Mais pour qu'on ne se méprenne pas sur la signification de l'analogie ainsi indiquée entre la connaissance transcendante et la connaissance sensible, il est nécessaire d'ajouter qu'elle doit, comme toute véritable analogie, être appliquée en sens inverse [6] : tandis que l'induction s'élève au-dessus de la perception sensible et permet de passer à un degré supérieur, c'est au contraire la perception directe ou l'inspiration qui, dans l'ordre transcendant, atteint seule le principe même, c'est-à-dire ce qu'il y a de plus élevé, et dont il n'y a plus ensuite qu'à tirer les conséquences et les applications diverses. On peut dire encore que la distinction entre Shruti et Smriti équivaut, au fond, à celle de l'intuition intellectuelle immédiate et de la conscience réfléchie ; si la première est désignée par un mot dont le sens primitif est « audition », c'est précisément pour marquer son caractère intuitif, et parce que le son, suivant la doctrine cosmologique hindoue, le rang primordial parmi les qualités sensibles. Quant à la Smriti, le sens primitif de son nom est « mémoire » ; en effet, la mémoire, n'étant qu'un reflet de la perception, peut être prise pour désigner, par extension, tout ce qui présente le caractère d'une connaissance réfléchie ou discursive, c'est-à-dire indirecte ; et, si la connaissance est symbolisée par la lumière comme elle l'est le plus habituellement, l'intelligence pure et la mémoire, ou encore, la faculté intuitive et la faculté discursive, pourront être représentées respectivement par le soleil et la lune ; ce symbolisme, sur lequel nous ne pouvons nous étendre ici, est d'ailleurs susceptible d'applications multiples [7].

Les Brahma-Sûtras, dont le texte est d'une extrême concision, ont donné lieu à de nombreux commentaires, dont les plus importants sont ceux de Shankarâchârya et de Râmânuja ; ceux-ci sont strictement orthodoxes l'un et l'autre, de sorte qu'il ne faut pas s'exagérer la portée de leurs divergences apparentes, qui, au fond, sont plutôt de simples différences d'adaptation. Il est vrai que chaque école est assez naturellement inclinée à penser et à affirmer que son propre point de vue est le plus digne d'attention et, sans exclure les autres, doit prévaloir sur eux ; mais, pour résoudre la question en toute impartialité, il suffit d'examiner ces points de vue en eux-mêmes et de reconnaître jusqu'où s'étend l'horizon que chacun d'eux permet d'embrasser ; il va de soi, d'ailleurs, qu'aucune école ne peut prétendre représenter la doctrine d'une façon totale et exclusive. Or il est très certain que le point de vue de Shankarâchârya est plus profond et va plus loin que celui de Râmânuja ; on peut du reste le prévoir déjà en remarquant que le premier est de tendance shivaïte, tandis que le second est nettement vishnuïte. Une singulière discussion a été soulevée par M. Thibaut, qui a traduit en anglais les deux commentaires : il prétend que celui de Râmânuja est plus fidèle à l'enseignement des Brahma-Sûtras, mais il reconnaît en même temps que celui de Shankarâchârya est plus conforme à l'esprit des Upanishads. Pour pouvoir soutenir une telle opinion, il faut évidemment admettre qu'il existe des différences doctrinales entre les Upanishads et les Brahma-Sûtras ; mais, même s'il en était effectivement ainsi, c'est l'autorité des Upanishads qui devrait l'emporter, ainsi que nous l'expliquions précédemment, et la supériorité de Shankarâchârya se trouverait établie par là, bien que ce ne soit probablement pas l'intention de M. Thibaut, pour qui la question de la vérité intrinsèque des idées ne semble guère se poser. En réalité, les Brahma-Sûtras, se fondant directement et exclusivement sur les Upanishads, ne peuvent aucunement s'en écarter ; leur brièveté seule, les rendant quelque peu obscurs quand on les isole de tout commentaire, peut faire excuser ceux qui croient y trouver autre chose qu'une interprétation autorisée et compétente de la doctrine traditionnelle. Ainsi, la discussion est réellement sans objet, et tout ce que nous pouvons en retenir, c'est la constatation que Shankarâchârya a dégagé et développé plus complètement ce qui est essentiellement contenu dans les Upanishads : son autorité ne peut être contestée que par ceux qui ignorent le véritable esprit de la tradition hindoue orthodoxe, et dont l'opinion, par conséquent, ne saurait avoir la moindre valeur à nos yeux ; c'est donc, d'une façon générale, son commentaire que nous suivrons de préférence à tout autre.

Pour compléter ces observations préliminaires, nous devons encore faire remarquer, bien que nous l'avons déjà expliqué ailleurs, qu'il est inexact de donner à l'enseignement des Upanishads, comme certains l'ont fait, la dénomination de « Brâhmanisme ésotérique ». L'impropriété de cette expression provient surtout de ce que le mot « ésotérisme » est un comparatif, et que son emploi suppose nécessairement l'existence corrélative d'un « exotérisme » ; or une telle division ne peut être appliquée au cas dont il s'agit. L'exotérisme et l'ésotérisme, envisagés, non pas comme deux doctrines distinctes et plus ou moins opposées, ce qui serait une conception tout à fait erronée, mais comme les deux faces d'une même doctrine, ont existé dans certaines écoles de l'antiquité grecque ; on les retrouve aussi très nettement dans l'Islamisme ; mais il n'en est pas de même dans les doctrines plus orientales. Pour celles-ci, on ne pourrait parler que d'une sorte d'« ésotérisme naturel », qui existe inévitablement en toute doctrine, et surtout dans l'ordre métaphysique, où il importe de faire toujours la part de l'inexprimable, qui est même ce qu'il y a de plus essentiel, puisque les mots et les symboles n'ont en somme pour raison d'être que d'aider à le concevoir, en fournissant des « supports » pour un travail qui ne peut être que strictement personnel. À ce point de vue, la distinction de l'exotérisme et de l'ésotérisme ne serait pas autre chose que celle de la « lettre » et de l'« esprit » ; et l'on pourrait aussi l'appliquer à la pluralité de sens plus ou moins profonds que présentent les textes traditionnels ou, si l'on préfère, les Écritures sacrées de tous les peuples. D'autre part, il va de soi que le même enseignement doctrinal n'est pas compris au même degré par tous ceux qui le reçoivent ; parmi ceux-ci, il en est donc qui, en un certain sens, pénètrent l'ésotérisme, tandis que d'autres s'en tiennent à l'exotérisme parce que leur horizon intellectuel est plus limité ; mais ce n'est pas de cette façon que l'entendent ceux qui parlent de « Brâhmanisme ésotérique ». En réalité, dans le Brâhmanisme, l'enseignement est accessible, dans son intégralité, à tous ceux qui sont intellectuellement « qualifiés » (adhikârîs), c'est-à-dire capables d'en retirer un bénéfice effectif ; et, s'il y a des doctrines réservées à une élite, c'est qu'il ne saurait en être autrement là où l'enseignement est distribué avec discernement et selon les capacités réelles de chacun. Si l'enseignement traditionnel n'est point ésotérique au sens propre de ce mot, il est véritablement « initiatique », et il diffère profondément, par toutes ses modalités, de l'instruction « profane » sur la valeur de laquelle les Occidentaux modernes s'illusionnent singulièrement ; c'est ce que nous avons déjà indiqué en parlant de la « Science sacrée » et de l'impossibilité de la « vulgariser ».

Cette dernière remarque en amène une autre : en Orient, les doctrines traditionnelles ont toujours l'enseignement oral pour mode de transmission régulière, et cela même dans le cas où elles ont été fixées dans des textes écrits ; il en est ainsi pour des raisons très profondes, car ce ne sont pas seulement des mots qui doivent être transmis, mais c'est surtout la participation effective à la tradition qui doit être assurée. Dans ces conditions, il ne signifie rien de dire, comme Max Müller et d'autres orientalistes, que le mot Upanishad désigne la connaissance obtenue « en s'asseyant aux pieds d'un précepteur » ; cette dénomination, si tel en était le sens, conviendrait indistinctement à toutes les parties du Vêda ; et d'ailleurs c'est là une interprétation qui n'a jamais été proposée ni admise par aucun Hindou compétent. En réalité, le nom des Upanishads indique qu'elles sont destinées à détruire l'ignorance en fournissant les moyens d'approcher de la Connaissance suprême ; et, s'il n'est question que d'approcher de celle-ci, c'est qu'en effet elle est rigoureusement incommunicable dans son essence, de sorte que nul ne peut l'atteindre autrement que par soi-même.

Une autre expression qui nous semble encore plus malencontreuse que celle de « Brâhmanisme ésotérique », c'est celle de « théosophie brâhmanique », qui a été employée par M. Oltramare ; et celui-ci, d'ailleurs, avoue lui-même qu'il ne l'a pas adoptée sans hésitation, parce qu'elle semble « légitimer les prétentions des théosophes occidentaux » à se recommander de l'Inde, prétentions qu'il reconnaît mal fondées. Il est vrai qu'il faut éviter en effet tout ce qui risque d'entretenir certaines confusions des plus fâcheuses ; mais il y a encore d'autres raisons plus graves et plus décisives de ne pas admettre la dénomination proposée. Si les prétendus théosophes dont parle M. Oltramare ignorent à peu près tout des doctrines hindoues et ne leur ont emprunté que des mots qu'ils emploient à tort et à travers, ils ne se rattachent pas davantage à la véritable théosophie, même occidentale ; et c'est pourquoi nous tenons à distinguer soigneusement « théosophie » et « théosophisme ». Mais, laissant de côté le théosophisme, nous dirons qu'aucune doctrine hindoue, ou même plus généralement aucune doctrine orientale, n'a avec la théosophie assez de points communs pour qu'on puisse lui donner le même nom ; cela résulte immédiatement du fait que ce vocable désigne exclusivement des conceptions d'inspiration mystique, donc religieuse, et même spécifiquement chrétienne. La théosophie est chose proprement occidentale ; pourquoi vouloir appliquer ce même mot à des doctrines pour lesquelles il n'est pas fait, et auxquelles il ne convient pas beaucoup mieux que les étiquettes des systèmes philosophiques de l'Occident ? Encore une fois, ce n'est pas de religion qu'il s'agit ici, et, par suite, il ne peut pas plus y être question de théosophie que de théologie ; ces deux termes, d'ailleurs ont commencé par être à peu près synonymes, bien qu'ils en soient arrivés, pour des raisons purement historiques, à prendre des acceptions fort différentes [8]. On nous objectera peut-être que nous avons nous-même employé plus haut l'expression de « Connaissance Divine », qui est en somme équivalente à la signification primitive des mots « théosophie » et « théologie » ; cela est vrai, mais, tout d'abord, nous ne pouvons pas envisager ces derniers en ne tenant compte que de leur seule étymologie, car ils sont de ceux pour lesquels il est devenu tout à fait impossible de faire abstraction des changements de sens qu'un trop long usage leur a fait subir. Ensuite, nous reconnaissons très volontiers que cette expression de « Connaissance Divine » elle-même n'est pas parfaitement adéquate mais nous n'en avons pas de meilleure à notre disposition pour faire comprendre de quoi il s'agit, étant donnée l'inaptitude des langues européennes à exprimer les idées purement métaphysiques ; et d'ailleurs nous ne pensons pas qu'il y ait de sérieux inconvénients à l'employer, dès lors que nous prenons soin d'avertir qu'on ne doit pas y attacher la nuance religieuse qu'elle aurait presque inévitablement si elle était rapportée à des conceptions occidentales. Malgré cela, il pourrait encore subsister une équivoque, car le terme sanskrit qui peut être traduit le moins inexactement par « Dieu » n'est pas Brahma, mais Îshwara ; seulement, l'emploi de l'adjectif « divin », même dans le langage ordinaire, est moins strict, plus vague peut-être, et ainsi se prête mieux que celui du substantif dont il dérive à une transposition comme celle que nous effectuons ici. Ce qu'il faut retenir, c'est que des termes tels que « théologie » et « théosophie », même pris étymologiquement et en dehors de toute intervention du point de vue religieux, ne pourrait se traduire en sanskrit que par Îshwara-Vidyâ ; au contraire, ce que nous rendons approximativement par « Connaissance Divine », quand il s'agit du Vêdânta, c'est Brahma-Vidyâ, car le point de vue de la métaphysique pure implique essentiellement la considération de Brahma ou du Principe Suprême, dont Îshwara ou la « Personnalité Divine » n'est qu'une détermination en tant que principe de la manifestation universelle et par rapport à celle-ci. La considération d'Îshwara est donc déjà un point de vue relatif : c'est la plus haute des relativités, la première de toutes les déterminations, mais il n'en est pas moins vrai qu'il est « qualifié » (saguna), et « conçu distinctement » (savishêsha), tandis que Brahma est « non-qualifié » (nirguna), « au-delà de toute distinction » (nirvishêsha), absolument inconditionné, et que la manifestation universelle toute entière est rigoureusement nulle au regard de Son Infinité. Métaphysiquement, la manifestation ne peut être envisagée que dans sa dépendance à l'égard du Principe Suprême, et à titre de simple « support » pour s'élever à la Connaissance transcendante, ou encore, si l'on prend les choses en sens inverse, à titre d'application de la Vérité principielle ; dans tous les cas, il ne faut voir, dans ce qui s'y rapporte, rien de plus qu'une sorte d'« illustration » destinée à rendre plus aisée la compréhension du « non-manifesté », objet essentiel de la métaphysique, et à permettre ainsi, comme nous le disions en interprétant la dénomination des Upanishads, d'approcher de la Connaissance par excellence [9].

---

1. Il n'y aurait d'exception à faire que pour un sens très particulier celui de « philosophie hermétique » ; il va sans dire que ce n'est pas ce sens, d'ailleurs à peu près ignoré des modernes, que nous avons en vue présentement.
2. La racine vid, d'où dérivent Vêda et vidyâ, signifie à la fois « voir » (en latin videre) et « savoir » (comme dans le grec οἶδα) ; la vue est prise comme symbole de la connaissance, dont elle est l'instrument principal dans l'ordre sensible ; et ce symbolisme est transporté jusque dans l'ordre intellectuel pur, où la connaissance est comparée à une « vue intérieure », ainsi que l'indique l'emploi de mots comme celui d'« intuition » par exemple.
3. On rencontre quelque chose de semblable dans d'autres traditions : ainsi, dans le Taoïsme, il est question de huit « Immortels » ; ailleurs, c'est Melki-Tsedeq « qui est sans père, sans mère, sans généalogie, qui n'a ni commencement ni fin de sa vie » (St Paul, Épître aux

Hébreux, VII, 3) ; et il serait sans doute facile de trouver encore d'autres rapprochements du même genre.
4. Le terme Shârîraka a été interprété par Râmânuja, dans son commentaire (Shrî-Bhâshya) sur les Brahma-Sûtras, 1er Adhyâya, 1er Pâda, sûtra 13, comme se rapportant au « Suprême Soi » (Paramâtmâ), qui est en quelque sorte « incorporé » (shârîra) en toutes choses.
5. La perception (pratyaksha) et l'induction ou l'inférence (anumâna) sont, suivant la logique hindoue, les deux « moyens de preuve » (pramânas) qui peuvent être employés légitimement dans le domaine de la connaissance sensible.
6. Dans la tradition hermétique, le principe de l'analogie est exprimé par cette phrase de la Table d'Émeraude : « Ce qui est en bas est comme ce qui est en haut, et ce qui en haut est comme ce qui est en bas » ; mais pour mieux comprendre cette formule et l'appliquer correctement, il faut la rapporter au symbole du « Sceau de Salomon », formé de deux triangles qui sont disposés en sens inverse l'un de l'autre.
7. Il y a des traces de ce symbolisme jusque dans le langage : ce n'est pas sans motif que, notamment, une même racine man ou men a servi, dans des langues diverses, à former de nombreux mots qui désignent à la fois la lune, la mémoire, le « mental » ou la pensée discursive et l'homme lui-même en tant qu'être spécifiquement « rationnel ».
8. Une remarque semblable pourrait être faite pour les mots « astrologie » et « astronomie », qui étaient primitivement synonymes, et dont chacun, chez les Grecs, désignait à la fois ce que l'un et l'autre ont ensuite désigné séparément.
9. Pour plus de détails sur toutes les considérations préliminaires que nous avons dû nous borner à indiquer assez sommairement dans ce chapitre, nous ne pouvons mieux faire que de renvoyer à notre Introduction générale à l'étude des doctrines hindoues, dans laquelle nous nous sommes proposés de traiter précisément ces questions d'une façon plus particulière.

2
DISTINCTION FONDAMENTALE DU « SOI » ET DU « MOI ».

Pour bien comprendre la doctrine du Vêdânta en ce qui concerne l'être humain, il importe de poser tout d'abord, aussi nettement que possible, la distinction fondamentale du « Soi », qui est le principe même de l'être, d'avec le « moi » individuel. Il est presque superflu de déclarer expressément que l'emploi du terme « Soi » n'implique pour nous aucune communauté d'interprétation avec certaines écoles qui ont pu faire usage de ce mot, mais qui n'ont jamais présenté, sous une terminologie orientale le plus souvent incomprise, que des conceptions tout occidentales et d'ailleurs éminemment fantaisistes ; et nous faisons allusion ici, non seulement au théosophisme, mais aussi à quelques écoles pseudo-orientales qui ont entièrement dénaturé le Vêdânta sous prétexte de l'accommoder à la mentalité occidentale, et sur lesquelles nous avons déjà eu aussi l'occasion de nous expliquer. L'abus qui peut avoir été fait d'un mot n'est pas, à notre avis, une raison suffisante pour qu'on doive renoncer à s'en servir, à moins qu'on ne trouve le moyen de le remplacer par un autre qui soit tout aussi bien adapté à ce qu'on veut exprimer, ce qui n'est pas le cas présentement ; d'ailleurs, si l'on se montrait trop rigoureux à cet égard, on finirait sans doute par n'avoir que bien peu de termes à sa disposition, car il n'en est guère qui, notamment, n'aient été employés plus ou moins abusivement par quelque philosophe. Les seuls mots que nous entendions écarter sont ceux qui ont été inventés tout exprès pour des conceptions avec lesquelles celles que nous exposons n'ont rien de commun : telles sont, par exemple, les dénominations des divers genres de systèmes philosophiques ; tels sont aussi les termes qui appartiennent en propre au vocabulaire des occultistes et autres « néo-spiritualistes » ; mais, pour ceux que ces derniers n'ont fait qu'emprunter à des doctrines antérieures qu'ils ont l'habitude de plagier effrontément sans en rien comprendre, nous ne pouvons évidemment nous faire aucun scrupule de les reprendre en leur restituant la signification qui leur convient normalement.

Au lieu des termes « Soi » et « moi », on peut aussi employer ceux de « personnalité » et d'« individualité », avec une réserve cependant, car le « Soi », comme nous l'expliquerons un peu plus loin, peut être encore quelque chose de plus que la personnalité. Les théosophistes, qui semblent avoir pris plaisir à embrouiller leur terminologie, prennent la personnalité et l'individualité dans un sens qui est exactement inverse de celui où elles doivent être entendues correctement : c'est la première qu'ils identifient au « moi », et la seconde au « Soi ». Avant eux, au contraire, et en Occident même, toutes les fois qu'une distinction quelconque a été faite entre ces deux termes, la personnalité a toujours été regardée comme supérieure à l'individualité, et c'est pourquoi nous disons que c'est là leur rapport normal, qu'il y a tout avantage à maintenir. La philosophie scolastique, en particulier, n'a pas ignoré cette distinction, mais il ne semble pas qu'elle lui ait donné sa pleine valeur métaphysique, ni qu'elle en ait tiré les conséquences profondes qui y sont impliquées ; c'est d'ailleurs ce qui arrive fréquemment, même dans les cas où elle présente les similitudes les plus remarquables avec certaines parties des doctrines orientales. En tout cas, la personnalité, entendue métaphysiquement, n'a rien de commun avec ce que les philosophes modernes appellent si souvent la « personne humaine », qui n'est en réalité rien d'autre que l'individualité pure et simple ; du reste, c'est celle-ci seule, et non la personnalité, qui peut être dite proprement humaine. D'une façon générale, il semble que les Occidentaux, même quand ils veulent aller plus loin dans leurs conceptions que ne le font la plupart d'entre eux, prennent pour la personnalité ce qui n'est véritablement que la partie supérieure de l'individualité, ou une simple extension de celle-ci [1] ; dans ces conditions, tout ce qui est de l'ordre métaphysique pur reste forcément en dehors de leur compréhension.

Le « Soi » est le principe transcendant et permanent dont l'être manifesté, l'être humain par exemple, n'est qu'une modification transitoire et contingente, modification qui ne saurait d'ailleurs aucunement affecter le principe, ainsi que nous l'expliquerons plus amplement par la suite. Le « Soi », en tant que tel, n'est jamais individualisé et ne peut pas l'être, car, devant être toujours envisagé sous l'aspect de l'éternité et de l'immutabilité qui sont les attributs nécessaires de l'Être pur, il n'est évidemment susceptible d'aucune particularisation, qui le ferait être « autre que soi-même ». Immuable en sa nature propre, il développe seulement les possibilités indéfinies qu'il comporte en soi-même, par le passage relatif de la puissance à l'acte à travers une indéfinité de degrés, et cela sans que sa permanence essentielle en soit affectée, précisément parce que ce passage n'est que relatif, et parce que ce développement n'en est un, à vrai dire, qu'autant qu'on l'envisage du côté de la manifestation, en dehors de laquelle il ne peut être question de succession quelconque, mais seulement d'une parfaite simultanéité, de sorte que cela même qui est virtuel sous un certain rapport ne s'en trouve pas moins réalisé dans l'« éternel présent ». À l'égard de la manifestation, on peut dire que le « Soi » développe ses possibilités dans toutes les modalités de réalisation, en multitude indéfinie, qui sont pour l'être intégral autant d'états différents, états dont un seul, soumis à des conditions d'existence très spéciales qui le définissent, constitue la portion ou plutôt la détermination particulière de cet être qui est l'individualité humaine. Le « Soi » est ainsi le principe par lequel existent, chacun dans son domaine propre, tous les états de l'être ; et ceci doit s'entendre, non seulement des états manifestés dont nous venons de parler, individuels comme l'état humain ou supra-individuels, mais aussi, bien que le mot « exister » devienne alors impropre, de l'état non-manifesté, comprenant toutes les possibilités qui ne sont susceptibles d'aucune manifestation, en même temps que les possibilités de manifestation elles-mêmes en mode principiel ; mais ce « Soi » lui-même n'est que par soi, n'ayant et ne pouvant avoir, dans l'unité totale et indivisible de sa nature intime, aucun principe qui lui soit extérieur [2].

Le « Soi », considéré par rapport à un être comme nous venons de le faire, est proprement la personnalité ; on pourrait, il est vrai restreindre l'usage de ce dernier mot au « Soi » comme principe des états manifestés, de même que la « Personnalité divine », Îshwara, est le principe de la manifestation universelle ; mais on peut aussi l'étendre analogiquement au « Soi » comme principe de tous les états de l'être, manifestés et non-manifestés. Cette personnalité est une détermination immédiate, primordiale et non particularisée, du principe qui est appelé en sanskrit Âtmâ ou Paramâtmâ, et que nous pouvons, faute d'un meilleur terme, désigner comme l'« Esprit Universel », mais, bien entendu, à la condition de ne voir dans cet emploi du mot « esprit » rien qui puisse rappeler les conceptions philosophiques occidentales, et, notamment, de ne pas en faire un corrélatif de « matière » comme il l'est presque toujours pour les modernes, qui subissent à cet égard, même inconsciemment, l'influence du dualisme cartésien [3]. La métaphysique véritable, redisons-le encore à ce propos, est bien au-delà de toutes les oppositions dont celle du « spiritualisme » et du « matérialisme » peut nous fournir le type, et elle n'a nullement à se préoccuper des questions plus ou moins spéciales, et souvent tout artificielles, que font surgir de semblables oppositions.

Âtmâ pénètre toutes choses, qui sont comme ses modifications accidentelles, et qui, suivant l'expression de Râmânuja, « constituent en quelque sorte son corps (ce mot ne devant être pris ici que dans un sens purement analogique), qu'elles soient d'ailleurs de nature intelligente ou non-intelligente », c'est-à-dire, suivant les conceptions occidentales, « spirituelles » aussi bien que « matérielles », car cela, n'exprimant qu'une diversité de conditions dans la manifestation, ne fait aucune différence au regard du principe inconditionné et non-manifesté. Celui-ci, en effet, est le « Suprême Soi » (c'est la traduction littérale de Paramâtmâ) de tout ce qui existe, sous quelque mode que ce soit, et il demeure toujours « le même » à travers la multiplicité indéfinie des degrés de l'Existence, entendu au sens universel, aussi bien qu'au-delà de l'Existence, c'est-à-dire dans la non-manifestation principielle.

Le « Soi », même pour un être quelconque, est identique en réalité à Âtmâ, puisqu'il est essentiellement au-delà de toute distinction et de toute particularisation ; et c'est pourquoi, en sanskrit, le même mot âtman, aux cas autres que le nominatif, tient lieu du pronom réfléchi « soi-même ». Le « Soi » n'est donc point vraiment distinct d'Âtmâ, si ce n'est lorsqu'on l'envisage particulièrement et « distinctivement » par rapport à un être, et même, plus précisément, par rapport à un certain état défini de cet être, tel que l'état humain, et, seulement en tant qu'on le considère sous ce point de vue spécialisé et restreint. Dans ce cas, d'ailleurs, ce n'est pas que le « Soi » devienne effectivement distinct d'Âtmâ en quelque manière, car il ne peut être « autre que soi-même », comme nous le disions plus haut, et il ne saurait évidemment être affecté par le point de vue dont on l'envisage, non plus que par aucune autre contingence. Ce qu'il faut dire, c'est que, dans la mesure même où l'on fait cette distinction, on s'écarte de la considération directe du « Soi » pour ne plus considérer véritablement que son reflet dans l'individualité humaine, ou dans tout autre état de l'être, car il va sans dire que, vis-à-vis du « Soi », tous les états de manifestation sont rigoureusement équivalents et peuvent être envisagés semblablement ; mais présentement, c'est l'individualité humaine qui nous concerne d'une façon plus particulière. Ce reflet dont nous parlons détermine ce qu'on peut appeler le centre de cette individualité ; mais, si on l'isole de son principe, c'est-à-dire du « Soi » lui-même, il n'a qu'une existence purement illusoire, car c'est du principe qu'il tire toute sa réalité, et il ne possède effectivement cette réalité que par participation à la nature du « Soi », c'est-à-dire en tant qu'il s'identifie à lui par universalisation.

La personnalité, insistons-y encore, est essentiellement de l'ordre des principes au sens le plus strict de ce mot, c'est-à-dire de l'ordre universel ; elle ne peut donc être envisagée qu'au point de vue de la métaphysique pure, qui a précisément pour domaine l'Universel. Les « pseudo-métaphysiciens » de l'Occident ont pour habitude de confondre avec l'Universel des choses qui, en réalité, appartiennent à l'ordre individuel ; ou plutôt, comme ils ne conçoivent aucunement l'Universel, ce à quoi ils appliquent abusivement ce nom est d'ordinaire le général, qui n'est proprement qu'une simple extension de l'individuel. Certains poussent la confusion encore plus loin : les philosophes « empiristes », qui ne peuvent pas même concevoir le général, l'assimilent au collectif, qui n'est véritablement que du particulier ; et, par ces dégradations successives, on en arrive finalement à rabaisser toutes choses au niveau de la connaissance sensible, que beaucoup considèrent en effet comme la seule possible, parce que leur horizon mental ne s'étend pas au-delà de ce domaine et qu'ils voudraient imposer à tous les limitations qui ne résultent que de leur propre incapacité, soit naturelle, soit acquise par une éducation spéciale.

Pour prévenir toute méprise du genre de celles que nous venons de signaler, nous donnerons ici, une fois pour toutes, le tableau suivant, qui précise les distinctions essentielles à cet égard, et auquel nous prierons nos lecteurs de se reporter en toute occasion où ce sera nécessaire, afin d'éviter des redites par trop fastidieuses :

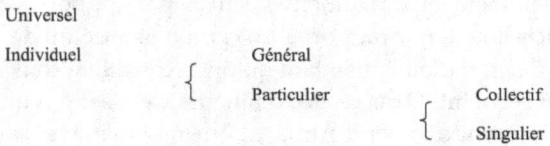

Il importe d'ajouter que la distinction de l'Universel et de l'individuel ne doit point être regardée comme une corrélation, car le second des deux termes, s'annulant rigoureusement au regard du premier, ne saurait lui être opposé en aucune façon. Il en est de même en ce qui concerne le non-manifesté et le manifesté ; d'ailleurs, il pourrait sembler au premier abord que l'Universel et le non-manifesté doivent coïncider, et, d'un certain point de vue, leur identification serait en effet justifiée, puisque, métaphysiquement, c'est le non-manifesté qui est tout l'essentiel. Cependant, il faut tenir compte de certains états de manifestation qui, étant informels, sont par là-même supra-individuels ; si donc on ne distingue que l'Universel et l'individuel, on devra forcément rapporter ces états à l'Universel, ce qu'on pourra d'autant mieux faire qu'il s'agit d'une manifestation qui est encore principielle en quelque sorte, au moins par comparaison avec les états individuels ; mais cela, bien entendu, ne doit pas faire oublier que tout ce qui est manifesté, même à ces degrés supérieurs, est nécessairement conditionné, c'est-à-dire relatif. Si l'on considère les choses de cette façon, l'Universel sera, non plus seulement le non-manifesté, mais l'informel, comprenant à la fois le non-manifesté et les états de manifestation supra-individuels ; quant à l'individuel, il contient tous les degrés de la manifestation formelle, c'est-à-dire tous les états où les êtres sont revêtus de formes, car ce qui caractérise proprement l'individualité et la constitue essentiellement comme telle, c'est précisément la présence de la forme parmi les conditions limitatives qui définissent et déterminent un état d'existence. Nous pouvons encore résumer ces dernières considérations dans le tableau suivant :

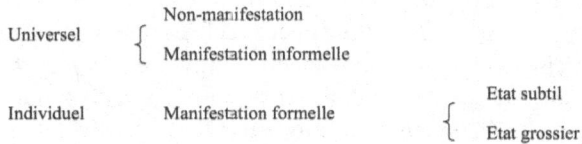

Les expressions d'« état subtil » et d'« état grossier », qui se réfèrent à des degrés différents de la manifestation formelle, seront expliqués plus loin ; mais nous pouvons indiquer dès maintenant que cette dernière distinction ne vaut qu'à la condition de prendre pour point de départ l'individualité humaine, ou plus exactement le monde corporel ou sensible. L'« état grossier » en effet, n'est pas autre chose que l'existence corporelle elle-même, à laquelle l'individualité humaine, comme on le verra, n'appartient que par une de ses modalités, et non dans son développement intégral ; quant à l'« état subtil », il comprend, d'une part, les modalités extra-corporelles de l'être humain, ou de tout autre être situé dans le même état d'existence, et aussi, d'autre part, tous les états individuels autres que celui-là. On voit que ces deux termes ne sont vraiment pas symétriques et ne peuvent même pas avoir de commune mesure, puisque l'un d'eux ne représente qu'une portion de l'un des états indéfiniment multiples qui constituent la manifestation formelle, tandis que l'autre comprend tout le reste de cette manifestation [4]. La symétrie ne se retrouve jusqu'à un certain point que si l'on se restreint à la considération de la seule individualité humaine, et c'est d'ailleurs à ce point de vue que la distinction dont il s'agit est établie en premier lieu par la doctrine hindoue ; même si l'on dépasse ensuite ce point de vue, et même si on ne l'a envisagé que pour arriver à le dépasser effectivement, il n'en est pas moins vrai que c'est là ce qu'il nous faut inévitablement prendre comme base et comme terme de comparaison, puisque c'est ce qui concerne l'état où nous nous trouvons actuellement. Nous dirons donc que l'être humain, envisagé dans son intégralité, comporte un certain ensemble de possibilités qui constituent sa modalité corporelle ou grossière, plus une multitude d'autres possibilités qui, s'étendant en divers sens au-delà de celle-ci, constituent ses modalités subtiles ; mais toutes ces possibilités réunies ne représentent pourtant qu'un seul et même degré de l'Existence universelle. Il résulte de là que l'individualité humaine est à la fois beaucoup plus et beaucoup moins que ne le croient d'ordinaire les Occidentaux : beaucoup plus, parce qu'ils n'en connaissent guère que la modalité corporelle, qui n'est qu'une portion infime de ses possibilités ; mais aussi beaucoup moins, parce que cette individualité, loin d'être réellement l'être total, n'est qu'un état de cet être, parmi une indéfinité d'autres états, dont la somme elle-même n'est encore rien au regard de la personnalité, qui seule est l'être véritable, parce qu'elle seule est son état permanent et inconditionné, et qu'il n'y a que cela qui puisse être considéré comme absolument réel. Tout le reste, sans doute, est réel aussi, mais seulement d'une façon relative, en raison de sa dépendance à l'égard du principe et en tant qu'il en reflète quelque chose, comme l'image réfléchie dans un miroir tire toute sa réalité de l'objet sans lequel elle n'aurait aucune existence ; mais cette moindre réalité, qui n'est que participée, est illusoire par rapport à la réalité suprême, comme la même image est aussi illusoire par rapport à l'objet ; et, si l'on prétendait l'isoler du principe, cette illusion deviendrait irréalité pure et simple. On comprend par là que l'existence, c'est-à-dire l'être conditionné et manifesté, soit à la fois réelle en un certain sens et illusoire en un autre sens ; et c'est un des points essentiels que n'ont jamais compris les Occidentaux qui ont outrageusement déformé le Vêdânta par leurs interprétations erronées et pleines de préjugés.

Nous devons encore avertir plus spécialement les philosophes que l'Universel et l'individuel ne sont point pour nous ce qu'ils appellent des « catégories » ; et nous leur rappellerons, car les modernes semblent l'avoir quelque peu oublié, que les « catégories », au sens aristotélicien de ce mot, ne sont pas autre chose que les plus généraux de tous les genres, de sorte qu'elles appartiennent encore au domaine de l'individuel, dont elles marquent d'ailleurs la limite à un certain point de vue. Il serait plus juste d'assimiler à l'Universel ce que les scolastiques nomment les « transcendantaux », qui dépassent précisément tous les genres, y compris les « catégories » ; mais, si ces « transcendantaux » sont bien de l'ordre universel, ce serait encore une erreur de croire qu'ils constituent tout l'Universel, ou même qu'ils sont ce qu'il y a de plus important à considérer pour la métaphysique pure : ils sont coextensifs à l'Être, mais ne vont point au-delà de l'Être, auquel s'arrête d'ailleurs la doctrine dans laquelle ils sont ainsi envisagés. Or, si l'« ontologie » ou la connaissance de l'Être relève bien de la métaphysique, elle est fort loin d'être la métaphysique complète et totale, car l'Être n'est point le non-manifesté en soi, mais seulement le principe de la manifestation ; et, par suite, ce qui est au-delà de l'Être importe beaucoup plus encore, métaphysiquement, que l'Être lui-même. En d'autres termes, c'est Brahma, et non Îshwara, qui doit être reconnu comme le Principe Suprême ; c'est ce que déclarent expressément et avant tout les Brahma-Sûtras, qui débutent par ces mots : « Maintenant commence l'étude de Brahma », à quoi Shankarâchârya ajoute ce commentaire : « En enjoignant la recherche de Brahma, ce premier sûtra recommande une étude réfléchie des textes des Upanishads, faite à l'aide d'une dialectique qui (les prenant pour base et pour principe) ne soit jamais en désaccord avec eux, et qui, comme eux (mais à titre de simple moyen auxiliaire), se propose pour fin la Délivrance. »

---

1. M. Léon Daudet, dans quelques-uns de ses ouvrages (L'Hérédo et Le Monde des images), a distingué dans l'être humain ce qu'il appelle « Soi » et « moi » ; mais l'un et l'autre, pour nous, font également partie de l'individualité, et tout cela est du ressort de la psychologie qui, par contre, ne peut aucunement atteindre la personnalité ; cette distinction indique cependant une sorte de pressentiment qui est très digne de remarque chez un auteur qui n'a point la prétention d'être métaphysicien.
2. Nous exposerons plus complètement, dans d'autres études, la théorie métaphysique des états multiples de l'être ; nous n'en indiquons ici que ce qui est indispensable pour comprendre ce qui concerne la constitution de l'être humain.
3. Théologiquement, quand on dit que « Dieu est pur esprit », il est vraisemblable que cela ne doit pas s'entendre non plus dans le sens où « esprit » s'oppose à « matière » et où ces deux termes ne peuvent se comprendre que l'un par rapport à l'autre, car on en arriverait ainsi à une sorte de conception « démiurgique » plus ou moins voisine de celle qu'on attribue au Manichéisme ; il n'en est pas moins vrai qu'une telle expression est de celles qui peuvent facilement donner naissance à de fausses interprétations, aboutissant à substituer « un être » à l'Être pur.
4. Nous pouvons faire comprendre cette asymétrie par une remarque d'application courante, qui relève simplement de la logique ordinaire : si l'on considère une attribution ou une qualité quelconque, on divise par là-même toutes les choses possibles en deux groupes, qui sont, d'une part, celui des choses qui possèdent cette qualité, et, d'autre part, celui des choses qui ne la possèdent pas ; mais, tandis que le premier groupe se trouve ainsi défini et déterminé positivement, le second, qui n'est caractérisé que d'une façon purement négative, n'est nullement limité par là et est véritablement indéfini ; il n'y a donc ni symétrie, ni commune mesure entre ces deux groupes, qui ainsi ne constituent pas réellement une division binaire, et dont la distinction ne vaut d'ailleurs évidemment qu'au point de vue spécial de la qualité prise comme point de départ, puisque le second groupe n'a aucune homogénéité et peut comprendre des choses qui n'ont rien de commun entre elles, ce qui n'empêche pourtant pas cette division d'être vraiment valable sous le rapport considéré. Or c'est bien de cette façon que nous distinguons le manifesté et le non-manifesté, puis, dans le manifesté, le formel et l'informel, et enfin, dans le formel lui-même, le corporel et l'incorporel.

3
LE CENTRE VITAL DE L'ÊTRE HUMAIN, SÉJOUR DE BRAHMA.

Le « Soi » comme nous l'avons vu dans ce qui précède, ne doit pas être distingué d'*Âtmâ* ; et, d'autre part, *Âtmâ* est identifié à *Brahma* même : c'est ce que nous pouvons appeler l'« Identité Suprême », d'une expression empruntée à l'ésotérisme islamique, dont la doctrine, sur ce point comme sur bien d'autres, et malgré de grandes différences dans la forme, est au fond la même que celle de la tradition hindoue. La réalisation de cette identité s'opère par le Yoga, c'est-à-dire l'union intime et essentielle de l'être avec le Principe Divin ou, si l'on préfère, avec l'Universel ; le sens propre de ce mot Yoga, en effet, est « union » et rien d'autre [1], en dépit des interprétations multiples et toutes plus fantaisistes les unes que les autres qu'ont proposées les orientalistes et les théosophistes. Il faut remarquer que cette réalisation ne doit pas être considérée proprement comme une « effectuation », ou comme « la production d'un résultat non préexistant », suivant l'expression de Shankarâchârya, car l'union dont il s'agit, même non réalisée actuellement au sens où nous l'entendons ici, n'en existe pas moins potentiellement, ou plutôt virtuellement ; il s'agit donc seulement, pour l'être individuel (car ce n'est que par rapport à celui-ci qu'on peut parler de « réalisation »), de prendre effectivement conscience de ce qui est réellement et de toute éternité.

C'est pourquoi il est dit que c'est Brahma qui réside dans le centre vital de l'être humain, et ceci pour tout être humain quel qu'il soit, et non pas seulement pour celui qui est actuellement « uni » ou « délivré », ces deux mots désignent en somme la même chose envisagée sous deux aspects différents, le premier par rapport au Principe, le second par rapport à la manifestation ou à l'existence conditionnée. Ce centre vital est considéré comme correspondant analogiquement au plus petit ventricule (guhâ) du cœur (hridaya), mais ne doit cependant pas être confondu avec le cœur au sens ordinaire de ce mot, nous voulons dire avec l'organe physiologique qui porte ce nom, car il est en réalité le centre, non pas seulement de l'individualité corporelle, mais de l'individualité intégrale, susceptible d'une extension indéfinie dans son domaine (qui n'est d'ailleurs qu'un degré de l'Existence), et dont la modalité corporelle ne constitue qu'une portion, et même une portion très restreinte, ainsi que nous l'avons déjà dit. Le cœur est considéré comme le centre de la vie, et il l'est en effet, au point de vue physiologique, par rapport à la circulation du sang, auquel la vitalité même est essentiellement liée d'une façon toute particulière, ainsi que toutes les traditions s'accordent à le reconnaître ; mais il est en outre considéré comme tel, dans un ordre supérieur, et symboliquement en quelque sorte, par rapport à l'Intelligence universelle (au sens du terme arabe El-Aqlu) dans ses relations avec l'individu. Il convient de noter à ce propos que les Grecs eux-mêmes, et Aristote entre autres, attribuaient le même rôle au cœur, qu'ils en faisaient aussi le siège de l'intelligence, si l'on peut employer cette façon de parler, et non du sentiment comme le font d'ordinaire les modernes ; le cerveau, en effet, n'est véritablement que l'instrument du « mental », c'est-à-dire de la pensée en mode réfléchi et discursif ; et ainsi, suivant un symbolisme que nous avons déjà indiqué précédemment, le cœur correspond au soleil et le cerveau à la lune. Il va de soi, d'ailleurs, que, quand on désigne comme le cœur le centre de l'individualité intégrale, il faut bien prendre garde que ce qui n'est qu'une analogie ne doit pas être regardé comme une assimilation, et qu'il n'y a là proprement qu'une correspondance, qui n'a du reste rien d'arbitraire, mais qui est parfaitement fondée, bien que nos contemporains soient sans doute portés par leurs habitudes à en méconnaître les raisons profondes.

« Dans ce séjour de Brahma (Brahma-pura) », c'est-à-dire dans le centre vital dont nous venons de parler, « est un petit lotus, une demeure dans laquelle est une petite cavité (dahara) occupée par l'Éther (Âkâsha) ; on doit rechercher Ce qui est dans ce lieu, et on Le connaîtra »[2]. Ce qui réside en ce centre de l'individualité, en effet, ce n'est pas seulement l'élément éthéré, principe des quatre autres éléments sensibles, comme pourraient le croire ceux qui s'arrêteraient au sens le plus extérieur, c'est-à-dire à celui qui se réfère uniquement au monde corporel, dans lequel cet élément joue bien le rôle de principe, mais dans une acception toute relative, comme ce monde lui-même est éminemment relatif, et c'est cette acception qu'il s'agit précisément de transposer analogiquement. Ce n'est même qu'à titre de « support » pour cette transposition que l'Éther est ici désigné, et la fin même du texte l'indique expressément, puisque, s'il ne s'agissait pas d'autre chose en réalité, il n'y aurait évidemment rien à rechercher ; et nous ajouterons encore que le lotus et la cavité dont il est question doivent être aussi envisagés symboliquement, car ce n'est point littéralement qu'il faut entendre une telle « localisation », dès lors qu'on dépasse le point de vue de l'individualité corporelle, les autres modalités n'étant plus soumises à la condition spatiale.

Ce dont il s'agit véritablement, ce n'est pas même seulement l'« âme vivante » (jîvâtmâ), c'est-à-dire la manifestation particulière du « Soi » dans la vie (jîva), donc dans l'individu humain, envisagé plus spécifiquement sous l'aspect vital qui exprime une des conditions d'existence définissant proprement son état, et qui d'ailleurs s'applique à tout l'ensemble de ses modalités. En effet, métaphysiquement, cette manifestation ne doit pas être considérée séparément de son principe, qui est le « Soi » ; et, si celui-ci apparaît comme jîva dans le domaine de l'existence individuelle, donc en mode illusoire, il est Âtmâ dans la réalité suprême. « Cet Âtmâ, qui réside dans le cœur, est plus petit qu'un grain de riz, plus petit qu'un grain d'orge, plus petit qu'un grain de moutarde, plus petit qu'un grain de millet, plus petit que le germe qui est dans un grain de millet ; cet Âtmâ, qui réside dans le cœur, est aussi plus grand que la terre (le domaine de la manifestation grossière), plus grand que l'atmosphère (le domaine de la manifestation subtile), plus grand que le ciel (le domaine de la manifestation informelle), plus grand que tous ces mondes ensemble (c'est-à-dire au-delà de toute manifestation, étant l'inconditionné) » [3]. C'est que, en effet, l'analogie devant s'appliquer en sens inverse comme nous l'avons déjà signalé, de même que l'image d'un objet dans un miroir est inversée par rapport à l'objet, ce qui est le premier ou le plus grand dans l'ordre principiel est, du moins en apparence, le dernier ou le plus petit dans l'ordre de la manifestation [4]. Pour prendre des termes de comparaison dans le domaine mathématique, afin de rendre la chose plus compréhensible, c'est ainsi que le point géométrique est nul quantitativement et n'occupe aucun espace, bien qu'il soit le principe par lequel est produit l'espace tout entier, qui n'est que le développement de ses propres virtualités [5] ; c'est ainsi également que l'unité arithmétique est le plus petit des nombres si on l'envisage comme située dans leur multiplicité, mais qu'elle est le plus grand en principe, puisqu'elle les contient tous virtuellement et produit toute leur série par la seule répétition indéfinie d'elle-même. Le « Soi » n'est que potentiellement dans l'individu, tant que l'« Union » n'est pas réalisée [6], et c'est pourquoi il est comparable à une graine ou à un germe ; mais l'individu et la manifestation tout entière ne sont que par lui et n'ont de réalité que par participation à son essence, et il dépasse immensément toute existence, étant le Principe unique de toutes choses.

Si nous disons que le « Soi » est potentiellement dans l'individu, et que l'« Union » n'existe que virtuellement avant la réalisation, il va de soi que cela ne doit s'entendre que du point de vue de l'individu lui-même. En effet, le « Soi » n'est affecté par aucune contingence, puisqu'il est essentiellement inconditionné ; il est immuable dans sa « permanente actualité », et ainsi il ne saurait avoir en soi rien de potentiel. Aussi faut-il avoir bien soin de distinguer « potentialité » et « possibilité » : le premier de ces deux mots implique l'aptitude à un certain développement, il suppose une « actualisation » possible, et il ne peut donc s'appliquer qu'à l'égard du « devenir » ou de la manifestation ; au contraire, les possibilités, envisagées dans l'état principiel et non-manifesté, qui exclut tout « devenir », ne sauraient aucunement être regardées comme potentielles. Seulement, pour l'individu, toutes les possibilités qui le dépassent apparaissent comme potentielles, parce que, en tant qu'il se considère en mode « séparatif », comme s'il avait par lui-même son être propre, ce qu'il peut en atteindre n'est proprement qu'un reflet (âbhâsa), et non ces possibilités mêmes ; et, bien que ce ne soit là qu'une illusion, on peut dire que celles-ci demeurent toujours potentielles pour l'individu, puisque ce n'est pas en tant qu'individu qu'il peut les atteindre, et que, dès qu'elles sont réalisées, il n'y a véritablement plus d'individualité, comme nous l'expliquerons plus complètement quand nous aurons à parler de la « Délivrance ». Mais, ici, nous devons nous placer au-delà du point de vue individuel, auquel, tout en le déclarant illusoire, nous n'en reconnaissons pas moins la réalité dont il est susceptible dans son ordre ; alors même que nous considérons l'individu, ce ne peut être qu'en tant qu'il dépend essentiellement du Principe, unique fondement de cette réalité, et en tant que, virtuellement ou effectivement, il s'intègre à l'être total ; métaphysiquement, tout doit être en définitive rapporté au Principe, qui est le « Soi ».

Ainsi, ce qui réside dans le centre vital, au point de vue physique, c'est l'Éther ; au point de vue psychique, c'est l'« âme vivante », et, jusque-là, nous ne dépassons pas le domaine des possibilités individuelles ; mais aussi, et surtout, au point de vue métaphysique, c'est le « Soi » principiel et inconditionné. C'est donc vraiment l'« Esprit Universel » (Âtmâ), qui est, en réalité, Brahma même, le « Suprême Ordonnateur » ; et ainsi se trouve pleinement justifiée la désignation de ce centre comme Brahma-pura. Or Brahma, considéré de cette manière dans l'homme (et on pourrait le considérer semblablement par rapport à tout état de l'être), est appelé Purusha, parce qu'il repose ou habite dans l'individualité (il s'agit, redisons-le encore, de l'individualité intégrale, et non pas seulement de l'individualité restreinte à sa modalité corporelle) comme dans une ville (puri-shaya), car pura, au sens propre et littéral, signifie « ville » [7].

Dans le centre vital, résidence de Purusha, « le soleil ne brille point, ni la lune, ni les étoiles, ni les éclairs ; bien moins encore ce feu visible (l'élément igné sensible, ou Têjas, dont la visibilité est la qualité propre). Tout brille après le rayonnement de Purusha (en réfléchissant sa clarté) ; c'est par sa splendeur que ce tout (l'individualité intégrale considérée comme « microcosme ») est illuminé » [8]. Et on lit de même dans la Bhagavad-

Gîtâ [9] : « Il faut rechercher le lieu (symbolisant un état) d'où il n'y a pas de retour (à la manifestation), et se réfugier dans le Purusha primordial de qui est issue l'impulsion originelle (de la manifestation universelle)... Ce lieu, ni le soleil, ni la lune, ni le feu ne l'éclaire : c'est là mon séjour suprême » [10]. Purusha est représenté comme une lumière (jyotis), parce que la lumière symbolise la Connaissance ; et il est la source de toute autre lumière, qui n'est en somme que sa réflexion, toute connaissance relative ne pouvant exister que par participation, si indirecte et si lointaine soit-elle, à l'essence de la Connaissance suprême. Dans la lumière de cette Connaissance, toutes choses sont en parfaite simultanéité, car, principiellement, il ne peut y avoir qu'un « éternel présent », l'immutabilité excluant toute succession ; et ce n'est que dans l'ordre du manifesté que se traduisent en mode successif (ce qui ne veut pas dire forcément temporel) les rapports des possibilités qui, en soi, sont éternellement contenues dans le Principe. « Ce Purusha, de la grandeur d'un pouce, (angushtha-mâtra, expression qui ne doit pas être entendue littéralement comme lui assignant une dimension spatiale, mais qui se réfère à la même idée que la comparaison avec une graine) [11], est d'une luminosité claire comme un feu sans fumée (sans aucun mélange d'obscurité ou d'ignorance) ; il est le maître du passé et du futur (étant éternel, donc omniprésent, de sorte qu'il contient actuellement tout ce qui apparaît comme passé et comme futur par rapport à un moment quelconque de la manifestation, ceci pouvant d'ailleurs être transposé en dehors du mode spécial de succession qui est proprement le temps) ; il est aujourd'hui (dans l'état actuel qui constitue l'individualité humaine) et il sera demain (et dans tous les cycles ou états d'existence) tel qu'il est (en soi, principiellement, de toute éternité) » [12].

---

1. La racine de ce mot se retrouve, à peine altérée, dans le latin jungere et ses dérivés.
2. Chhândogya Upanishad, 8e Prapâthaka, 1er Khanda, shruti 1.
3. Chhândogya Upanishad, 3e Prapâthaka, 14e Khanda, shruti 3. — Il est impossible de ne pas se souvenir ici de cette parabole de l'Évangile : « Le Royaume des Cieux est semblable à un grain de sénevé qu'un homme prend et sème dans son champ ; ce grain est la plus petite de toutes les semences, mais, lorsqu'il est crû, il est plus grand que tous les autres légumes, et il devient un arbre, de sorte que les oiseaux du ciel viennent se reposer sur ses branches » (St Matthieu, XIII, 31 et 32). Bien que le point de vue soit assurément différent, on comprendra facilement comment la conception du « Royaume des Cieux » peut être transposée métaphysiquement : la croissance de l'arbre est le développement des possibilités ; et il n'est pas jusqu'aux « oiseaux du ciel », représentant alors les états supérieurs de l'être, qui ne rappellent un symbolisme similaire employé dans un autre texte des Upanishads : « Deux oiseaux, compagnons inséparablement unis, résident sur un même arbre ; l'un mange le fruit de l'arbre, l'autre regarde sans manger » (Mundaka Upanishad, 3e Mundaka, 1er Khanda, shruti 1 ; Shwêtâshwatara Upanishad, 4e Adhyâya, shruti 6). Le premier de ces deux oiseaux est jîvâtmâ, qui est engagé dans le domaine de l'action et de ses conséquences ; le second est l'Âtmâ inconditionné, qui est pure Connaissance ; et, s'ils sont inséparablement unis, c'est que celui-là ne se distingue de celui-ci qu'en mode illusoire.
4. Ici aussi, nous trouvons la même chose exprimée très nettement dans l'Évangile : « Les derniers seront les premiers, et les premiers seront les derniers » (St Matthieu, XX, 16).

5. Même à un point de vue plus extérieur, celui de la géométrie ordinaire et élémentaire, on peut faire remarquer ceci : par déplacement continu, le point engendre la ligne, la ligne engendre la surface, la surface engendre le volume ; mais, en sens inverse, la surface est l'intersection de deux volumes, la ligne est l'intersection de deux surfaces, le point est l'intersection de deux lignes.
6. En réalité, d'ailleurs, c'est l'individu qui est dans le « Soi », et l'être en prend effectivement conscience quand l'« Union » est réalisée ; mais cette prise de conscience implique l'affranchissement des limitations qui constituent l'individualité comme telle, et qui, plus généralement, conditionnent toute manifestation. Quand nous parlons du « Soi » comme étant d'une certaine façon dans l'individu, c'est au point de vue de la manifestation que nous nous plaçons, et c'est là encore une application du sens inverse.
7. Cette explication du mot Purusha ne doit sans doute pas être regardée comme une dérivation étymologique ; elle relève du Nirukta, c'est-à-dire d'une interprétation qui se base principalement sur la valeur symbolique des éléments dont les mots sont composés, et ce mode d'explication, généralement incompris des orientalistes, est assez comparable à celui qui se rencontre dans la Qabbalah hébraïque ; il n'était même pas entièrement inconnu des Grecs, et l'on peut en trouver des exemples dans le Cratyle de Platon. — Quant à la signification de Purusha, on pourrait faire remarquer aussi que puru exprime une idée de « plénitude ».
8. Katha Upanishad, 2e Adhyâya, 5e Vallî, shruti 15 ; Mundaka Upanishad, 2e Mundaka, 2e Khanda, shruti 10 ; Shwêtâshwatara Upanishad, 6e Adhyâya, shruti 14.
9. On sait que la Bhagavad-Gîtâ est un épisode du Mahâbhârata, et nous rappellerons à ce propos que les Itihâsas, c'est-à-dire le Râmâyana et le Mahâbhârata, faisant partie de la Smriti, sont tout autre chose que de simples « poèmes épiques » au sens « profane » où l'entendent les Occidentaux.
10. Bhagavad-Gîtâ, XV, 4 et 6. — Il y a dans ces textes une similitude intéressante à signaler avec ce passage de la description de la « Jérusalem Céleste » dans l'Apocalypse, XXI, 23 : « Et cette ville n'a pas besoin d'être éclairée par le soleil ou par la lune, parce que c'est la gloire de Dieu qui l'éclaire, et que l'Agneau en est la lampe. » On voit par là que la « Jérusalem Céleste » n'est pas sans rapports avec la « ville de Brahma » ; et, pour ceux qui connaissent la relation qui unit l'« Agneau » du symbolisme chrétien à l'Agni védique, le rapprochement est encore plus significatif. — Sans pouvoir insister sur ce dernier point, nous dirons, pour éviter toute fausse interprétation, que nous ne prétendons nullement établir une relation étymologique entre Agnus et Ignis (équivalent latin d'Agni) ; mais des rapprochements phonétiques comme celui qui existe entre ces deux mots jouent souvent un rôle important dans le symbolisme ; et d'ailleurs, pour nous, il n'y a là rien de fortuit, tout ce qui est ayant une raison d'être, y compris les formes du langage. Il convient encore de noter, sous le même rapport, que le véhicule d'Agni est un bélier.
11. On pourrait aussi, à ce propos, établir une comparaison avec l'« endogénie de l'Immortel », telle qu'elle est enseignée par la tradition taoïste, ainsi qu'avec le luz ou « noyau d'immortalité » de la tradition hébraïque.
12. Katha Upanishad, 2e Adhyâya, 4e Vallî, shrutis 12 et 13. — Dans l'ésotérisme islamique, la même idée est exprimée, en des termes presque identiques, par Mohyiddin ibn Arabi dans son Traité de l'Unité (Risâlatul-Ahadiyah) : « Il (Allah) est maintenant tel qu'il était (de toute éternité) tous les jours en l'état de Créateur Sublime. » La seule différence porte sur l'idée de « création », qui n'apparaît que dans les doctrines traditionnelles qui, partiellement au moins, se rattachent au judaïsme ; ce n'est d'ailleurs, au fond, qu'une façon spéciale d'exprimer ce qui se rapporte à la manifestation universelle et à sa relation avec le Principe.

4
PURUSHA ET PRAKRITI

Nous devons maintenant considérer Purusha, non plus en soi-même, mais par rapport à la manifestation ; et ceci nous permettra de mieux comprendre ensuite comment il peut être envisagé sous plusieurs aspects, tout en étant un en réalité. Nous dirons donc que Purusha, pour que la manifestation se produise, doit entrer en corrélation avec un autre principe, bien qu'une telle corrélation soit inexistante quant à son aspect le plus élevé (uttama), et qu'il n'y ait véritablement point d'autre principe, sinon dans un sens relatif, que le Principe Suprême ; mais, dès qu'il s'agit de la manifestation, même principiellement, nous sommes déjà dans le domaine de la relativité. Le corrélatif de Purusha est alors Prakriti, la substance primordiale indifférenciée ; c'est le principe passif, qui est représenté comme féminin, tandis que Purusha, appelé aussi Pumas, est le principe actif, représenté comme masculin ; et, demeurant d'ailleurs eux-mêmes non-manifestés, ce sont là les deux pôles de toute manifestation. C'est l'union de ces deux principes complémentaires qui produit le développement intégral de l'état individuel humain, et cela par rapport à chaque individu ; et il en est de même pour tous les états manifestés de l'être autres que cet état humain, car, si nous avons à considérer celui-ci plus spécialement, il importe de ne jamais oublier qu'il n'est qu'un état parmi les autres, et que ce n'est pas à la limite de la seule individualité humaine, mais bien à la limite de la totalité des états manifestés, en multiplicité indéfinie, que Purusha et Prakriti nous apparaissent comme résultant en quelque sorte d'une polarisation de l'être principiel.

Si, au lieu de considérer chaque individu isolément, on considère l'ensemble du domaine formé par un degré déterminé de l'Existence, tel que le domaine individuel où se déploie l'état humain, ou n'importe quel autre domaine analogue de l'existence manifestée, défini semblablement par un certain ensemble de conditions spéciales et limitatives, Purusha est, pour un tel domaine (comprenant tous les êtres qui y développent, tant successivement que simultanément, leurs possibilités de manifestation correspondantes), assimilé à Prajâpati, le « Seigneur des êtres produits », expression de Brahma même en tant qu'il est conçu comme Volonté Divine et Ordonnateur Suprême [1]. Cette Volonté se manifeste plus particulièrement, dans chaque cycle spécial d'existence, comme le Manu de ce cycle, qui lui donne sa Loi (Dharma) ; en effet, Manu, ainsi que nous l'avons déjà expliqué ailleurs, ne doit aucunement être regardé comme un personnage ni comme un « mythe » (du moins au sens vulgaire de ce mot), mais bien comme un principe, qui est proprement l'Intelligence cosmique, image réfléchie de Brahma (et en réalité une avec Lui), s'exprimant comme le Législateur primordial et universel [2]. De même que Manu est le prototype de l'homme (mânava), le couple Purusha-Prakriti, par rapport à un état d'être déterminé, peut être considéré comme équivalent, dans le domaine d'existence qui correspond à cet état, à ce que l'ésotérisme islamique appelle l'« Homme Universel » (El-Insânul-kâmil) [3], conception qui peut d'ailleurs être étendue ensuite à tout l'ensemble des états manifestés, et qui établit alors l'analogie constitutive de la manifestation universelle et de sa modalité individuelle humaine [4], ou, pour employer le langage de certaines écoles occidentales, du « macrocosme » et du « microcosme » [5].

Maintenant, il est indispensable de remarquer que la conception du couple Purusha-Prakriti n'a aucun rapport avec une conception « dualiste » quelconque, et que, en particulier, elle est totalement différente du dualisme « esprit-matière » de la philosophie occidentale moderne, dont l'origine est en réalité imputable au cartésianisme. Purusha ne peut pas être regardé comme correspondant à la notion philosophique d'« esprit », ainsi que nous l'avons déjà indiqué à propos de la désignation d'Âtmâ comme l'« Esprit Universel », qui n'est acceptable qu'à la condition d'être entendue dans un sens tout autre que celui-là ; et, en dépit des assertions de bon nombre d'orientalistes, Prakriti correspond encore bien moins à la notion de « matière », qui, d'ailleurs, est si complètement étrangère à la pensée hindoue qu'il n'existe en sanskrit aucun mot par lequel elle puisse se traduire, même très approximativement, ce qui prouve qu'une telle notion n'a rien de vraiment fondamental. Du reste, il est très probable que les Grecs eux-mêmes n'avaient pas la notion de la matière telle que l'entendent les modernes, tant philosophes que physiciens ; en tout cas, le sens du mot υλη, chez Aristote, est bien celui de « substance » dans toute son universalité, et ειδος (que le mot « forme » rend assez mal en français, à cause des équivoques auxquelles il peut trop aisément donner lieu) correspond non moins exactement à l'« essence » envisagée comme corrélative de cette « substance ». En effet, ces termes d'« essence » et de « substance », pris dans leur acception la plus étendue, sont peut-être, dans les langues occidentales, ceux qui donnent l'idée la plus exacte de la conception dont il s'agit, conception d'ordre beaucoup plus universel que celle de l'« esprit » et de la « matière », et dont cette dernière ne représente tout au plus qu'un aspect très particulier, une spécification par rapport à un état d'existence déterminé, en dehors duquel elle cesse entièrement d'être valable, au lieu d'être applicable à l'intégralité de la manifestation universelle, comme l'est celle de l'« essence » et de la « substance ». Encore faut-il ajouter que la distinction de ces dernières, si primordiale qu'elle soit par rapport à toute autre, n'en est pas moins relative : c'est la première de toutes les dualités, celle dont toutes les autres dérivent directement ou indirectement, et c'est là que commence proprement la multiplicité ; mais il ne faut pas voir dans cette dualité l'expression d'une irréductibilité absolue qui ne saurait nullement s'y trouver : c'est l'Être Universel qui, par rapport à la manifestation dont Il est le principe, se polarise en « essence » et en « substance », sans d'ailleurs que son unité intime en soit aucunement affectée. Nous rappellerons à ce propos que le Vêdânta, par là-même qu'il est purement métaphysique, est essentiellement la « doctrine de la non-dualité » (adwaita-vâda) [6] ; et, si le Sânkhya a pu paraître « dualiste » à ceux qui ne l'ont pas compris, c'est que son point de vue s'arrête à la considération de la première dualité, ce qui ne l'empêche point de laisser possible tout ce qui le dépasse, contrairement à ce qui a lieu pour les conceptions systématiques qui sont le propre des philosophes.

Il nous faut préciser encore ce qu'est Prakriti, qui est le premier des vingt-cinq principes (tattwas) énumérés dans le Sânkhya ; mais nous avons dû envisager Purusha avant Prakriti, parce qu'il est inadmissible que le principe plastique ou substantiel (au sens strictement étymologique de ce dernier mot, exprimant le « substratum universel », c'est-à-dire le support de toute manifestation) [7] soit doué de « spontanéité », puisqu'il est purement potentiel et passif, apte à toute détermination, mais n'en possédant actuellement aucune. Prakriti ne peut donc pas être vraiment cause par elle-même (nous voulons parler de la « causalité efficiente », en dehors de l'action ou plutôt de l'influence du principe essentiel, qui est Purusha, et qui est, pourrait-on dire, le « déterminant » de la manifestation ; toutes les choses manifestées sont bien produites par Prakriti, dont elles sont comme des modifications ou des déterminations, mais, sans la présence de Purusha, ces productions seraient dépourvues de toute réalité. L'opinion d'après laquelle Prakriti se suffirait à elle-même comme principe de la manifestation ne pourrait être tirée que d'une conception tout à fait erronée du Sânkhya, provenant simplement de ce que, dans cette doctrine, ce qui est appelé « production » est toujours envisagé exclusivement du côté « substantiel », et peut-être aussi de ce que Purusha n'y est énuméré que comme le vingt-cinquième tattwa, d'ailleurs entièrement indépendant des autres, qui comprennent Prakriti et toutes ses modifications ; une semblable opinion, du reste, serait formellement contraire à l'enseignement du Vêda.

Mûla-Prakriti est la « Nature primordiale » (appelée en arabe El-Fitrah), racine de toutes les manifestations (car mûla signifie « racine ») ; elle est aussi désignée comme Pradhâna, c'est-à-dire « ce qui est posé avant toutes choses », comme contenant en puissance toutes les déterminations ; selon les Purânas, elle est identifiée avec Mâyâ, conçue comme « mère des formes ». Elle est indifférenciée (avyakta) et « indistinctible », n'étant point composée de parties ni douée de qualités, pouvant seulement être induite par ses effets, puisqu'on ne saurait la percevoir en elle-même, et productive sans être elle-même production. « Racine, elle est sans racine, car elle ne serait pas racine, si elle-même avait une racine » [8]. Prakriti, racine de tout, n'est pas production. Sept principes, le grand (Mahat, qui est le principe intellectuel ou Buddhi) et les autres (ahankâra ou la conscience individuelle, qui engendre la notion du « moi », et les cinq tanmâtras ou déterminations essentielles des choses), sont en même temps productions (de Prakriti) et productifs (par rapport aux suivants). Seize (les onze indriyas ou facultés de sensation et d'action, y compris le manas ou « mental », et les cinq bhûtas ou éléments substantiels et sensibles) sont productions (improductives). Purusha n'est ni production ni productif (en lui-même) [9], bien que ce soit son action, ou mieux son activité « non-agissante », suivant une expression que nous empruntons à la tradition extrême-orientale, qui détermine essentiellement tout ce qui est production substantielle en Prakriti [10].

Nous ajouterons, pour compléter ces notions, que Prakriti, tout en étant nécessairement une dans son « indistinction », contient en elle-même une triplicité qui, en s'actualisant sous l'influence « ordonnatrice » de Purusha, donne naissance à ses multiples déterminations. En effet, elle possède trois gunas ou qualités constitutives, qui sont en parfait équilibre dans son indifférenciation primordiale ; toute manifestation ou modification de la substance représente une rupture de cet équilibre, et les êtres, dans leurs différents états de manifestation, participent des trois gunas à des degrés divers et, pour ainsi dire, suivant des proportions indéfiniment variées. Ces gunas ne sont donc pas des états, mais des conditions de l'Existence universelle, auxquelles sont soumis tous les êtres manifestés, et qu'il faut avoir soin de distinguer des conditions spéciales qui déterminent et définissent tel ou tel état ou mode de la manifestation. Les trois gunas sont : sattwa, la conformité à l'essence pure de l'Être (Sat), qui est identifiée à la Lumière intelligible ou à la Connaissance, et représentée comme une tendance ascendante ; rajas, l'impulsion expansive, selon laquelle l'être se développe dans un certain état et, en quelque sorte, à un niveau déterminé de l'existence ; enfin, tamas, l'obscurité, assimilée à l'ignorance, et représentée comme une tendance descendante. Nous nous bornerons ici à ces définitions, que nous avions déjà indiquées ailleurs ; ce n'est pas le lieu d'exposer plus complètement ces considérations, qui sont quelque peu en dehors de notre sujet, ni de parler des applications diverses auxquelles elles donnent lieu, notamment en ce qui concerne la théorie cosmologique des éléments ; ces développements trouveront mieux leur place dans d'autres études.

---

1. Prajâpati est aussi Vishwakarma, le « principe constructif universel » ; son nom et sa fonction sont d'ailleurs susceptibles d'applications multiples et plus ou moins spécialisées, suivant qu'on les rapporte ou non à la considération de tel ou tel cycle ou état déterminé.
2. Il est intéressant de noter que, dans d'autres traditions, le Législateur primordial est aussi désigné par des noms dont la racine est la même que celle du Manu hindou : tels sont, notamment, le Ménès ou Mina des Égyptiens, le Minos des Grecs et le Menw des Celtes ; c'est donc une erreur de regarder ces noms comme désignant des personnages historiques.
3. C'est l'Adam Qadmôn de la Qabbalah hébraïque ; c'est aussi le « Roi » (Wang) de la tradition extrême-orientale (Tao-te-king, XXV).
4. Nous rappelons que c'est sur cette analogie que repose essentiellement l'institution des castes. — Sur le rôle de Purusha envisagé au point de vue que nous indiquons ici, voir notamment le Purusha-Sûkta du Rig-Vêda, X, 90. — Vishwakarma, aspect ou fonction de l'« Homme Universel », correspond au « Grand Architecte de l'Univers » des initiations occidentales.
5. Ces termes appartiennent en propre à l'Hermétisme, et ils sont de ceux pour lesquels nous estimons n'avoir pas à nous occuper de l'emploi plus ou moins abusif qui a pu en être fait par les pseudo-ésotéristes contemporains.
6. Nous avons expliqué, dans notre Introduction générale à l'étude des doctrines hindoues, que ce « non-dualisme » ne doit pas être confondu avec le « monisme », qui, quelque forme qu'il prenne, est, comme le « dualisme », d'ordre simplement philosophique et non métaphysique ; il n'a rien de commun non plus avec le « panthéisme », et il peut d'autant moins lui être assimilé que cette dernière dénomination, lorsqu'elle est employée dans un sens raisonnable, implique toujours un certain « naturalisme » qui est proprement antimétaphysique.
7. Ajoutons, pour écarter toute erreur possible d'interprétation, que le sens où nous entendons ainsi la « substance » n'est nullement celui dans lequel Spinoza a employé ce même terme, car, par un effet de la confusion « panthéiste » dont nous avons parlé, il s'en sert pour désigner l'Être Universel lui-même, du moins dans la mesure où il est capable de le concevoir ; et, en réalité, l'Être Universel est au-delà de la distinction de Purusha et Prakriti, qui s'unifient en lui comme en leur principe commun.
8. Sânkhya-Sûtras, 1er Adhyâya, sûtra 67.
9. Sânkhya-Kârikâ, shloka 3.
10. Colebrooke (Essais sur la Philosophie des Hindous, traduits en français par G. Pauthier, 1er Essai) a signalé avec raison la concordance remarquable qui existe entre le dernier passage cité et les suivants, tirés du traité De Divisione Naturæ de Scot Érigène : « la division de la Nature me paraît devoir être établie selon quatre différentes espèces, dont la première est ce qui crée et n'est pas créé ; la seconde ce qui est créé et qui crée lui-même ; la troisième, ce qui est créé et ne crée pas ; et la quatrième enfin, ce qui n'est pas créé et ne crée pas non plus » (Livre I). « Mais la première espèce et la quatrième (respectivement assimilables à Prakriti et à Purusha) coïncident (se confondent ou plutôt s'unissent) dans la Nature Divine, car celle-ci peut être dite créatrice et incréée, comme elle est en soi, mais également ni créatrice ni créée, puisque, étant infinie, elle ne peut rien produire qui soit

hors d'elle-même, et qu'il n'y a non plus aucune possibilité qu'elle ne soit pas en soi et par soi » (Livre III). On remarquera cependant la substitution de l'idée de « création » à celle de « production » ; d'autre part, l'expression de « Nature Divine » n'est pas parfaitement adéquate, car ce qu'elle désigne est proprement l'Être Universel : en réalité, c'est Prakriti qui est la nature primordiale, et Purusha, essentiellement immuable, est en dehors de la Nature, dont le nom même exprime une idée de « devenir ».

5

PURUSHA INAFFECTÉE PAR LES MODIFICATIONS INDIVIDUELLES

D'après la Bhagavad-Gîtâ, « il y a dans le monde deux Purushas, l'un destructible et l'autre indestructible : le premier est réparti entre tous les êtres ; le second est l'immuable. Mais il est un autre Purusha, plus haut (uttama), qu'on appelle Paramâtmâ, et qui, Seigneur impérissable, pénètre et soutient les trois mondes (la terre, l'atmosphère et le ciel, représentant les trois degrés fondamentaux entre lesquels se répartissent tous les modes de la manifestation). Comme je dépasse le destructible et même l'indestructible (étant le Principe Suprême de l'un et de l'autre), je suis célébré dans le monde et dans le Vêda sous le nom de Purushottama » [1]. Parmi les deux premiers Purushas, le « destructible » est jîvâtmâ, dont l'existence distincte est en effet transitoire et contingente comme celle de l'individualité elle-même, et l'« indestructible » est Âtmâ en tant que personnalité, principe permanent de l'être à travers tous ses états de manifestation [2] ; quant au troisième, comme le texte même le déclare expressément, il est Paramâtmâ, dont la personnalité est une détermination primordiale, ainsi que nous l'avons expliqué plus haut. Bien que la personnalité soit réellement au-delà du domaine de la multiplicité, on peut néanmoins, en un certain sens, parler d'une personnalité pour chaque être (il s'agit naturellement de l'être total, et non d'un être envisagé isolément) : c'est pourquoi le Sânkhya, dont le point de vue n'atteint pas Purushottama, présente souvent Purusha comme multiple ; mais il est à remarquer que, même dans ce cas, son nom est toujours employé au singulier, pour affirmer nettement son unité essentielle. Le Sânkhya n'a donc rien de commun avec un « monadisme » du genre de celui de Leibnitz, dans lequel, d'ailleurs, c'est la « substance individuelle » qui est regardée comme un tout complet, formant une sorte de système clos, conception qui est incompatible avec toute notion d'ordre vraiment métaphysique.

Purusha, considéré comme identique à la personnalité, « est pour ainsi dire [3] une portion (ansha) du Suprême Ordonnateur (qui, cependant, n'a pas réellement de parties, étant absolument indivisible et « sans dualité »), comme une étincelle l'est du feu (dont la nature est d'ailleurs tout entière en chaque étincelle) » [4] Il n'est pas soumis aux conditions qui déterminent l'individualité, et, même dans ses rapports avec celle-ci, il demeure inaffecté par les modifications individuelles (telles, par exemple, que le plaisir et la douleur), qui sont purement contingentes et accidentelles, non essentielles à l'être, et qui proviennent toutes du principe plastique, Prakriti ou Pradhâna, comme de leur unique racine. C'est de cette substance, contenant en puissance toutes les possibilités de manifestation, que les modifications sont produites dans l'ordre manifesté, par le développement même de ces possibilités, ou, pour employer le langage aristotélicien, par leur passage de la puissance à l'acte. « Toute modification (parinâma), dit Vijnâna-Bhiksu, depuis la production originelle du monde (c'est-à-dire de chaque cycle d'existence) jusqu'à sa dissolution finale, provient exclusivement de Prakriti et de ses dérivés », c'est-à-dire des vingt-quatre premiers tattwas du Sânkhya.

Purusha est cependant le principe essentiel de toutes choses, puisque c'est lui qui détermine le développement des possibilités de Prakriti ; mais lui-même n'entre jamais dans la manifestation, de sorte que toutes choses, en tant qu'elles sont envisagées en mode distinctif, sont différentes de lui, et que rien de ce qui les concerne comme telles (constituant ce qu'on peut appeler le « devenir ») ne saurait affecter son immutabilité. « Ainsi la lumière solaire ou lunaire (susceptible de modifications multiples) paraît être identique à ce qui lui donne naissance (la source lumineuse considérée comme immuable en elle-même), mais pourtant elle en est distincte (dans sa manifestation extérieure, et de même les modifications ou les qualités manifestées sont, comme telles, distinctes de leur principe essentiel en ce qu'elles ne peuvent aucunement l'affecter). Comme l'image du soleil réfléchie dans l'eau tremble ou vacille, en suivant les ondulations de cette eau, sans cependant affecter les autres images réfléchies dans celle-ci, ni à plus forte raison l'orbe solaire lui-même, ainsi les modifications d'un individu n'affectent pas un autre individu, ni surtout le Suprême Ordonnateur Lui-même » [5], qui est Purushottama, et auquel la personnalité est réellement identique en son essence, comme toute étincelle est identique au feu considéré comme indivisible quant à sa nature intime.

C'est l'« âme vivante » (jîvâtmâ) qui est ici comparée à l'image du soleil dans l'eau, comme étant la réflexion (âbhâsa), dans le domaine individuel et par rapport à chaque individu, de la Lumière, principiellement une, de l'« Esprit Universel » (Âtmâ) ; et le rayon lumineux qui fait exister cette image et l'unit à sa source est, ainsi que nous le verrons plus loin, l'intellect supérieur (Buddhi), qui appartient au domaine de la manifestation informelle [6]. Quant à l'eau, qui réfléchit la lumière solaire, elle est habituellement le symbole du principe plastique (Prakriti), l'image de la « passivité universelle » ; et d'ailleurs ce symbole, avec la même signification, est commun à toutes les doctrines traditionnelles [7]. Ici, cependant, il faut apporter une restriction à son sens général, car Buddhi, tout en étant informelle et supra-individuelle, est encore manifestée, et, par suite, relève de Prakriti dont elle est la première production ; l'eau ne peut donc représenter ici que l'ensemble potentiel des possibilités formelles, c'est-à-dire le domaine de la manifestation en mode individuel, et ainsi elle laisse en dehors d'elle ces possibilités informelles qui, tout en correspondant à des états de manifestation, doivent pourtant être rapportées à l'Universel [8].

---

1. Bhagavad-Gîtâ, XV, 16 à 18.
2. Ce sont « les deux oiseaux qui résident sur un même arbre », d'après les textes des Upanishads que nous avons cités dans une note précédente. D'ailleurs, il est aussi question d'un arbre dans la Katha Upanishad, 2e Adhyâya, 6e Vallî, shruti 1, mais l'application de ce symbole est alors « macrocosmique » et non plus « microcosmique » : « Le monde est comme un figuier perpétuel (ashwattha sanâtana) dont la racine est élevée en l'air et dont les branches plongent dans la terre » ; et de même dans la Bhagavad-Gîtâ, XV, 1 : « Il est un figuier impérissable, la racine en haut, les branches en bas, dont les hymnes du Vêda sont les feuilles ; celui qui le connaît, celui-là connaît le Vêda. » La racine est en haut parce qu'elle représente le principe, et les branches sont en bas parce qu'elles représentent le déploiement de la manifestation ; si la figure de l'arbre est ainsi renversée, c'est que l'analogie, ici comme partout ailleurs, doit être appliquée en sens inverse. Dans les deux cas, l'arbre est désigné comme le figuier sacré (ashwattha ou pippala) ; sous cette forme ou sous une autre, le symbolisme de l'« Arbre du Monde » est loin d'être particulier à l'Inde : le chêne chez les Celtes, le tilleul chez les Germains, le frêne chez les Scandinaves, jouent exactement le même rôle.
3. Le mot iva indique qu'il s'agit d'une comparaison (upamâ) ou d'une façon de parler destinée à faciliter la compréhension, mais qui ne doit pas être prise à la lettre. — Voici un texte taoïste qui exprime une idée similaire : « Les normes de toute sorte, comme celle qui fait un corps de plusieurs organes (ou un être de plusieurs états), ... sont autant de participations du Recteur Universel. Ces participations ne L'augmentent ni ne Le diminuent, car elles sont communiquées par Lui, non détachées de Lui » (Tchoang-tseu, ch. II ; traduction du P. Wieger, p. 217).
4. Brahma-Sûtras, 2e Adhyâya, 3e Pâda, sûtra 43. — Nous rappelons que nous suivons principalement, dans notre interprétation, le commentaire de Shankarâchârya.
5. Brahma-Sûtras, 2e Adhyâya, 3e Pâda, sûtras 46 à 53.
6. Il faut remarquer que le rayon suppose un milieu de propagation (manifestation en mode non-individualisé), et que l'image suppose un plan de réflexion (individualisation par les conditions d'un certain état d'existence).
7. On peut, à cet égard, se reporter en particulier au début de la Genèse, I 2 : « Et l'Esprit Divin était porté sur la face des Eaux. » Il y a dans ce passage une indication très nette relativement aux deux principes complémentaires dont nous parlons ici, l'Esprit correspondant à Purusha et les Eaux à Prakriti. À un point de vue différent, mais néanmoins relié analogiquement au précédent, le Ruahh Elohim du texte hébraïque est aussi assimilable à Hamsa, le Cygne symbolique, véhicule de Brahmâ, qui couve le Brahmânda, l'« Œuf du Monde » contenu dans les Eaux primordiales ; et il faut remarquer que Hamsa est également le « souffle » (spiritus), ce qui est le sens premier de Ruahh en hébreu. Enfin, si l'on se place spécialement au point de vue de la constitution du monde corporel, Ruahh est l'Air (Vâyu) ; et, si cela ne devait nous entraîner à de trop longues considérations, nous

pourrions montrer qu'il y a une parfaite concordance entre la Bible et le Vêda en ce qui concerne l'ordre de développement des éléments sensibles. En tous cas, on peut trouver, dans ce que nous venons de dire, l'indication de trois sens superposés, se référant respectivement aux trois degrés fondamentaux de la manifestation (informelle, subtile et grossière), qui sont désignés comme les « trois mondes » (Tribhuvana) par la tradition hindoue. — Ces trois mondes figurent aussi dans la Qabbalah hébraïque sous les noms de Beriah, Ietsirah et Asiah ; au-dessus d'eux est Atsiluth, qui est l'état principiel de non-manifestation.

8. Si on laisse au symbole de l'eau sa signification générale, l'ensemble des possibilités formelles est désigné comme les « Eaux inférieures », et celui des possibilités informelles comme les « Eaux supérieures ». La séparation des « Eaux inférieures » et des « Eaux supérieures », au point de vue cosmogonique, se trouve encore décrite dans la Genèse, I, 6 et 7 ; et il est à remarquer que le mot Maïm, qui désigne l'eau en hébreu, a la forme du duel, ce qui peut, entre autres significations, être rapporté au « double chaos » des possibilités formelles et informelles à l'état potentiel. Les Eaux primordiales, avant la séparation, sont la totalité des possibilités de manifestation, en tant qu'elle constitue l'aspect potentiel de l'Être Universel, ce qui est proprement Prakriti. Il y a encore un autre sens supérieur du même symbolisme, qui s'obtient en le transposant au-delà de l'Être même : les Eaux représentent alors la Possibilité Universelle, envisagée d'une façon absolument totale, c'est-à-dire en tant qu'elle embrasse à la fois, dans son Infinité, le domaine de la manifestation et celui de la non-manifestation. Ce dernier sens est le plus élevé de tous ; au degré immédiatement inférieur, dans la polarisation primordiale de l'Être, nous avons Prakriti, avec laquelle nous ne sommes encore qu'au principe de la manifestation. Ensuite, en continuant à descendre, nous pouvons envisager les trois degrés de celle-ci comme nous l'avons fait précédemment : nous avons alors, pour les deux premiers, le « double chaos » dont nous avons parlé, et enfin, pour le monde corporel, l'Eau en tant qu'élément sensible (Ap), cette dernière se trouvant d'ailleurs comprise déjà implicitement, comme tout ce qui appartient à la manifestation grossière, dans le domaine des « Eaux inférieures », car la manifestation subtile joue le rôle de principe immédiat et relatif par rapport à cette manifestation grossière. — Bien que ces explications soient un peu longues, nous pensons qu'elles ne seront pas inutiles pour faire comprendre, par des exemples, comment on peut envisager une pluralité de sens et d'applications dans les textes traditionnels.

6
LES DEGRÉS DE LA MANIFESTATION INDIVIDUELLE

Nous devons maintenant passer à l'énumération des différents degrés de la manifestation d'Âtmâ, envisagé comme la personnalité, en tant que cette manifestation constitue l'individualité humaine ; et nous pouvons bien dire qu'elle la constitue effectivement, puisque cette individualité n'aurait aucune existence si elle était séparée de son principe, c'est-à-dire de la personnalité. Toutefois, la façon de parler que nous venons d'employer appelle une réserve : par la manifestation d'Âtmâ, il faut entendre la manifestation rapportée à Âtmâ comme à son principe essentiel ; mais il ne faudrait pas comprendre par là qu'Âtmâ se manifeste en quelque façon, car il n'entre jamais dans la manifestation, ainsi que nous l'avons dit précédemment, et c'est pourquoi il n'en est aucunement affecté. En d'autres termes, Âtmâ est « Ce par quoi tout est manifesté, et qui n'est soi-même manifesté par rien »[1] ; et c'est là ce qu'il ne faudra jamais perdre de vue dans tout ce qui va suivre. Nous rappellerons encore qu'Âtmâ et Purusha sont un seul et même principe, et que c'est de Prakriti, et non de Purusha, qu'est produite toute manifestation ; mais, si le Sânkhya envisage surtout cette manifestation comme le développement ou l'« actuation » des potentialités de Prakriti, parce que son point de vue est avant tout « cosmologique » et non proprement métaphysique, le Vêdânta doit y voir autre chose, parce qu'il considère Âtmâ, qui est hors de la modification et du « devenir », comme le vrai principe auquel tout doit finalement être rapporté. Nous pourrions dire qu'il y a, à cet égard, le point de vue de la « substance » et celui de l'« essence », et que c'est le premier qui est le point de vue « cosmologique », parce qu'il est celui de la Nature et du « devenir » ; mais, d'un autre côté, la métaphysique ne se borne pas à l'« essence » conçue comme corrélative de la « substance », ni même à l'Être en lequel ces deux termes sont unifiés ; elle va beaucoup plus loin, puisqu'elle s'étend aussi à Paramâtmâ ou Purushottama, qui est le Suprême Brahma, et qu'ainsi son point de vue (si tant est que cette expression puisse encore s'appliquer ici) est véritablement illimité.

D'autre part, quand nous parlons des différents degrés de la manifestation individuelle, on doit comprendre aisément que ces degrés correspondent à ceux de la manifestation universelle, en raison de cette analogie constitutive du « macrocosme » et du « microcosme » à laquelle nous avons fait allusion plus haut. On le comprendra mieux encore si l'on réfléchit que tous les êtres manifestés sont pareillement soumis aux conditions générales qui définissent les états d'existence dans lesquels ils sont placés ; si l'on ne peut pas, en considérant un être quelconque, isoler réellement un état de cet être de l'ensemble de tous les autres états parmi lesquels il se situe hiérarchiquement à un niveau déterminé, on ne peut pas davantage, à un autre point de vue, isoler cet état de tout ce qui appartient, non plus au même être, mais au même degré de l'Existence universelle ; et ainsi tout apparaît comme lié en plusieurs sens, soit dans la manifestation même, soit en tant que celle-ci, formant un ensemble unique dans sa multiplicité indéfinie, se rattache à son principe, c'est-à-dire à l'Être, et par là au Principe Suprême. La multiplicité existe selon son mode propre, dès lors qu'elle est possible, mais ce mode est illusoire, au sens que nous avons déjà précisé (celui d'une « moindre réalité »), parce que l'existence même de cette multiplicité se fonde sur l'unité, dont elle est issue et en laquelle elle est contenue principiellement.

En envisageant de cette façon l'ensemble de la manifestation universelle, on peut dire que, dans la multiplicité même de ses degrés et de ses modes, « l'Existence est unique », suivant une formule que nous empruntons à l'ésotérisme islamique ; et il y a une nuance importante à observer ici entre « unicité » et « unité » : la première enveloppe la multiplicité comme telle, la seconde en est le principe (non pas la « racine », au sens où ce mot est appliqué à Prakriti seulement, mais comme enfermant en soi toutes les possibilités de manifestation, « essentiellement » aussi bien que « substantiellement »). On peut donc dire proprement que l'Être est un, et qu'il est l'Unité même [2], au sens métaphysique, d'ailleurs, et non au sens mathématique, car nous sommes ici bien au-delà du domaine de la quantité : entre l'Unité métaphysique et l'unité mathématique, il y a analogie, mais non identité ; et de même, quand on parle de la multiplicité de la manifestation universelle, ce n'est point non plus d'une multiplicité quantitative qu'il s'agit, car la quantité n'est qu'une condition spéciale de certains états manifestés. Enfin, si l'Être est un, le Principe Suprême est « sans dualité », comme on le verra par la suite : l'unité, en effet, est la première de toutes les déterminations, mais elle est déjà une détermination, et, comme telle, elle ne saurait proprement être appliquée au Principe Suprême.

Après avoir donné ces quelques notions indispensables, revenons à la considération des degrés de la manifestation : il y a lieu de faire tout d'abord, comme nous l'avons vu, une distinction entre la manifestation informelle et la manifestation formelle ; mais, quand on se borne à l'individualité, c'est toujours de la seconde qu'il s'agit exclusivement. L'état proprement humain, de même que tout autre état individuel, appartient tout entier à l'ordre de la manifestation formelle, puisque c'est précisément la présence de la forme parmi les conditions d'un certain mode d'existence qui caractérise ce mode comme individuel. Si donc nous avons à envisager un élément informel, ce sera là un élément supra-individuel, et, quant à ses rapports avec l'individualité humaine, il ne devra jamais être regardé comme constitutif de celle-ci, ou comme en faisant partie à un titre quelconque, mais comme reliant l'individualité à la personnalité. Cette dernière, en effet, est non-manifestée, même en tant qu'on la considère plus spécialement comme le principe des états manifestés, de même que l'Être, tout en étant proprement le principe de la manifestation universelle, est en dehors et au-delà de cette manifestation (et l'on peut se souvenir ici du « moteur immobile » d'Aristote) ; mais, d'un autre côté, la manifestation informelle est encore principielle, en un sens relatif, par rapport à la manifestation formelle, et ainsi elle établit un lien entre celle-ci et son principe supérieur non-manifesté, qui est d'ailleurs le principe commun de ces deux ordres de manifestation. De même, si l'on distingue ensuite, dans la manifestation formelle ou individuelle, l'état subtil et l'état grossier, le premier est, plus relativement encore, principiel par rapport au second, et, par suite, il se situe hiérarchiquement entre ce dernier et la manifestation informelle. On a donc, par une série de principes de plus en plus relatifs et déterminés, un enchaînement à la fois logique et ontologique (les deux points de vue se correspondant d'ailleurs de telle façon qu'on ne peut les séparer qu'artificiellement), s'étendant depuis le non-manifesté jusqu'à la manifestation grossière, en passant par l'intermédiaire de la manifestation informelle, puis de la manifestation subtile ; et, qu'il s'agisse du « macrocosme » ou du « microcosme », tel est l'ordre général qui doit être suivi dans le développement des possibilités de manifestation.

Les éléments dont nous allons avoir à parler sont les tattwas énumérés par le Sânkhya, à l'exception, bien entendu, du premier et du dernier, c'est-à-dire de Prakriti et de Purusha ; et nous avons vu que, parmi ces tattwas, les uns sont regardés comme des « productions productives », et les autres comme des « productions improductives ». Une question se pose à ce propos : cette division est-elle équivalente à celle que nous venons de préciser quant aux degrés de la manifestation, ou lui correspond-elle tout au moins d'une certaine façon ? Par exemple, si l'on se limite au point de vue de l'individualité, on pourrait être tenté de rapporter les tattwas du premier groupe à l'état subtil et ceux du second à l'état grossier, d'autant plus que, en un certain sens, la manifestation subtile est productive de la manifestation grossière, tandis que celle-ci n'est plus productive d'aucun autre état ; mais les choses sont moins simples en réalité. En effet, dans le premier groupe, nous avons tout d'abord Buddhi, qui est l'élément informel auquel nous faisions allusion tout à l'heure ; quant aux autres tattwas qui s'y trouvent joints, ahankâra et les tanmâtras, ils appartiennent bien au domaine de la manifestation subtile.

D'autre part dans le second groupe, les bhûtas appartiennent incontestablement au domaine de la manifestation grossière, puisque ce sont les éléments corporels ; mais le manas, n'étant point corporel, doit être rapporté à la manifestation subtile, en lui-même du moins, bien que son activité s'exerce aussi par rapport à la manifestation grossière ; et les autres indriyas ont en quelque sorte un double aspect, pouvant être envisagés à la fois en tant que facultés et en tant qu'organes, donc psychiquement et corporellement, c'est-à-dire encore à l'état subtil et à l'état grossier. Il doit être bien entendu, d'ailleurs, que ce qui est envisagé de la manifestation subtile, en tout ceci, n'est proprement que ce qui concerne l'état individuel humain, dans ses modalités extra-corporelles ; et, bien que celles-ci soient supérieures à la modalité corporelle en ce qu'elles en contiennent le principe immédiat (en même temps que leur domaine s'étend beaucoup plus loin), cependant, si on les replace dans l'ensemble de l'Existence universelle, elles appartiennent encore au même degré de cette Existence, dans lequel est situé l'état humain tout entier. La même remarque s'applique aussi lorsque nous disons que la manifestation subtile est productive de la manifestation grossière : pour que cela soit rigoureusement exact, il faut y apporter, pour ce qui est de la première, la restriction que nous venons d'indiquer, car le même rapport ne peut être établi pour d'autres états également individuels, mais non humains, et entièrement différents par leurs conditions (sauf la présence de la forme), états qu'on est pourtant obligé de comprendre aussi dans la manifestation subtile, comme nous l'avons expliqué, dès lors qu'on prend l'individualité humaine comme terme de comparaison, ainsi qu'on doit le faire inévitablement, tout en se rendant bien compte que cet état n'est en réalité rien de plus ni de moins qu'un autre état quelconque.

Une dernière observation est encore nécessaire : quand on parle de l'ordre de développement des possibilités de manifestation, ou de l'ordre dans lequel doivent être énumérés les éléments qui correspondent aux différentes phases de ce développement, il faut avoir bien soin de préciser qu'un tel ordre n'implique qu'une succession purement logique, traduisant d'ailleurs un enchaînement ontologique réel, et qu'il ne saurait en aucune façon être question ici d'une succession temporelle. En effet, le développement dans le temps ne correspond qu'à une condition spéciale d'existence, qui est une de celles qui définissent le domaine dans lequel est contenu l'état humain ; et il y a une indéfinité d'autres modes de développement également possibles, et également compris dans la manifestation universelle. L'individualité humaine ne peut donc être située temporellement par rapport aux autres états de l'être, puisque ceux-ci, d'une façon générale, sont extra-temporels, et cela même lorsqu'il ne s'agit que d'états qui relèvent pareillement de la manifestation formelle. Nous pourrions encore ajouter que certaines extensions de l'individualité humaine, en dehors de sa modalité corporelle, échappent déjà au temps, sans être pour cela soustraites aux autres conditions générales de l'état auquel appartient cette individualité, de sorte qu'elles se situent véritablement dans de simples prolongements de ce même état ; et nous aurons sans doute l'occasion d'expliquer, dans d'autres études, comment de tels prolongements peuvent précisément être atteints par la suppression de l'une ou de l'autre des conditions dont l'ensemble complet définit le monde corporel. S'il en est ainsi, on conçoit qu'il ne saurait, à plus forte raison, être question de faire intervenir la condition temporelle dans ce qui n'appartient plus au même état, ni par conséquent dans les rapports de l'état humain intégral avec d'autres états ; et, à plus forte raison encore, on ne peut le faire lorsqu'il s'agit d'un principe commun à tous les états de manifestation, ou d'un élément qui, tout en étant déjà manifesté, est supérieur à toute manifestation formelle, comme l'est celui que nous allons avoir à envisager en premier lieu.

---

1. Kêna Upanishad, 1er Khanda, shrutis 5 à 9 ; le passage entier sera reproduit plus loin.
2. C'est ce qu'exprime aussi l'adage scolastique : Esse et unum convertuntur.

7
BUDDHI OU L'INTELLECT SUPÉRIEUR

Le premier degré de la manifestation d'Âtmâ, en entendant cette expression au sens que nous avons précisé dans le chapitre précédent, est l'intellect supérieur (Buddhi), qui, comme nous l'avons vu plus haut, est aussi appelé Mahat ou le « grand principe » : c'est le second des vingt-cinq principes du Sânkhya, donc la première de toutes les productions de Prakriti. Ce principe est encore d'ordre universel, puisqu'il est informel ; cependant, on ne doit pas oublier qu'il appartient déjà à la manifestation, et c'est pourquoi il procède de Prakriti, car toute manifestation, à quelque degré qu'on l'envisage, présuppose nécessairement ces deux termes corrélatifs et complémentaires que sont Purusha et Prakriti, l'« essence » et la « substance ». Il n'en est pas moins vrai que Buddhi dépasse le domaine, non seulement de l'individualité humaine, mais de tout état individuel quel qu'il soit, et c'est ce qui justifie son nom de Mahat ; elle n'est donc jamais individualisée en réalité, et ce n'est qu'au stade suivant que nous trouverons l'individualité effectuée, avec la conscience particulière (ou mieux « particulariste ») du « moi ».

Buddhi, considérée par rapport à l'individualité humaine ou à tout autre état individuel, en est donc le principe immédiat, mais transcendant, comme, au point de vue de l'Existence universelle, la manifestation informelle l'est de la manifestation formelle ; et elle est en même temps ce qu'on pourrait appeler l'expression de la personnalité dans la manifestation, donc ce qui unifie l'être à travers la multiplicité indéfinie de ses états individuels (l'état humain, dans toute son extension, n'étant qu'un de ces états parmi les autres). En d'autres termes, si l'on regarde le « Soi » (Âtmâ) ou la personnalité comme le Soleil spirituel [1] qui brille au centre de l'être total, Buddhi sera le rayon directement émané de ce Soleil et illuminant dans son intégralité l'état individuel que nous avons à envisager plus spécialement, tout en le reliant aux autres états individuels du même être, ou même, plus généralement encore, à tous ses états manifestés (individuels et non-individuels), et, par-delà ceux-ci, au centre lui-même. Il convient d'ailleurs de remarquer, sans trop y insister ici pour ne pas nous écarter de la suite de notre exposé, que, en raison de l'unité fondamentale de l'être dans tous ses états, on doit considérer le centre de chaque état, en lequel se projette ce rayon spirituel, comme identifié virtuellement, sinon effectivement, avec le centre de l'être total ; et c'est pourquoi un état quelconque, l'état humain aussi bien que tout autre, peut être pris comme base pour la réalisation de l'« Identité Suprême ». C'est précisément en ce sens, et en vertu de cette identification, que l'on peut dire, comme nous l'avons fait tout d'abord, que Purusha lui-même réside au centre de l'individualité humaine, c'est-à-dire au point où l'intersection du rayon spirituel avec le domaine des possibilités vitales détermine l'« âme vivante » (jîvâtmâ) [2].

D'autre part, Buddhi, comme tout ce qui provient du développement des potentialités de Prakriti, participe des trois gunas ; c'est pourquoi, envisagée sous le rapport de la connaissance distinctive (vijnâna), elle est conçue comme ternaire, et, dans l'ordre de l'Existence universelle, elle est alors identifiée à la Trimûrti divine : « Mahat devient distinctement conçu comme trois Dieux (au sens de trois aspects de la Lumière intelligible, car c'est là proprement la signification du mot sanskrit Dêva, dont le mot « Dieu » est d'ailleurs, étymologiquement, l'équivalent exact) [3], par l'influence des trois gunas, étant une seule manifestation (mûrti) en trois Dieux. Dans l'universel, il est la Divinité (Îshwara, non en soi, mais sous ses trois aspects principaux de Brahmâ, Vishnu et Shiva, constituant la Trimûrti ou « triple manifestation ») ; mais, envisagé distributivement (sous l'aspect, d'ailleurs purement contingent, de la « séparativité »), il appartient (sans pourtant être individualisé lui-même) aux êtres individuels (auxquels il communique la possibilité de participation aux attributs divins, c'est-à-dire à la nature même de l'Être Universel, principe de toute existence) » [4]. Il est facile de voir que Buddhi est considérée ici dans ses rapports respectifs avec les deux premiers des trois Purushas dont il est parlé dans la Bhagavad-Gîtâ : dans l'ordre « macrocosmique », en effet, celui qui est désigné comme « immuable » est Îshwara même, dont la Trimûrti est l'expression en mode manifesté (il s'agit, bien entendu, de la manifestation informelle, car il n'y a là rien d'individuel) ; et il est dit que l'autre est « réparti entre tous les êtres ». De même, dans l'ordre « microcosmique » Buddhi peut être envisagée à la fois par rapport à la personnalité (Âtmâ) et par rapport à l'« âme vivante » (jîvâtmâ), cette dernière n'étant d'ailleurs que la réflexion de la personnalité dans l'état individuel humain, réflexion qui ne saurait exister sans l'intermédiaire de Buddhi :

qu'on se rappelle ici le symbole du soleil et de son image réfléchie dans l'eau ; Buddhi est, nous l'avons dit, le rayon qui détermine la formation de cette image et qui, en même temps, la relie à la source lumineuse.

C'est en vertu du double rapport qui vient d'être indiqué, et de ce rôle d'intermédiaire entre la personnalité et l'individualité, que l'on peut, malgré tout ce qu'il y a nécessairement d'inadéquat dans une telle façon de parler, regarder l'intellect comme passant en quelque sorte de l'état de puissance universelle à l'état individualisé, mais sans cesser véritablement d'être tel qu'il était, et seulement par son intersection avec le domaine spécial de certaines conditions d'existence, par lesquelles est définie l'individualité considérée ; et il produit alors, comme résultante de cette intersection, la conscience individuelle (ahankâra), impliquée dans l'« âme vivante » (jîvâtmâ) à laquelle elle est inhérente. Comme nous l'avons déjà indiqué, cette conscience, qui est le troisième principe du Sânkhya, donne naissance à la notion du « moi » (aham, d'où le nom d'ahankâra, littéralement « ce qui fait le moi »), car elle a pour fonction propre de prescrire la conviction individuelle (abhimâna), c'est-à-dire précisément la notion que « je suis » concerné par les objets externes (bâhya) et internes (abhyantara), qui sont respectivement les objets de la perception (pratyaksha) et de la contemplation (dhyâna) ; et l'ensemble de ces objets est désigné par le terme idam, « ceci », quand il est ainsi conçu par opposition avec aham ou le « moi », opposition toute relative d'ailleurs, et bien différente en cela de celle que les philosophes modernes prétendent établir entre le « sujet » et l'« objet », ou entre l'« esprit » et les « choses ». Ainsi, la conscience individuelle procède immédiatement, mais à titre de simple modalité « conditionnelle », du principe intellectuel, et, à son tour, elle produit tous les autres principes ou éléments spéciaux de l'individualité humaine, dont nous allons avoir à nous occuper maintenant.

---

1. Pour le sens qu'il convient de donner à cette expression, nous renverrons à l'observation que nous avons déjà faite à propos de l'« Esprit Universel ».
2. Il est évident que nous voulons parler ici, non d'un point mathématique, mais de ce qu'on pourrait appeler analogiquement un point métaphysique, sans toutefois qu'une telle expression doive évoquer l'idée de la monade leibnitzienne, puisque jîvâtmâ n'est qu'une manifestation particulière et contingente d'Âtmâ, et que son existence séparée est proprement illusoire. Le symbolisme géométrique auquel nous nous référons sera d'ailleurs exposé dans une autre étude avec tous les développements auxquels il est susceptible de donner lieu.
3. Si l'on donnait à ce mot « Dieu » le sens qu'il a pris ultérieurement dans les langues occidentales, le pluriel serait un non-sens, aussi bien au point de vue hindou qu'au point de vue judéo-chrétien et islamique, car ce mot, comme nous l'avons fait remarquer précédemment, ne pourrait s'appliquer alors qu'à Îshwara exclusivement, dans son indivisible unité qui est celle de l'Être Universel, quelle que soit la multiplicité des aspects que l'on peut y envisager secondairement.
4. Matsya-Purâna. — On remarquera que Buddhi n'est pas sans rapports avec le Logos alexandrin.

8

MANAS OU LE SENS INTERNE ; LES DIX FACULTÉS EXTERNES DE SENSATION ET D'ACTION

Après la conscience individuelle (ahankâra), l'énumération des tattwas du Sânkhya comporte, dans le même groupe des « productions productives », les cinq tanmâtras, déterminations élémentaires subtiles, donc incorporelles et non perceptibles extérieurement, qui sont, d'une façon directe, les principes respectifs des cinq bhûtas ou éléments corporels et sensibles, et qui ont leur expression définie dans les conditions mêmes de l'existence individuelle au degré où se situe l'état humain. Le mot tanmâtra signifie littéralement une « assignation » (mâtra, mesure, détermination) délimitant le domaine propre d'une certaine qualité (tad ou tat, pronom neutre, « cela », pris ici au sens de « quiddité », comme l'arabe dhât) [1] dans l'Existence universelle ; mais ce n'est pas ici le lieu d'entrer dans de plus amples développements sur ce point. Nous dirons seulement que les cinq tanmâtras sont désignées habituellement par les noms des qualités sensibles : auditive ou sonore (shabda), tangible (sparsha), visible (rûpa, avec le double sens de forme et de couleur), sapide (rasa), olfactive (gandha) ; mais ces qualités ne peuvent être envisagées ici qu'à l'état principiel, en quelque sorte, et « non-développé », puisque c'est seulement par les bhûtas qu'elles seront manifestées effectivement dans l'ordre sensible ; et le rapport des tanmâtras aux bhûtas est, à son degré relatif, analogue au rapport de l'« essence » à la « substance », de sorte qu'on pourrait assez justement donner aux tanmâtras la dénomination d'« essences élémentaires » [2]. Les cinq bhûtas sont, dans l'ordre de leur production ou de leur manifestation (ordre correspondant à celui qui vient d'être indiqué pour les tanmâtras, puisqu'à chaque élément appartient en propre une qualité sensible), l'Éther (Âkâsha), l'Air (Vâyu), le Feu (Têjas), l'Eau (Ap) et la Terre (Prithwî ou Prithivî) ; et c'est d'eux qu'est formée toute la manifestation grossière ou corporelle.

Entre les tanmâtras et les bhûtas, et constituant avec ces derniers le groupe des « productions improductives », il y a onze facultés distinctes, proprement individuelles, qui procèdent d'ahankâra, et qui, en même temps, participent toutes des cinq tanmâtras. Des onze facultés dont il s'agit, dix sont externes : cinq de sensation et cinq d'action ; la onzième, dont la nature tient à la fois des unes et des autres, est le sens interne ou la faculté mentale (manas), et cette dernière est unie directement à la conscience (ahankâra)[3]. C'est à ce manas que doit être rapportée la pensée individuelle, qui est d'ordre formel (et nous y comprenons la raison aussi bien que la mémoire et l'imagination)[4], et qui n'est nullement inhérente à l'intellect transcendant (Buddhi), dont les attributions sont essentiellement informelles. Nous ferons remarquer à ce propos que, pour Aristote également, l'intellect pur est d'ordre transcendant et a pour objet propre la connaissance des principes universels ; cette connaissance, qui n'a rien de discursif, est obtenue directement et immédiatement par l'intuition intellectuelle, laquelle, disons-le pour éviter toute confusion, n'a aucun point commun avec la prétendue « intuition », d'ordre uniquement sensitif et vital, qui joue un si grand rôle dans les théories, nettement antimétaphysiques, de certains philosophes contemporains.

Quant au développement des différentes facultés de l'homme individuel, nous n'avons qu'à reproduire ce qui est enseigné sur cette question par les Brahma-Sûtras : « l'intellect, le sens interne, ainsi que les facultés de sensation et d'action, sont développés (dans la manifestation) et résorbés (dans le non-manifesté) dans un ordre semblable (mais, pour la résorption, en sens inverse du développement) [5], ordre qui est toujours celui des éléments dont ces facultés procèdent quant à leur constitution [6] (à l'exception cependant de l'intellect, qui est développé, dans l'ordre informel, préalablement à tout principe formel ou proprement individuel). Quant à Purusha (ou Âtmâ), son émanation (en tant qu'on l'envisage comme la personnalité d'un être) n'est pas une naissance (même dans l'acception la plus étendue dont ce mot est susceptible) [7] [8], ni une production (déterminant un point de départ pour son existence effective, ainsi qu'il en est pour tout ce qui provient de Prakriti). On ne peut, en effet, lui assigner aucune limitation (par quelque condition particulière d'existence), car, étant identifié avec le Suprême Brahma, il participe de Son Essence infinie [9] (impliquant la possession des attributs divins, virtuellement au moins, et même actuellement en tant que cette participation est effectivement réalisée par l'« Identité Suprême », sans parler de ce qui est au-delà de toute attribution, puisqu'il s'agit ici du Suprême Brahma, qui est nirguna, et non pas seulement de Brahma comme saguna, c'est-à-dire d'Îshwara) [10]. Il est actif, mais en principe seulement (donc « non-agissant ») [11], car cette activité (kârtritwa) ne lui est pas essentielle et inhérente, mais n'est pour lui qu'éventuelle et contingente (relative seulement à ses états de manifestation). Comme le charpentier, ayant à la main sa hache et ses autres outils, et les mettant ensuite de côté, jouit de la tranquillité et du repos, de même cet Âtmâ, dans son union avec ses instruments (par le moyen desquels ses facultés principielles sont exprimées et développées dans chacun de ses états de manifestation, et qui ainsi ne sont autre chose que ces facultés manifestées avec leurs organes respectifs), est actif (bien que cette activité n'affecte en rien sa nature intime), et, en les quittant, il jouit du repos et de la tranquillité (dans le « non-agir », dont, en soi-même, il n'est jamais sorti) » [12].

« Les diverses facultés de sensation et d'action (désignées par le terme prâna dans une acception secondaire) sont au nombre de onze : cinq de sensation (buddhîndriyas ou jnânêndriyas, moyens ou instruments de connaissance dans leur domaine particulier), cinq d'action (karmêndriyas), et le sens interne (manas). Là où un nombre plus grand (treize) est spécifié, le terme indriya est employé dans son sens le plus étendu et le plus compréhensif, en distinguant dans le manas, en raison de la pluralité de ses fonctions, l'intellect (non en lui-même et dans l'ordre transcendant, mais en tant que détermination particulière par rapport à l'individu), la conscience individuelle (ahankâra, dont le manas ne peut être séparé), et le sens interne proprement dit (ce que les philosophes scolastiques appellent « sensorium commune »). Là où un nombre moindre (ordinairement sept) est mentionné, le même terme est employé dans une acception plus restreinte : ainsi, il est parlé de sept organes sensitifs, relativement aux deux yeux, aux deux oreilles, aux deux narines et à la bouche ou à la langue (de sorte que, dans ce cas, il s'agit seulement des sept ouvertures ou orifices de la tête). Les onze facultés ci-dessus mentionnées (bien que désignées dans leur ensemble par le terme prâna) ne sont pas (comme les cinq vâyus, dont nous parlerons plus loin) de simples modifications du mukhya-prâna ou de l'acte vital principal (la respiration, avec l'assimilation qui en résulte), mais des principes distincts (au point de vue spécial de l'individualité humaine) » [13].

Le terme prâna, dans son acception la plus habituelle, signifie proprement « souffle vital » ; mais, dans certains textes vêdiques, ce qui est ainsi désigné est, au sens universel, identifié en principe avec Brahma même, comme lorsqu'il est dit que, dans le sommeil profond (sushupti), toutes les facultés sont résorbées en prâna, car, « pendant qu'un homme dort sans rêver, son principe spirituel (Âtmâ envisagé par rapport à lui) est un avec Brahma » [14], cet état étant au-delà de la distinction, donc véritablement supra-individuel : c'est pourquoi le mot swapiti, « il dort », est interprété par swam apîto bhavati, « il est entré dans son propre (« Soi ») » [15].

Quant au mot indriya, il signifie proprement « pouvoir », ce qui est aussi le sens premier du mot « faculté » ; mais, par extension, sa signification, comme nous l'avons déjà indiqué, comprend à la fois la faculté et son organe corporel, dont l'ensemble est considéré comme constituant un instrument, soit de connaissance (buddhi ou jnâna, ces termes étant pris ici dans leur acception la plus large), soit d'action (karma), et qui sont désignés ainsi par un seul et même mot. Les cinq instruments de sensation sont : les oreilles ou l'ouïe (shrotra), la peau ou le toucher (twach), les yeux ou la vue (chakshus), la langue ou le goût (rasana), le nez ou l'odorat (ghrâna), étant ainsi énumérés dans l'ordre du développement des sens, qui est celui des éléments (bhûtas) correspondants ; mais, pour exposer en détail cette correspondance, il serait nécessaire de traiter complètement des conditions de l'existence corporelle, ce que nous ne pouvons faire ici. Les cinq instruments d'action sont : les organes d'excrétion (pâyu), les organes générateurs (upastha), les mains (pâni), les pieds (pâda), et enfin la voix ou l'organe de la parole (vâch) [16], qui est énuméré le dixième. Le manas doit être regardé comme le onzième, comprenant par sa propre nature la double fonction, comme servant à la fois à la sensation et à l'action, et, par suite, participant aux propriétés des uns et des autres, qu'il centralise en quelque sorte en lui-même [17].

D'après le Sânkhya, ces facultés, avec leurs organes respectifs, sont, en distinguant trois principes dans le manas, les treize instruments de la connaissance dans le domaine de l'individualité humaine (car l'action n'a pas sa fin en elle-même, mais seulement par rapport à la connaissance) : trois internes et dix externes, comparés à trois sentinelles et à dix portes (le caractère conscient étant inhérent aux premiers, mais non aux seconds en tant qu'on les envisage distinctement). Un sens corporel perçoit, et un organe d'action exécute (l'un étant en quelque sorte une « entrée » et l'autre une « sortie » : il y a là deux phases successives et complémentaires, dont la première est un mouvement centripète et la seconde un mouvement centrifuge) ; entre les deux, le sens interne (manas) examine ; la conscience (Ahankâra) fait l'application individuelle, c'est-à-dire l'assimilation de la perception au « moi », dont elle fait désormais partie à titre de modification secondaire ; et enfin l'intellect pur (Buddhi) transpose dans l'Universel les données des facultés précédentes.

---

1. Il y a lieu de remarquer que ces mots tat et dhât sont phonétiquement identiques entre eux, et qu'ils le sont aussi à l'anglais that, qui a le même sens.
2. C'est en un sens très proche de cette considération des tanmâtras que Fabre d'Olivet, dans son interprétation de la Genèse (La Langue hébraïque restituée), emploie l'expression d'« élémentisation intelligible ».
3. Sur la production de ces divers principes, envisagée au point de vue « macrocosmique », cf. Mânava-Dharma-Shâstra (Loi de Manu), 1er Adhyâya, shlokas 14 à 20.
4. C'est sans doute de cette façon qu'il faut comprendre ce que dit Aristote, que « l'homme (en tant qu'individu) ne pense jamais sans images », c'est-à-dire sans formes.

5. Nous rappelons qu'il ne s'agit nullement d'un ordre de succession temporelle.
6. Il peut s'agir ici à la fois des tanmâtras et des bhûtas, suivant que les indriyas sont envisagés à l'état subtil ou à l'état grossier, c'est-à-dire comme facultés ou comme organes.
7. On peut, en effet, appeler « naissance » et « mort » le commencement et la fin d'un cycle quelconque, c'est-à-dire de l'existence dans n'importe quel état de manifestation, et non pas seulement dans l'état humain ; comme nous l'expliquerons plus loin, le passage d'un état à un autre est alors à la fois une mort et une naissance, suivant qu'on l'envisage par rapport à l'état antécédent ou à l'état conséquent.
8.
9. Le mot « essence » quand on l'applique ainsi analogiquement n'est plus aucunement le corrélatif de « substance » ; d'ailleurs, ce qui a un corrélatif quelconque ne peut être infini. De même, le mot « nature », appliqué à l'Être Universel ou même au-delà de l'Être, perd entièrement son sens propre et étymologique, avec l'idée de « devenir » qui s'y trouve impliquée.
10. La possession des attributs divins est appelée en sanskrit aishwarya comme étant une véritable « connaturalité », avec Îshwara.
11. Aristote a eu raison d'insister aussi sur ce point, que le premier moteur de toutes choses (ou le principe du mouvement) doit être lui-même immobile, ce qui revient à dire, en d'autres termes, que le principe de toute action doit être « non-agissant ».
12. Brahma-Sûtras, 2e Adhyâya, 3e Pâda, sûtras 15 à 17 et 33 à 40.
13. Brahma-Sûtras, 2e Adhyâya, 4e Pâda, sûtras 1 à 7.
14. Commentaire de Shankarâchârya sur les Brahma-Sûtras, 3e Adhyâya, 2e Pâda, sûtra 7.
15. Chhândogya Upanishad, 6e Prapâthaka, 8e Khanda, shruti 1. — Il va sans dire qu'il s'agit d'une interprétation par les procédés du Nirukta, et non d'une dérivation étymologique.
16. Ce mot vâch est identique au latin vox.
17. Mânava-Dharma-Shâstra, 2e Adhyâya, shlokas 89 à 92.

9
LES CINQ VAYUS OU FONCTIONS VITALES. LES ENVELOPPES DU « SOI ».

Purusha ou Âtmâ, se manifestant comme jîvâtmâ dans la forme vivante de l'être individuel, est regardé, selon le Vêdânta, comme se revêtant d'une série d'« enveloppes » (koshas) ou de « véhicules » successifs, représentant autant de phases de sa manifestation, et qu'il serait d'ailleurs complètement erroné d'assimiler à des « corps », puisque c'est la dernière phase seulement qui est d'ordre corporel. Il faut bien remarquer, du reste, qu'on ne peut pas dire, en toute rigueur, qu'Âtmâ soit en réalité contenu dans de telles enveloppes, puisque, de par sa nature même, il n'est susceptible d'aucune limitation et n'est nullement conditionné par quelque état de manifestation que ce soit [1].

La première enveloppe (ânandamaya-kosha, la particule maya signifiant « qui est fait de » ou « qui consiste en » ce que désigne le mot auquel elle est jointe) n'est autre chose que l'ensemble même de toutes les possibilités de manifestation qu'Âtmâ comporte en soi, dans sa « permanente actualité », à l'état principiel et indifférencié. Elle est dite « faite de Béatitude » (Ânanda), parce que le « Soi », dans cet état primordial, jouit de la plénitude de son propre être, et elle n'est rien de véritablement distinct du « Soi » ; elle est supérieure à l'existence conditionnée, qui la présuppose, et elle se situe au degré de l'Être pur : c'est pourquoi elle est regardée comme caractéristique d'Îshwara [2]. Nous sommes donc ici dans l'ordre informel ; c'est seulement quand on l'envisage par rapport à la manifestation formelle, et en tant que le principe de celle-ci s'y trouve contenu, que l'on peut dire que c'est là la forme principielle ou causale (kârana-sharîra), ce par quoi la forme sera manifestée et actualisée aux stades suivants.

La seconde enveloppe (vijnânamaya-kosha) est formée par la Lumière (au sens intelligible) directement réfléchie de la Connaissance intégrale et universelle (Jnâna, la particule vi impliquant le mode distinctif) [3] ; elle est composée des cinq « essences élémentaires » (tanmâtras), « conceptibles », mais non « perceptibles », dans leur état subtil ; et elle consiste dans la jonction de l'intellect supérieur (Buddhi) aux facultés principielles de perception procédant respectivement des cinq tanmâtras, et dont le développement extérieur constituera les cinq sens dans l'individualité corporelle [4]. La troisième enveloppe (manomaya-kosha), dans laquelle le sens interne (manas) est joint avec la précédente, implique spécialement la conscience mentale [5] ou faculté pensante, qui, comme nous l'avons dit précédemment, est d'ordre exclusivement individuel et formel, et dont le développement procède de l'irradiation en mode réfléchi de l'intellect supérieur dans un état individuel déterminé, qui est ici l'état humain. La quatrième enveloppe (prânamaya-kosha) comprend les facultés qui procèdent du « souffle vital » (prâna), c'est-à-dire les cinq vâyus (modalités de ce prâna), ainsi que les facultés d'action et de sensation (ces dernières existant déjà principiellement dans les deux enveloppes précédentes, comme facultés purement « conceptives », alors que, d'autre part, il ne pouvait être question d'aucune sorte d'action, non plus que d'aucune perception extérieure). L'ensemble de ces trois enveloppes (vijnânamaya, manomaya et prânamaya) constitue la forme subtile (sûkshma-sharîra ou linga-sharîra), par opposition à la forme grossière ou corporelle (sthûla-sharîra) ; nous retrouvons donc ici la distinction des deux modes de manifestation formelle dont nous avons déjà parlé à plusieurs reprises.

Les cinq fonctions ou actions vitales sont nommées vâyus, bien qu'elles ne soient pas à proprement parler l'air ou le vent (c'est là, en effet, le sens général du mot vâyu ou vâta, dérivé de la racine verbale vâ, aller, se mouvoir, et qui désigne habituellement l'élément air, dont la mobilité est une des propriétés caractéristiques) [6], d'autant plus qu'elles se rapportent à l'état subtil et non à l'état corporel ; mais elles sont, comme nous venons de le dire, des modalités du « souffle vital » (prâna, ou plus généralement ana) [7], considéré principalement dans ses rapports avec la respiration. Ce sont : 1° l'aspiration, c'est-à-dire la respiration considérée comme ascendante dans sa phase initiale (prâna, au sens le plus strict de ce mot), et attirant les éléments non encore individualisés de l'ambiance cosmique, pour les faire participer à la conscience individuelle, par assimilation ; 2° l'inspiration, considérée comme descendante dans une phase suivante (apâna), et par laquelle ces éléments pénètrent dans l'individualité ; 3° une phase intermédiaire entre les deux précédentes (vyâna), consistant, d'une part, dans l'ensemble des actions et réactions réciproques qui se produisent au contact entre l'individu et les éléments ambiants, et, d'autre part, dans les divers mouvements vitaux qui en résultent, et dont la correspondance dans l'organisme corporel est la circulation sanguine ; 4° l'expiration (udâna), qui projette le souffle, en le transformant, au-delà des limites de l'individualité restreinte (c'est-à-dire réduite aux seules modalités qui sont communément développées chez tous les hommes), dans le domaine des possibilités de l'individualité étendue, envisagée dans son intégralité [8] ; 5° la digestion, ou l'assimilation substantielle intime (samâna), par laquelle les éléments absorbés deviennent partie intégrante de l'individualité [9]. Il est nettement spécifié qu'il ne s'agit pas là d'une simple opération d'un ou de plusieurs organes corporels ; il est facile de se rendre compte, en effet, que tout cela ne doit pas être compris seulement des fonctions physiologiques analogiquement correspondantes, mais bien de l'assimilation vitale dans son sens le plus étendu.

La forme corporelle ou grossière (sthûla-sharîra) est la cinquième et dernière enveloppe, celle qui correspond, pour l'état humain, au mode de manifestation le plus extérieur ; c'est l'enveloppe alimentaire (annamaya-kosha), composée des cinq éléments sensibles (bhûtas) à partir desquels sont constitués tous les corps. Elle s'assimile les éléments combinés reçus dans la nourriture (anna, mot dérivé de la racine verbale ad, manger) [10], sécrétant les parties les plus fines, qui demeurent dans la circulation organique, et excrétant ou rejetant les plus grossières, à l'exception toutefois de celles qui sont déposées dans les os. Comme résultat de cette assimilation, les substances terreuses deviennent la chair ; les substances aqueuses, le sang ; les substances ignées, la graisse, la moelle et le système nerveux (matière phosphorée) ; car il est des substances corporelles dans lesquelles la nature de tel ou tel élément prédomine, bien qu'elles soient toutes formées par l'union des cinq éléments [11].

Tout être organisé, résidant dans une telle forme corporelle, possède, à un degré plus ou moins complet de développement, les onze facultés individuelles dont nous avons parlé précédemment, et, ainsi que nous l'avons vu également, ces facultés sont manifestées dans la forme de l'être par le moyen de onze organes correspondants (avayavas, désignation qui est d'ailleurs appliquée aussi dans l'état subtil, mais seulement par analogie avec l'état grossier). On distingue, selon Shankarâchârya [12], trois classes d'êtres organisés, suivant leur mode de reproduction : 1° les vivipares (jîvaja, ou yonija, ou encore jarâyuja), comme l'homme et les mammifères : 2° les ovipares (ândaja), comme les oiseaux, les reptiles, les poissons et les insectes : 3° les germinipares (udbhijja), qui comprennent à la fois les animaux inférieurs et les végétaux, les premiers, mobiles, naissent principalement dans l'eau, tandis que les seconds qui sont fixés, naissent habituellement de la terre ; cependant, d'après divers passages du Vêda, la nourriture (anna), c'est-à-dire le végétal (oshadhi), procède aussi de l'eau, car c'est la pluie (varsha) qui fertilise la terre [13].

1. Dans la Taittirîya Upanishad, 2e Vallî, 8e Anuvâka, shruti 1, et 3e Vallî, 10e Anuvâka, shruti 5, les désignations des différentes enveloppes sont rapportées directement au « Soi », suivant qu'on le considère par rapport à tel ou tel état de manifestation.
2. Tandis que les autres désignations (celles des quatre enveloppes suivantes) peuvent être regardées comme caractérisant jîvâtmâ, celle d'ânandamaya convient, non seulement à Îshwara, mais aussi, par transposition, à Paramâtmâ même ou au Suprême Brahma, et c'est pourquoi il est dit dans la Taittirîya Upanishad, 2e Vallî, 5e Anuvâka, shruti 1 : « Différent de celui qui consiste en connaissance distinctive (vijnânamaya) est l'autre Soi intérieur (anyo'ntara Âtmâ) qui consiste en Béatitude (ânandamaya). » — Cf. Brahma-Sûtras, 1er Adhyâya, 1er Pâda, sûtras 12 à 19.
3. Le mot sanskrit Jnâna est identique au grec Γνωσις par sa racine, qui est d'ailleurs aussi celle du mot « connaissance » (de cognoscere), et qui exprime une idée de « production » ou de « génération », parce que l'être « devient » ce qu'il connaît et se réalise lui-même par cette connaissance.
4. C'est à partir de cette seconde enveloppe que s'applique proprement le terme sharîra, surtout si l'on donne à ce mot, interprété par les méthodes du Nirukta, la signification de « dépendant des six (principes) », c'est-à-dire de Buddhi (ou d'ahankâra qui en dérive directement et qui est le premier principe d'ordre individuel) et des cinq tanmâtras (Mânava-Dharma-Shâstra, 1er Adhyâya, shloka 17).
5. Nous entendons par cette expression quelque chose de plus, en tant que détermination, que la conscience individuelle pure et simple : on pourrait dire que c'est la résultante de l'union du manas avec ahankâra.
6. On pourra se reporter ici à ce que nous avons dit, dans une note précédente, à propos des différentes applications du mot hébreu Ruahh, qui correspond assez exactement au sanskrit vâyu.
7. La racine an se retrouve, avec la même signification, dans le grec ἄνεμος, « souffle » ou « vent », et dans le latin anima « âme », dont le sens propre et primitif est exactement celui de « souffle vital ».
8. Il est à remarquer que le mot « expirer » signifie à la fois « rejeter le souffle » (dans la respiration) et « mourir » (quant à la partie corporelle de l'individualité humaine) ; ces deux sens sont l'un et l'autre en rapport avec l'ûdana dont il est question.
9. Brahma-Sûtras, 2e Adhyâya, 4e Pâda, sûtras 8 à 13. — Cf. Chhândogya Upanishad, 5e Prapâthaka, 19e à 23e Khandas ; Maitri Upanishad, 2e Prapâthaka, shruti 6.
10. Cette racine est celle du latin edere, et aussi, quoique sous une forme plus altérée, de l'anglais eat et de l'allemand essen.
11. Brahma-Sûtras, 2e Adhyâya, 4e Pâda, sûtra 21. — Cf. Chhândogya Upanishad, 6e Prapâthaka, 5e Khanda, shrutis 1 à 3.
12. Commentaire sur les Brahma-Sûtras, 3e Adhyâya, 1er Pâda, sûtras 20 et 21. — Cf. Chhândogya Upanishad, 6e Prapâthaka, 3e Khanda, shruti 1 ; Aitarêya Upanishad, 5e Khanda, shruti 3. Ce dernier texte, en outre des trois classes d'êtres vivants qui sont énumérées dans les autres, en mentionne une quatrième, à savoir les êtres nés de la chaleur humide (swêdaja) ; mais cette classe peut être rattachée à celle des germinipares.
13. Voir notamment Chhândogya Upanishad, 1er Prapâthaka, 1er Khanda, shruti 2 : « les végétaux sont l'essence (rasa) de l'eau » ; 5e Prapâthaka, 6e Khanda, shruti 2, et 7e Prapâthaka, 4e Khanda, shruti 2 ; anna provient ou procède de varsha. — Le mot rasa signifie littéralement « sève », et on a vu plus haut qu'il signifie aussi « goût » ou « saveur » ; du reste, en français également, les mots « sève » et « saveur » ont la même racine (sap), qui est en même temps celle de « savoir » (en latin sapere), en raison de l'analogie qui existe entre l'assimilation nutritive dans l'ordre corporel et l'assimilation cognitive dans les ordres mental et intellectuel. — Il faut encore remarquer que le mot anna désigne quelquefois l'élément terre lui-même, qui est le dernier dans l'ordre de développement, et qui dérive aussi de l'élément eau qui le précède immédiatement (Chhândogya Upanishad, 6e Prapâthaka, 2e Khanda, shruti 4).

10
UNITÉ ET IDENTITÉ ESSENTIELLES DU «SOI» DANS TOUS LES ÉTATS DE L'ÊTRE

Ici il nous faut insister quelque peu sur un point essentiel : c'est que tous les principes ou éléments dont nous avons parlé, qui sont décrits comme distincts, et qui le sont en effet au point de vue individuel, ne le sont cependant qu'à ce point de vue seulement, et ne constituent en réalité qu'autant de modalités manifestées de l'« Esprit Universel » (Âtmâ). En d'autres termes, bien qu'accidentels et contingents en tant que manifestés, ils sont l'expression de certaines des possibilités essentielles d'Âtmâ (celles qui, par leur nature propre, sont des possibilités de manifestation) ; et ces possibilités, en principe et dans leur réalité profonde, ne sont rien de distinct d'Âtmâ. C'est pourquoi on doit les considérer, dans l'Universel (et non plus par rapport aux êtres individuels), comme étant véritablement Brahma même, qui est « sans dualité », et hors duquel il n'est rien, ni manifesté ni non-manifesté [1]. D'ailleurs, ce hors de quoi il y a quelque chose ne peut être infini, étant limité, par cela même qu'il laisse en dehors ; et ainsi, le Monde, en entendant par ce mot l'ensemble de la manifestation universelle, ne peut se distinguer de Brahma qu'en mode illusoire, tandis que, par contre, Brahma est absolument « distinct de ce qu'Il pénètre » [2], c'est-à-dire du Monde, puisqu'on ne peut Lui appliquer aucun des attributs déterminatifs qui conviennent à celui-ci, et que la manifestation universelle tout entière est rigoureusement nulle au regard de Son Infinité. Comme nous l'avons déjà fait remarquer ailleurs, cette irréciprocité de relation entraîne la condamnation formelle du « panthéisme », ainsi que de tout « immanentisme » ; et elle est aussi affirmée très nettement en ces termes par la Bhagavad-Gîtâ : « Tous les êtres sont en moi et moi je ne suis pas en eux... Mon Être supporte les êtres, et, sans qu'Il soit en eux, c'est par Lui qu'ils existent » ³. On pourrait dire encore que Brahma est le Tout absolu, par là-même qu'Il est infini, mais que, d'autre part, si toutes choses sont en Brahma, elles ne sont point Brahma en tant qu'elles sont envisagées sous l'aspect de la distinction, c'est-à-dire précisément en tant que choses relatives et conditionnées, leur existence comme telles n'étant d'ailleurs qu'une illusion vis-à-vis de la réalité suprême ; ce qui est dit des choses et ne saurait convenir à Brahma, ce n'est que l'expression de la relativité, et en même temps, celle-ci étant illusoire, la distinction l'est pareillement, parce que l'un de ses termes s'évanouit devant l'autre, rien ne pouvant entrer en corrélation avec l'Infini ; c'est en principe seulement que toutes choses sont Brahma, mais aussi c'est cela seul qui est leur réalité profonde ; et c'est là ce qu'il ne faut jamais perdre de vue si l'on veut comprendre ce qui suivra ⁴.

« Aucune distinction (portant sur des modifications contingentes, comme la distinction de l'agent, de l'action, et du but ou du résultat de cette action) n'invalide l'unité et l'identité essentielles de Brahma comme cause (kârana) et effet (kârya) ⁵. La mer est la même que ses eaux et n'en est pas différente (en nature), bien que les vagues, l'écume, les jaillissements, les gouttes et autres modifications accidentelles que subissent ces eaux existent séparément ou conjointement comme différentes les unes des autres (lorsqu'on les considère en particulier, soit sous l'aspect de la succession, soit sous celui de la simultanéité, mais sans que leur nature cesse pour cela d'être la même) ⁶. Un effet n'est pas autre (en essence) que sa cause (bien que la cause, par contre, soit plus que l'effet) ; Brahma est un (en tant qu'Être) et sans dualité (en tant que Principe Suprême) ; Soi-même, il n'est pas séparé (par des limitations quelconques) de Ses modifications (tant formelles qu'informelles) ; Il est Âtmâ (dans tous les états possibles), et Âtmâ (en soi, à l'état inconditionné) est Lui (et non autre que Lui) ⁷. La même terre offre des diamants et autres minéraux précieux, des rocs de cristal, et des pierres vulgaires et sans valeur ; le même sol produit une diversité de plantes présentant la plus grande variété dans leurs feuilles, leurs fleurs et leurs fruits ; la même nourriture est convertie dans l'organisme en sang, en chair, et en excroissances variées, telles que les cheveux et les ongles. Comme le lait se change spontanément en caillé et l'eau en glace (sans que ce passage d'un état à un autre implique d'ailleurs aucun changement de nature), ainsi Brahma Se modifie diversement (dans la multiplicité indéfinie de la manifestation universelle), sans l'aide d'instruments ou de moyens extérieurs de quelque espèce que ce soit (et sans que Son Unité et Son identité en soient affectées, donc sans qu'on puisse dire qu'Il soit modifié en réalité, bien que toutes choses n'existent effectivement que comme Ses modifications) ⁸. Ainsi l'araignée forme sa toile de sa propre substance, les êtres subtils prennent des formes diverses (non corporelles), et le lotus croît de marais en marais sans organes de locomotion. Que Brahma soit indivisible et sans parties (comme il l'est), n'est pas une objection (à cette conception de la multiplicité universelle dans Son unité, ou plutôt dans Sa « non-dualité ») ; ce n'est pas Sa totalité (éternellement immuable) qui est modifiée dans les apparences du Monde (ni quelqu'une de Ses parties, puisqu'Il n'en a point, mais c'est Lui-même envisagé sous l'aspect spécial de la distinction ou de la différenciation, c'est-à-dire comme saguna ou savishêsha ; et, s'Il peut être envisagé ainsi, c'est parce qu'Il comporte en Soi toutes les possibilités, sans que celles-ci soient aucunement des parties de Lui-même) [9]. Divers changements (de conditions et de modes d'existence) sont offerts à la même âme (individuelle) rêvant (et percevant dans cet état les objets internes, qui sont ceux du domaine de la manifestation subtile) [10] ; diverses formes illusoires (correspondant à différentes modalités de manifestation formelle, autres que la modalité corporelle) sont revêtues par le même être subtil sans altérer en rien son unité (une telle forme illusoire, mâyâvi-rûpa, étant considérée comme purement accidentelle et n'appartenant pas en propre à l'être qui s'en revêt, de sorte que celui-ci doit être regardé comme non-affecté par cette modification toute apparente) [11]. Brahma est tout-puissant (puisqu'Il contient tout en principe), propre à tout acte (quoique « non-agissant », ou plutôt par cela même), sans organe ou instrument d'action quelconque ; ainsi aucun motif ou but spécial (tel que celui d'un acte individuel), autre que Sa volonté (qui ne se distingue pas de Sa toute-puissance) [12], ne doit être assigné à la détermination de l'Univers. Aucune différenciation accidentelle ne doit Lui être imputée (comme à une cause particulière), car chaque être individuel se modifie (en développant ses possibilités) conformément à sa propre nature [13] ; ainsi le nuage pluvieux distribue la pluie avec impartialité (sans égard pour les résultats spéciaux qui proviendront de circonstances secondaires), et cette même pluie fécondante fait croître diversement différentes semences, produisant une variété de plantes selon leurs espèces (en raison des différentes potentialités respectivement propres à ces semences) [14]. Tout attribut d'une cause première est (en principe) en Brahma, qui (en Soi-même) est cependant dénué de toute qualité (distincte) » [15].

« Ce qui fut, ce qui est et ce qui sera, tout est véritablement Omkâra (l'Univers principiellement identifié à Brahma, et, comme tel, symbolisé par le monosyllabe sacré Om) ; et toute autre chose, qui n'est pas soumise au triple temps (trikâla, c'est-à-dire la condition temporelle envisagée sous ses trois modalités de passé, de présent et de futur), est aussi véritablement Omkâra. Assurément, cet Âtmâ (dont toutes choses ne sont que la manifestation) est Brahma, et cet Âtmâ (par rapport aux divers états de l'être) a quatre conditions (pâdas, mot qui signifie littéralement « pieds ») ; en vérité, tout ceci est Brahma » [16].

« Tout ceci » doit s'entendre, comme le montre d'ailleurs clairement la suite de ce dernier texte, que nous donnerons plus loin, des différentes modalités de l'être individuel envisagé dans son intégralité, aussi bien que des états non-individuels de l'être total ; les uns et les autres sont également désignés ici comme les conditions d'Âtmâ, bien que d'ailleurs, en soi, Âtmâ soit véritablement inconditionné et ne cesse jamais de l'être.

---

1. Mohyiddin ibn Arabi, dans son Traité de l'Unité (Risâlatul-Ahadiyah), dit dans le même sens : « Allah — qu'Il soit exalté — est exempt de tout semblable ainsi que de tout rival, contraste ou opposant. » Il y a d'ailleurs, à cet égard encore, une parfaite concordance entre le Vêdânta et l'ésotérisme islamique.
2. Voir le texte du traité de la Connaissance du Soi (Âtmâ-Bodha) de Shankarâchârya, qui sera cité plus loin.
3. Bhagavad-Gîtâ, IX, 4 et 5.
4. Nous citerons ici un texte taoïste dans lequel les mêmes idées se trouvent exprimées : « Ne demandez pas si le Principe est dans ceci ou dans cela ; Il est dans tous les êtres. C'est pour cela qu'on Lui donne les épithètes de grand, de suprême, d'entier, d'universel, de total... Celui qui a fait que les êtres fussent des êtres, n'est pas Lui-même soumis aux mêmes lois que les êtres. Celui qui a fait que tous les êtres fussent limités, est Lui-même illimité, infini... Pour ce qui est de la manifestation, le Principe produit la succession de ses phases, mais n'est pas cette succession (ni impliqué dans cette succession). Il est l'auteur des causes et des effets (la cause première), mais n'est pas les causes et les effets (particuliers et manifestés). Il est l'auteur des condensations et des dissipations (naissances et morts, changements d'état), mais n'est pas Lui-même condensation ou dissipation. Tout procède de Lui, et se modifie par et sous Son influence. Il est dans tous les êtres, par une terminaison de norme ; mais il n'est pas identique aux êtres, n'étant ni différencié, ni limité » (Tchoang-tseu. ch. XXII ; traduction du P. Wieger, pp. 395-397).
5. C'est en tant que nirguna que Brahma est kârana, et en tant que saguna qu'il est kârya ; le premier est le « Suprême » ou Para-Brahma, et le second est le « Non-Suprême » ou Apara-Brahma (qui est Îshwara) ; mais il n'en résulte point que Brahma cesse en quelque façon d'être « sans dualité » (adwaita), car le « Non-Suprême » lui-même n'est qu'illusoire en tant qu'il se distingue du « Suprême », comme l'effet n'est rien qui soit vraiment et essentiellement différent de la cause. Notons qu'on ne doit jamais traduire Para-Brahma et Apara-Brahma par « Brahma supérieur » et « Brahma inférieur », car ces expressions supposent une comparaison ou une corrélation qui ne saurait aucunement exister.
6. Cette comparaison avec la mer et ses eaux montre que Brahma est ici envisagé comme la Possibilité Universelle, qui est la totalité absolue des possibilités particulières.
7. C'est la formule même de l'« Identité Suprême », sous la forme la plus nette qu'il soit possible de lui donner.
8. Il ne faut pas oublier, pour résoudre cette apparente difficulté, que nous sommes ici bien au-delà de la distinction de Purusha et de Prakriti, et que ceux-ci, étant déjà unifiés dans l'Être, sont à plus forte raison compris l'un et l'autre dans le Suprême Brahma, d'où, s'il est permis de s'exprimer ainsi, deux aspects complémentaires du Principe, qui ne sont d'ailleurs deux aspects que par rapport à notre conception : en tant qu'Il se modifie, c'est l'aspect analogue de Prakriti ; en tant que cependant Il n'est pas modifié, c'est l'aspect analogue de Purusha ; et l'on remarquera que ce dernier répond plus profondément et plus adéquatement que l'autre à la réalité suprême en son immutabilité. C'est pourquoi Brahma même est Purushottama, tandis que Prakriti représente seulement, par rapport à la manifestation, Sa Shakti, c'est-à-dire Sa « Volonté productrice », qui est proprement la « toute-puissance » (activité « non-agissante » quant au Principe, devenant passivité quant à la manifestation). Il convient d'ajouter que, quand la conception est ainsi transposée au-delà de l'Être, ce n'est plus de l'« essence » et de la « substance » qu'il s'agit, mais bien de l'Infini et de la Possibilité, ainsi que nous l'expliquerons sans doute en une autre occasion ; c'est aussi ce que la tradition extrême-orientale désigne comme la « perfection active » (Khien) et la « perfection passive » (Khouen), qui coïncident d'ailleurs dans la Perfection au sens absolu.

9. Pour l'ésotérisme islamique aussi, l'Unité, considérée en tant qu'elle contient tous les aspects de la Divinité (Asrâr rabbâniyah ou « Mystères dominicaux »), « est de l'Absolu la surface réverbérante à innombrables facettes qui magnifie toute créature qui s'y mire directement ». Cette surface, c'est également Mâyâ envisagée dans son sens le plus élevé, comme la Shakti de Brahma, c'est-à-dire la « toute-puissance » du Principe Suprême. — D'une façon toute semblable encore dans la Qabbalah hébraïque, Kether (la première des dix Sephiroth) est le « vêtement » d'Aïn-Soph (l'Infini ou l'Absolu).
10. Les modifications qui se produisent dans le rêve fournissent une des analogies les plus frappantes que l'on puisse indiquer pour aider à comprendre la multiplicité des états de l'être.
11. Il y aurait sur ce point une comparaison intéressante à faire avec ce que les théologiens catholiques, et notamment saint Thomas d'Aquin, enseignent au sujet des formes dont peuvent se revêtir les anges ; la ressemblance est d'autant plus remarquable que les points de vue sont forcément très différents. Nous rappellerons du reste en passant, à ce propos, ce que nous avons déjà eu l'occasion de signaler ailleurs, que presque tout ce qui est dit théologiquement des anges peut aussi être dit métaphysiquement des états supérieurs de l'être.
12. C'est Sa Shakti, dont nous avons parlé dans de précédentes notes, et c'est aussi Lui-même en tant qu'Il est envisagé comme la Possibilité Universelle ; d'ailleurs, en soi, la Shakti ne peut être qu'un aspect du Principe, et, si on l'en distingue pour la considérer « séparativement », elle n'est plus que la « Grande Illusion » (Mahâ-Mohâ), c'est-à-dire Mâyâ dans son sens inférieur et exclusivement cosmique.
13. C'est l'idée même du Dharma, comme « conformité à la nature essentielle des êtres », appliquée à l'ordre total de l'Existence universelle.
14. « O Principe ! Toi qui donnes à tous les êtres ce qui leur convient, Tu n'as jamais prétendu à être appelé équitable. Toi dont les bienfaits s'étendent à tous les temps, Tu n'as jamais prétendu à être appelé charitable. Toi qui fus avant l'origine, et qui ne prétend pas être appelé vénérable ; Toi qui enveloppes et supportes l'Univers, produisant toutes les formes, sans prétendre être appelé habile ; c'est en Toi que je me meus » (Tchoang-tseu, ch. VI ; traduction du P. Wieger, p. 261). — « On peut dire du Principe seulement qu'Il est l'origine de tout, et qu'Il influence tout en restant indifférent » (id., ch. XXII ; ibid., p. 391). — « Le Principe, indifférent, impartial, laisse toutes les choses suivre leur cours, sans les influencer. Il ne prétend à aucun titre (qualification ou attribution quelconque). Il n'agit pas. Ne faisant rien, il n'est rien qu'Il ne fasse » (id., ch. XXV ; ibid. p. 437).
15. Brahma-Sûtras, 2e Adhyâya, 1er Pâda, sûtras 13 à 37. — Cf. Bhagavad-Gîtâ, IX, 4 et 8 : « C'est moi, dénué de toute forme sensible, qui ait développé tout cet Univers... Immuable dans ma puissance productrice (la Shakti, qui est appelée ici Prakriti parce qu'elle est envisagée par rapport à la manifestation), je produis et reproduis (dans tous les cycles) la multitude des êtres, sans but déterminé, et par la seule vertu de cette puissance productrice. »
16. Mândûkya Upanishad, shrutis 1 et 2.

11

LES DIFFÉRENTES CONDITIONS D'ATMA DANS L'ÊTRE HUMAIN

Nous aborderons maintenant l'étude des différentes conditions de l'être individuel, résidant dans la forme vivante, laquelle, comme nous l'avons expliqué plus haut, comprend, d'une part, la forme subtile (sûkshma-sharîra ou linga-sharîra), et, d'autre part, la forme grossière ou corporelle (sthûla-sharîra). Lorsque nous parlons de ces conditions, nous n'entendons nullement par là la condition spéciale qui, suivant ce que nous avons déjà dit, est propre à chaque individu et le distingue de tous les autres, ni l'ensemble de conditions limitatives qui définit chaque état d'existence envisagé en particulier ; ce dont il s'agit ici, ce sont exclusivement les divers états ou, si l'on veut, les diverses modalités dont est susceptible, d'une façon tout à fait générale, un même être individuel quel qu'il soit. Ces modalités peuvent toujours, dans leur ensemble, être rapportées à l'état grossier et à l'état subtil, le premier étant borné à la seule modalité corporelle, et le second comprenant tout le reste de l'individualité (il n'est pas question ici des autres états individuels, puisque c'est l'état humain qui est envisagé spécialement). Ce qui est au-delà de ces deux états n'appartient plus à l'individu comme tel : nous voulons parler de ce qu'on pourrait appeler l'état « causal », c'est-à-dire de celui qui correspond au kârana-sharîra, et qui, par conséquent, est d'ordre universel et informel. Avec cet état « causal », d'ailleurs, si nous ne sommes plus dans le domaine de l'existence individuelle, nous sommes encore dans celui de l'Être ; il faut donc considérer en outre, au-delà de l'Être, un quatrième état principiel, absolument inconditionné.

Métaphysiquement, tous ces états, même ceux qui appartiennent proprement à l'individu, sont rapportés à Âtmâ, c'est-à-dire à la personnalité, parce que c'est celle-ci qui constitue seule la réalité profonde de l'être, et parce que tout état de cet être serait purement illusoire si l'on prétendait l'en séparer. Les états de l'être, quels qu'ils soient, ne représentent rien d'autre que des possibilités d'Âtmâ ; c'est pourquoi on peut parler des diverses conditions où se trouve l'être comme étant véritablement les conditions d'Âtmâ, quoiqu'il doive être bien entendu qu'Âtmâ, en soi, n'en est point affecté et ne cesse aucunement pour cela d'être inconditionné, de même qu'il ne devient jamais manifesté, tout en étant le principe essentiel et transcendant de la manifestation sous tous ses modes.

Laissant momentanément de côté le quatrième état, sur lequel nous reviendrons par la suite, nous dirons que les trois premiers sont : l'état de veille, qui correspond à la manifestation grossière ; l'état de rêve, qui correspond à la manifestation subtile ; le sommeil profond, qui est l'état « causal » et informel. À ces trois états, on en ajoute parfois un autre, celui de la mort, et même un autre encore, l'évanouissement extatique, considéré comme intermédiaire (sandhyâ) [1] entre le sommeil profond et la mort, de même que le rêve l'est entre la veille et le sommeil profond [2]. Cependant, ces deux derniers états, en général, ne sont pas énumérés à part, car ils ne sont pas essentiellement distincts de celui du sommeil profond, état extra-individuel en réalité, comme nous l'avons expliqué tout à l'heure, et où l'être rentre également dans la non-manifestation, où tout au moins dans l'informel, « l'âme vivante (jîvâtmâ) se retirant au sein de l'Esprit Universel (Âtmâ) par la voie qui conduit au centre même de l'être, là où est le séjour de Brahma » [3].

Pour la description détaillée de ces états, nous n'avons qu'à nous reporter au texte de la Mândûkya Upanishad, dont nous avons déjà cité plus haut le début, à l'exception cependant d'une phrase, la première de toutes, qui est celle-ci : « Om, cette syllabe (akshara) [4] est tout ce qui est ; son explication suit. » Le monosyllabe sacré Om, dans lequel s'exprime l'essence du Vêda [5], est considéré ici comme le symbole idéographique d'Âtmâ ; et, de même que cette syllabe, composée de trois caractères (mâtrâs, ces caractères étant a, u et m, dont les deux premiers se contractent en o) [6], a quatre éléments, dont le quatrième, qui n'est autre que le monosyllabe lui-même envisagé synthétiquement sous son aspect principiel, est « non-exprimé » par un caractère (amâtra), étant antérieur à toute distinction dans l'« indissoluble » (akshara), de même Âtmâ a quatre conditions (pâdas), dont la quatrième n'est en vérité aucune condition spéciale, mais est Âtmâ envisagé en Soi-même, d'une façon absolument transcendante et indépendamment de toute condition, et qui, comme tel, n'est susceptible d'aucune représentation. Nous allons maintenant exposer successivement ce qui est dit, dans le texte auquel nous nous référons, de chacune de ces quatre conditions d'Âtmâ, en partant du dernier degré de la manifestation, et en remontant jusqu'à l'état suprême, total et inconditionné.

---

1. Ce mot sandhyâ (dérivé de sandhi, point de contact ou de jonction entre deux choses) sert aussi dans une acception plus ordinaire, à désigner le crépuscule (du matin ou du soir), considéré de même comme intermédiaire entre le jour et la nuit ; dans la théorie des cycles cosmiques, il désigne l'intervalle de deux Yugas.
2. Sur cet état, cf. Brahma-Sûtras, 3e Adhyâya, 2e Pâda, sûtra 10.
3. Brahma-Sûtras, 3e Adhyâya, 2e Pâda, sûtras 7 et 8.
4. Le mot akshara, dans son acception étymologique, signifie « indissoluble » ou « indestructible » ; si la syllabe est désignée par ce mot, c'est parce que c'est elle (et non le caractère alphabétique) qui est regardée comme constituant l'unité primitive et l'élément fondamental du langage ; toute racine verbale est d'ailleurs syllabique. La racine verbale est appelée en sanskrit dhâtu, mot qui signifie proprement « semence », parce que, par les possibilités de modifications multiples qu'elle comporte et renferme en elle-même, elle est véritablement la semence dont le développement donne naissance au langage tout entier. On peut dire que la racine est l'élément fixe ou invariable du mot, qui représente sa nature fondamentale immuable, et auquel viennent s'adjoindre des éléments secondaires et variables, représentant des accidents (au sens étymologique) ou des modifications de l'idée principale.
5. Cf. Chhândogya Upanishad, 1er Prapâthaka, 1er Khanda, et 2e Prapâthaka, 23e Khanda ; Brihad-Âranyaka Upanishad, 5e *Adhyâya*, 1er Brâhmana, shruti 1.
6. En sanskrit, la voyelle o est en effet formée par l'union de a et u, de même que la voyelle ê est formée par l'union de a et i. — En arabe aussi, les trois voyelles a, i et u sont regardées comme seules fondamentales et véritablement distinctes.

12

L'ÉTAT DE VEILLE OU LA CONDITION DE VAISHWANARA

La première condition est Vaishwânara, dont le siège [1] est dans l'état de veille (jâgarita-sthâna), qui a la connaissance des objets externes (sensibles), qui a sept membres et dix-neuf bouches, et dont le domaine est le monde de la manifestation grossière » [2].

Vaishwânara est, comme l'indique la dérivation étymologique de ce nom [3], ce que nous avons appelé l'« Homme Universel », mais envisagé plus particulièrement dans le développement complet de ses états de manifestation, et sous l'aspect spécial de ce développement. Ici, l'extension de ce terme semble même être restreinte à l'un de ces états, le plus extérieur de tous, celui de la manifestation grossière qui constitue le monde corporel ; mais cet état particulier peut être pris pour symbole de tout l'ensemble de la manifestation universelle, dont il est un élément, et cela parce qu'il est pour l'être humain la base et le point de départ obligé de toute réalisation ; il suffira donc, comme en tout symbolisme, d'effectuer les transpositions convenables suivant les degrés auxquels la conception devra s'appliquer. C'est en ce sens que l'état dont il s'agit peut être rapporté à l'« Homme Universel » et décrit comme constituant son corps, conçu par analogie avec celui de l'homme individuel, analogie qui est, comme nous l'avons déjà dit, celle du « macrocosme » (adhidêvaka) et du « microcosme » (adhyâtmika). Sous cet aspect, Vaishwânara est aussi identifié à Virâj, c'est-à-dire à l'Intelligence cosmique en tant qu'elle régit et unifie dans son intégralité l'ensemble du monde corporel. Enfin, à un autre point de vue, qui corrobore d'ailleurs le précédent, Vaishwânara signifie encore « ce qui est commun à tous les hommes » ; c'est alors l'espèce humaine, entendue comme nature spécifique, ou plus précisément ce qu'on peut appeler le « génie de l'espèce » [4] ; et, en outre, il convient de remarquer que l'état corporel est effectivement commun à toutes les individualités humaines, quelles que soient les autres modalités dans lesquelles elles sont susceptibles de se développer pour réaliser, en tant qu'individualités et sans sortir du degré humain, l'extension intégrale de leurs possibilités respectives [5].

Par ce qui vient d'être dit, on peut comprendre comment il faut entendre les sept membres dont il est question dans le texte de la Mândûkya Upanishad, et qui sont les sept parties principales du corps « macrocosmique » de Vaishwânara : 1° l'ensemble des sphères lumineuses supérieures, c'est-à-dire des états supérieurs de l'être, mais envisagés ici uniquement dans leurs rapports avec l'état dont il s'agit spécialement, est comparé à la partie de la tête qui contient le cerveau, lequel, en effet, correspond organiquement à la fonction « mentale », qui n'est qu'un reflet de la Lumière intelligible ou des principes supra-individuels ; 2° le Soleil et la Lune, ou plus exactement les principes représentés dans le monde sensible par ces deux astres [6], sont les deux yeux ; 3° le principe igné est la bouche [7] ; 4° les directions de l'espace (dish) sont les oreilles [8] ; 5° l'atmosphère, c'est-à-dire le milieu cosmique dont procède le « souffle vital » (prâna), correspond aux poumons ; 6° la région intermédiaire (Antariksha) qui s'étend entre la Terre (Bhû ou Bhûmi) et les sphères lumineuses ou les Cieux (Swar ou Swarga), région considérée comme le milieu où s'élaborent les formes (encore potentielles par rapport à l'état grossier), correspond à l'estomac ; [9] 7° enfin, la Terre, c'est-à-dire, au sens symbolique, l'aboutissement en acte de toute la manifestation corporelle, correspond aux pieds, qui sont pris ici comme l'emblème de toute la partie inférieure du corps. Les relations de ces divers membres entre eux et leurs fonctions dans l'ensemble cosmique auquel ils appartiennent sont analogues (mais non identiques bien entendu) à celles des parties correspondantes de l'organisme humain. On remarquera qu'il n'est pas question ici du cœur, parce que sa relation directe avec l'Intelligence universelle le place en dehors du domaine des fonctions proprement individuelles, et parce que ce « séjour de Brahma » est véritablement le point central, tant dans l'ordre cosmique que dans l'ordre humain, tandis que tout ce qui est de la manifestation, et surtout de la manifestation formelle, est extérieur et « périphérique », si l'on peut s'exprimer ainsi, appartenant exclusivement à la circonférence de la « roue des choses ».

Dans la condition dont il s'agit, Âtmâ, en tant que Vaishwânara, prend conscience du monde de la manifestation sensible (considéré aussi comme le domaine de cet aspect du « Non-Suprême » Brahma qui est appelé Virâj), et cela par dix-neuf organes, qui sont désignés comme autant de bouches, parce qu'ils sont les « entrées » de la connaissance pour tout ce qui se rapporte à ce domaine particulier ; et l'assimilation intellectuelle qui s'opère dans la connaissance est souvent comparée symboliquement à l'assimilation vitale qui s'effectue par la nutrition. Ces dix-neuf organes (en impliquant d'ailleurs dans ce terme les facultés correspondantes, conformément à ce que nous avons dit de la signification générale du mot indriya) sont : les cinq organes de sensation, les cinq organes d'action, les cinq souffles vitaux (vâyus), le « mental » ou le sens interne (manas), l'intellect (Buddhi, considérée ici exclusivement dans ses rapports avec l'état individuel), la pensée (chitta), conçue comme la faculté qui donne une forme aux idées et qui les associe entre elles, et enfin la conscience individuelle (ahankâra) ; ces facultés sont celles que nous avons précédemment étudiées en détail. Chaque organe et chaque faculté de tout être individuel compris dans le domaine considéré, c'est-à-dire dans le monde corporel, procèdent respectivement de l'organe et de la faculté qui leur correspondent en Vaishwânara, organe et faculté dont ils sont en quelque sorte un des éléments constituants, au même titre que l'individu auquel ils appartiennent est un élément de l'ensemble cosmique, dans lequel, pour sa part et à la place qui lui revient en propre (du fait qu'il est cet individu et non un autre), il concourt nécessairement à la constitution de l'harmonie totale [10].

L'état de veille, dans lequel s'exerce l'activité des organes et des facultés dont il vient d'être question, est considéré comme la première des conditions d'Âtmâ, bien que la modalité grossière ou corporelle à laquelle il correspond constitue le dernier degré dans l'ordre de développement (prapancha) du manifesté à partir de son principe primordial et non-manifesté, marquant le terme de ce développement, du moins par rapport à l'état d'existence dans lequel se situe l'individualité humaine. La raison de cette anomalie apparente a déjà été indiquée : c'est dans cette modalité corporelle que se trouve pour nous la base et le point de départ de la réalisation individuelle d'abord (nous voulons dire de l'extension intégrale rendue effective pour l'individualité), et ensuite de toute autre réalisation qui dépasse les possibilités de l'individu et implique une prise de possession des états supérieurs de l'être. Par suite, si l'on se place, comme nous le faisons ici, non au point de vue du développement de la manifestation, mais au point de vue et dans l'ordre de cette réalisation avec ses divers degrés, ordre allant au contraire nécessairement du manifesté au non-manifesté, cet état de veille doit bien être regardé comme précédant en effet les états de rêve et de sommeil profond, qui correspondent, l'un aux modalités extra-corporelles de l'individualité, l'autre aux états supra-individuels de l'être.

---

1. Il est évident que cette expression et toutes celles qui lui sont similaires, comme séjour, résidence, etc., doivent toujours être entendues ici symboliquement et non littéralement, c'est-à-dire comme désignant, non pas un lieu quelconque, mais bien une modalité d'existence. L'usage du symbolisme spatial est d'ailleurs extrêmement répandu, ce qui s'explique par la nature même des conditions auxquelles est soumise l'individualité corporelle, par rapport à laquelle doit être effectuée, dans la mesure du possible, la traduction des vérités qui concernent les autres états de l'être. – Le terme sthâna a pour équivalent exact le mot « état », status, car la racine sthâ se retrouve, avec les mêmes significations qu'en sanskrit, dans le latin stare et ses dérivés.
2. Mândûkya Upanishad, shruti 3.
3. Sur cette dérivation, voir le commentaire de Shankarâchârya sur les Brahma-Sûtras, 1er Adhyâya, 2e Pâda, sûtra 28 : c'est Âtmâ qui est à la fois « tout » (vishwa), en tant que personnalité, et « homme » (nara), en tant qu'individualité (c'est-à-dire comme jîvâtmâ). Vaishwânara est donc bien une dénomination qui convient proprement à Âtmâ ; d'autre part, c'est aussi un nom d'Agni, ainsi que nous le verrons plus loin (cf. Shatapata Brâhmana).
4. Sous ce rapport, nara ou nri est l'homme en tant qu'individu appartenant à l'espèce humaine, tandis que mânava est plus proprement l'homme en tant qu'être pensant, c'est-à-dire l'être doué du « mental », ce qui est d'ailleurs l'attribut essentiel inhérent à son espèce et par lequel sa nature est caractérisée. D'autre part, le nom de Nara n'en est pas moins susceptible d'une transposition analogique, par laquelle il s'identifie à Purusha ; et c'est ainsi que Vishnu est parfois appelé Narottama ou l'« Homme Suprême », désignation dans laquelle il ne faut pas voir le moindre anthropomorphisme, pas plus que dans la conception même de l'« Homme Universel » sous tous ses aspects, et cela précisément en raison de cette transposition. Nous ne pouvons entreprendre de développer ici les sens multiples et complexes qui sont impliqués dans le mot nara ; et, pour ce qui est de la nature de l'espèce, il faudrait toute une étude spéciale pour exposer les considérations auxquelles elle peut donner lieu.
5. Il conviendrait encore d'établir des rapprochements avec la conception de la nature « adamique » dans les traditions judaïque et islamique, conception qui, elle aussi, s'applique à des degrés divers et en des sens hiérarchiquement superposés ; mais cela nous entraînerait beaucoup trop loin de notre sujet, et nous devons présentement nous borner à cette simple indication.
6. On se souviendra ici des significations symboliques qu'ont aussi, en occident, le Soleil et la Lune dans la tradition hermétique et dans les théories cosmologiques que les alchimistes ont basées sur celle-ci ; pas plus dans un cas que dans l'autre, la désignation de ces astres ne doit être prise littéralement. On doit d'ailleurs remarquer que le présent symbolisme est différent de celui auquel nous avons fait allusion précédemment, et dans lequel le Soleil et la Lune correspondent respectivement au cœur et au cerveau ; il faudrait encore de longs développements pour montrer comment ces divers points de vue se concilient et s'harmonisent dans l'ensemble des concordances analogiques.
7. Nous avons déjà noté que Vaishwânara est parfois un nom d'Agni, qui est alors considéré surtout comme chaleur animatrice, donc en tant qu'il réside dans les êtres vivants ; nous aurons encore l'occasion d'y revenir plus loin. D'autre part, mukhya-prâna est à la fois le souffle de la bouche (mukha) et l'acte vital principal (c'est dans ce second sens que les cinq vâyus sont ses modalités) ; et la chaleur est intimement associée à la vie même.
8. On notera le rapport très remarquable que ceci présente avec le rôle physiologique des canaux semi-circulaires.
9. En un certain sens, le mot Antariksha comprend aussi l'atmosphère, considérée alors comme milieu de propagation de la lumière ; il importe de remarquer, d'ailleurs, que l'agent de cette propagation n'est pas l'air (Vâyu), mais l'Éther (Âkâsha). Quand on transpose les termes pour les rendre applicables à tout l'ensemble des états de la manifestation universelle, dans la considération du Tribhuvana, Antariksha s'identifie à Bhuvas, qu'on désigne ordinairement comme l'atmosphère, mais en prenant ce mot dans une acception beaucoup plus étendue et moins déterminée que précédemment. – Les noms des trois mondes, Bhû, Bhuvas et Swar, sont les trois vyâhritis, mots qui sont prononcés habituellement après le monosyllabe Om dans les rites hindous de la sandhyâ-upâsanâ (méditation répétée le matin, à midi et le soir). On remarquera que les deux premiers de ces trois noms ont la même racine, parce qu'ils se réfèrent à des modalités d'un même état d'existence,

celui de l'individualité humaine, tandis que le troisième représente, dans cette division, l'ensemble des états supérieurs.
10. Cette harmonie est encore un aspect du Dharma : elle est l'équilibre en lequel se compensent tous les déséquilibres, l'ordre qui est fait de la somme de tous les désordres partiels et apparents.

13
L'ÉTAT DE RÊVE OU LA CONDITION DE TAIJASA

« La seconde condition est Taijasa (le « Lumineux », nom dérivé de Têjas, qui est la désignation de l'élément igné), dont le siège est dans l'état de rêve (swapna-sthâna), qui a la connaissance des objets internes (mentaux), qui a sept membres et dix-neuf bouches, et dont le domaine est le monde de la manifestation subtile » [1].

Dans cet état, les facultés externes, tout en subsistant potentiellement, se résorbent dans le sens interne (manas), qui est leur source commune, leur support et leur fin immédiate, et qui réside dans les artères lumineuses (nâdîs) de la forme subtile, où il est répandu d'une façon indivisée, à la manière d'une chaleur diffuse. D'ailleurs, l'élément igné lui-même, considéré dans ses propriétés essentielles, est à la fois lumière et chaleur ; et, comme l'indique le nom même de Taijasa appliqué à l'état subtil, ces deux aspects, convenablement transposés (puisqu'il ne s'agit plus alors de qualités sensibles), doivent se retrouver également dans cet état. Tout ce qui se rapporte à celui-ci, comme nous avons eu déjà l'occasion de le faire remarquer en d'autres circonstances, touche de très près à la nature même de la vie, qui est inséparable de la chaleur ; et nous rappellerons que, sur ce point comme sur bien d'autres, les conceptions d'Aristote s'accordent pleinement avec celles des Orientaux. Quant à la luminosité dont il vient d'être question, il faut entendre par là la réflexion et la diffraction de la Lumière intelligible dans les modalités extra-sensibles de la manifestation formelle (dont nous n'avons d'ailleurs à considérer en tout ceci que ce qui concerne l'état humain). D'autre part, la forme subtile elle-même (sûkshma-sharîra ou linga-sharîra), dans laquelle réside Taijasa, est assimilée aussi à un véhicule igné [2], bien que devant être distinguée du feu corporel (l'élément Têjas ou ce qui en procède) qui est perçu par les sens de la forme grossière (sthûla-sharîra), véhicule de Vaishwânara, et plus spécialement par la vue, puisque la visibilité, supposant nécessairement la présence de la lumière, est, parmi les qualités sensibles, celle qui appartient en propre à Têjas ; mais, dans l'état subtil, il ne peut plus s'agir aucunement des bhûtas, mais seulement des tanmâtras correspondants, qui sont leurs principes déterminants immédiats. Pour ce qui est des nâdîs ou artères de la forme subtile, elles ne doivent point être confondues avec les artères corporelles par lesquelles s'effectue la circulation sanguine, et elles correspondent plutôt, physiologiquement, aux ramifications du système nerveux, car elles sont expressément décrites comme lumineuses ; or, comme le feu est en quelque sorte polarisé en chaleur et lumière, l'état subtil est lié à l'état corporel de deux façons différentes et complémentaires, par le sang quant à la qualité calorique, et par le système nerveux quant à la qualité lumineuse [3]. Toutefois, il doit être bien entendu que, entre les nâdîs et les nerfs, il n'y a encore qu'une simple correspondance, et non une identification, puisque les premières ne sont pas corporelles, et qu'il s'agit en réalité de deux domaines différents dans l'individualité intégrale. De même, quand on établit un rapport entre les fonctions de ces nâdîs et la respiration [4], parce que celle-ci est essentielle à l'entretien de la vie et correspond véritablement à l'acte vital principal, il ne faut point en conclure qu'on peut se les représenter comme des sortes de canaux dans lesquels l'air circulerait ; ce serait confondre avec un élément corporel le « souffle vital » (prâna), qui appartient proprement à l'ordre de la manifestation subtile [5]. Il est dit que le nombre total des nâdîs est de soixante-douze mille ; d'après d'autres textes, cependant, il serait de sept cent vingt millions ; mais la différence est ici plus apparente que réelle, car, ainsi qu'il arrive toujours en pareil cas, ces nombres doivent être pris symboliquement, et non littéralement ; et il est facile de s'en rendre compte si l'on remarque qu'ils sont en relation évidente avec les nombres cycliques [6]. Nous aurons encore par la suite l'occasion de donner d'autres développements sur cette question des artères subtiles, ainsi que sur le processus des divers degrés de résorption des facultés individuelles, résorption qui, comme nous l'avons dit, s'effectue en sens inverse du développement de ces mêmes facultés.

Dans l'état de rêve, l'« âme vivante » individuelle (jîvâtmâ) « est à elle-même sa propre lumière », et elle produit, par l'effet de son seul désir (kâma), un monde qui procède tout entier d'elle-même, et dont les objets consistent exclusivement dans des conceptions mentales, c'est-à-dire dans des combinaisons d'idées revêtues de formes subtiles, dépendant substantiellement de la forme subtile de l'individu lui-même, dont ces objets idéaux ne sont en somme qu'autant de modifications accidentelles et secondaires [7]. Cette production, d'ailleurs, a toujours quelque chose d'incomplet et d'incoordonné ; c'est pourquoi elle est regardée comme illusoire (mâyâmaya) ou comme n'ayant qu'une existence apparente (prâtibhâsika), tandis que, dans le monde sensible où elle se situe à l'état de veille, la même « âme vivante » a la faculté d'agir dans le sens d'une production « pratique » (vyâvahârika), illusoire aussi sans doute au regard de la réalité absolue (paramârtha), et transitoire comme toute manifestation, mais possédant néanmoins une réalité relative et une stabilité suffisantes pour servir aux besoins de la vie ordinaire et « profane » (laukika, mot dérivé de loka, le « monde », qui doit être entendu ici dans un sens tout à fait comparable à celui qu'il a habituellement dans l'Évangile). Toutefois, il convient de remarquer que cette différence, quant à l'orientation respective de l'activité de l'être dans les deux états, n'implique pas une supériorité effective de l'état de veille sur l'état de rêve lorsque chaque état est considéré en lui-même ; du moins, une supériorité qui ne vaut que d'un point de vue « profane » ne peut pas, métaphysiquement, être considérée comme une vraie supériorité ; et même, sous un autre rapport, les possibilités de l'état de rêve sont plus étendues que celle de l'état de veille, et elles permettent à l'individu d'échapper, dans une certaine mesure, à quelques-unes des conditions limitatives auxquelles il est soumis dans sa modalité corporelle [8]. Quoi qu'il en soit, ce qui est absolument réel (pâramârthika), c'est le « Soi » (Âtmâ), exclusivement ; c'est ce que ne peut atteindre en aucune façon toute conception qui, sous quelque forme que ce soit, se renferme dans la considération des objets externes et internes, dont la connaissance constitue respectivement l'état de veille et l'état de rêve, et qui ainsi, n'allant pas plus loin que l'ensemble de ces deux états, tient tout entière dans les limites de la manifestation formelle et de l'individualité humaine.

Le domaine de la manifestation subtile peut, en raison de sa nature « mentale », être désigné comme un monde idéal, afin de le distinguer par là du monde sensible, qui est le domaine de la manifestation grossière ; mais il ne faudrait pas prendre cette désignation dans le sens de celle du « monde intelligible » de Platon, car les « idées » de celui-ci sont les possibilités à l'état principiel, qui doivent être rapportées au domaine informel ; dans l'état subtil, il ne peut être question encore que des idées revêtues de formes, puisque les possibilités qu'il comporte ne dépassent pas l'existence individuelle [9]. Surtout, il ne faudrait pas songer ici à une opposition comme celle que certains philosophes modernes se plaisent à établir entre « idéal » et « réel », opposition qui n'a pour nous aucune signification : tout ce qui est, sous quelque mode que ce soit, est réel par là-même, et possède précisément le genre et le degré de réalité qui conviennent à sa nature propre ; ce qui consiste en idées (c'est là tout le sens que nous donnons au mot « idéal ») n'est ni plus ni moins réel pour cela que ce qui consiste en autre chose, toute possibilité trouvant place nécessairement au rang que sa détermination même lui assigne hiérarchiquement dans l'Univers.

Dans l'ordre de la manifestation universelle, de même que le monde sensible, dans son ensemble, est identifié à Virâj, ce monde idéal dont nous venons de parler est identifié à Hiranyagarbha (c'est-à-dire littéralement l'« Embryon d'or ») [10], qui est Brahmâ (détermination de Brahma comme effet, kârya) [11] s'enveloppant dans l'« Œuf du Monde » (Brahmânda) [12], à partir duquel se développera, suivant son mode de réalisation, toute la manifestation formelle qui y est virtuellement contenue comme conception de ce Hiranyagarbha, germe primordial de la Lumière cosmique [13]. En outre, Hiranyagarbha est désigné comme « ensemble synthétique de vie » (jîva-ghana) [14] ; en effet, il est véritablement la « Vie Universelle » [15], en raison de cette connexion déjà signalée de l'état subtil avec la vie, laquelle, même envisagée dans toute l'extension dont elle est susceptible (et non pas limitée à la seule vie organique ou corporelle à laquelle se borne le point de vue physiologique) [16], n'est d'ailleurs qu'une des conditions spéciales de l'état d'existence auquel appartient l'individualité humaine ; le domaine de la vie ne dépasse donc pas les possibilités que comporte cet état, qui, bien entendu, doit être pris ici intégralement, et dont les modalités subtiles font partie tout aussi bien que la modalité grossière.

Que l'on se place au point de vue « macrocosmique », comme nous venons de le faire en dernier lieu, ou au point de vue « microcosmique » que nous avions envisagé tout d'abord, le monde idéal dont il s'agit est conçu par des facultés qui correspondent analogiquement à celles par lesquelles est perçu le monde sensible, ou, si l'on préfère, qui sont les mêmes facultés que celles-ci en principe (puisque ce sont toujours les facultés individuelles), mais considérées dans un autre mode d'existence et à un autre degré de développement, leur activité s'exerçant dans un domaine différent. C'est pourquoi Âtmâ, dans cet état de rêve, c'est-à-dire en tant que Taijasa, a le même nombre de membres et de bouches (ou instruments de connaissance) que dans l'état de veille, en tant que Vaishwânara [17] ; il est d'ailleurs inutile d'en répéter l'énumération, car les définitions que nous avons données précédemment peuvent s'appliquer également, par une transposition appropriée, aux deux domaines de la manifestation grossière ou sensible et de la manifestation subtile ou idéale.

---

1. Mândûkya Upanishad, shruti 4. – L'état subtil est appelé dans ce texte pravivikta, littéralement « prédistingué », parce que c'est un état de distinction qui précède la manifestation grossière ; ce mot signifie aussi « séparé » parce que l'« âme vivante », dans l'état de rêve, est en quelque sorte enfermée en elle-même, contrairement à ce qui a lieu dans l'état de veille, « commun à tous les hommes ».
2. Nous avons rappelé ailleurs, à ce propos, le « char de feu » sur lequel le prophète Élie monta aux cieux (IIe Livre des Rois, II, 11).

3. Nous avons déjà indiqué, à propos de la constitution de l'annamaya-kosha, qui est l'organisme corporel, que les éléments du système nerveux proviennent de l'assimilation des substances ignées. Quant au sang, étant liquide, il est formé à partir des substances aqueuses, mais il faut que celles-ci aient subi une élaboration due à l'action de la chaleur vitale, qui est la manifestation d'Agni Vaishwânara, et elles jouent seulement le rôle d'un support plastique servant à la fixation d'un élément de nature ignée : le feu et l'eau sont ici, l'un par rapport à l'autre, « essence » et « substance » en un sens relatif. Ceci pourrait facilement être rapproché de certaines théories alchimiques, comme celles où intervient la considération des principes appelés « soufre » et « mercure », l'un actif et l'autre passif, et respectivement analogues, dans l'ordre des « mixtes », du feu et de l'eau dans l'ordre des éléments, sans parler des autres désignations multiples qui sont encore données symboliquement, dans le langage hermétique, aux deux termes corrélatifs d'une semblable dualité.
4. Nous faisons plus spécialement allusion ici aux enseignements qui se rattachent au Hatha-Yoga, c'est-à-dire aux méthodes préparatoires à l'« Union » (Yoga au sens propre du mot) et basées sur l'assimilation de certains rythmes, principalement liés au règlement de la respiration. Ce qui est appelé dhikr dans les écoles ésotériques arabes a exactement la même raison d'être, et souvent même les procédés mis en œuvre sont tout à fait similaires dans les deux traditions, ce qui, d'ailleurs, n'est pour nous l'indice d'aucun emprunt ; la science du rythme, en effet, peut être connue de part et d'autre d'une façon complètement indépendante, car il s'agit bien là d'une science ayant son objet propre et correspondant à un ordre de réalité nettement défini, quoiqu'elle soit entièrement ignorée des Occidentaux.
5. Cette confusion a été effectivement commise par certains orientalistes, dont la compréhension est sans doute incapable de dépasser les bornes du monde corporel.
6. Les nombres cycliques fondamentaux sont : $72 = 2^3 \times 3^2$; $108 = 2^2 \times 3^3$; $432 = 2^4 \times 3^3 = 72 \times 6 = 108 \times 4$; ils s'appliquent notamment à la division géométrique du cercle ($360 = 72 \times 5 = 12 \times 30$) et à la durée de la période astronomique de la précession des équinoxes ($72 \times 360 = 432 \times 60 = 25920$ ans) ; mais ce ne sont là que leurs applications les plus immédiates et les plus élémentaires, et nous ne pouvons entrer ici dans les considérations proprement symboliques auxquelles on arrive par la transposition de ces données dans des ordres différents.
7. Cf. Brihad-Âranyaka Upanishad, 4e Adhyâya, 3e Brâhmana, shrutis 9 et 10.
8. Sur l'état de rêve, cf. Brahma-Sûtras, 3e Adhyâya, 2e Pâda, sûtras 1 à 6.
9. L'état subtil est proprement le domaine de la ψυχή et non celui du νοῦς ; celui-ci correspond en réalité à Buddhi, c'est-à-dire à l'intellect supra-individuel.
10. Ce nom a un sens très proche de celui de Taijasa, car l'or, suivant la doctrine hindoue, est la « lumière minérale » ; les alchimistes le regardaient aussi comme correspondant analogiquement, parmi les métaux, au soleil parmi les planètes ; et il est au moins curieux de noter que le nom même de l'or (aurum) est identique au mot hébreu aôr, qui signifie « lumière ».
11. Il faut remarquer que Brahmâ est une forme masculine, tandis que Brahma est neutre ; cette distinction indispensable, et de la plus haute importance (puisqu'elle n'est autre que celle du « Suprême » et du « Non Suprême »), ne peut être faite par l'emploi, courant chez les orientalistes, de l'unique forme Brahman, qui appartient également à l'un et à l'autre genre, d'où de perpétuelles confusions, surtout dans une langue telle que le français, où le genre neutre n'existe pas.
12. Ce symbole cosmogonique de l'« Œuf du Monde » n'est nullement spécial à l'Inde ; il se retrouve notamment dans le Mazdéisme, dans la tradition égyptienne (l'Œuf de Kneph), dans celle des Druides et dans celle des Orphiques. – La condition embryonnaire, qui correspond pour chaque être individuel à ce qu'est le Brahmânda dans l'ordre cosmique, est appelé en sanskrit pinda ; et l'analogie constitutive du « microcosme » et du « macrocosme » considérés sous cet aspect est exprimée par cette formule : Yathâ pinda tathâ Brahmânda, « tel l'embryon individuel, tel l'Œuf du Monde ».
13. C'est pourquoi Virâj procède de Hiranyagarbha, et Manu, à son tour, procède de Virâj.
14. Le mot ghana signifie primitivement un nuage, et par suite une masse compacte et indifférenciée.
15. « Et la Vie était la Lumière des hommes » (St Jean, I, 4).
16. Nous faisons plus particulièrement allusion à l'extension de l'idée de vie qui est impliquée dans le point de vue des religions occidentales, et qui se rapporte effectivement à des

possibilités situées dans un prolongement de l'individualité humaine ; c'est, comme nous l'avons expliqué ailleurs, ce que la tradition extrême-orientale désigne sous le nom de « longévité ».
17. Ces facultés doivent être regardées ici comme se répartissant dans les trois « enveloppes » dont la réunion constitue la forme subtile (vijnânamaya-kosha, manomaya-kosha et prânamaya-kosha).

14
L'ÉTAT DE SOMMEIL PROFOND OU LA CONDITION DE PRAJNA

Quand l'être qui dort n'éprouve aucun désir et n'est sujet à aucun rêve, son état est celui du sommeil profond (sushupta-sthâna) ; celui (c'est-à-dire Âtmâ lui-même dans cette condition) qui dans cet état est devenu un (sans aucune distinction ou différenciation) [1], qui s'est identifié soi-même avec un ensemble synthétique (unique et sans détermination particulière) de Connaissance intégrale (Prajnâna-ghana) [2], qui est rempli (par pénétration et assimilation intime) de la Béatitude (ânandamaya), jouissant véritablement de cette Béatitude (Ânanda, comme de son domaine propre), et dont la bouche (l'instrument de connaissance) est (uniquement) la Conscience totale (Chit) elle-même (sans intermédiaire ni particularisation d'aucune sorte), celui-là est appelé Prâjna (Celui qui connaît en dehors et au-delà de toute condition spéciale) : ceci est la troisième condition » [3].

Comme on peut s'en rendre compte immédiatement, le véhicule d'Âtmâ dans cet état est le kârana-sharîra, puisque celui-ci est ânandamaya-kosha ; et, bien qu'on en parle analogiquement comme d'un véhicule ou d'une enveloppe, ce n'est rien qui soit véritablement distinct d'Âtmâ lui-même, puisque nous sommes ici au-delà de la distinction. La Béatitude est faite de toutes les possibilités d'Âtmâ, elle est, pourrait-on dire, la somme même de ces possibilités ; et, si Âtmâ en tant que Prâjna, jouit de cette Béatitude comme de son domaine propre, c'est qu'elle n'est en réalité autre chose que la plénitude de son être, ainsi que nous l'avons déjà indiqué précédemment. C'est là un état essentiellement informel et supra-individuel ; il ne saurait donc aucunement s'agir d'un état « psychique » ou « psychologique », comme l'ont cru quelques orientalistes. Ce qui est proprement « psychique », en effet, c'est l'état subtil ; et, en faisant cette assimilation, nous prenons le mot « psychique » dans son sens primitif, celui qu'il avait pour les anciens, sans nous préoccuper des diverses acceptions beaucoup plus spécialisées qui lui ont été données ultérieurement, et avec lesquelles il ne pourrait même plus s'appliquer à l'état subtil tout entier. Pour ce qui est de la psychologie des Occidentaux modernes, elle ne concerne qu'une partie fort restreinte de l'individualité humaine, celle où le « mental » se trouve en relation immédiate avec la modalité corporelle, et, étant données les méthodes qu'elle emploie, elle est incapable d'aller plus loin ; en tout cas, l'objet même qu'elle se propose, et qui est exclusivement l'étude des phénomènes mentaux, la limite strictement au domaine de l'individualité, de sorte que l'état dont il s'agit maintenant échappe nécessairement à ses investigations, et l'on pourrait même dire qu'il lui est doublement inaccessible, d'abord parce qu'il est au-delà du « mental » ou de la pensée discursive et différenciée, et ensuite parce qu'il est également au-delà de tout « phénomène » quel qu'il soit, c'est-à-dire de toute manifestation formelle.

Cet état d'indifférenciation, dans lequel toute la connaissance, y compris celle des autres états, est centralisée synthétiquement dans l'unité essentielle et fondamentale de l'être, est l'état non-manifesté ou « non-développé » (avyakta), principe et cause (kârana) de toute la manifestation, et à partir duquel celle-ci est développée dans la multiplicité de ses divers états, et plus particulièrement, en ce qui concerne l'être humain, dans ses états subtil et grossier. Ce non-manifesté, conçu comme racine du manifesté (vyakta) qui n'est que son effet (kârya), est identifié sous ce rapport à Mûla-Prakriti, la « Nature primordiale » ; mais, en réalité, il est à la fois Purusha et Prakriti, les contenant l'un et l'autre dans son indifférenciation même, car il est cause au sens total de ce mot, c'est-à-dire tout à la fois « cause efficiente » et « cause matérielle », pour nous servir de la terminologie ordinaire, à laquelle nous préférerions d'ailleurs de beaucoup les expressions de « cause essentielle » et « cause substantielle », puisque c'est bien à l'« essence » et à la « substance », définies comme nous l'avons fait précédemment, que se rapportent respectivement ces deux aspects complémentaires de la causalité. Si Âtmâ, dans ce troisième état, est ainsi au-delà de la distinction de Purusha et de Prakriti, ou des deux pôles de la manifestation, c'est qu'il est, non plus dans l'existence conditionnée, mais bien au degré de l'Être pur ; cependant, nous devons en outre y comprendre Purusha et Prakriti, qui sont encore non-manifestés, et même en un sens, comme nous le verrons tout à l'heure, les états informels de manifestation, que nous avons dû déjà rattacher à l'Universel, puisque ce sont véritablement des états supra-individuels de l'être ; et d'ailleurs, rappelons-le encore, tous les états manifestés sont contenus, en principe et synthétiquement, dans l'Être non-manifesté.

Dans cet état, les différents objets de la manifestation, même ceux de la manifestation individuelle, tant externes qu'internes, ne sont d'ailleurs point détruits, mais subsistent en mode principiel, étant unifiés par là même qu'ils ne sont plus conçus sous l'aspect secondaire et contingent de la distinction ; ils se retrouvent nécessairement parmi les possibilités du « Soi », et celui-ci demeure conscient par lui-même de toutes ces possibilités, envisagées « non-distinctivement » dans la Connaissance intégrale, dès lors qu'il est conscient de sa propre permanence dans l'« éternel présent » [4]. S'il en était autrement, et si les objets de la manifestation ne subsistaient pas ainsi principiellement (supposition qui est d'ailleurs impossible en elle-même, car ces objets ne seraient alors qu'un pur néant, qui ne saurait exister en aucune façon, pas même en mode illusoire), il ne pourrait y avoir aucun retour de l'état de sommeil profond aux états de rêve et de veille, puisque toute manifestation formelle serait irrémédiablement détruite pour l'être dès qu'il est entré dans le sommeil profond ; or un tel retour est toujours possible, au contraire, et se produit effectivement, du moins pour l'être qui n'est pas actuellement « délivré », c'est-à-dire affranchi définitivement des conditions de l'existence individuelle.

Le terme Chit doit être entendu, non pas, comme l'était précédemment son dérivé chitta, au sens restreint de la pensée individuelle et formelle (cette détermination restrictive, qui implique une modification par réflexion, étant marquée dans le dérivé par le suffixe kta, qui est la terminaison du participe passif), mais bien au sens universel, comme la Conscience totale du « Soi » envisagée dans son rapport avec son unique objet, lequel est Ânanda ou la Béatitude [5]. Cet objet, tout en constituant alors en quelque façon l'enveloppe du « Soi » (ânandamaya-kosha), ainsi que nous l'avons expliqué plus haut, est identique au sujet lui-même, qui est Sat ou l'Être pur, et n'en est point véritablement distinct, ne pouvant pas l'être en effet là où il n'y a plus aucune distinction réelle [6]. Ainsi ces trois, Sat, Chit et Ânanda (généralement réunis en Sachchidânanda) [7], ne sont absolument qu'un seul et même être, et cet « un » est Âtmâ, considéré en dehors et au-delà de toutes les conditions particulières qui déterminent chacun de ses divers états de manifestation.

Dans cet état, qui est encore désigné parfois sous le nom de samprasâda ou « sérénité » [8], la lumière intelligible est saisie directement, ce qui constitue l'intuition intellectuelle, et non plus par réflexion à travers le « mental » (manas) comme dans les états individuels. Nous avons appliqué précédemment cette expression d'« intuition intellectuelle » à Buddhi, faculté de connaissance supra-rationnelle et supra-individuelle, bien que déjà manifestée ; sous ce rapport, il faut donc inclure d'une certaine façon Buddhi dans l'état de Prâjna, qui comprendra ainsi tout ce qui est au-delà de l'existence individuelle. Nous avons alors à considérer dans l'Être un nouveau ternaire, qui est constitué par Purusha, Prakriti et

Buddhi, c'est-à-dire par les deux pôles de la manifestation, « essence » et « substance », et par la première production de Prakriti sous l'influence de Purusha, production qui est la manifestation informelle. Il faut ajouter, d'ailleurs, que ce ternaire ne représente que ce qu'on pourrait appeler l'« extériorité » de l'Être, et qu'ainsi il ne coïncide nullement avec l'autre ternaire principiel que nous venons d'envisager, et qui se rapporte véritablement à son « intériorité », mais qu'il en serait plutôt comme une première particularisation en mode distinctif [9] ; il va de soi que, en parlant ici d'« extérieur » et d'« intérieur », nous n'employons qu'un langage purement analogique, basé sur un symbolisme spatial, et qui ne saurait littéralement s'appliquer à l'Être pur. D'autre part, le ternaire de Sachchidânanda, qui est coextensif à l'Être, se traduit encore, dans l'ordre de la manifestation informelle, par celui que l'on distingue en Buddhi, et dont nous avons déjà parlé : le Matsya-Purâna, que nous citions alors, déclare que, « dans l'Universel, Mahat (ou Buddhi) est Îshwara » ; et Prâjna est aussi Îshwara, auquel appartient proprement le kârana-sharîra. On peut dire encore que la Trimûrti ou « triple manifestation » est seulement l'« extériorité » d'Îshwara ; en soi, celui-ci est indépendant de toute manifestation, dont il est le principe, étant l'Être même ; et tout ce qui est dit d'Îshwara, aussi bien en soi que par rapport à la manifestation, peut être dit également de Prâjna qui lui est identifié. Ainsi, en dehors du point de vue spécial de la manifestation et des divers états conditionnés qui dépendent de lui dans cette manifestation, l'intellect n'est point différent d'Âtmâ, car celui-ci doit être considéré comme « se connaissant soi-même par soi-même », puisqu'il n'y a plus alors aucune réalité qui soit véritablement distincte de lui, tout étant compris dans ses propres possibilités ; et c'est dans cette « Connaissance de Soi » que réside proprement la Béatitude.

« Celui-ci (Prâjna) est le Seigneur (Îshwara) de tout (sarva, mot qui implique ici, dans son extension universelle, l'ensemble des « trois mondes », c'est-à-dire de tous les états de manifestation compris synthétiquement dans leur principe) ; Il est omniscient (car tout Lui est présent dans la Connaissance intégrale, et Il connaît directement tous les effets dans la cause principielle totale, laquelle n'est aucunement distincte de Lui) [10] ; Il est l'ordonnateur interne (antar-yâmî, qui, résidant au centre même de l'être, régit et contrôle toutes les facultés correspondant à ses divers états, tout en demeurant Lui-même « non-agissant » dans la plénitude de Son activité principielle) [11] ; Il est la source (yoni, matrice ou racine primordiale, en même temps que principe ou cause première) de tout (ce qui existe sous quelque mode que ce soit) ; Il est l'origine (prabhava, par Son expansion dans la multitude indéfinie de Ses possibilités) et la fin (apyaya, par Son repliement en l'unité de Soi-même) [12] de l'universalité des êtres (étant Soi-même l'Être Universel) » [13].

1. « Tout est un, dit également le Taoïsme ; durant le sommeil, l'âme non distraite s'absorbe dans cette unité ; durant la veille, distraite, elle distingue des êtres divers » (Tchoang-tseu, ch. II ; traduction du P. Wieger, p. 215).
2. « Concentrer toute son énergie intellectuelle comme en une masse », dit aussi, dans le même sens, la doctrine taoïste (Tchoang-tseu, ch. IV ; traduction du P. Wieger, p. 233). – Prajnâna ou la Connaissance intégrale s'oppose ici à vijnâna ou la connaissance distinctive, qui, s'appliquant spécialement au domaine individuel ou formel, caractérise les deux états précédents ; vijnânamaya-kosha est la première des « enveloppes » dont se revêt Âtmâ en pénétrant dans « le monde des noms et des formes », c'est-à-dire en se manifestant comme jîvâtmâ.
3. Mândûkya Upanishad, shruti 5.
4. C'est là ce qui permet de transposer métaphysiquement la doctrine théologique de la « résurrection des morts », ainsi que la conception du « corps glorieux » ; celui-ci, d'ailleurs, n'est point un corps au sens propre de ce mot, mais il en est la « transformation » (ou la « transfiguration »), c'est-à-dire la transposition hors de la forme et des autres conditions de l'existence individuelle, ou encore, en d'autres termes, il est la « réalisation » de la possibilité permanente et immuable dont le corps n'est que l'expression transitoire en mode manifesté.
5. L'état de sommeil profond a été qualifié d'« inconscient » par certains orientalistes, qui semblent même tentés de l'identifier à l'« Inconscient » de quelques philosophes allemands tels que Hartmann ; cette erreur vient sans doute de ce qu'ils ne peuvent concevoir de conscience autre qu'individuelle et « psychologique », mais elle ne nous en paraît pas moins inexplicable, car nous ne voyons pas comment ils peuvent, avec une semblable interprétation, comprendre des termes tels que Chit, Prajnâna et Prâjna.
6. Les termes de « sujet » et d'« objet », dans le sens où nous les employons ici, ne peuvent prêter à aucune équivoque : le sujet est « celui qui connaît », l'objet est « ce qui est connu », et leur rapport est la connaissance elle-même. Cependant, dans la philosophie moderne, la signification de ces termes, et surtout celle de leurs dérivés « subjectif » et « objectif », a varié à un tel point qu'ils ont reçu des acceptions à peu près diamétralement opposées, et certains philosophes les ont pris indistinctement dans des sens fort différents ; aussi leur emploi présente-t-il souvent de graves inconvénients au point de vue de la clarté, et, dans bien des cas, il est préférable de s'en abstenir autant que possible.
7. En arabe, on a, comme équivalent de ces trois termes, l'Intelligence (El-Aqlu), l'Intelligent (El-Âqil) et l'Intelligible (El-Maqûl) : la première est la Conscience universelle (Chit), le second est son sujet (Sat), et le troisième est son objet (Ânanda), les trois n'étant qu'un dans l'Être « qui Se connaît Soi-même par Soi-même ».
8. Brihad-Âranyaka Upanishad, 4e Adhyâya, 3e Brâhmana, shruti 15 ; cf. Brahma-Sûtras, 1er Adhyâya, 3e Pâda, sûtra 8. – Voir aussi ce que nous dirons plus loin sur la signification du mot Nirvâna.
9. On pourrait dire, avec les réserves que nous avons faites sur l'emploi de ces mots, que Purusha est le pôle « subjectif » de la manifestation, et que Prakriti en est le pôle « objectif » ; Buddhi correspond alors naturellement à la connaissance, qui est comme une résultante du sujet et de l'objet, ou leur « acte commun », pour employer le langage d'Aristote. Cependant, il importe de remarquer que, dans l'ordre de l'Existence universelle, c'est Prakriti qui « conçoit » ses productions sous l'influence « non-agissante » de Purusha, tandis que, dans l'ordre des existences individuelles, le sujet connaît au contraire sous l'action de l'objet ; l'analogie est donc inversée dans ce cas comme dans ceux que nous avons rencontrés précédemment. Enfin, si l'on regarde l'intelligence comme inhérente au sujet (bien que son « actualité » suppose la présence des deux termes complémentaires), on devra dire que l'Intellect universel est essentiellement actif, tandis que l'intelligence individuelle est passive, relativement du moins (et tout en étant aussi active en même temps sous un autre rapport), ce qu'implique d'ailleurs son caractère de « reflet » ; et ceci concorde encore entièrement avec les théories d'Aristote.
10. Les effets sont « éminemment » dans la cause, comme disent les philosophes scolastiques, et ils sont ainsi constitutifs de sa nature même, puisque rien ne peut être dans les effets qui ne soit d'abord dans la cause ; ainsi la cause première, se connaissant elle-même, connaît par là tous les effets, c'est-à-dire toutes choses, d'une façon absolument immédiate et « non-distinctive ».

11. Cet « ordonnateur interne » est identique au « Recteur Universel » dont il est question dans un texte taoïste que nous avons cité dans une note précédente. – La tradition extrême-orientale dit aussi que « l'Activité du Ciel est non-agissante » ; dans sa terminologie, le Ciel (Tien) correspond à Purusha (envisagé aux divers degrés qui ont été indiqués précédemment), et la Terre (Ti) à Prakriti ; il ne s'agit donc pas de ce qu'on est obligé de rendre par les mêmes mots dans l'énumération des termes du Tribhuvana hindou.
12. Ceci est applicable, dans l'ordre cosmique, aux deux phases d'« expiration » et d'« aspiration » que l'on peut envisager dans chaque cycle en particulier ; mais ici il s'agit de la totalité des cycles ou des états constituant la manifestation universelle.
13. Mândûkya Upanishad, shruti 6.

15

L'ÉTAT INCONDITIONNÉ D'ATMA

« Veille, rêve, sommeil profond, et ce qui est au-delà, tels sont les quatre états d'Âtmâ ; le plus grand (mahattara) est le Quatrième (Turîya). Dans les trois premiers, Brahma réside avec un de ses pieds ; il a trois pieds dans le dernier »[1]. Ainsi, les proportions établies précédemment à un certain point de vue se trouvent renversées à un autre point de vue : des quatre « pieds » (pâdas) d'Âtmâ, les trois premiers quant à la distinction des états n'en sont qu'un pour l'importance métaphysique, et le dernier en est trois à lui seul sous le même rapport. Si Brahma n'était pas « sans parties » (akhanda), on pourrait dire qu'un quart de Lui seulement est dans l'Être (y compris tout ce qui en dépend, c'est-à-dire la manifestation universelle dont il est le principe), tandis que Ses trois autres quarts sont au-delà de l'Être[2]. Ces trois quarts peuvent être envisagés de la façon suivante : 1° la totalité des possibilités de manifestation en tant qu'elles ne se manifestent pas, donc à l'état absolument permanent et inconditionné, comme tout ce qui est du « Quatrième » (en tant qu'elles se manifestent, elles appartiennent aux deux premiers états ; en tant que « manifestables », au troisième, principiel par rapport à ceux-là) ; 2° La totalité des possibilités de non-manifestation (dont nous ne parlons d'ailleurs au pluriel que par analogie, car elles sont évidemment au-delà de la multiplicité, et même au-delà de l'unité) ; 3° enfin, le Principe Suprême des unes et des autres, qui est la Possibilité Universelle, totale, infinie et absolue[3].

« Les Sages pensent que le Quatrième (Chaturtha)[4], qui n'est connaissant ni des objets internes ni des objets externes (d'une façon distinctive et analytique), ni à la fois des uns et des autres (envisagés synthétiquement et en principe) et qui n'est pas (même) un ensemble synthétique de Connaissance intégrale, n'étant ni connaissant ni non-connaissant, est invisible (adrishta, et également non-perceptible par quelque faculté que ce soit), non-agissant (avyavahârya, dans Son immuable identité), incompréhensible (agrâhya, puisqu'Il comprend tout), indéfinissable (alakshana, puisqu'Il est sans aucune limite), impensable (achintya, ne pouvant être revêtu d'aucune forme), indescriptible (avyapadêshya, ne pouvant être qualifié par aucune attribution ou détermination particulière), l'unique essence fondamentale (pratyaya-sâra) du « Soi » (Âtmâ, présent dans tous les états), sans aucune trace du développement de la manifestation (prapancha-upashama, et par suite absolument et totalement affranchi des conditions spéciales de quelque mode d'existence que ce soit), plénitude de la Paix et de la Béatitude, sans dualité : Il est Âtmâ (Lui-même, en dehors et indépendamment de toute condition), (ainsi) Il doit être connu » [5].

On remarquera que tout ce qui concerne cet état inconditionné d'Âtmâ est exprimé sous une forme négative ; et il est facile de comprendre qu'il en soit ainsi, car, dans le langage, toute affirmation directe est forcément une affirmation particulière et déterminée, l'affirmation de quelque chose qui exclut autre chose, et qui limite ainsi ce dont on peut l'affirmer [6]. Toute détermination est une limitation, donc une négation [7] ; par suite, c'est la négation d'une détermination qui est une véritable affirmation, et les termes d'apparence négative que nous rencontrons ici sont, dans leur sens réel, éminemment affirmatifs. D'ailleurs, le mot « Infini », dont la forme est semblable, exprime la négation de toute limite, de sorte qu'il équivaut à l'affirmation totale et absolue, qui comprend ou enveloppe toutes les affirmations particulières, mais qui n'est aucune de celles-ci à l'exclusion des autres, précisément parce qu'elle les implique toutes également et « non-distinctivement » ; et c'est ainsi que la Possibilité Universelle comprend absolument toutes les possibilités. Tout ce qui peut s'exprimer sous une forme affirmative est nécessairement enfermé dans le domaine de l'Être, puisque celui-ci est lui-même la première affirmation ou la première détermination, celle dont procèdent toutes les autres, de même que l'unité est le premier des nombres et que ceux-ci en dérivent tous ; mais, ici, nous sommes dans la « non-dualité », et non plus dans l'unité, ou, en d'autres termes, nous sommes au-delà de l'Être, par là-même que nous sommes au-delà de toute détermination, même principielle [8].

En Soi-même, Âtmâ n'est donc ni manifesté (vyakta), ni non-manifesté (avyakta), du moins si l'on regarde seulement le non-manifesté comme le principe immédiat du manifesté (ce qui se réfère à l'état de Prâjna) ; mais Il est à la fois le principe du manifesté et du non-manifesté (bien que ce Principe Suprême puisse d'ailleurs aussi être dit non-manifesté en un sens supérieur, ne fût-ce que pour affirmer par là Son immutabilité absolue et l'impossibilité de Le caractériser par aucune attribution positive). « Lui (le

Suprême Brahma, auquel Âtmâ inconditionné est identique), l'œil ne L'atteint point [9], ni la parole, ni le « mental » [10] ; nous ne Le reconnaissons point (comme compréhensible par autre que Lui-même), et c'est pourquoi nous ne savons comment enseigner Sa nature (par une description quelconque). Il est supérieur à ce qui est connu (distinctivement, ou à l'Univers manifesté), et Il est même au-delà de ce qui n'est pas connu (distinctivement, ou de l'Univers non-manifesté, un avec l'Être pur) [11] ; tel est l'enseignement que nous avons reçu des Sages d'autrefois. On doit considérer que Ce qui n'est point manifesté par la parole (ni par aucune autre chose), mais par quoi la parole est manifestée (ainsi que toutes choses), est Brahma (dans Son Infinité), et non ce qui est envisagé (en tant qu'objet de méditation) comme « ceci » (un être individuel ou un monde manifesté, suivant que le point de vue se rapporte au « microcosme » ou au « macrocosme ») ou « cela » (Îshwara ou l'Être Universel lui-même, en dehors de toute individualisation et de toute manifestation) » [12].

Shankarâchârya ajoute à ce passage le commentaire suivant : « Un disciple qui a suivi attentivement l'exposition de la nature de Brahma doit être amené à penser qu'il connaît parfaitement Brahma (du moins théoriquement) ; mais, malgré les raisons apparentes qu'il peut avoir de penser ainsi, ce n'en est pas moins une opinion erronée. En effet, la signification bien établie de tous les textes concernant le Vêdânta est que le « Soi » de tout être qui possède la Connaissance est identique à Brahma (puisque, par cette Connaissance même, l'« Identité Suprême » est réalisée). Or, de toute chose qui est susceptible de devenir un objet de connaissance, une connaissance distincte et définie est possible ; mais il n'en est pas ainsi de Ce qui ne peut devenir un tel objet. Cela est Brahma, car Il est le Connaisseur (total), et le Connaisseur peut connaître les autres choses (les renfermant toutes dans Son infinie compréhension, qui est identique à la Possibilité Universelle), mais non Se faire Lui-même l'objet de Sa propre Connaissance (car, dans Son identité qui ne résulte d'aucune identification, on ne peut pas même faire, comme dans la condition de Prâjna, la distinction principielle d'un sujet et d'un objet qui sont cependant « le même », et Il ne peut pas cesser d'être Soi-même, « tout-connaissant », pour devenir « tout connu », qui serait un autre Soi-même), de la même façon que le feu peut brûler d'autres choses, mais non se brûler lui-même (sa nature essentielle étant indivisible, comme, analogiquement, Brahma est « sans dualité ») [13]. D'autre part, il ne peut pas être dit non plus que Brahma puisse être un objet de connaissance pour un autre que Lui-même, car, en dehors de Lui, il n'est rien qui soit connaissant (toute connaissance, même relative, n'étant qu'une participation de la connaissance absolue et suprême) » [14].

C'est pourquoi il est dit dans la suite du texte : « Si tu penses que tu connais bien (Brahma), ce que tu connais de Sa nature est en réalité peu de chose ; pour cette raison, Brahma doit encore être plus attentivement considéré par toi. (La réponse est celle-ci :) Je ne pense pas que je Le connais ; par là je veux dire que je ne Le connais pas bien (d'une façon distincte, comme je connaîtrais un objet susceptible d'être décrit ou défini) ; et cependant je Le connais (suivant l'enseignement que j'ai reçu concernant Sa nature). Quiconque parmi nous comprend ces paroles (dans leur véritable signification) : « Je ne Le connais pas, et cependant je Le connais », celui-là Le connaît en vérité. Par celui qui pense que Brahma est non-compris (par une faculté quelconque), Brahma est compris (car, par la Connaissance de Brahma, celui-là est devenu réellement et effectivement identique à Brahma même) ; mais celui qui pense que Brahma est compris (par quelque faculté sensible ou mentale) ne Le connaît point. Brahma (en Soi-même, dans Son incommunicable essence) est inconnu à ceux qui Le connaissent (à la façon d'un objet quelconque de connaissance, que ce soit un être particulier ou l'Être Universel), et Il est connu à ceux qui ne Le connaissent point (comme « ceci » ou « cela ») [15].

---

1. Maitri Upanishad, 7e Prapâthaka, shruti 11.
2. Pâda, qui signifie « pied », signifie aussi « quart ».
3. D'une façon analogue, en considérant les trois premiers états, dont l'ensemble constitue le domaine de l'Être, on pourrait dire aussi que les deux premiers ne sont qu'un tiers de l'Être, puisqu'ils contiennent seulement la manifestation formelle, tandis que le troisième en est les deux tiers à lui seul, puisqu'il comprend à la fois la manifestation informelle et l'Être non-manifesté. – Il est essentiel de remarquer que les possibilités de manifestation seules entrent dans le domaine de l'Être, même envisagé dans toute son universalité.
4. Les deux mots Chaturtha et Turîya ont le même sens et s'appliquent identiquement au même état : Yad vai Chaturtham tat Turîyam, « cela assurément qui est Chaturtha, cela est Turîya » (Brihad-Âranyaka Upanishad, 5e Adhyâya, 14e Brâhmana, shruti 3).
5. Mândûkya Upanishad, shruti 7.
6. C'est pour la même raison que cet état est désigné simplement comme le « Quatrième », parce qu'il ne peut être caractérisé d'une façon quelconque ; mais cette explication, pourtant évidente, a échappé aux orientalistes, et nous pouvons citer à ce propos un curieux exemple de leur incompréhension : M. Oltramare s'est imaginé que ce nom de « Quatrième » indiquait qu'il ne s'agissait que d'une « construction logique », et cela parce qu'il lui a rappelé « la quatrième dimension des mathématiciens » ; voilà un rapprochement au moins inattendu, et qu'il serait sans doute difficile de justifier sérieusement.
7. Spinoza lui-même l'a reconnu expressément : « *Omnis determinatio negatio est* » ; mais il est à peine besoin de dire que l'application qu'il en fait rappellerait bien plutôt l'indétermination de Prakriti que celle d'Âtmâ dans son état inconditionné.
8. Nous nous plaçons ici au point de vue purement métaphysique, mais nous devons ajouter que ces considérations peuvent avoir aussi une application au point de vue théologique ; bien que ce dernier se maintienne ordinairement dans les limites de l'Être, certains reconnaissent que la « théologie négative » est seule rigoureuse, c'est-à-dire qu'il n'y a que les attributs de forme négative qui conviennent véritablement à Dieu. – Cf. St Denys l'Aréopagite, Traité de la Théologie Mystique, dont les deux derniers chapitres se rapprochent d'une façon remarquable, même dans l'expression, du texte qui vient d'être cité.
9. De même, le Qorân dit en parlant d'Allah : « Les regards ne peuvent L'atteindre. » – « Le Principe n'est atteint ni par la vue ni par l'ouïe » (Tchoang-tseu, ch. XXII ; traduction du P. Wieger, p. 397).
10. Ici, l'œil représente les facultés de sensation, et la parole les facultés d'action ; on a vu plus haut que le manas, par sa nature et ses fonctions, participe des unes et des autres. Brahma ne peut être atteint par aucune faculté individuelle : Il ne peut être perçu par les sens

comme les objets grossiers, ni conçu par la pensée comme les objets subtils ; Il ne peut être exprimé en mode sensible par les mots, ni en mode idéal par les images mentales.

11. Cf. le passage déjà cité de la Bhagavad-Gîtâ, XV, 18, d'après lequel Paramâtmâ « dépasse le destructible et même l'indestructible » ; le destructible est le manifesté, et l'indestructible est le non-manifesté, entendu comme nous venons de l'expliquer.
12. Kêna Upanishad, 1er Khanda, shrutis 3 à 5. – Ce qui a été dit pour la parole (vâch) est ensuite répété successivement, dans les shrutis 6 à 9, et en termes identiques, pour le « mental » (manas), l'œil (chakshus), l'ouïe (shrotra) et le « souffle vital » (prâna).
13. Cf. Brihad-Âranyaka Upanishad, 4e Adhyâya, 5e Brâhmana, shruti 14 : « Comment le Connaisseur (total) pourrait-il être connu ? »
14. Ici encore, nous pouvons établir un rapprochement avec cette phrase du Traité de l'Unité (Risâlatul-Ahadiyah) de Mohyiddin ibn Arabi : « Il n'y a rien, absolument rien qui existe hormis Lui (Allah), mais Il comprend Sa propre existence sans (toutefois) que cette compréhension existe d'une façon quelconque ».
15. Kêna Upanishad, 2e Khanda, shrutis 1 à 3. – Voici un texte taoïste qui est tout à fait identique : « L'Infini a dit : je ne connais pas le Principe ; cette réponse est profonde. L'Inaction a dit : je connais le Principe ; cette réponse est superficielle. L'Infini a eu raison de dire qu'il ne savait rien de l'essence du Principe. L'Inaction a pu dire qu'elle Le connaissait, quant à Ses manifestations extérieures... Ne pas Le connaître, c'est Le connaître (dans Son essence) ; Le connaître (dans Ses manifestations), c'est ne pas Le connaître (tel qu'Il est en réalité). Mais comment comprendre cela, que c'est en ne Le connaissant pas qu'on Le connaît ? – Voici comment, dit l'État primordial. Le Principe ne peut pas être entendu, ce qui s'entend, ce n'est pas Lui. Le Principe ne peut pas être vu ; ce qui se voit, ce n'est pas Lui. Le Principe ne peut pas être énoncé ; ce qui s'énonce, ce n'est pas Lui... Le Principe, ne pouvant être imaginé, ne peut pas non plus être décrit. Celui qui pose des questions sur le Principe, et celui qui y répond, montrent tous deux qu'ils ignorent ce qu'est le Principe. On ne peut, du Principe, demander ni répondre ce qu'Il est » (*Tchoang-tseu*, ch. XXII ; traduction du P. Wieger, pp. 397-399).

16
REPRÉSENTATION SYMBOLIQUE D'ATMA ET DE SES CONDITIONS PAR LE MONOSYLLABE SACRÉ OM.

La suite de la Mândûkya Upanishad se rapporte à la correspondance du monosyllabe sacré Om et de ses éléments (mâtrâs) avec Âtmâ et ses conditions (pâdas) ; elle indique, d'une part, les raisons symboliques de cette correspondance, et, d'autre part, les effets de la méditation, portant à la fois sur le symbole et sur ce qu'il représente, c'est-à-dire sur Om et sur Âtmâ, le premier jouant le rôle de « support » pour obtenir la connaissance du second. Nous allons maintenant donner la traduction de cette dernière partie du texte ; mais il ne nous sera pas possible de l'accompagner d'un commentaire complet, qui nous éloignerait trop du sujet de la présente étude.

« Cet Âtmâ est représenté par la syllabe (par excellence) Om, qui à son tour est représentée par des caractères (mâtrâs), (de telle sorte que) les conditions (d'Âtmâ) sont les mâtrâs (d'Om), et (inversement) les mâtrâs (d'Om) sont les conditions (d'Âtmâ) : ce sont A, U et M.

« Vaishwânara, dont le siège est dans l'état de veille, est (représenté par) A, la première mâtrâ, parce qu'elle est la connexion (âpti, de tous les sons, le son primordial A, celui qui est émis par les organes de la parole dans leur position naturelle, étant comme immanent dans tous les autres, qui en sont des modifications diverses et qui s'unifient en lui, de même que Vaishwânara est présent dans toutes les choses du monde sensible et en fait l'unité), aussi bien que parce qu'elle est le commencement (âdi, à la fois de l'alphabet et du monosyllabe Om, comme Vaishwânara est la première des conditions d'Âtmâ et la base à partir de laquelle, pour l'être humain, doit s'accomplir la réalisation métaphysique). Celui qui connaît ceci obtient en vérité (la réalisation de) tous ses désirs (puisque, par son identification avec Vaishwânara, tous les objets sensibles deviennent dépendants de lui et partie intégrante de son propre être), et il devient le premier (dans le domaine de Vaishwânara ou de Virâj, dont il se fait le centre en vertu de cette connaissance même et par l'identification qu'elle implique lorsqu'elle est pleinement effective).

« Taijasa, dont le siège est dans l'état de rêve, est (représenté par) U, la seconde mâtra, parce qu'elle est l'élévation (utkarsha, du son à partir de sa modalité première, comme l'état subtil est, dans la manifestation formelle, d'un ordre plus élevé que l'état grossier), aussi bien que parce qu'elle participe des deux (ubhaya, c'est-à-dire que, par sa nature et par sa position, elle est intermédiaire entre les deux éléments extrêmes du monosyllabe Om, de même que l'état de rêve est intermédiaire, sandhyâ, entre la veille et le sommeil profond). Celui qui connaît ceci avance en vérité dans la voie de la Connaissance (par son identification avec Hiranyagarbha), et (étant ainsi illuminé) il est en harmonie (samâna, avec toutes choses, car il envisage l'Univers manifesté comme la production de sa propre connaissance, qui ne peut être séparée de lui-même), et aucun de ses descendants (au sens de « postérité spirituelle »)[1] ne sera ignorant de Brahma.

« Prâjna, dont le siège est dans l'état de sommeil profond, est (représenté par) M, la troisième mâtrâ, parce qu'elle est la mesure (miti, des deux autres mâtrâs, comme, dans un rapport mathématique, le dénominateur est la mesure du numérateur), aussi bien que parce qu'elle est l'aboutissement (du monosyllabe Om, considéré comme renfermant la synthèse de tous les sons, et de même le non-manifesté contient, synthétiquement et en principe, tout le manifesté avec ses divers modes possibles, et celui-ci peut être considéré comme rentrant dans le non-manifesté, dont il ne s'est jamais distingué que d'une façon contingente et transitoire : la cause première est en même temps la cause finale, et la fin est nécessairement identique au principe)[2]. Celui qui connaît ceci mesure en vérité ce tout (c'est-à-dire l'ensemble des « trois mondes » ou des différents degrés de l'Existence universelle, dont l'Être pur est le « déterminant »)[3], et il devient l'aboutissement (de toutes choses, par la concentration dans son propre Soi ou sa personnalité, où se retrouvent, « transformés » en possibilités permanentes, tous les états de manifestation de son être)[4].

« Le Quatrième est « non-caractérisé » (amâtra, donc inconditionné) ; il est non-agissant (avyavahârya), sans aucune trace du développement de la manifestation (prapancha-upashama), toute Béatitude et sans dualité (Shiva Adwaita) : cela est Omkâra (le monosyllabe sacré considéré indépendamment de ses mâtrâs), cela assurément est Âtmâ (en Soi, en dehors et indépendamment de toute condition ou détermination quelconque, y compris la détermination principielle qui est l'Être même). Celui qui connaît ceci entre en vérité dans son propre « Soi » par le moyen de ce même « Soi » (sans aucun intermédiaire de quelque ordre que ce soit, sans l'usage d'aucun instrument tel qu'une faculté de connaissance, qui ne peut atteindre qu'un état du « Soi », et non Paramâtmâ, le « Soi » suprême et absolu) » [5].

En ce qui concerne les effets qui sont obtenus au moyen de la méditation (upâsanâ) du monosyllabe Om, dans chacune de ses trois mâtrâs d'abord, et ensuite en soi-même, indépendamment de ces mâtrâs, nous ajouterons seulement que ces effets correspondent à la réalisation de différents degrés spirituels, qui peuvent être caractérisés de la façon suivante : le premier est le plein développement de l'individualité corporelle ; le second est l'extension intégrale de l'individualité humaine dans ses modalités extra-corporelles ; le troisième est l'obtention des états supra-individuels de l'être ; enfin, le quatrième est la réalisation de l'« Identité Suprême ».

---

1. Ce sens a même ici, en raison de l'identification avec Hiranyagarbha, un rapport plus particulier avec l'« Œuf du Monde » et avec les lois cycliques.
2. Pour comprendre le symbolisme qui vient d'être indiqué, il faut considérer que les sons de A et de U s'unissent en celui de O, et que celui-ci va se perdre en quelque sorte dans le son nasal final de M, sans cependant être détruit, mais en se prolongeant au contraire indéfiniment, tout en devenant indistinct et imperceptible. – D'autre part, les formes géométriques qui correspondent respectivement aux trois mâtrâs sont une ligne droite, une demi-circonférence (ou plutôt un élément de spirale) et un point : la première symbolise le déploiement complet de la manifestation ; la seconde, un état d'enveloppement relatif par rapport à ce déploiement, mais cependant encore développé ou manifesté ; la troisième, l'état informel et « sans dimensions » ou conditions limitatives spéciales, c'est-à-dire le non-manifesté. On remarquera aussi que le point est le principe primordial de toutes les figures géométriques, comme le non-manifesté l'est de tous les états de manifestation, et qu'il est, dans son ordre, l'unité vraie et indivisible, ce qui en fait un symbole naturel de l'Être pur.
3. Il y aurait, si ce n'était hors de propos ici, des considérations linguistiques intéressantes à développer sur l'expression de l'Être connu comme « sujet ontologique » et « déterminant universel » ; nous dirons seulement que, en hébreu, le nom divin El s'y rapporte plus particulièrement. – Cet aspect de l'Être est désigné par la tradition hindoue comme Swayambhû, « Celui qui subsiste par Soi-même » ; dans la théologie chrétienne, c'est le Verbe Éternel envisagé comme le « lieu des possibles » ; le symbole extrême-oriental du Dragon s'y réfère également.
4. C'est seulement dans cet état d'universalisation, et non dans l'état individuel, que l'on pourrait dire véritablement que « l'homme est la mesure de toutes choses, de celles qui sont en tant qu'elles sont, et de celles qui ne sont pas en tant qu'elles ne sont pas », c'est-à-dire, métaphysiquement, du manifesté et du non-manifesté, bien que, en toute rigueur, on ne puisse parler d'une « mesure » du non-manifesté, si l'on entend par là la détermination par des conditions spéciales d'existence, comme celles qui définissent chaque état de manifestation. D'autre part, il va sans dire que le sophiste grec Protagoras, à qui l'on attribue la formule que nous venons de reproduire en en transposant le sens pour l'appliquer à l'« Homme Universel », a été certainement très loin de s'élever jusqu'à cette conception, de sorte que, l'appliquant à l'être humain individuel, il n'entendait exprimer par là que ce que les modernes appelleraient un « relativisme » radical, alors que, pour nous, il s'agit évidemment de tout autre chose, comme le comprendront sans peine ceux qui savent quels sont les rapports de l'« Homme Universel » avec le Verbe Divin (cf. notamment St Paul, 1ère Épître aux Corinthiens, XV).

5. Mândûkya Upanishad, shrutis 8 à 12. – Sur la méditation d'Om et ses effets dans des ordres divers, en rapport avec les trois mondes, on peut trouver d'autres indications dans la Prashna Upanishad, 5e Prashna, shrutis 1 à 7. Cf. encore Chhândogya Upanishad, 1er Prapâthaka, 1er, 4e et 5e Khandas.

17
L'ÉVOLUTION POSTHUME ET L'ÊTRE HUMAIN

Jusqu'ici nous avons envisagé la constitution de l'être humain et les différents états dont il est susceptible tant qu'il subsiste comme composé des divers éléments que nous avons eu à distinguer dans cette constitution, c'est-à-dire pendant la durée de sa vie individuelle. Il est nécessaire d'insister sur ce point, que les états qui appartiennent véritablement à l'individu comme tel, c'est-à-dire non seulement l'état grossier ou corporel pour lequel la chose est évidente, mais aussi l'état subtil (à la condition, bien entendu, de n'y comprendre que les modalités extra-corporelles de l'état humain intégral, et non les autres états individuels de l'être), sont proprement et essentiellement des états de l'homme vivant. Ce n'est pas à dire qu'il faille admettre que l'état subtil cesse à l'instant même de la mort corporelle, et du seul fait de celle-ci ; nous verrons plus loin qu'il se produit alors, au contraire, un passage de l'être dans la forme subtile, mais ce passage ne constitue qu'une phase transitoire dans la résorption des facultés individuelles du manifesté au non-manifesté, phase dont l'existence s'explique tout naturellement par le caractère intermédiaire que nous avons déjà reconnu à l'état subtil. On peut cependant, il est vrai, avoir à envisager en un certain sens, et dans certains cas tout au moins, un prolongement, et même un prolongement indéfini, de l'individualité humaine, que l'on devra forcément rapporter aux modalités subtiles, c'est-à-dire extra-corporelles, de cette individualité ; mais ce prolongement n'est plus du tout la même chose que l'état subtil tel qu'il existait pendant la vie terrestre. Il faut bien se rendre compte, en effet, que, sous cette même dénomination d'« état subtil », on se trouve obligé de comprendre des modalités fort diverses et extrêmement complexes, même si l'on se borne à la considération du seul domaine des possibilités proprement humaines ; c'est pourquoi nous avons pris soin, dès le début, de prévenir qu'elle devait toujours être entendue par rapport à l'état corporel pris comme point de départ et comme terme de comparaison, de sorte qu'elle n'acquiert un sens précis que par opposition à cet état corporel ou grossier, lequel, de son côté, nous apparaît comme suffisamment défini par lui-même parce qu'il est celui où nous nous trouvons présentement. On aura pu remarquer aussi que, parmi les cinq enveloppes du « Soi », il en est trois qui sont regardées comme constitutives de la forme subtile (alors qu'une seule correspond à chacun des deux autres états conditionnés d'Âtmâ : pour l'un, parce qu'il n'est en réalité qu'une modalité spéciale et déterminée de l'individu ; pour l'autre, parce qu'il est un état essentiellement unifié et « non-distingué ») ; et cela est encore une preuve manifeste de la complexité de l'état dans lequel le « Soi » a cette forme pour véhicule, complexité dont il faut toujours se souvenir si l'on veut comprendre ce qui peut en être dit suivant qu'on l'envisagera sous des points de vue divers.

Nous devons maintenant aborder la question de ce qu'on appelle ordinairement l'« évolution posthume » de l'être humain, c'est-à-dire des conséquences qu'entraîne, pour cet être, la mort ou, pour mieux préciser comment nous entendons ce mot, la dissolution de ce composé dont nous avons parlé et qui constitue son individualité actuelle. Il faut remarquer, d'ailleurs, que, lorsque cette dissolution a eu lieu, il n'y a plus d'être humain à proprement parler, puisque c'est essentiellement le composé qui est l'homme individuel ; le seul cas où l'on puisse continuer à l'appeler humain en un certain sens est celui où, après la mort corporelle, l'être demeure dans quelqu'un de ces prolongements de l'individualité auxquels nous avons fait allusion, parce que, dans ce cas, bien que cette individualité ne soit plus complète sous le rapport de la manifestation (puisque l'état corporel lui manque désormais, les possibilités qui y correspondent pour elle ayant terminé le cycle entier de leur développement), certains de ses éléments psychiques ou subtils subsistent d'une certaine façon sans se dissocier. Dans tout autre cas, l'être ne peut plus être dit humain, puisque, de l'état auquel s'applique ce nom, il est passé à un autre état, individuel ou non ; ainsi, l'être qui était humain a cessé de l'être pour devenir autre chose, de même que, par la naissance, il était devenu humain en passant d'un autre état à celui qui est présentement le nôtre. Du reste, si l'on entend la naissance et la mort au sens le plus général, c'est-à-dire comme changement d'état, on se rend compte immédiatement que ce sont là des modifications qui se correspondent analogiquement, étant le commencement et la fin d'un cycle d'existence individuelle ; et même, quand on sort du point de vue spécial d'un état déterminé pour envisager l'enchaînement des divers états entre eux, on voit que, en réalité, ce sont des phénomènes rigoureusement équivalents, la mort à un état étant en même temps la naissance dans un autre. En d'autres termes, c'est la même modification qui est mort ou naissance suivant l'état ou le cycle d'existence par rapport auquel on la considère, puisque c'est proprement le point commun aux deux états, ou le passage de l'un à l'autre ; et ce qui est vrai ici pour des états différents l'est aussi, à un autre degré, pour des modalités diverses d'un même état, si l'on regarde ces modalités comme constituant, quant au développement de leurs possibilités respectives, autant de cycles secondaires qui s'intègrent dans l'ensemble d'un cycle plus étendu [1]. Enfin, il est nécessaire d'ajouter expressément que la « spécification », au sens où nous avons pris ce mot plus haut, c'est-à-dire le rattachement à une espèce définie, telle que l'espèce humaine, qui impose à un être certaines conditions générales constituant la nature spécifique, ne vaut que dans un état déterminé et ne peut s'étendre au-delà ; il ne peut en être autrement, dès lors que l'espèce n'est nullement un principe transcendant par rapport à cet état individuel, mais relève exclusivement du domaine de celui-ci, étant elle-même soumise aux conditions limitatives qui le définissent ; et c'est pourquoi l'être qui est passé à un autre état n'est plus humain, n'appartenant plus aucunement à l'espèce humaine [2].

Nous devons encore faire des réserves sur l'expression d'« évolution posthume », qui pourrait donner lieu trop facilement à diverses équivoques ; et, tout d'abord, la mort étant conçue comme la dissolution du composé humain, il est bien évident que le mot « évolution » ne peut être pris ici dans le sens d'un développement individuel, puisqu'il s'agit, au contraire, d'une résorption de l'individualité dans l'état non-manifesté [3] ; ce serait donc plutôt une « involution » au point de vue spécial de l'individu. Étymologiquement, en effet, ces termes d'« évolution » et d'« involution » ne signifient rien de plus ni d'autre que « développement » et « enveloppement » [4] ; mais nous savons bien que, dans le langage moderne, le mot « évolution » a reçu couramment une toute autre acception, qui en a fait à peu près un synonyme de « progrès ». Nous avons eu déjà l'occasion de nous expliquer suffisamment sur ces idées très récentes de « progrès » ou d'« évolution », qui, en s'amplifiant au-delà de toute mesure raisonnable, en sont arrivées à fausser complètement la mentalité occidentale actuelle ; nous n'y reviendrons pas ici. Nous rappellerons seulement qu'on ne peut valablement parler de « progrès » que d'une façon toute relative, en ayant toujours soin de préciser sous quel rapport on l'entend et entre quelles limites on l'envisage ; réduit à ces proportions, il n'a plus rien de commun avec ce « progrès » absolu dont on a commencé à parler vers la fin du XVIIIe siècle, et que nos contemporains se plaisent à décorer du nom d'« évolution », soi-disant plus « scientifique ». La pensée orientale, comme la pensée ancienne de l'Occident, ne saurait admettre cette notion de « progrès », sinon dans le sens relatif que nous venons d'indiquer, c'est-à-dire comme une idée tout à fait secondaire, d'une portée extrêmement restreinte et sans aucune valeur métaphysique, puisqu'elle est de celles qui ne peuvent s'appliquer qu'à des possibilités d'ordre particulier et ne sont pas transposables au-delà de certaines limites. Le point de vue « évolutif » n'est pas susceptible d'universalisation, et il n'est pas possible de concevoir l'être véritable comme quelque chose qui « évolue » entre deux points définis, ou qui « progresse », même indéfiniment, dans un sens déterminé ; de telles conceptions sont entièrement dépourvues de toute signification, et elles prouveraient une complète ignorance des données les plus élémentaires de la métaphysique. On pourrait tout au plus, d'une certaine façon, parler d'« évolution » pour l'être dans le sens de passage à un état supérieur ; mais encore faudrait-il faire alors une restriction qui conserve à ce terme toute sa relativité, car, en ce qui concerne l'être envisagé en soi et dans sa totalité, il ne peut jamais être question ni d'« évolution » ni d'« involution », en quelque sens qu'on veuille l'entendre, puisque son identité essentielle n'est aucunement altérée par les modifications particulières et contingentes, quelles qu'elles soient, qui affectent seulement tel ou tel de ses états conditionnés.

Une autre réserve doit encore être faite au sujet de l'emploi du mot « posthume » : ce n'est que du point de vue spécial de l'individualité humaine, et en tant que celle-ci est conditionnée par le temps, que l'on peut parler de ce qui se produit « après la mort », aussi bien d'ailleurs que de ce qui a eu lieu « avant la naissance », du moins si l'on entend garder à ces mots « avant » et « après » la signification chronologique qu'ils ont d'ordinaire. En eux-mêmes, les états dont il s'agit, s'ils sont en dehors du domaine de l'individualité humaine, ne sont aucunement temporels et ne peuvent par conséquent être situés chronologiquement ; et cela est vrai même pour ceux qui peuvent avoir parmi leurs conditions un certain mode de durée, c'est-à-dire de succession, dès lors que ce n'est plus la succession temporelle. Quant à l'état non-manifesté, il va de soi qu'il est affranchi de toute succession, de sorte que les idées d'antériorité et de postériorité, même entendues avec la plus grande extension dont elles soient susceptibles, ne peuvent aucunement s'y appliquer ; et l'on peut remarquer à cet égard que, même pendant la vie, l'être n'a plus la notion du temps lorsque sa conscience est sortie du domaine individuel, comme il arrive dans le sommeil profond ou dans l'évanouissement extatique : tant qu'il est dans de tels états, qui sont véritablement non-manifestés, le temps n'existe plus pour lui. Il resterait à considérer le cas où l'état « posthume » est un simple prolongement de l'individualité humaine : à la vérité, ce prolongement peut se situer dans la « perpétuité », c'est-à-dire dans l'indéfinité temporelle, ou, en d'autres termes, dans un mode de succession qui est encore du temps (puisqu'il ne s'agit pas d'un état soumis à d'autres conditions que le nôtre), mais un temps qui n'a plus de commune mesure avec celui dans lequel s'accomplit l'existence corporelle. D'ailleurs, un tel état n'est pas ce qui nous intéresse particulièrement au point de vue métaphysique, puisqu'il nous faut au contraire envisager essentiellement, à ce point de vue, la possibilité de sortir des conditions individuelles, et non celle d'y demeurer indéfiniment ; si nous devons cependant en parler, c'est surtout pour tenir compte de tous les cas possibles, et aussi parce que, comme on le verra par la suite, ce prolongement de l'existence humaine réserve à l'être une possibilité d'atteindre la « Délivrance » sans passer par d'autres états individuels. Quoi qu'il en soit, et en laissant de côté ce dernier cas, nous pouvons dire ceci : si l'on parle d'états non-humains comme situés « avant la naissance » et « après la mort », c'est d'abord parce qu'ils apparaissent ainsi par rapport à l'individualité ; mais il faut d'ailleurs avoir bien soin de remarquer que ce n'est pas l'individualité qui passe dans ces états ou qui les parcourt successivement, puisque ce sont des états qui sont en dehors de son domaine et qui ne la concernent pas en tant qu'individualité. D'autre part, il y a un sens dans lequel on peut appliquer les idées d'antériorité et de postériorité, en dehors de tout point de vue de succession temporelle ou autre : nous voulons parler de cet ordre, à la fois logique et ontologique, dans lequel les divers états s'enchaînent et se déterminent les uns les autres ; si un état est ainsi la conséquence d'un autre, on pourra dire qu'il lui est postérieur, en employant dans une telle façon de parler le même symbolisme temporel qui sert à exprimer toute la théorie des cycles, et bien que, métaphysiquement, il y ait une parfaite simultanéité entre tous les états, un point de vue de succession effective ne s'appliquant qu'à l'intérieur d'un état déterminé.

Tout cela étant dit pour qu'on ne soit pas tenté d'accorder à l'expression d'« évolution posthume », si l'on tient à l'employer à défaut d'une autre plus adéquate et pour se conformer à certaines habitudes, une importance et une signification qu'elle n'a pas et ne saurait avoir en réalité, nous en viendrons à l'étude de la question à laquelle elle se rapporte, question dont la solution, d'ailleurs, résulte presque immédiatement de toutes les considérations qui précèdent. L'exposé qui va suivre est emprunté aux Brahma-Sûtras [5] et à leur commentaire traditionnel (et par là nous entendons surtout celui de Shankarâchârya), mais nous devons avertir qu'il n'en est pas une traduction littérale ; il nous arrivera parfois de résumer le commentaire [6], et parfois aussi de le commenter à son tour, sans quoi le résumé demeurerait à peu près incompréhensible, ainsi qu'il arrive le plus souvent lorsqu'il s'agit de l'interprétation des textes orientaux [7].

---

1. Ces considérations sur la naissance et la mort sont d'ailleurs applicables au point de vue du « macrocosme » aussi bien qu'à celui du « microcosme » ; sans qu'il nous soit possible d'y insister présentement, on pourra sans doute entrevoir les conséquences qui en résultent en ce qui concerne la théorie des cycles cosmiques.

2. Il est bien entendu que, en tout ceci, nous ne prenons le mot « humain » que dans son sens propre et littéral, celui où il s'applique seulement à l'homme individuel ; il ne s'agit pas de la transposition analogique qui rend possible la conception de l'« Homme Universel ».
3. On ne peut dire d'ailleurs que ce soit là une destruction de l'individualité, puisque, dans le non-manifesté, les possibilités qui la constituent subsistent en principe, d'une façon permanente, comme toutes les autres possibilités de l'être ; mais cependant, l'individualité n'étant telle que dans la manifestation, on peut bien dire que, en rentrant dans le non-manifesté, elle disparaît véritablement ou cesse d'exister en tant qu'individualité : elle n'est pas annihilée (rien de ce qui est ne pouvant cesser d'être), mais elle est « transformée ».
4. En ce sens, mais en ce sens seulement, on pourrait appliquer ces termes aux deux phases que l'on distingue en tout cycle d'existence, ainsi que nous l'avons indiqué précédemment.
5. 4e Adhyâya, 2e, 3e et 4e Pâdas. – Le 1er Pâda de ce 4e Adhyâya est consacré à l'examen des moyens de la Connaissance Divine, dont les fruits seront exposés dans ce qui suit.
6. Colebrooke a donné un résumé de ce genre dans ses Essais sur la Philosophie des Hindous (IVe Essai), mais son interprétation, sans être déformée par un parti pris systématique comme il s'en renconcontre trop fréquemment chez d'autres orientalistes, est extrêmement défectueuse au point de vue métaphysique, par incompréhension pure et simple de ce point de vue même.
7. Nous ferons remarquer à ce propos que, en arabe, le mot tarjumah signifie à la fois « traduction » et « commentaire », l'une étant regardée comme inséparable de l'autre ; son équivalent le plus exact serait donc « explication » ou « interprétation ». On peut même dire, quand il s'agit de textes traditionnels, qu'une traduction en langue vulgaire, pour être intelligible, doit correspondre exactement à un commentaire fait dans la langue même du texte ; la traduction littérale d'une langue orientale dans une langue occidentale est généralement impossible, et plus on s'efforce de suivre strictement la lettre, plus on risque de s'éloigner de l'esprit ; c'est ce que les philologues sont malheureusement incapables de comprendre.

18

LA RÉSORPTION DES FACULTÉS INDIVIDUELLES

« L orsqu'un homme est près de mourir, la parole, suivie du reste des dix facultés externes (les cinq facultés d'action et les cinq facultés de sensation, manifestées extérieurement par le moyen des organes corporels correspondants, mais non confondues avec ces organes eux-mêmes, puisqu'elles s'en séparent ici) [1], est résorbée dans le sens interne (manas), car l'activité des organes extérieurs cesse avant celle de cette faculté intérieure (qui est ainsi l'aboutissement de toutes les autres facultés individuelles dont il est ici question, de même qu'elle est leur point de départ et leur source commune) [2]. Celle-ci, de la même manière, se retire ensuite dans le « souffle vital » (prâna), accompagnée pareillement de toutes les fonctions vitales (les cinq vâyus, qui sont des modalités de prâna, et qui retournent ainsi à l'état indifférencié), car ces fonctions sont inséparables de la vie elle-même ; et, d'ailleurs, la même retraite du sens interne se remarque aussi dans le sommeil profond et dans l'évanouissement extatique (avec cessation complète de toute manifestation extérieure de la conscience). » Ajoutons que cette cessation n'implique cependant pas toujours, d'une façon nécessaire, la suspension totale de la sensibilité corporelle, sorte de conscience organique, si l'on peut dire, quoique la conscience individuelle proprement dite n'ait alors aucune part dans les manifestations de celle-ci, avec laquelle elle ne communique plus comme cela a lieu normalement dans les états ordinaires de l'être vivant ; et la raison en est facile à comprendre, puisque, à vrai dire, il n'y a plus de conscience individuelle dans les cas dont il s'agit, la conscience véritable de l'être étant transférée dans un autre état, qui est en réalité un état supra-individuel. Cette conscience organique à laquelle nous venons de faire allusion n'est pas une conscience au vrai sens de ce mot, mais elle en participe en quelque façon, devant son origine à la conscience individuelle dont elle est comme un reflet ; séparée de celle-ci, elle n'est plus qu'une illusion de conscience, mais elle peut encore en présenter l'apparence pour ceux qui n'observent les choses que de l'extérieur [3], de même que, après la mort, la persistance de certains éléments psychiques plus ou moins dissociés peut offrir la même apparence, et non moins illusoire, quand il leur est possible de se manifester, ainsi que nous l'avons expliqué en d'autres circonstances [4].

« Le « souffle vital », accompagné semblablement de toutes les autres fonctions et facultés (déjà résorbées en lui et n'y subsistant que comme possibilités, puisqu'elles sont désormais revenues à l'état d'indifférenciation dont elles avaient dû sortir pour se manifester effectivement pendant la vie), est retiré à son tour dans l'« âme vivante » (jîvâtmâ, manifestation particulière du « Soi » au centre de l'individualité humaine, comme on l'a vu précédemment, et se distinguant du « Soi » tant que cette individualité subsiste comme telle, bien que cette distinction soit d'ailleurs tout illusoire au regard de la réalité absolue, où il n'y a rien d'autre que le « Soi ») ; et c'est cette « âme vivante » qui (comme reflet du « Soi » et principe central de l'individualité) gouverne l'ensemble des facultés individuelles (envisagées dans leur intégralité, et non pas seulement en ce qui concerne la modalité corporelle) [5]. Comme les serviteurs d'un roi s'assemblent autour de lui lorsqu'il est sur le point d'entreprendre un voyage, ainsi toutes les fonctions vitales et les facultés (externes et internes) de l'individu se rassemblent autour de l'« âme vivante » (ou plutôt en elle-même, de qui elles procèdent toutes, et dans laquelle elles sont résorbées) au dernier moment (de la vie au sens ordinaire de ce mot, c'est-à-dire de l'existence manifestée dans l'état grossier), lorsque cette « âme vivante » va se retirer de sa forme corporelle [6]. Ainsi accompagnée de toutes ses facultés (puisqu'elle les contient et les conserve en elle-même à titre de possibilités) [7], elle se retire dans une essence individuelle lumineuse (c'est-à-dire dans la forme subtile, qui est assimilée à un véhicule igné, comme nous l'avons vu à propos de Taijasa, la seconde condition d'Âtmâ), composée des cinq tanmâtras ou essences élémentaires suprasensibles (comme la forme corporelle est composée des cinq bhûtas, ou éléments corporels et sensibles), dans un état subtil (par opposition à l'état grossier, qui est celui de la manifestation extérieure ou corporelle, dont le cycle est maintenant terminé pour l'individu envisagé).

« Par conséquent (en raison de ce passage dans la forme subtile, considérée comme lumineuse), le « souffle vital » est dit se retirer dans la Lumière, sans qu'il faille entendre par là le principe igné d'une manière exclusive (car il s'agit en réalité d'une réflexion individualisée de la Lumière intelligible, réflexion dont la nature est au fond la même que celle du « mental » pendant la vie corporelle, et qui implique d'ailleurs comme support ou véhicule une combinaison des principes essentiels des cinq éléments), et sans que cette retraite s'effectue nécessairement par une transition immédiate, car un voyageur est dit aller d'une cité dans une autre, quand bien même il passe successivement par une ou plusieurs villes intermédiaires.

« Cette retraite ou cet abandon de la forme corporelle (tel qu'il a été décrit jusqu'ici) est d'ailleurs commun au peuple ignorant (avidwân) et au Sage contemplatif (vidwân), jusqu'au point où commencent pour l'un et pour l'autre leurs voies respectives (et désormais différentes) ; et l'immortalité (amrita, sans toutefois que l'Union immédiate avec le Suprême Brahma soit dès lors obtenue) est le fruit de la simple méditation (upâsanâ, accomplie pendant la vie sans avoir été accompagnée d'une réalisation effective des états supérieurs de l'être), alors que les entraves individuelles, qui résultent de l'ignorance (avidyâ), ne peuvent être encore complètement détruites » [8].

Il y a lieu de faire une remarque importante sur le sens dans lequel doit être entendue l'« immortalité » dont il est question ici : en effet, nous avons dit ailleurs que le mot sanskrit amrita s'applique exclusivement à un état qui est supérieur à tout changement, alors que, par le mot correspondant, les Occidentaux entendent simplement une extension des possibilités de l'ordre humain, consistant en une prolongation indéfinie de la vie (ce que la tradition extrême-orientale appelle « longévité »), dans des conditions transposées d'une certaine façon, mais qui demeurent toujours plus ou moins comparables à celles de l'existence terrestre, puisqu'elles concernent également l'individualité humaine. Or, dans le cas présent, il s'agit d'un état qui est encore individuel, et cependant il est dit que l'immortalité peut être obtenue dans cet état ; cela peut paraître contradictoire avec ce que nous venons de rappeler, car on pourrait croire que ce n'est là que l'immortalité relative, entendue au sens occidental ; mais il n'en est rien en réalité. Il est bien vrai que l'immortalité, au sens métaphysique et oriental, pour être pleinement effective, ne peut être atteinte qu'au-delà de tous les états conditionnés, individuels ou non, de telle sorte que, étant absolument indépendante de tout mode de succession possible, elle s'identifie à l'Éternité même ; il serait donc tout à fait abusif de donner le même nom à la « perpétuité » temporelle ou à l'indéfinité d'une durée quelconque ; mais ce n'est pas ainsi qu'il faut l'entendre. On doit considérer que l'idée de « mort » est essentiellement synonyme de changement d'état, ce qui est, comme nous l'avons déjà expliqué, son acception la plus étendue ; et, quand on dit que l'être a atteint virtuellement l'immortalité, cela se comprend en ce sens qu'il n'aura plus à passer dans d'autres états conditionnés, différents de l'état humain, ou à parcourir d'autres cycles de manifestation. Ce n'est pas encore la « Délivrance » actuellement réalisée, et par laquelle l'immortalité serait rendue effective, puisque les « entraves individuelles », c'est-à-dire les conditions limitatives auxquelles l'être est soumis, ne sont pas entièrement détruites ; mais c'est la possibilité d'obtenir cette « Délivrance » à partir de l'état humain, dans le prolongement duquel l'être se trouve maintenu pour toute la durée du cycle auquel cet état appartient (ce qui constitue proprement la « perpétuité ») [9], de telle sorte qu'il puisse être compris dans la « transformation » finale qui s'accomplira lorsque ce cycle sera achevé, faisant retourner tout ce qui s'y trouvera alors impliqué à l'état principiel de non-manifestation [10].

C'est pourquoi l'on donne à cette possibilité le nom de « Délivrance différée » ou de « Délivrance par degrés » (krama-mukti), parce qu'elle ne sera obtenue ainsi qu'au moyen d'étapes intermédiaires (états posthumes conditionnés), et non d'une façon directe et immédiate comme dans les autres cas dont il sera parlé plus loin [11].

---

1. La parole est énumérée la dernière lorsque ces facultés sont envisagées dans leur ordre de développement ; elle doit donc être la première dans l'ordre de résorption, qui est inverse de celui-là.
2. Chhândogya Upanishad, 6e Prapâthaka, 8e Khanda, shruti 6.
3. C'est ainsi que, dans une opération chirurgicale, l'anesthésie la plus complète n'empêche pas toujours les symptômes extérieurs de la douleur.
4. La conscience organique dont il vient d'être question rentre naturellement dans ce que les psychologues appellent la « subconscience » ; mais leur grand tort est de croire qu'ils ont suffisamment expliqué ce à quoi ils se sont bornés en réalité à donner une simple dénomination, sous laquelle ils rangent d'ailleurs les éléments les plus disparates, sans pouvoir même faire la distinction entre ce qui est vraiment conscient à quelque degré et ce qui n'en a que l'apparence, non plus qu'entre le « subconscient » véritable et le « superconscient », nous voulons dire entre ce qui procède d'états respectivement inférieurs et supérieurs par rapport à l'état humain.
5. On peut remarquer que prâna, tout en se manifestant extérieurement par la respiration, est en réalité autre chose que celle-ci, car il serait évidemment inintelligible de dire que la respiration, fonction physiologique, se sépare de l'organisme et se résorbe dans l' « âme vivante » ; nous rappellerons encore que prâna et ses modalités diverses appartiennent essentiellement à l'état subtil.
6. Brihad-Âranyaka Upanishad, 4e Adhyâya, 3e Brâhmana, shruti 38.
7. D'ailleurs, une faculté est proprement un pouvoir, c'est-à-dire une possibilité, qui est, en elle-même, indépendante de tout exercice actuel.
8. Brahma-Sûtras, 4e Adhyâya, 2e Pâda, sûtras 1 à 7.
9. Le mot grec αἰώνιος signifie réellement « perpétuel » et non pas « éternel », car il est dérivé de αἰών (identique au latin ævum), qui désigne un cycle indéfini, ce qui, d'ailleurs, était aussi le sens primitif du latin sæculum, « siècle », par lequel on le traduit quelquefois.
10. Il y aurait des remarques à faire sur la traduction de cette « transformation » finale en langage théologique dans les religions occidentales, et en particulier sur la conception du « Jugement dernier » qui s'y rattache fort étroitement ; mais cela nécessiterait des explications trop étendues et une mise au point trop complexe pour qu'il soit possible de nous y arrêter ici, d'autant plus que, en fait, le point de vue proprement religieux se borne à la considération de la fin d'un cycle secondaire, au-delà duquel il peut encore être question d'une continuation d'existence dans l'état individuel humain, ce qui ne serait pas possible s'il s'agissait de l'intégralité du cycle auquel appartient cet état. Cela ne veut pas dire, d'ailleurs, que la transposition ne puisse être faite en partant du point de vue religieux, ainsi que nous l'avons indiqué plus haut pour la « résurrection des morts » et le « corps glorieux » ; mais, pratiquement, elle n'est pas faite par ceux qui s'en tiennent aux concep-

tions ordinaires et « extérieures », et pour qui il n'y a rien au-delà de l'individualité humaine ; nous y reviendrons à propos de la différence essentielle qui existe entre la notion religieuse du « salut » et la notion métaphysique de la « Délivrance ».

11. Il va de soi que la « Délivrance différée » est la seule qui puisse être envisagée pour l'immense majorité des êtres humains, ce qui ne veut pas dire, d'ailleurs, que tous y parviendront indistinctement, puisqu'il faut aussi envisager le cas où l'être, n'ayant pas même obtenu l'immortalité virtuelle, doit passer à un autre état individuel, dans lequel il aura naturellement la même possibilité d'atteindre la « Délivrance » que dans l'état humain, mais aussi, si l'on peut dire, la même possibilité de ne pas l'atteindre.

19

DIFFÉRENCES DES CONDITIONS POSTHUMES SUIVANT LES DEGRÉS DE LA CONNAISSANCE

« Tant qu'il est dans cette condition (encore individuelle, dont il vient d'être question), l'esprit (qui, par conséquent, est encore jîvâtmâ) de celui qui a pratiqué la méditation (pendant sa vie, sans atteindre la possession effective des états supérieurs de son être) reste uni à la forme subtile (que l'on peut aussi envisager comme le prototype formel de l'individualité, la manifestation subtile représentant un stade intermédiaire entre le non-manifesté et la manifestation grossière, et jouant le rôle de principe immédiat par rapport à cette dernière) ; et, dans cette forme subtile, il est associé avec les facultés vitales (à l'état de résorption ou de contraction principielle qui a été décrit précédemment). » Il faut bien, en effet, qu'il y ait encore une forme dont l'être soit revêtu, par là-même que sa condition relève toujours de l'ordre individuel ; et ce ne peut être que la forme subtile, puisqu'il est sorti de la forme corporelle, et que d'ailleurs la forme subtile doit subsister après celle-ci, l'ayant précédée dans l'ordre du développement en mode manifesté, qui se trouve reproduit en sens inverse dans le retour au non-manifesté ; mais cela ne veut pas dire que cette forme subtile doive être alors exactement telle qu'elle était pendant la vie corporelle, comme véhicule de l'être humain dans l'état de rêve [1]. Nous avons déjà dit que la condition individuelle elle-même, d'une façon tout à fait générale, et non pas seulement en ce qui concerne l'état humain, peut se définir comme l'état de l'être qui est limité par une forme ; mais il est bien entendu que cette forme n'est pas nécessairement déterminée comme spatiale et temporelle, ainsi qu'elle l'est dans le cas particulier de l'état corporel ; elle ne peut aucunement l'être dans les états non-humains, qui ne sont pas soumis à l'espace et au temps, mais à de tout autres conditions. Quant à la forme subtile, si elle n'échappe pas entièrement au temps (bien que ce temps ne soit plus celui dans lequel s'accomplit l'existence corporelle), elle échappe du moins à l'espace, et c'est pourquoi on ne doit nullement chercher à se la figurer comme une sorte de « double » du corps [2], pas plus qu'on ne doit comprendre qu'elle en est un « moule » lorsque nous disons qu'elle est le prototype formel de l'individualité à l'origine de sa manifestation [3] ; nous savons trop combien les Occidentaux en arrivent facilement aux représentations les plus grossières, et combien il peut en résulter d'erreurs graves, pour ne pas prendre toutes les précautions nécessaires à cet égard.

« L'être peut demeurer ainsi (dans cette même condition individuelle où il est uni à la forme subtile) jusqu'à la dissolution extérieure (pralaya, rentrée dans l'état indifférencié) des mondes manifestés (du cycle actuel, comprenant à la fois l'état grossier et l'état subtil, c'est-à-dire tout le domaine de l'individualité humaine envisagée dans son intégralité) [4], dissolution à laquelle il est plongé (avec l'ensemble des êtres de ces mondes) dans le sein du Suprême Brahma ; mais, même alors, il peut être uni à Brahma de la même façon seulement que dans le sommeil profond (c'est-à-dire sans la réalisation pleine et effective de l'« Identité Suprême »). En d'autres termes, et pour employer le langage de certaines écoles ésotériques occidentales, le cas auquel il est fait allusion en dernier lieu ne correspond qu'à une « réintégration en mode passif », tandis que la véritable réalisation métaphysique est une « réintégration en mode actif », la seule qui implique vraiment la prise de possession par l'être de son état absolu et définitif. C'est ce qu'indique précisément la comparaison avec le sommeil profond, tel qu'il se produit pendant la vie de l'homme ordinaire : de même qu'il y a retour de cet état à la condition individuelle, il peut y avoir aussi, pour l'être qui n'est uni à Brahma qu'« en mode passif », retour à un autre cycle de manifestation, de sorte que le résultat obtenu par lui, à partir de l'état humain, n'est pas encore la « Délivrance » ou la véritable immortalité, et que son cas se trouve finalement comparable (bien qu'avec une différence notable quant aux conditions de son nouveau cycle) à celui de l'être qui, au lieu de demeurer jusqu'au pralaya dans les prolongements de l'état humain, est passé après la mort corporelle, à un autre état individuel. À côté de ce cas, il y a lieu d'envisager celui où la réalisation des états supérieurs et celle même de l'« Identité Suprême », qui n'ont pas été accomplies pendant la vie corporelle, le sont dans les prolongements posthumes de l'individualité ; de virtuelle qu'elle était, l'immortalité devient alors effective, et cela peut d'ailleurs n'avoir lieu qu'à la fin même du cycle ; c'est la « Délivrance différée » dont il a été question précédemment. Dans l'un et l'autre cas, l'être, qui doit être envisagé comme jîvâtmâ joint à la forme subtile, se trouve, pour toute la durée du cycle, « incorporé » en quelque sorte [5] à Hiranyagarbha, qui est considéré comme jîva-ghana, ainsi que nous l'avons déjà dit ; il demeure donc soumis à cette condition spéciale d'existence qu'est la vie (jîva), par laquelle est délimité le domaine propre de Hiranyagarbha dans l'ordre hiérarchique de l'Existence universelle.

« Cette forme subtile (où réside après la mort l'être qui demeure ainsi dans l'état individuel humain) est (par comparaison avec la forme corporelle ou grossière) imperceptible aux sens quant à ses dimensions (c'est-à-dire parce qu'elle est en dehors de la condition spatiale) aussi bien que quant à sa consistance (ou à sa substance propre, qui n'est pas constituée par une combinaison des éléments corporels) ; par conséquent, elle n'affecte pas la perception (ou les facultés externes) de ceux qui sont présents lorsqu'elle se sépare du corps (après que l'« âme vivante » s'y est retirée). Elle n'est pas non plus atteinte par la combustion ou d'autres traitements que le corps subit après la mort (qui est le résultat de cette séparation, du fait de laquelle aucune action d'ordre sensible ne peut plus avoir de répercussion sur cette forme subtile, ni sur la conscience individuelle qui, demeurant liée à celle-ci, n'a plus de relation avec le corps). Elle est sensible seulement par sa chaleur animatrice (sa qualité propre en tant qu'elle est assimilée au principe igné) [6] aussi longtemps qu'elle habite avec la forme grossière, qui devient froide (et par suite inerte en tant qu'ensemble organique) dans la mort, dès qu'elle l'a abandonnée (alors même que les autres qualités sensibles de cette forme corporelle subsistent encore sans changement apparent), et qui était échauffée (et vivifiée) par elle tandis qu'elle y faisait son séjour (puisque c'est dans la forme subtile que réside proprement le principe de la vie individuelle, de sorte que c'est seulement par communication de ses propriétés que le corps peut aussi être dit vivant, en raison du lien qui existe entre ces deux formes tant qu'elles sont l'expression d'états du même être, c'est-à-dire précisément jusqu'à l'instant même de la mort).

« Mais celui qui a obtenu (avant la mort, toujours entendue comme la séparation d'avec le corps) la vraie Connaissance de Brahma (impliquant, par la réalisation métaphysique sans laquelle il n'y aurait qu'une connaissance imparfaite et toute symbolique, la possession effective de tous les états de son être), ne passe pas (en mode successif) par tous les mêmes degrés de retraite (ou de résorption de son individualité, de l'état de manifestation grossière à l'état de manifestation subtile, avec les diverses modalités qu'il comporte, puis à l'état non-manifesté, où les conditions individuelles sont enfin entièrement supprimées). Il procède directement (dans ce dernier état, et même au-delà de celui-ci si on le considère seulement comme principe de la manifestation) à l'Union (déjà réalisée au moins virtuellement pendant sa vie corporelle) [7] avec le Suprême Brahma, auquel il est identifié (d'une façon immédiate), comme un fleuve (représentant ici le courant de l'existence à travers tous les états et toutes les manifestations), à son embouchure (qui est l'aboutissement ou le terme final de ce courant), s'identifie (par pénétration intime) avec les flots de la mer (samudra, le rassemblement des eaux, symbolisant la totalisation des possibilités dans le Principe Suprême). Ses facultés vitales et les éléments dont était constitué son corps (tous considérés en principe et dans leur essence suprasensible) [8], les seize parties (shodasha-kalâh) composantes de la forme humaine (c'est-à-dire les cinq tanmâtras, le manas et les dix facultés de sensation et d'action), passent complètement à l'état non-manifesté (avyakta, où, par transposition, ils se retrouvent tous en mode permanent, en tant que possibilités immuables), ce passage n'impliquant d'ailleurs pour l'être même aucun changement (tel qu'en impliquent les stades intermédiaires, qui, appartenant encore au « devenir », comportent nécessairement une multiplicité de modifications). Le nom et la forme (nâma-rûpa, c'est-à-dire la détermination de la manifestation individuelle quant à son essence et quant à sa substance, comme nous l'avons expliqué précédemment) cessent également (en tant que conditions limitatives de l'être) ; et, étant « non-divisé », donc sans les parties ou membres qui composaient sa forme terrestre (à l'état manifesté, et en tant que cette forme était soumise à la quantité sous ses divers modes) [9], il est affranchi des conditions de l'existence individuelle (ainsi que de toutes autres conditions afférentes à un état spécial et déterminé d'existence quel qu'il soit, même supra-individuel, puisque l'être est désormais dans l'état principiel, absolument inconditionné) » [10].

Plusieurs commentateurs des Brahma-Sûtras, pour marquer encore plus nettement le caractère de cette « transformation » (nous prenons ce mot dans son sens strictement étymologique, qui est celui de « passage hors de la forme »), la comparent à la disparition de l'eau dont on a arrosé une pierre brûlante. En effet, cette eau est « transformée » au contact de la pierre, du moins en ce sens relatif qu'elle a perdu sa forme visible (et non pas toute forme, puisqu'elle continue évidemment à appartenir à l'ordre corporel), mais sans qu'on puisse dire pour cela qu'elle a été absorbée par cette pierre, puisque, en réalité, elle s'est évaporée dans l'atmosphère, où elle demeure dans un état imperceptible à la vue [11]. De même, l'être n'est point « absorbé » en obtenant la « Délivrance », bien que cela puisse sembler ainsi du point de vue de la manifestation, pour laquelle la « transformation » apparaît comme une « destruction » [12] ; si on se place dans la réalité absolue, qui seule demeure pour lui, il est au contraire dilaté au-delà de toute limite, si l'on peut employer une telle façon de parler (qui traduit exactement le symbolisme de la vapeur d'eau se répandant indéfiniment dans l'atmosphère), puisqu'il a effectivement réalisé la plénitude de ses possibilités.

---

1. Il y a une certaine continuité entre les différents états de l'être, et à plus forte raison entre les diverses modalités qui font partie d'un même état de manifestation ; l'individualité humaine, même dans ses modalités extra-corporelles, doit forcément être affectée par la disparition de sa modalité corporelle, et d'ailleurs il y a des éléments psychiques, mentaux ou autres, qui n'ont de raison d'être que par rapport à l'existence corporelle, de sorte que la désintégration du corps doit entraîner celle de ces éléments, qui lui demeurent liés et qui, par conséquent, sont abandonnés aussi par l'être au moment de la mort entendue au sens ordinaire de ce mot.
2. Les psychologues eux-mêmes reconnaissent que le « mental » ou la pensée individuelle, la seule qu'ils puissent atteindre, est en dehors de la condition spatiale ; il faut toute l'ignorance des « néo-spiritualistes » pour vouloir « localiser » les modalités extra-corporelles de l'individu, et pour penser que les états posthumes se situent quelque part dans l'espace.
3. C'est ce prototype subtil, et non l'embryon corporel, qui est désigné en sanskrit par le mot pinda, ainsi que nous l'avons indiqué précédemment ; ce prototype préexiste d'ailleurs à la naissance individuelle, car il est contenu en Hiranyagarbha dès l'origine de la manifestation cyclique, comme représentant une des possibilités qui devront se développer au cours de cette manifestation ; mais sa préexistence n'est alors que virtuelle, en ce sens qu'il n'est point encore un état de l'être dont il est destiné à devenir la forme subtile, cet être n'étant pas actuellement dans l'état correspondant, donc n'existant pas en tant qu'individu humain ; et la même considération peut s'appliquer analogiquement au germe corporel, si on le regarde aussi comme préexistant d'une certaine façon dans les ancêtres de l'individu envisagé, et cela dès l'origine de l'humanité terrestre.
4. L'ensemble de la manifestation universelle est souvent désigné en sanskrit par le terme samsâra ; ainsi que nous l'avons déjà indiqué, il comporte une indéfinité de cycles, c'est-à-dire d'états et de degrés d'existence, de telle sorte que chacun de ces cycles, se terminant dans le pralaya comme celui qui est considéré ici plus particulièrement, ne constitue proprement qu'un moment du samsâra. D'ailleurs, nous rappellerons encore une fois, pour éviter toute équivoque, que l'enchaînement de ces cycles est en réalité d'ordre causal et non successif, et que les expressions employées à cet égard par analogie avec l'ordre temporel doivent être regardées comme purement symboliques.
5. Ce mot, que nous employons ici pour mieux nous faire comprendre à l'aide de l'image qu'il évoque, ne doit pas être entendu littéralement puisque l'état dont il s'agit n'a rien de corporel.
6. Comme nous l'avons indiqué plus haut, cette chaleur animatrice, représentée comme un feu interne, est quelquefois identifiée à Vaishwânara, considéré dans ce cas, non plus comme la première des conditions d'Âtmâ dont nous avons parlé, mais comme le « Régent du Feu », ainsi que nous le verrons encore plus loin ; Vaishwânara est alors un des noms d'Agni, dont il désigne une fonction et un aspect particuliers.
7. Si l'« Union » ou l'« Identité Suprême » n'a été réalisée que virtuellement, la « Délivrance » a lieu immédiatement au moment même de la mort ; mais cette « Délivrance » peut aussi avoir lieu pendant la vie même, si l'« Union » est dès lors réalisée pleinement et effectivement ; la distinction de ces deux cas sera exposée plus complètement dans la suite.
8. Il peut même se faire, dans certains cas exceptionnels, que la transposition de ces éléments s'effectue de telle façon que la forme corporelle elle-même disparaisse sans laisser aucune trace sensible, et que, au lieu d'être abandonnée par l'être comme il arrive d'ordinaire, elle passe ainsi toute entière, soit à l'état subtil, soit à l'état non-manifesté, de sorte qu'il n'y a pas mort à proprement parler ; nous avons rappelé ailleurs, à ce propos, les exemples bibliques d'Hénoch, de Moïse et d'Élie.
9. Les modes principaux de la quantité sont désignés expressément dans cette formule biblique : « Tu as disposé toutes choses en poids, nombre et mesure » (Sagesse, XI, 21), à laquelle répond terme pour terme (sauf l'interversion des deux premiers) le Mane, Thekel, Phares (compté, pesé, divisé) de la vision de Balthasar (Daniel, V, 25 à 28).
10. Prashna Upanishad, 6e Prashna, shruti 5 ; Mundaka Upanishad, 3e Mundaka, 2e Khanda, shruti 8. – Brahma-Sûtras, 4e Adhyâya, 2e Pâda, sûtras 8 à 16.
11. Commentaire de Ranganâtha sur les Brahma-Sûtras.
12. C'est pourquoi Shiva, suivant l'interprétation la plus ordinaire, est regardé comme « destructeur », alors qu'il est réellement « transformateur ».

20

L'ARTÈRE CORONALE ET LE « RAYON SOLAIRE ».

Nous devons revenir maintenant à ce qui se produit pour l'être qui, n'étant pas « délivré » au moment même de la mort, doit parcourir une série de degrés, représentés symboliquement comme les étapes d'un voyage, et qui sont autant d'états intermédiaires, non définitifs, par lesquels il lui faut passer avant de parvenir au terme final. Il importe de remarquer, d'ailleurs, que tous ces états, étant encore relatifs et conditionnés, n'ont aucune commune mesure avec celui qui est seul absolu et inconditionné ; si élevés que puissent être certains d'entre eux quand on les compare à l'état corporel, il semble donc que leur obtention ne rapproche aucunement l'être de son but dernier, qui est la « Délivrance » ; et, au regard de l'Infini, la manifestation tout entière étant rigoureusement nulle, les différences entre les états qui la constituent doivent évidemment l'être aussi, quelque considérables qu'elles soient en elles-mêmes et tant qu'on envisage seulement les divers états conditionnés qu'elles séparent les uns des autres. Cependant, il n'en est pas moins vrai que le passage à certains états supérieurs constitue comme un acheminement vers la « Délivrance », qui est alors « graduelle » (krama-mukti), de la même façon que l'emploi de certains moyens appropriés, tels que ceux du Hatha-Yoga, est une préparation efficace, bien qu'il n'y ait assurément aucune comparaison possible entre ces moyens contingents et l'« Union » qu'il s'agit de réaliser en les prenant comme « supports »[1]. Mais il doit être bien entendu que la « Délivrance », lorsqu'elle sera réalisée, impliquera toujours une discontinuité par rapport à l'état dans lequel se trouvera l'être qui l'obtiendra, et que, quel que soit cet état, cette discontinuité n'en sera ni plus ni moins profonde, puisque, dans tous les cas, il n'y a, entre l'état de l'être « non-délivré » et celui de l'être « délivré », aucun rapport comme il en existe entre différents états conditionnés. Cela est vrai même pour les états qui sont tellement au-dessus de l'état humain que, envisagés de celui-ci, ils pourraient être pris pour le terme auquel l'être doit tendre finalement ; et cette illusion est possible même pour des états qui ne sont en réalité que des modalités de l'état humain, mais très éloignées à tous égards de la modalité corporelle ; nous avons pensé qu'il était nécessaire d'attirer l'attention sur ce point, afin de prévenir toute méprise et toute erreur d'interprétation, avant de reprendre notre exposé des modifications posthumes auxquelles peut être soumis l'être humain.

« L' « âme vivante » (jîvâtmâ), avec les facultés vitales résorbées en elle (et y demeurant en tant que possibilités, ainsi qu'il a été expliqué précédemment), s'étant retirée dans son propre séjour (le centre de l'individualité, désigné symboliquement comme le cœur, ainsi que nous l'avons vu au début, et où elle réside en effet en tant que, dans son essence et indépendamment de ses conditions de manifestation, elle est réellement identique à Purusha, dont elle ne se distingue qu'illusoirement), le sommet (c'est-à-dire la portion la plus sublimée) de cet organe subtil (figuré comme un lotus à huit pétales) étincelle [2] et illumine le passage par lequel l'âme doit sortir (pour atteindre les divers états dont il va être question dans la suite) : la couronne de la tête, si l'individu est un Sage (vidwân), et une autre région de l'organisme (correspondant physiologiquement au plexus solaire) [3], s'il est un ignorant (avidwân) [4]. Cent une artères (nâdîs, également subtiles et lumineuses) [5] sortent du centre vital (comme les rais d'une roue sortent de son moyeu), et l'une de ces artères (subtiles) passe par la couronne de la tête (région considérée comme correspondant aux états supérieurs de l'être, quant à leurs possibilités de communication avec l'individualité humaine, comme on l'a vu dans la description des membres de Vaishwânara) ; elle est appelée sushumnâ » [6]. Outre celle-ci, qui occupe une situation centrale, il y a deux autres nâdîs qui jouent un rôle particulièrement important (notamment pour la correspondance de la respiration dans l'ordre subtil, et par suite pour les pratiques du Hatha-Yoga) : l'une, située à sa droite, est appelée pingalâ ; l'autre, à sa gauche, est appelé idâ. De plus, il est dit que la pingalâ correspond au Soleil et l'idâ à la Lune ; or on a vu plus haut que le Soleil et la Lune sont désignés comme les deux yeux de Vaishwânara ; ceux-ci sont donc respectivement en relation avec les deux nâdîs dont il s'agit, tandis que la sushumnâ, étant au milieu, est en rapport avec le « troisième œil », c'est-à-dire avec l'œil frontal de Shiva [7] ; mais nous ne pouvons qu'indiquer en passant ces considérations, qui sortent du sujet que nous avons à traiter présentement.

« Par ce passage (la sushumnâ et la couronne de la tête où elle aboutit), en vertu de la Connaissance acquise et de la conscience de la Voie méditée (conscience qui est essentiellement d'ordre extra-temporel, puisqu'elle est, même en tant qu'on l'envisage dans l'état humain, un reflet des états supérieurs) [8], l'âme du Sage, douée (en vertu de la régénération psychique qui a fait de lui un homme « deux fois né », dwija) [9] de la Grâce spirituelle (Prasâda) de Brahma, qui réside dans ce centre vital (par rapport à l'individu humain considéré), cette âme s'échappe (s'affranchit de tout lien qui peut subsister encore avec la condition corporelle) et rencontre un rayon solaire (c'est-à-dire, symboliquement, une émanation du Soleil spirituel, qui est Brahma même, envisagé cette fois dans l'Universel : ce rayon solaire n'est autre chose qu'une particularisation, en rapport avec l'être considéré, ou, si l'on préfère, une « polarisation » du principe supra-individuel Buddhi ou Mahat, par lequel les multiples états manifestés de l'être sont reliés entre eux et mis en communication avec la personnalité transcendante, Âtmâ, qui est identique au Soleil spirituel lui-même) ; c'est par cette route (indiquée comme le trajet du « rayon solaire ») qu'elle se dirige, soit la nuit ou le jour, l'hiver ou l'été [10]. Le contact d'un rayon du Soleil (spirituel) avec la sushumnâ est constant, aussi longtemps que le corps subsiste (en tant qu'organisme vivant et véhicule de l'être manifesté) [11] : les rayons de la Lumière (intelligible), émanés de ce Soleil, parviennent à cette artère (subtile), et, réciproquement (en mode réfléchi), s'étendent de l'artère au Soleil (comme un prolongement indéfini par lequel est établie la communication, soit virtuelle, soit effective, de l'individualité avec l'Universel) » [12].

Ce qui vient d'être dit est complètement indépendant des circonstances temporelles et de toutes autres contingences similaires qui accompagnent la mort ; ce n'est pas que ces circonstances soient toujours sans influence sur la condition posthume de l'être, mais elles ne sont à considérer que dans certains cas particuliers, que nous ne pouvons d'ailleurs qu'indiquer ici sans autre développement. « La préférence de l'été, dont on cite en exemple le cas de Bhîshma, qui attendit pour mourir le retour de cette saison favorable, ne concerne pas le Sage qui, dans la contemplation de Brahma, a accompli les rites (relatifs à l'« incantation ») [13] tels qu'ils sont prescrits par le Vêda, et qui a, par conséquent, acquis (au moins virtuellement) la perfection de la Connaissance Divine [14] ; mais elle concerne ceux qui ont suivi les observances enseignées par le Sânkhya ou le Yoga-Shâstra, d'après lequel le temps du jour et celui de la saison de l'année ne sont pas indifférents, mais ont (pour la libération de l'être sortant de l'état corporel après une préparation accomplie conformément aux méthodes dont il s'agit) une action effective en tant qu'éléments inhérents au rite (dans lequel ils interviennent comme des conditions dont dépendent les effets qui peuvent en être obtenus) » [15]. Il va de soi que, dans ce dernier cas, la restriction envisagée s'applique seulement à des êtres qui n'ont atteint que des degrés de réalisation correspondant à des extensions de l'individualité humaine ; pour celui qui a effectivement dépassé les limites de l'individualité, la nature des moyens employés au point de départ de la réalisation ne saurait plus influer en rien sur sa condition ultérieure.

---

1. On pourra remarquer une analogie entre ce que nous disons ici et ce qui, au point de vue de la théologie catholique, pourrait être dit des sacrements : dans ceux-ci aussi, en effet, les formes extérieures sont proprement des « supports », et ces moyens éminemment contingents ont un résultat qui est d'un tout autre ordre qu'eux-mêmes. C'est en raison de sa constitution même et de ses conditions propres que l'individu humain a besoin de tels « supports » comme point de départ d'une réalisation qui le dépasse ; et la disproportion entre les moyens et la fin ne fait que correspondre à celle qui existe entre l'état individuel, pris comme base de cette réalisation, et l'état inconditionné qui en est le terme. Nous ne pouvons développer présentement une théorie générale de l'efficacité des rites ; nous dirons simplement, pour en faire comprendre le principe essentiel, que tout ce qui est contingent en tant que manifestation (à moins qu'il ne s'agisse de déterminations purement négatives) ne l'est plus si on l'envisage en tant que possibilités permanentes et immuables, que tout ce qui a quelque existence positive doit ainsi se retrouver dans le non-manifesté, et que c'est là ce qui permet une transposition de l'individuel dans l'Universel, par suppression des conditions limitatives (donc négatives) qui sont inhérentes à toute manifestation.
2. Il est évident que ce mot est encore de ceux qui doivent être entendus symboliquement, puisqu'il ne s'agit point ici du feu sensible, mais bien d'une modification de la Lumière intelligible.
3. Les plexus nerveux, ou plus exactement leurs correspondants dans la forme subtile (tant que celle-ci est liée à la forme corporelle), sont désignés symboliquement comme des « roues » (chakras), ou encore comme des « lotus » (padmas ou kamalas). – Pour ce qui est de la couronne de la tête, elle joue également un rôle important dans les traditions islamiques concernant les conditions posthumes de l'être humain ; et l'on pourrait sans doute trouver ailleurs encore les usages qui se réfèrent à des considérations du même ordre que ce dont il est ici question (la tonsure des prêtres catholiques, par exemple), bien que la raison profonde ait pu parfois en être oubliée.
4. Brihad-Âranyaka Upanishad, 4e Adhyâya, 4e Brâhmana, shrutis 1 et 2.
5. Nous rappelons qu'il ne s'agit pas des artères corporelles de la circulation sanguine, non plus que de canaux contenant l'air respiré ; il est bien évident, du reste, que, dans l'ordre corporel, il ne peut y avoir aucun canal passant par la couronne de la tête, puisqu'il n'y a aucune ouverture dans cette région de l'organisme. D'autre part, il faut remarquer que, bien que la précédente retraite de jîvâtmâ implique déjà l'abandon de la forme corporelle, toute relation n'a pas encore cessé entre celle-ci et la forme subtile dans la phase dont il s'agit maintenant, puisqu'on peut continuer, en décrivant celle-ci, à parler des divers organes subtils suivant la correspondance qui existait dans la vie physiologique.
6. Katha Upanishad, 2e Adhyâya, 6e Vallî, shruti 16.
7. Dans l'aspect de ce symbolisme qui se réfère à la condition temporelle, le Soleil et l'œil droit correspondent au futur, la Lune et l'œil gauche au passé ; l'œil frontal correspond au présent, qui, du point de vue du manifesté, n'est qu'un instant insaisissable, comparable à ce qu'est dans l'ordre spatial, le point géométrique sans dimensions : c'est pourquoi un regard de ce troisième œil détruit toute manifestation (ce qu'on exprime symboliquement en disant qu'il réduit tout en cendres), et c'est aussi pourquoi il n'est représenté par aucun organe corporel ; mais, lorsqu'on s'élève au-dessus de ce point de vue contingent, le présent contient toute réalité (de même que le point renferme en lui-même toutes les possibilités spatiales), et lorsque la succession est transmuée en simultanéité, toutes choses demeurent dans l'« éternel présent », de sorte que la destruction apparente est véritablement la « transformation ». Ce symbolisme est identique à celui du Janus Bifrons des Latins, qui a deux visages, l'un tourné vers le passé et l'autre vers l'avenir, mais dont le véritable visage, celui qui regarde le présent, n'est ni l'un ni l'autre de ceux que l'on peut voir. – Signalons encore que les nâdîs principales, en vertu de la même correspondance qui vient d'être indiquée, ont un rapport particulier avec ce qu'on peut appeler, en langage occidental, l'« alchimie humaine », où l'organisme est représenté comme l'athanor

hermétique, et qui, à part la terminologie différente employée de part et d'autre, est très comparable au Hatha-Yoga.
8. C'est donc une grave erreur de parler ici de « souvenir », comme l'a fait Colebrooke dans l'exposé que nous avons déjà mentionné ; la mémoire, conditionnée par le temps au sens le plus strict de ce mot, est une faculté relative à la seule existence corporelle, et qui ne s'étend pas au-delà des limites de cette modalité spéciale et restreinte de l'individualité humaine ; elle fait donc partie de ces éléments psychiques auxquels nous avons fait allusion plus haut, et dont la dissociation est une conséquence directe de la mort corporelle.
9. La conception de la « seconde naissance », comme nous l'avons déjà fait remarquer ailleurs, est de celles qui sont communes à toutes les doctrines traditionnelles ; dans le Christianisme, en particulier, la régénération psychique est représentée très nettement par le baptême. – Cf. ce passage de l'Évangile : « Si un homme ne naît de nouveau, il ne peut voir le Royaume de Dieu... En vérité, je vous le dis, si un homme ne renaît de l'eau et de l'esprit, il ne peut entrer dans le Royaume de Dieu... Ne vous étonnez pas de ce que je vous ai dit, qu'il faut que vous naissiez de nouveau » (St Jean, III, 3 à 7). L'eau est regardée par beaucoup de traditions comme le milieu originel des êtres, et la raison en est dans son symbolisme, tel que nous l'avons expliqué plus haut, et par lequel elle représente Mûla-Prakriti ; dans un sens supérieur, et par transposition, c'est la Possibilité Universelle elle-même ; celui qui « naît de l'eau » devient « fils de la Vierge », donc frère adoptif du Christ et cohéritier du « Royaume de Dieu ». D'autre part, si l'on remarque que l'« esprit », dans le texte que nous venons de citer, est le Ruahh hébraïque (associé ici à l'eau comme principe complémentaire, comme au début de la Genèse), et que celui-ci désigne en même temps l'air, on retrouvera l'idée de la purification par les éléments, telle qu'elle se rencontre dans tous les rites initiatiques aussi bien que dans les rites religieux ; et, d'ailleurs, l'initiation elle-même est toujours regardée comme une « seconde naissance », symboliquement lorsqu'elle n'est qu'un formalisme plus ou moins extérieur, mais effectivement lorsqu'elle est conférée d'une façon réelle à celui qui est dûment qualifié pour la recevoir.
10. Chhândogya Upanishad, 8e Prapâthaka, 6e Khanda, shruti 5.
11. Ceci, à défaut de toute autre considération, suffirait à montrer clairement qu'il ne peut s'agir d'un rayon solaire au sens physique (pour lequel le contact ne serait pas constamment possible), et que ce qui est désigné ainsi ne peut l'être que symboliquement. – Le rayon qui est en connexion avec l'artère coronale est appelé aussi sushumnâ.
12. Chhândogya Upanishad, 8e Prapâthaka, 6e Khanda, shruti 2.
13. Par ce mot d'« incantation » au sens où nous l'employons ici, il faut entendre essentiellement une aspiration de l'être vers l'Universel, ayant pour but d'obtenir une illumination intérieure, quels que soient d'ailleurs les moyens extérieurs, gestes (mudrâs), paroles ou sons musicaux (mantras), figures symboliques (yantras) ou autres, qui peuvent être employés accessoirement comme support de l'acte intérieur, et dont l'effet est de déterminer des vibrations rythmiques qui ont une répercussion à travers la série indéfinie des états de l'être. Une telle « incantation » n'a donc absolument rien de commun avec les pratiques magiques auxquelles on donne parfois le même nom en Occident, non plus qu'avec un acte religieux tel que la prière ; tout ce dont il s'agit ici se rapporte exclusivement au domaine de la réalisation métaphysique.
14. Nous disons virtuellement, parce que, si cette perfection était effective, la « Délivrance » aurait déjà été obtenue par là-même ; la Connaissance peut être théoriquement parfaite, bien que la réalisation correspondante n'ait été encore que partiellement accomplie.
15. Brahma-Sûtras, 4e Adhyâya, 2e Pâda, sûtras 17 à 21.

21
LE « VOYAGE DIVIN » DE L'ÊTRE EN VOIE DE LIBÉRATION

La suite du voyage symbolique accompli par l'être dans son processus de libération graduelle depuis la terminaison de l'artère coronale (sushumnâ), communiquant constamment avec un rayon du Soleil spirituel, jusqu'à sa destination finale, s'effectue en suivant la Voie qui est marquée par le trajet de ce rayon parcouru en sens inverse (suivant sa direction réfléchie) jusqu'à sa source, qui est cette destination même. Cependant, si l'on considère qu'une description de ce genre peut s'appliquer aux états posthumes parcourus successivement, d'une part, par les êtres qui obtiendront la « Délivrance » à partir de l'état humain, et, d'autre part, par ceux qui, après la résorption de l'individualité humaine, auront au contraire à passer dans d'autres états de manifestation individuelle, il devra y avoir deux itinéraires différents correspondant à ces deux cas : il est dit, en effet, que les premiers suivent la « Voie des Dieux » (dêva-yâna), tandis que les seconds suivent la « Voie des Ancêtres » (pitri-yâna). Ces deux itinéraires symboliques sont résumés dans le passage suivant de la Bhagavad-Gîtâ : « À quels moments ceux qui tendent à l'Union (sans l'avoir effectivement réalisée) quittent l'existence manifestée, soit sans retour, soit pour y revenir, je vais te l'enseigner, ô Bhârata. Feu, lumière, jour, lune croissante, semestre ascendant du soleil vers le nord, c'est sous ces signes lumineux que vont à Brahma ces hommes qui connaissent Brahma. Fumée, nuit, lune décroissante, semestre descendant du soleil vers le sud, c'est sous ces signes d'ombre qu'ils vont à la Sphère de la Lune (littéralement : « atteignent la lumière lunaire ») pour revenir ensuite (à de nouveaux états de manifestation). Ce sont les deux Voies permanentes, l'une claire, l'autre obscure, du monde manifesté (jagat) ; par l'une il n'est pas de retour (du non-manifesté au manifesté) ; par l'autre on revient en arrière (dans la manifestation) »[1].

Le même symbolisme est exposé, avec plus de détails, en divers passages du Vêda ; et d'abord, pour ce qui est du pitri-yâna, nous ferons seulement remarquer qu'il ne conduit pas au-delà de la Sphère de la Lune, de sorte que, par là, l'être n'est pas libéré de la forme, c'est-à-dire de la condition individuelle entendue dans son sens le plus général, puisque, comme nous l'avons déjà dit, c'est précisément la forme qui définit l'individualité comme telle[2]. Suivant des correspondances que nous avons indiquées plus haut, cette Sphère de la Lune représente la « mémoire cosmique »[3] ; c'est pourquoi elle est le séjour des Pitris, c'est-à-dire des êtres du cycle antécédent, qui sont considérés comme les générateurs du cycle actuel, en raison de l'enchaînement causal dont la succession des cycles n'est que le symbole ; et c'est de là que vient la dénomination du pitri-yâna, tandis que celle du dêva-yâna désigne naturellement la Voie qui conduit vers les états supérieurs de l'être, donc vers l'assimilation à l'essence même de la Lumière intelligible. C'est dans la Sphère de la Lune que se dissolvent les formes qui ont accompli le cours complet de leur développement ; et c'est là aussi que sont contenus les germes des formes non encore développées, car, pour la forme comme pour toute autre chose, le point de départ et le point d'aboutissement se situent nécessairement dans le même ordre d'existence. Pour préciser davantage ces considérations, il faudrait pouvoir se référer expressément à la théorie des cycles ; mais il nous suffit de redire ici que, chaque cycle étant en réalité un état d'existence, la forme ancienne que quitte un être non affranchi de l'individualité et la forme nouvelle dont il se revêt appartiennent forcément à deux états différents (le passage de l'un à l'autre s'effectuant dans la Sphère de la Lune, où se trouve le point commun aux deux cycles), car un être, quel qu'il soit, ne peut passer deux fois par le même état, ainsi que nous l'avons expliqué ailleurs en montrant l'absurdité des théories « réincarnationnistes » inventées par certains Occidentaux modernes[4].

Nous insisterons un peu plus sur le dêva-yâna, qui se rapporte à l'identification effective du centre de l'individualité[5], où toutes les facultés ont été précédemment résorbées dans l'« âme vivante » (jîvâtmâ), avec le centre même de l'être total, résidence de l'Universel Brahma. Le processus dont il s'agit ne s'applique donc, nous le répétons, qu'au cas où cette identification n'a pas été réalisée pendant la vie terrestre, ni au moment même de la mort ; lorsqu'elle est accomplie, d'ailleurs, il n'y a plus d'« âme vivante » distincte du « Soi », puisque l'être est désormais sorti de la condition individuelle : cette distinction, qui n'a jamais existé qu'en mode illusoire (illusion qui est inhérente à cette condition même), cesse pour lui dès lors qu'il atteint la réalité absolue ; l'individualité disparaît avec toutes les déterminations limitatives et contingentes, et la personnalité seule demeure dans la plénitude de l'être, contenant en soi, principiellement, toutes ses possibilités à l'état permanent et non-manifesté.

Suivant le symbolisme vêdique, tel que nous le trouvons dans plusieurs textes des Upanishads [6], l'être qui accomplit le dêva-yâna, ayant quitté la Terre (Bhû, c'est-à-dire le monde corporel ou le domaine de la manifestation grossière), est d'abord conduit à la lumière (archis), par laquelle il faut entendre ici le *Royaume du Feu* (Têjas), dont le Régent est Agni, appelé aussi Vaishwânara, dans une signification spéciale de ce nom. Il faut bien remarquer, d'ailleurs, que, quand nous rencontrons dans l'énumération de ces stades successifs la désignation des éléments, celle-ci ne peut être que symbolique, puisque les bhûtas appartiennent tous proprement au monde corporel, qui est représenté tout entier par la Terre (laquelle, en tant qu'élément, est Prithwî) ; il s'agit donc en réalité de différentes modalités de l'état subtil. Du Royaume du Feu, l'être est conduit aux divers domaines des régents (dêvatâs, « déités ») ou distributeurs du jour, de la demi-lunaison claire (période croissante ou première moitié du mois lunaire) [7], des six mois d'ascension du soleil vers le nord, et enfin de l'année, tout ceci devant s'entendre de la correspondance de ces divisions du temps (les « moments » dont parle la Bhagavad-Gîtâ) transposées analogiquement dans les prolongements extra-corporels de l'état humain, et non de ces divisions elles-mêmes, qui ne sont littéralement applicables qu'à l'état corporel [8]. De là, il passe au Royaume de l'Air (Vâyu), dont le Régent (désigné par le même nom) le dirige du côté de la Sphère du Soleil (Sûrya ou Âditya), à partir de la limite supérieure de son domaine, par un passage comparé au moyeu de la roue d'un chariot, c'est-à-dire à un axe fixe autour duquel s'effectue la rotation ou la mutation de toutes les choses contingentes (il ne faut pas oublier que Vâyu est essentiellement le principe « mouvant »), mutation à laquelle l'être va échapper désormais [9]. Il passe ensuite dans la Sphère de la Lune (Chandra ou Soma), où il ne reste pas comme celui qui a suivi le pitri-yâna, mais d'où il monte à la région de l'éclair (vidyut) [10], au-dessus de laquelle est le Royaume de l'Eau (Ap), dont le Régent est Varuna [11] (comme analogiquement, la foudre éclate au-dessous des nuages de pluie). Il s'agit ici des Eaux supérieures ou célestes, représentant l'ensemble des possibilités informelles [12], par opposition aux Eaux inférieures, qui représentent l'ensemble des possibilités formelles ; il ne peut plus être question de ces dernières dès que l'être a dépassé la Sphère de la Lune, puisque celle-ci est, comme nous le disions tout à l'heure, le milieu cosmique où s'élaborent les germes de toute la manifestation formelle. Enfin, le reste du voyage s'effectue par la région lumineuse intermédiaire (Antariksha, dont il a été parlé précédemment dans la description des sept membres de Vaishwânara, mais avec une application quelque peu différente) [13], qui est le Royaume d'Indra [14], et qui est occupée par l'Éther (Âkâsha, représentant ici l'état primordial d'équilibre indifférencié), jusqu'au Centre spirituel où réside Prajâpati, le « Seigneur des êtres produits », qui est, comme nous l'avons déjà indiqué, la manifestation principielle et l'expression directe de Brahma même par rapport au cycle total ou au degré d'existence auquel appartient l'état humain, car celui-ci doit être encore envisagé ici, bien qu'en principe seulement, comme étant l'état où l'être a pris son point de départ, et avec lequel, même sorti de la forme ou de l'individualité, il garde certains liens tant qu'il n'a pas atteint l'état absolument inconditionné, c'est-à-dire tant que la « Délivrance », pour lui, n'est pas pleinement effective.

Il existe, dans les divers textes où est décrit le « voyage divin », quelques variations, d'ailleurs peu importantes et plus apparentes que réelles au fond, quant au nombre et à l'ordre d'énumération des stations intermédiaires ; mais l'exposé qui précède est celui qui résulte d'une comparaison générale de ces textes, et ainsi il peut être regardé comme la stricte expression de la doctrine traditionnelle sur cette question [15]. Du reste, notre intention n'est pas de nous étendre outre mesure sur l'explication plus détaillée de tout ce symbolisme, qui est, somme toute, assez clair par lui-même, dans son ensemble, pour quiconque a tant soit peu l'habitude des conceptions orientales (nous pourrions même dire des conceptions traditionnelles sans restriction) et de leurs modes généraux d'expression ; son interprétation se trouve d'ailleurs encore facilitée par toutes les considérations que nous avons déjà exposées, et où l'on aura rencontré un assez grand nombre de ces transpositions analogiques qui constituent le fond de tout symbolisme [16]. Ce que nous rappellerons seulement une fois de plus, au risque de nous répéter, et parce que c'est tout à fait essentiel pour la compréhension de ces choses, c'est ceci : il doit être bien entendu que, lorsqu'il est question, par exemple, des Sphères du Soleil et de la Lune, il ne s'agit jamais du soleil et de la lune en tant qu'astres visibles, qui appartiennent simplement au domaine corporel, mais bien des principes universels que ces astres représentent en quelque façon dans le monde sensible, ou tout au moins de la manifestation de ces principes à des degrés divers, en vertu des correspondances analogiques qui relient entre eux tous les états de l'être [17]. En effet, les différents Mondes (Lokas), Sphères planétaires et Royaumes élémentaires, qui sont décrits symboliquement (mais symboliquement seulement, puisque l'être qui les parcourt n'est plus soumis à l'espace) comme autant de régions, ne sont en réalité que des états différents [18] ; et ce symbolisme spatial (de même que le symbolisme temporel qui sert notamment à exprimer la théorie des cycles) est assez naturel et d'un usage assez généralement répandu pour ne pouvoir tromper que ceux qui sont incapables de voir autre chose que le sens le plus grossièrement littéral ; ceux-là ne comprendront jamais ce qu'est un symbole, car leurs conceptions sont irrémédiablement bornées à l'existence terrestre et au monde corporel, où par la plus naïve des illusions, ils veulent enfermer toute réalité.

La possession effective des états dont il s'agit peut être obtenue par l'identification avec les principes qui sont désignés comme leurs Régents respectifs, identification qui, dans tous les cas, s'opère par la connaissance, à la condition que celle-ci ne soit pas simplement théorique ; la théorie ne doit être regardée que comme la préparation, d'ailleurs indispensable, de la réalisation correspondante. Mais, pour chacun de ces principes considéré en particulier et isolément, les résultats d'une telle identification ne s'étendent pas au-delà de son propre domaine, de sorte que l'obtention de tels états, encore conditionnés, ne constitue qu'une étape préliminaire, une sorte d'acheminement (dans le sens que nous avons précisé plus haut et avec les restrictions qu'il convient d'apporter à une semblable façon de parler) vers l'« Identité Suprême », but ultime atteint par l'être dans sa complète et totale universalisation, et dont la réalisation, pour ceux qui ont à accomplir préalablement le dêva-yâna, peut, ainsi qu'il a été dit précédemment, être différée jusqu'au pralaya, le passage de chaque stade au suivant ne devenant possible que pour l'être qui a obtenu le degré correspondant de connaissance effective [19].

Donc, dans le cas envisagé présentement et qui est celui de krama-mukti, l'être, jusqu'au pralaya, peut demeurer dans l'ordre cosmique et ne pas atteindre la possession effective d'états transcendants, en laquelle consiste proprement la vraie réalisation métaphysique ; mais il n'en a pas moins obtenu dès lors, et du fait même qu'il a dépassé la Sphère de la Lune (c'est-à-dire qu'il est sorti du « courant des formes »), cette « immortalité virtuelle » que nous avons définie plus haut. C'est pourquoi le Centre spirituel dont il a été question n'est encore que le centre d'un certain état ou d'un certain degré d'existence, celui auquel appartenait l'être en tant qu'humain, et auquel il continue d'appartenir d'une certaine façon, puisque sa totale universalisation, en mode supra-individuel, n'est pas actuellement réalisée ; et c'est aussi pourquoi il a été dit que, dans une telle condition, les entraves individuelles ne peuvent être encore complètement détruites. C'est très exactement à ce point que s'arrêtent les conceptions que l'on peut dire proprement religieuses, qui se réfèrent toujours à des extensions de l'individualité humaine, de sorte que les états qu'elles permettent d'atteindre doivent forcément conserver quelque rapport avec le monde manifesté, même quand ils le dépassent, et ne sont point ces états transcendants auxquels il n'est pas d'autre accès que par la Connaissance métaphysique pure. Ceci peut s'appliquer notamment aux « états mystiques » ; et, pour ce qui est des états posthumes, il y a précisément la même différence, entre l'« immortalité » ou le « salut » entendus au sens religieux (le seul qu'envisagent d'ordinaire les Occidentaux) et la « Délivrance », qu'entre la réalisation mystique et la réalisation métaphysique accomplie pendant la vie terrestre ; on ne peut donc parler ici, en toute rigueur, que d'« immortalité virtuelle » et, comme aboutissement ultime, de « réintégration en mode passif » ; ce dernier terme échappe d'ailleurs au point de vue religieux tel qu'on l'entend communément, et pourtant c'est par là seulement que se justifie l'emploi qui est fait du mot « immortalité » dans un sens relatif, et que peut s'établir une sorte de rattachement ou de passage de ce sens relatif au sens absolu et métaphysique où le même terme est pris par les Orientaux. Tout cela, d'ailleurs, ne nous empêche pas d'admettre que les conceptions religieuses sont susceptibles d'une transposition par laquelle elles reçoivent un sens supérieur et plus profond, et cela parce que ce sens est aussi dans les Écritures sacrées sur lesquelles elles reposent ; mais, par une telle transposition, elles perdent leur caractère spécifiquement religieux, parce que ce caractère est attaché à certaines limitations, hors desquelles on est dans l'ordre métaphysique pur. D'autre part, une doctrine traditionnelle qui, comme la doctrine hindoue, ne se place pas au point de vue des religions occidentales, n'en reconnaît pas moins l'existence des états qui sont envisagés plus spécialement par ces dernières, et il doit forcément en être ainsi, dès lors que ces états sont effectivement des possibilités de l'être ; mais elle ne peut leur accorder une importance égale à celle que leur donnent les doctrines qui ne vont pas au-delà (la perspective, si l'on peut dire, changeant avec le point de vue), et, parce qu'elle les dépasse, elle les situe à leur place exacte dans la hiérarchie totale.

Ainsi, quand il est dit que le terme du « voyage divin » est le Monde de Brahma (Brahma-Loka), ce dont il s'agit n'est pas, immédiatement du moins, le Suprême Brahma, mais seulement sa détermination comme Brahmâ, lequel est Brahma « qualifié » (saguna) et, comme tel, considéré comme « effet de la Volonté productrice (Shakti) du Principe Suprême » (Kârya-Brahma) [20]. Lorsqu'il est question ici de Brahmâ, il faut le considérer, en premier lieu, comme identique à Hiranyagarbha, principe de la manifestation subtile, donc de tout le domaine de l'existence humaine dans son intégralité ; et, en effet, nous avons dit précédemment que l'être qui a obtenu l'« immortalité virtuelle » se trouve pour ainsi dire « incorporé », par assimilation, à Hiranyagarbha ; et cet état, dans lequel il peut demeurer jusqu'à la fin du cycle (pour lequel seulement Brahmâ existe comme Hiranyagarbha), est ce qu'on envisage le plus ordinairement comme le Brahma-Loka [21]. Cependant, de même que le centre de tout état d'un être a la possibilité de s'identifier avec le centre de l'être total, le centre cosmique où réside Hiranyagarbha s'identifie virtuellement avec le centre de tous les mondes [22] ; nous voulons dire que, pour l'être qui a franchi un certain degré de connaissance, Hiranyagarbha apparaît comme identique à un aspect plus élevé du « Non-Suprême » [23], qui est Îshwara ou l'Être Universel, principe premier de toute manifestation. À ce degré, l'être n'est plus dans l'état subtil, même en principe seulement, il est dans le non-manifesté ; mais il conserve pourtant certains rapports avec l'ordre de la manifestation universelle, puisque Îshwara est proprement le principe de celle-ci, bien qu'il ne soit plus rattaché par des liens spéciaux à l'état humain et au cycle particulier dont celui-ci fait partie. Ce degré correspond à la condition de Prâjna, et c'est l'être qui ne va pas plus loin qui est dit n'être uni à Brahma, même lors du pralaya, que de la même façon que dans le sommeil profond ; de là, le retour à un autre cycle de manifestation est encore possible ; mais, puisque l'être est affranchi de l'individualité (contrairement à ce qui a lieu pour celui qui a suivi le pitri-yâna), ce cycle ne pourra être qu'un état informel et supra-individuel [24]. Enfin, dans le cas où la « Délivrance » doit être obtenue à partir de l'état humain, il y a plus encore que ce que nous venons de dire, et alors le terme véritable n'est plus l'Être Universel, mais le Suprême Brahma Lui-même, c'est-à-dire Brahma « non-qualifié » (nirguna) dans Sa Totale Infinité, comprenant à la fois l'Être (ou les possibilités de manifestation) et le Non-Être (ou les possibilités de non-manifestation), et principe de l'un et de l'autre, donc au-delà de tous deux [25], en même temps qu'il les contient également, suivant l'enseignement que nous avons déjà rapporté au sujet de l'état inconditionné d'Âtmâ, qui est précisément ce dont il s'agit maintenant [26]. C'est en ce sens que le séjour de Brahma (ou d'Âtmâ dans cet état inconditionné) est même « au-delà du Soleil spirituel » (qui est Âtmâ dans sa troisième condition, identique à Îshwara) [27], comme il est au-delà de toutes les sphères des états particuliers d'existence, individuels ou extra-individuels ; mais ce séjour ne peut être atteint directement par ceux qui n'ont médité sur Brahma qu'à travers un symbole (pratîka), chaque méditation (upâsanâ) ayant seulement alors un résultat défini et limité [28].

L'« Identité Suprême » est donc la finalité de l'être « délivré », c'est-à-dire affranchi des conditions de l'existence individuelle humaine, ainsi que de toutes autres conditions particulières et limitatives (upâdhis), qui sont regardées comme autant de liens [29]. Lorsque l'homme (ou plutôt l'être qui était précédemment dans l'état humain) est ainsi « délivré », le « Soi » (Âtmâ) est pleinement réalisé dans sa propre nature « non-divisée », et il est alors, suivant Audulomi, une conscience omniprésente (ayant pour attribut chaitanya) ; c'est ce qu'enseigne aussi Jaimini, mais en spécifiant en outre que cette conscience manifeste les attributs divins (aishwarya), comme des facultés transcendantes, par là-même qu'elle est unie à l'Essence Suprême [30]. C'est là le résultat de la libération complète, obtenue dans la plénitude de la Connaissance Divine ; quant à ceux dont la contemplation (dhyâna) n'a été que partielle, quoique active (réalisation métaphysique demeurée incomplète), ou a été purement passive (comme l'est celle des mystiques occidentaux), ils jouissent de certains états supérieurs [31], mais sans pouvoir arriver dès lors à l'Union parfaite (Yoga), qui ne fait qu'un avec la « Délivrance » [32].

---

1. Bhagavad-Gîtâ, VIII, 23 à 26.
2. Sur le pitri-yâna, voir Chhândogya Upanishad, 5e Prapâthaka, 10e Khanda, shrutis 3 à 7 ; Brihad-Âranyaka Upanishad, 6e Adhyâya, 2e Brâhmana, shruti 16.
3. C'est pour cette raison qu'il est dit parfois symboliquement, même en Occident, qu'on y retrouve tout ce qui a été perdu en ce monde terrestre (cf. Arioste, Orlando Furioso).
4. Tout ce qui vient d'être dit ici a encore un rapport avec le symbolisme de Janus : la Sphère de la Lune détermine la séparation des états supérieurs (non-individuels) et des états inférieurs (individuels) ; de là le double rôle de la Lune comme Janua Cæli (cf. les litanies de la Vierge dans la liturgie catholique) et Janua Inferni, ce qui correspond d'une certaine façon à la distinction du dêva-yâna et du pitri-yâna. – Jana ou Diana n'est pas autre chose que la forme féminine de Janus ; et, d'autre part, yâna dérive de la racine verbale i, « aller » (latin ire), où certains, et notamment Cicéron, veulent voir aussi la racine du nom même de Janus.
5. Il est bien entendu qu'il s'agit ici de l'individualité intégrale, et non pas réduite à sa seule modalité corporelle, laquelle, d'ailleurs, n'existe plus pour l'être considéré, puisque c'est d'états posthumes qu'il est question.
6. Chhândogya Upanishad, 4e Prapâthaka, 15e Khanda, shrutis 5 et 6, et 5e Prapâthaka, 10e Khanda, shrutis 1 et 2 ; Kaushîtakî Upanishad, 1er Adhyâya, shruti 3 ; Brihad-Âranyaka Upanishad, 5e Adhyâya, 10e Brâhmana, shruti 1, et 6e Adhyâya, 2e Brâhmana, shruti 15.
7. Cette période croissante de la lunaison est appelée pûrva-paksha, « première partie », et la période décroissante uttara-paksha, « dernière partie » du mois. – Ces expressions pûrva-paksha et uttara-paksha ont aussi, par ailleurs, une autre acception toute différente : dans une discussion, elles désignent respectivement une objection et sa réfutation.
8. Il pourrait être intéressant d'établir la concordance de cette description symbolique avec celles qui sont données par d'autres doctrines traditionnelles (cf. notamment le Livre des Morts des anciens Égyptiens et la Pistis Sophia des Gnostiques alexandrins, ainsi que le Bardo-Thödol thibétain) ; mais cela nous entraînerait beaucoup trop loin. – Dans la tradition hindoue, Ganêsha, qui représente la Connaissance, est désigné en même temps comme le « Seigneur des déités » ; son symbolisme, en rapport avec les divisions temporelles dont il vient d'être question, donnerait lieu à des développements extrêmement dignes d'intérêt, et aussi à des rapprochements fort instructifs avec d'anciennes traditions occidentales ; toutes ces choses, qui ne peuvent trouver place ici, seront peut-être reprises par nous en quelque autre occasion.
9. Pour employer le langage des philosophes grecs, on pourrait dire qu'il va échapper à la « génération » (γένεσις) et à la « corruption » (φθορά), termes qui sont synonymes de « naissance » et de « mort » quand ces derniers mots sont appliqués à tous les états de manifestation individuelle ; et, par ce que nous avons dit de la sphère de la Lune et de sa signification, on peut comprendre aussi ce que voulaient dire ces mêmes philosophes, notamment Aristote, lorsqu'ils enseignaient que le monde sublunaire seul est soumis à la « génération » et à la « corruption » : ce monde sublunaire, en effet, représente en réalité le « courant des formes » de la tradition extrême-orientale, et les Cieux, étant les états informels, sont nécessairement incorruptibles, c'est-à-dire qu'il n'y a plus de dissolution ou de désintégration possible pour l'être qui a atteint ces états.
10. Ce mot vidyut semble être encore en rapport avec la racine vid, en raison de la connexion de la lumière et de la vue ; sa forme est très proche de celle de vidyâ : l'éclair illumine les ténèbres ; celles-ci sont le symbole de l'ignorance (avidyâ), et la connaissance est une « illumination » intérieure.
11. Faisons remarquer, en passant, que ce nom est manifestement identique au grec Οὐρανός, bien que certains philologues aient voulu, on ne sait trop pourquoi, contester cette identité ; le Ciel, appelé Οὐρανός, est bien la même chose, en effet, que les « Eaux supérieures » dont parle la Genèse, et que nous retrouvons ici dans le symbolisme hindou.
12. Les Apsarâs sont les Nymphes célestes, qui symbolisent aussi ces possibilités informelles ; elles correspondent aux Hûris du Paradis islamique (El-Jannah), qui, sauf dans les trans-

positions dont il est susceptible au point de vue ésotérique et qui lui confèrent des significations d'ordre plus élevé, est proprement l'équivalent du Swarga hindou.
13. Nous avons dit alors que c'est le milieu d'élaboration des formes, parce que, dans la considération des « trois mondes », cette région correspond au domaine de la manifestation subtile, et elle s'étend depuis la Terre jusqu'aux Cieux ; ici, au contraire, la région intermédiaire dont il s'agit est située au-delà de la Sphère de la Lune, donc dans l'informel, et elle s'identifie au Swarga, si l'on entend par ce mot, non plus les Cieux ou les états supérieurs dans leur ensemble, mais seulement leur portion la moins élevée. On remarquera encore, à ce propos, comment l'observation de certains rapports hiérarchiques permet l'application d'un même symbolisme à différents degrés.
14. Indra, dont le nom signifie « puissant », est aussi désigné comme le Régent du Swarga, ce qui s'explique par l'identification indiquée dans la note précédente ; ce Swarga est un état supérieur, mais non définitif, et encore conditionné, bien qu'informel.
15. Pour cette description des diverses phases du dêva-yâna, voir Brahma-Sûtras, 4e Adhyâya, 3e Pâda, sûtras 1 à 6.
16. À cette occasion, nous nous excuserons d'avoir multiplié les notes et de leur avoir donné plus d'étendue qu'on ne le fait habituellement ; nous l'avons fait surtout en ce qui concerne précisément les interprétations de ce genre, et aussi les rapprochements à établir avec d'autres doctrines ; cela était nécessaire pour ne pas interrompre la suite de notre exposé par de trop fréquentes digressions.
17. Les phénomènes naturels en général, et notamment les phénomènes astronomiques, ne sont jamais envisagés par les doctrines traditionnelles qu'à titre de simple mode d'expression, comme symbolisant certaines vérités d'ordre supérieur ; et, s'ils les symbolisent en effet, c'est que leurs lois ne sont pas autre chose, au fond, qu'une expression de ces vérités mêmes dans un domaine spécial, une sorte de traduction des principes correspondants, adaptée naturellement aux conditions particulières de l'état corporel et humain. On peut comprendre par là combien grande est l'erreur de ceux qui veulent voir du « naturalisme » dans ces doctrines, ou qui croient qu'elles ne se proposent que de décrire et d'expliquer les phénomènes comme peut le faire la science « profane », bien que sous des formes différentes ; c'est là proprement renverser les rapports et prendre le symbole lui-même pour ce qu'il représente, le signe pour la chose ou l'idée signifiée.
18. Le mot sanskrit loka est identique au latin locus, « lieu » ; on peut remarquer à ce propos que, dans la doctrine catholique, le Ciel, le Purgatoire et l'Enfer sont également désignés comme des « lieux », qui sont pris, là aussi, pour représenter symboliquement des états, car il ne saurait être aucunement question, même pour l'interprétation la plus extérieure de cette doctrine, de situer dans l'espace ces états posthumes ; une telle méprise n'a pu se produire que dans les théories « néo-spiritualistes » qui ont vu le jour dans l'Occident moderne.
19. Il est très important de noter ici que c'est à la réalisation immédiate de l'« Identité Suprême » que les Brâhmanas se sont toujours attachés à peu près exclusivement, tandis que les Kshatriyas ont développé de préférence l'étude des états qui correspondent aux divers stades du dêva-yâna aussi bien que du pitri-yâna.
20. Le mot kârya, « effet », est dérivé de la racine verbale kri, « faire », et du suffixe ya, marquant un accomplissement futur : « ce qui doit être fait » (ou plus exactement « ce qui va être fait », car ya est une modification de la racine i, « aller ») ; ce terme implique donc une certaine idée de « devenir » ce qui suppose nécessairement que ce à quoi il s'applique n'est envisagé que par rapport à la manifestation. – À propos de la racine kri, nous ferons remarquer qu'elle est identique à celle du latin creare, ce qui montre que ce dernier mot, dans son acception primitive, n'avait pas d'autre sens que celui de « faire » ; l'idée de « création » telle qu'on l'entend aujourd'hui, idée qui est d'origine hébraïque, n'est venue s'y attacher que lorsque la langue latine a été employée pour exprimer les conceptions judéo-chrétiennes.
21. C'est là ce qui correspond le plus exactement aux « Cieux » ou aux « Paradis » des religions occidentales (dans lesquelles, à cet égard, nous comprenons l'Islamisme) ; lorsqu'une pluralité de « Cieux » est envisagée (et elle est souvent représentée par des correspondances planétaires), on doit entendre par là tous les états supérieurs à la sphère de la Lune (parfois considérée elle-même comme le « premier ciel » quant à son aspect de Janua Cæli), jusqu'au Brahma-Loka inclusivement.
22. Nous appliquons encore ici la notion de l'analogie constitutive du « microcosme » et du « macrocosme ».

23. Cette identification d'un certain aspect à un autre aspect supérieur, et ainsi de suite à divers degrés jusqu'au Principe Suprême, n'est en somme que l'évanouissement d'autant d'illusions « séparatives », que certaines initiations représentent par une série de voiles qui tombent successivement.
24. Symboliquement, on dira qu'un tel être est passé de la condition des hommes à celle des Dêvas (ce qu'on pourrait appeler un état « angélique » en langage occidental) ; par contre, au terme du pitri-yâna, il y a retour au « monde de l'homme » (mânava-loka), c'est-à-dire à une condition individuelle, désignée ainsi par analogie avec la condition humaine, bien qu'elle en soit nécessairement différente, puisque l'être ne peut revenir à un état par lequel il est déjà passé.
25. Nous rappelons qu'on peut cependant entendre le Non-Être métaphysique, de même que le non-manifesté (en tant que celui-ci n'est pas seulement le principe immédiat du manifesté, ce qui n'est que l'Être), dans un sens total où il s'identifie au Principe Suprême. De toutes façons, d'ailleurs, entre le Non-Être et l'Être, comme entre le non-manifesté et le manifesté (et cela même si, dans ce dernier cas, on ne va pas au-delà de l'Être), la corrélation ne peut être qu'une pure apparence, la disproportion qui existe métaphysiquement entre les deux termes ne permettant véritablement aucune comparaison.
26. À ce propos, nous citerons une fois de plus, pour marquer encore les concordances des différentes traditions, un passage emprunté au Traité de l'Unité (Risâlatul-Ahadiyah), de Mohyiddin ibn Arabi : « Cette immense pensée (de l'« Identité Suprême ») ne peut convenir qu'à celui dont l'âme est plus vaste que les deux mondes (manifesté et non-manifesté). Quant à celui dont l'âme n'est qu'aussi vaste que les deux mondes (c'est-à-dire à celui qui atteint l'Être Universel, mais ne le dépasse pas), elle ne lui convient pas. Car, en vérité, cette pensée est plus grande que le monde sensible (ou manifesté, le mot « sensible » devant ici être transposé analogiquement, et non restreint à son sens littéral) et le monde suprasensible (ou non-manifesté, suivant la même transposition), tous les deux pris ensemble. »
27. Les orientalistes, qui n'ont pas compris ce que signifie véritablement le Soleil, et qui l'entendent au sens physique, ont sur ce point des interprétations bien étranges ; c'est ainsi que M. Oltramare écrit naïvement : « Par ses levers et ses couchers, le soleil consume la vie des mortels ; l'homme affranchi existe par delà le monde du soleil. » Ne dirait-on pas qu'il s'agit d'échapper à la vieillesse et de parvenir à une immortalité corporelle comme celle que recherchent certaines sectes occidentales contemporaines ?
28. Brahma-Sûtras, 4e Adhyâya, 3e Pâda, sûtras 7 à 16.
29. On applique à ces conditions des mots tels que bandha et pâsha, dont le sens propre est « lien » ; du second de ces deux termes dérive le mot pashu, qui signifie ainsi, étymologiquement, un être vivant quelconque, lié par de telles conditions. Shiva est appelé Pashupati, le « Seigneur des êtres liés », parce que c'est par son action « transformatrice » qu'ils sont « délivrés ». – Le mot pashu est pris souvent dans une acception spéciale, pour désigner une victime animale du sacrifice (yajna, yâga ou mêdha), laquelle de ce fait est « délivrée », au moins virtuellement, par le sacrifice même ; mais nous ne pouvons songer à établir ici, même sommairement, une théorie du sacrifice, qui, ainsi entendu, est essentiellement destiné à établir une certaine communication avec les états supérieurs, et laisse complètement en dehors les idées tout occidentales de « rachat » ou d'« expiation » et autres de ce genre, idées qui ne peuvent se comprendre qu'au point de vue spécifiquement religieux.
30. Cf. Brahma-Sûtras, 4e Adhyâya, 4e Pâda, sûtras 5 à 7.
31. La possession de tels états, qui sont identiques aux divers « Cieux », constitue, pour l'être qui en jouit, une acquisition personnelle et permanente malgré sa relativité (il s'agit toujours d'états conditionnés, bien que supra-individuels), acquisition à laquelle ne saurait aucunement s'appliquer l'idée occidentale de « récompense », par la même qu'il s'agit d'un fruit, non de l'action, mais de la connaissance ; cette idée est d'ailleurs, comme celle de « mérite » dont elle est un corollaire, une notion d'ordre exclusivement moral, pour laquelle il n'y a aucune place dans le domaine métaphysique.
32. La Connaissance à cet égard, est donc de deux sortes, et elle est dite elle-même « suprême » ou « non-suprême », suivant qu'elle concerne Para-Brahma ou Apara-Brahma, et que, par conséquent, elle conduit à l'un ou à l'autre.

22

LA DÉLIVRANCE FINALE

La « Délivrance » (Moksha ou Mukti), c'est-à-dire cette libération définitive de l'être dont nous venons de parler en dernier lieu, et qui est le terme ultime auquel il tend, diffère absolument de tous les états par lesquels cet être a pu passer pour y parvenir, car elle est l'obtention de l'état suprême et inconditionné, tandis que tous les autres états, si élevés qu'ils soient, sont encore conditionnés, c'est-à-dire soumis à certaines limitations qui les définissent, qui les font être ce qu'ils sont, qui les constituent proprement en tant qu'états déterminés. Cela s'applique aux états supra-individuels aussi bien qu'aux états individuels, quoique leurs conditions soient autres ; et le degré même de l'Être pur, qui est au-delà de toute existence au sens propre du mot, c'est-à-dire de toute manifestation tant informelle que formelle, implique pourtant encore une détermination, qui, pour être primordiale et principielle, n'en est pas moins déjà une limitation. C'est par l'Être que subsistent toutes choses dans tous les modes de l'Existence universelle, et l'Être subsiste par soi-même ; il détermine tous les états dont il est le principe, et il n'est déterminé que par soi-même ; mais se déterminer soi-même, c'est encore être déterminé, donc limité en quelque façon, de sorte que l'Infinité ne peut être attribuée à l'Être, qui ne doit aucunement être regardé comme le Principe Suprême. On peut voir par là l'insuffisance métaphysique des doctrines occidentales, nous voulons dire de celles mêmes dans lesquelles il y a pourtant une part de métaphysique vraie [1] : s'arrêtant à l'Être, elles sont incomplètes, même théoriquement (et sans parler de la réalisation qu'elles n'envisagent en aucune façon), et, comme il arrive d'ordinaire en pareil cas, elles ont une fâcheuse tendance à nier ce qui les dépasse, et qui est précisément ce qui importe le plus au point de vue de la métaphysique pure.

L'acquisition ou, pour mieux dire, la prise de possession d'états supérieurs, quels qu'ils soient, n'est donc qu'un résultat partiel, secondaire et contingent ; et, bien que ce résultat puisse paraître immense quand on l'envisage par rapport à l'état individuel humain (et surtout par rapport à l'état corporel, le seul dont les hommes ordinaires aient la possession effective durant leur existence terrestre), il n'en est pas moins vrai que, en lui-même, il est rigoureusement nul au regard de l'état suprême, car le fini, tout en devenant indéfini par les extensions dont il est susceptible, c'est-à-dire par le développement de ses propres possibilités, demeure toujours nul vis-à-vis de l'Infini. Un tel résultat ne vaut donc, dans la réalité absolue, qu'à titre de préparation à l'« Union », c'est-à-dire qu'il n'est encore qu'un moyen et non une fin ; le prendre pour une fin, c'est rester dans l'illusion, puisque tous les états dont il s'agit, jusqu'à l'Être inclusivement, sont eux-mêmes illusoires dans le sens que nous avons défini dès le début. De plus, dans tout état où il subsiste quelque distinction, c'est-à-dire dans tous les degrés de l'Existence, y compris ceux qui n'appartiennent pas à l'ordre individuel, l'universalisation de l'être ne saurait être effective ; et même l'union à l'Être Universel, suivant le mode où elle s'accomplit dans la condition de Prâjna (ou dans l'état posthume qui correspond à cette condition), n'est pas l'« Union » au plein sens de ce mot ; si elle l'était, le retour à un cycle de manifestation, même dans l'ordre informel, ne serait plus possible. Il est vrai que l'Être est au-delà de toute distinction, puisque la première distinction est celle de l'« essence » et de la « substance », ou de Purusha et de Prakriti ; et pourtant Brahma, en tant qu'Îshwara ou l'Être Universel, est dit savishêsha, c'est-à-dire « impliquant la distinction », car il en est le principe déterminant immédiat ; seul l'état inconditionné d'Âtmâ, qui est au-delà de l'Être, est prapancha-upashama « sans aucune trace du développement de la manifestation ». L'Être est un, ou plutôt il est l'Unité métaphysique elle-même ; mais l'Unité enferme en soi la multiplicité, puisqu'elle la produit par le seul déploiement de ses possibilités ; et c'est pourquoi, dans l'Être même, on peut envisager une multiplicité d'aspects, qui en sont autant d'attributs ou de qualifications, quoique ces aspects n'y soient point distingués effectivement, si ce n'est en tant que nous les concevons comme tels ; mais encore faut-il qu'ils y soient en quelque façon pour que nous puissions les y concevoir. On pourrait dire aussi que chaque aspect se distingue des autres sous un certain rapport, bien qu'aucun d'eux ne se distingue véritablement de l'Être, et que tous soient l'Être même [2] ; il y a donc là une sorte de distinction principielle, qui n'est pas une distinction au sens où ce mot s'applique dans l'ordre de la manifestation, mais qui en est la transposition analogique. Dans la manifestation, la distinction implique une séparation ; celle-ci, d'ailleurs, n'est rien de positif en réalité, car elle n'est qu'un mode de limitation [3] ; l'Être pur, par contre, est au-delà de la « séparativité ». Ainsi, ce qui est au degré de l'Être pur est « non-distingué », si l'on prend la distinction (vishêsha) au sens où la comportent les états manifestés ; et pourtant, en un autre sens, il y a là encore quelque chose de « distingué » (vishishta) : dans l'Être, tous les êtres (nous entendons par là leurs personnalités) sont « un » sans être confondus, et distincts sans être séparés [4]. Au-delà de l'Être, on ne peut plus parler de distinction, même principielle, bien qu'on ne puisse pas davantage dire qu'il y a confusion ; on est au-delà de la multiplicité, mais aussi au-delà de l'Unité ; dans l'absolue transcendance de cet état suprême, aucun de ces termes ne peut plus s'appliquer, même par transposition analogique, et c'est pourquoi l'on doit avoir recours à un terme de forme négative, celui de « non-dualité » (adwaita), suivant ce que nous avons expliqué précédemment ; le mot même d'« Union » est sans doute imparfait, puisqu'il évoque l'idée d'unité, mais nous sommes cependant obligé de le conserver pour traduire le terme Yoga, parce que nous n'en avons point d'autre à notre disposition dans les langues occidentales.

La Délivrance, avec les facultés et les pouvoirs qu'elle implique en quelque sorte « par surcroît », et parce que tous les états, avec toutes leurs possibilités, se trouvent nécessairement compris dans l'absolue totalisation de l'être, mais qui, nous le répétons, ne doivent être regardés que comme des résultats accessoires et même « accidentels », et nullement comme constituant une finalité par eux-mêmes, la Délivrance, disons-nous, peut être obtenue par le Yogî (ou plutôt par celui qui devient tel en raison de cette obtention) à l'aide des observances indiquées dans le Yoga-Shâstra de Patanjali. Elle peut aussi être facilitée par la pratique de certains rites [5], ainsi que de divers modes particuliers de méditation (hârda-vidyâ ou dahara-vidyâ) [6] ; mais, bien entendu, tous ces moyens ne sont que préparatoires et n'ont à vrai dire rien d'essentiel, car « l'homme peut acquérir la vraie Connaissance Divine, même sans observer les rites prescrits (pour chacune des différentes catégories humaines, en conformité avec leurs caractères respectifs, et notamment pour les divers âshramas ou périodes régulières de la vie) [7] ; et l'on trouve en effet dans le Vêda beaucoup d'exemples de personnes qui ont négligé d'accomplir de tels rites (dont le même Vêda compare le rôle à celui d'un cheval de selle qui aide un homme à arriver plus aisément et plus rapidement à son but, mais sans lequel il peut néanmoins y parvenir), ou qui ont été empêchées de le faire, et qui cependant, à cause de leur attention perpétuellement concentrée et fixée sur le Suprême Brahma (ce qui constitue la seule préparation réellement indispensable), ont acquis la vraie Connaissance qui Le concerne (et qui, pour cette raison, est également appelée « suprême ») » [8].

La Délivrance n'est donc effective qu'autant qu'elle implique essentiellement la parfaite Connaissance de Brahma ; et, inversement, cette

Connaissance, pour être parfaite, suppose nécessairement la réalisation de ce que nous avons déjà appelé l'« Identité Suprême ». Ainsi, la Délivrance et la Connaissance totale et absolue ne sont véritablement qu'une seule et même chose ; si l'on dit que la Connaissance est le moyen de la Délivrance, il faut ajouter que, ici, le moyen et la fin sont inséparables, la Connaissance portant son fruit en elle-même, contrairement à ce qui a lieu pour l'action [9] ; et d'ailleurs, dans ce domaine, une distinction comme celle de moyen et de fin ne peut plus être qu'une simple façon de parler, sans doute inévitable lorsqu'on veut exprimer ces choses en langage humain, dans la mesure où elles sont exprimables. Si donc la Délivrance est regardée comme une conséquence de la Connaissance, il faut préciser qu'elle en est une conséquence rigoureusement immédiate ; c'est ce qu'indique très nettement Shankarâchârya : « Il n'y a aucun autre moyen d'obtenir la Délivrance complète et finale que la Connaissance ; seule, celle-ci détache les liens des passions (et de toutes les autres contingences auxquelles est soumis l'être individuel) ; sans la Connaissance, la Béatitude (Ânanda) ne peut être obtenue. L'action (karma, que ce mot soit d'ailleurs entendu dans son sens général, ou appliqué spécialement à l'accomplissement des rites) n'étant pas opposée à l'ignorance (avidyâ) [10], elle ne peut l'éloigner ; mais la Connaissance dissipe l'ignorance, comme la lumière dissipe les ténèbres. Dès que l'ignorance qui naît des affections terrestres (et d'autres liens analogues) est éloignée (et qu'avec elle toute illusion a disparu), le « Soi » (Âtmâ), par sa propre splendeur, brille au loin (à travers tous les degrés d'existence) dans un état indivisé (pénétrant tout et illuminant la totalité de l'être), comme le soleil répand sa clarté lorsque le nuage est dispersé » [11].

Un point des plus importants est celui-ci : l'action, quelle qu'elle soit, ne peut aucunement libérer de l'action ; en d'autres termes, elle ne saurait porter de fruits qu'à l'intérieur de son propre domaine, qui est celui de l'individualité humaine. Ainsi, ce n'est pas par l'action qu'il est possible de dépasser l'individualité, envisagée d'ailleurs ici dans son extension intégrale, car nous ne prétendons nullement que les conséquences de l'action se limitent à la seule modalité corporelle ; on peut appliquer à cet égard ce que nous avons dit précédemment à propos de la vie, qui est effectivement inséparable de l'action. De là, il résulte immédiatement que le « salut », au sens religieux où les Occidentaux entendent ce mot, étant le fruit de certaines actions [12], ne peut être assimilé à la Délivrance ; et il est d'autant plus nécessaire de le déclarer expressément et d'y insister que la confusion entre l'un et l'autre est constamment commise par les orientalistes [13]. Le « salut » est proprement l'obtention du Brahma-Loka ; et nous préciserons même que, par le Brahma-Loka, il faut entendre ici exclusivement le séjour de Hiranyagarbha, puisque tout aspect plus élevé du « Non-Suprême » dépasse les possibilités individuelles. Ceci s'accorde parfaitement avec la conception occidentale de l'« immortalité », qui n'est qu'une prolongation indéfinie de la vie individuelle, transposée dans l'ordre subtil, et s'étendant jusqu'au pralaya ; et tout cela, comme nous l'avons déjà expliqué, ne représente qu'une étape dans le processus de krama-mukti ; encore la possibilité de retour à un état de manifestation (d'ailleurs supra-individuel) n'est-elle pas définitivement écartée pour l'être qui n'a pas franchi ce degré. Pour aller plus loin, et pour s'affranchir entièrement des conditions de vie et de durée qui sont inhérentes à l'individualité, il n'est pas d'autre voie que celle de la Connaissance, soit « non-suprême » et conduisant à Îshwara [14], soit « suprême » et donnant immédiatement la Délivrance. Dans ce dernier cas, il n'y a donc même plus à envisager, à la mort, un passage par divers états supérieurs, mais encore transitoires et conditionnés : « Le « Soi » (Âtmâ, puisque dès lors il ne peut plus être question de jîvâtmâ, toute distinction et toute « séparativité » ayant disparu) de celui qui est arrivé à la perfection de la Connaissance Divine (Brahma-Vidyâ), et qui a, par conséquent, obtenu la Délivrance finale, monte, en quittant sa forme corporelle (et sans passer par des états intermédiaires), à la Suprême Lumière (spirituelle) qui est Brahma, et s'identifie avec Lui, d'une manière conforme et indivisée, comme l'eau pure, se mêlant au lac limpide (sans toutefois s'y perdre aucunement), devient en tout conforme à lui » [15].

---

1. Nous ne faisons donc allusion qu'à des doctrines philosophiques de l'antiquité et du moyen âge, car les points de vue de la philosophie moderne sont la négation même de la métaphysique ; et cela est aussi vrai pour les conceptions à allures « pseudo-métaphysiques » que pour celles où la négation est franchement exprimée. Naturellement, ce que nous disons ici ne s'applique qu'aux doctrines connues dans le monde « profane », et ne concerne pas les traditions ésotériques de l'Occident, qui, du moins lorsqu'elles ont eu un caractère véritablement et pleinement « initiatique », ne pouvaient être ainsi limitées mais devaient au contraire être métaphysiquement complètes sous le double rapport de la théorie et de la réalisation ; seulement, ces traditions n'ont jamais été connues que d'une élite incomparablement plus restreinte que celle des pays orientaux.
2. Ceci peut s'appliquer, dans la théologie chrétienne, à la conception de la Trinité : chaque personne divine est Dieu, mais elle n'est pas les autres personnes. – Dans la philosophie scolastique, on pourrait aussi dire la même chose des « transcendantaux », dont chacun est coextensif à l'Être.
3. Dans les états individuels, la séparation est déterminée par la présence de la forme ; dans les états non-individuels, elle doit être déterminée par une autre condition, puisque ces états sont informels.
4. C'est là que réside l'explication de la principale différence qui existe entre le point de vue de Râmânuja, qui maintient la distinction principielle, et celui de Shankarâchârya, qui la dépasse.
5. Ces rites sont tout à fait comparables à ceux que les Musulmans rangent sous la dénomination générale de dhikr ; ils reposent principalement, comme nous l'avons déjà indiqué, sur la science du rythme et de ses correspondances dans tous les ordres. Tels sont aussi dans la doctrine, d'ailleurs partiellement hétérodoxe, des Pâshupatas, ceux qui sont appelés vrata (vœu) et dwâra (porte) ; sous des formes diverses, tout cela est, au fond, identique ou tout au moins équivalent au Hatha-Yoga.
6. Chhândogya Upanishad, 8e Prapâthaka.
7. D'ailleurs, l'homme qui a atteint un certain degré de réalisation est dit ativarnâshramî, c'est-à-dire au-delà des castes (varnas) et des stades de l'existence terrestre (âshramas) ;

8. aucune des distinctions ordinaires ne s'applique plus à un tel être, dès lors qu'il a dépassé effectivement les limites de l'individualité, même sans être encore parvenu au résultat final.
8. Brahma-Sûtras, 3e Adhyâya, 4e Pâda, sûtras 36 à 38.
9. De plus, l'action et son fruit sont également transitoires et « momentanés » ; au contraire, la Connaissance est permanente et définitive, et il en est de même de son fruit, qui n'est pas distinct d'elle-même.
10. Certains voudraient traduire avidyâ ou ajnâna par « nescience » et non par « ignorance » ; nous avouons ne pas voir clairement la raison de cette subtilité.
11. Âtmâ-Bodha (Connaissance du Soi).
12. L'expression usuelle « faire son salut » est donc parfaitement exacte.
13. C'est ainsi que M. Oltramare, notamment, traduit Moksha par « salut » d'un bout à l'autre de ses ouvrages, sans paraître même se douter, nous ne disons pas de la différence réelle que nous indiquons ici, mais de la simple possibilité d'une inexactitude dans cette assimilation.
14. Il est à peine besoin de dire que la théologie, quand bien même elle comporterait une réalisation la rendant vraiment efficace, au lieu de demeurer simplement théorique comme elle est en fait (à moins pourtant qu'on ne regarde une telle réalisation comme constituée par les « états mystiques », ce qui n'est vrai que partiellement et à certains égards), serait toujours intégralement comprise dans cette Connaissance « non-suprême ».
15. Brahma-Sûtras, 4e Adhyâya, 4e Pâda, sûtras 1 à 4.

23
VIDEHA-MUKTI ET JIVAN-MUKTI

La Délivrance, dans le cas dont il vient d'être parlé en dernier lieu, est proprement la libération hors de la forme corporelle (vidêha-mukti), obtenue à la mort d'une façon immédiate, la Connaissance étant déjà virtuellement parfaite avant le terme de l'existence terrestre ; elle doit donc être distinguée de la libération différée et graduelle (krama-mukti), mais elle doit l'être aussi de la libération obtenue par le Yogî dès la vie actuelle (jîvan-mukti), en vertu de la Connaissance, non plus seulement virtuelle et théorique, mais pleinement effective, c'est-à-dire réalisant véritablement l'« Identité Suprême ». Il faut bien comprendre, en effet, que le corps, non plus qu'aucune autre contingence, ne peut être un obstacle à l'égard de la Délivrance ; rien ne peut entrer en opposition avec la totalité absolue, vis-à-vis de laquelle toutes les choses particulières sont comme si elles n'étaient pas ; par rapport au but suprême, il y a une parfaite équivalence entre tous les états d'existence, de sorte que, entre l'homme vivant et l'homme mort (en entendant ces expressions au sens terrestre), aucune distinction ne subsiste plus ici. Nous voyons là encore une différence essentielle entre la Délivrance et le « salut » : celui-ci, tel que l'envisagent les religions occidentales, ne peut être obtenu effectivement, ni même assuré (c'est-à-dire obtenu virtuellement), avant la mort ; ce que l'action permet d'atteindre, l'action peut aussi toujours le faire perdre ; et il peut y avoir incompatibilité entre certaines modalités d'un même état individuel, du moins accidentellement et sous des conditions particulières [1], tandis qu'il n'y a plus rien de tel dès qu'il s'agit d'états supra-individuels, ni à plus forte raison pour l'état inconditionné. Envisager les choses autrement, c'est attribuer à un mode spécial de manifestation une importance qu'il ne saurait avoir, et que même la manifestation toute entière n'a pas davantage ; seule, la prodigieuse insuffisance des conceptions occidentales relatives à la constitution de l'être humain peut rendre possible une semblable illusion, et seule aussi elle peut faire trouver étonnant que la Délivrance puisse s'accomplir dans la vie terrestre aussi bien que dans tout autre état.

La Délivrance ou l'Union, ce qui est une seule et même chose, implique « par surcroît », nous l'avons déjà dit, la possession de tous les états, puisqu'elle est la réalisation parfaite (sâdhana) et la totalisation de l'être ; peu importe d'ailleurs que ces états soient actuellement manifestés ou qu'ils ne le soient pas, car c'est seulement en tant que possibilités permanentes et immuables qu'ils doivent être envisagés métaphysiquement. « Maître de plusieurs états par le simple effet de sa volonté, le Yogî n'en occupe qu'un seul, laissant les autres vides du souffle animateur (prâna), comme autant d'instruments inutilisés ; il peut animer plus d'une forme, de la même manière qu'une seule lampe peut alimenter plus d'une mèche » [2]. « Le Yogî, dit Aniruddha, est en connexion immédiate avec le principe primordial de l'Univers, et par conséquent (secondairement) avec tout l'ensemble de l'espace, du temps et des choses », c'est-à-dire avec la manifestation, et plus particulièrement avec l'état humain dans toutes ses modalités [3].

D'ailleurs, ce serait une erreur de croire que la libération « hors de la forme » (vidêha-mukti) soit plus complète que la libération « dans la vie » (jîvan-mukti) ; si certains Occidentaux l'ont commise, c'est toujours en raison de l'importance excessive qu'ils accordent à l'état corporel, et ce que nous venons de dire nous dispense d'y insister davantage [4]. Le Yogî n'a plus rien à obtenir ultérieurement, puisqu'il a véritablement réalisé la « transformation » (c'est-à-dire le passage au-delà de la forme) en soi-même, sinon extérieurement ; peu lui importe alors que l'apparence formelle subsiste dans le monde manifesté, dès lors que, pour lui, elle ne peut désormais exister autrement qu'en mode illusoire. À vrai dire, c'est seulement pour les autres que les apparences subsistent ainsi sans changement extérieur par rapport à l'état antécédent, et non pour lui, puisqu'elles sont maintenant incapables de le limiter ou de le conditionner ; ces apparences ne l'affectent et ne le concernent pas plus que tout le reste de la manifestation universelle. « Le Yogî, ayant traversé la mer des passions [5], est uni avec la Tranquillité [6] et possède dans sa plénitude le « Soi » (Âtmâ inconditionné, auquel il est identifié). Ayant renoncé à ces plaisirs qui naissent des objets externes périssables (et qui ne sont eux-mêmes que des modifications extérieures et accidentelles de l'être), et jouissant de la Béatitude (Ânanda, qui est le seul objet permanent et impérissable, et qui n'est rien de différent du « Soi »), il est calme et serein comme le flambeau sous un éteignoir [7], dans la plénitude de sa propre essence (qui n'est plus distinguée du Suprême Brahma). Pendant sa résidence (apparente) dans le corps, il n'est pas affecté par les propriétés de celui-ci, pas plus que le firmament n'est affecté par ce qui flotte dans son sein (car, en réalité, il contient en soi tous les états et n'est contenu dans aucun d'eux) ; connaissant toutes choses (et étant toutes choses par là-même, non « distinctivement », mais comme totalité absolue), il demeure immuable, « non-affecté » par les contingences » [8].

Il n'y a donc et il ne peut y avoir évidemment aucun degré spirituel qui soit supérieur à celui du Yogî ; celui-ci, envisagé dans sa concentration en soi-même, est aussi désigné comme le Muni, c'est-à-dire le « Solitaire » [9], non au sens vulgaire et littéral du mot, mais celui qui réalise dans la plénitude de son être la Solitude parfaite, qui ne laisse subsister en l'Unité Suprême (nous devrions plutôt, en toute rigueur, dire la « Non-Dualité ») aucune distinction de l'extérieur et de l'intérieur, ni aucune diversité extra-principielle quelconque. Pour lui, l'illusion de la « séparativité » a définitivement cessé, et avec elle toute confusion engendrée par l'ignorance (avidyâ) qui produit et entretient cette illusion [10], car, « s'imaginant d'abord qu'il est l'« âme vivante » individuelle (jîvâtmâ), l'homme devient effrayé (par la croyance à quelque être autre que lui-même), comme une personne qui prend par erreur [11] un morceau de corde pour un serpent ; mais sa crainte est éloignée par la certitude qu'il n'est point en réalité cette « âme vivante », mais Âtmâ même (dans Son universalité inconditionnée) » [12].

Shankarâchârya énumère trois attributs qui correspondent en quelque sorte à autant de fonctions du Sannyâsî possesseur de la Connaissance, lequel, si cette connaissance est pleinement effective, n'est autre que le Yogî [13] : ces trois attributs sont dans l'ordre ascendant, bâlya, pânditya et mauna [14]. Le premier de ces mots désigne littéralement un état comparable à celui d'un enfant (bâla) [15] : c'est un stade de « non-expansion », si l'on peut ainsi parler, où toutes les puissances de l'être sont pour ainsi dire concentrées en un point, réalisant par leur unification une simplicité indifférenciée, apparemment semblable à la potentialité embryonnaire [16]. C'est aussi, en un sens un peu différent, mais qui complète le précédent (car il y a là à la fois résorption et plénitude), le retour à l'« état primordial » dont parlent toutes les traditions, et sur lequel insistent plus spécialement le Taoïsme et l'ésotérisme islamique ; ce retour est effectivement une étape nécessaire sur la voie qui mène à l'Union, car c'est seulement à partir de cet « état primordial » qu'il est possible de franchir les limites de l'individualité humaine pour s'élever aux états supérieurs [17].

Un stade ultérieur est représenté par pânditya, c'est-à-dire le « savoir », attribut qui se rapporte à une fonction d'enseignement : celui qui possède la Connaissance est qualifié pour la communiquer aux autres, ou, plus exactement, pour éveiller en eux des possibilités correspondantes, car la Connaissance, en elle-même, est strictement personnelle et incommunicable. Le Pândita a donc plus particulièrement le caractère de Guru ou « Maître spirituel » [18] ; mais il peut n'avoir que la perfection de la Connaissance théorique, et c'est pourquoi il faut envisager, comme un dernier degré qui vient encore après celui-là, mauna ou l'état du Muni, comme étant la seule condition dans laquelle l'Union peut se réaliser véritablement. D'ailleurs, il est un autre terme, celui de Kaivalya, qui signifie aussi « isolement » [19], et qui exprime en même temps les idées de « perfection » et de « totalité » ; et ce terme est souvent employé comme un équivalent de Moksha : kêvala désigne l'état absolu et inconditionné, qui est celui de l'être « délivré » (mukta).

Nous venons d'envisager les trois attributs dont il s'agit comme caractérisant autant de stades préparatoires à l'Union ; mais, naturellement, le Yogî, parvenu au but suprême, les possède à plus forte raison, comme il possède tous les états dans la plénitude de son essence [20]. Ces trois attributs sont d'ailleurs impliqués dans ce qui est appelé aishwarya, c'est-à-dire la participation à l'essence d'Îshwara, car ils correspondent respectivement aux trois Shaktis de la Trimûrti : si l'on remarque que l'« état primordial » se caractérise fondamentalement par l'« Harmonie », on voit immédiatement que bâlya correspond à Lakshmî, tandis que pânditya correspond à Saraswatî et mauna à Pârvatî [21]. Ce point est d'une importance particulière lorsqu'on veut comprendre ce que sont les « pouvoirs » qui appartiennent au jîvan-mukta, à titre de conséquences secondaires de la parfaite réalisation métaphysique.

D'autre part, nous trouvons aussi dans la tradition extrême-orientale une théorie qui équivaut exactement à celle que nous venons d'exposer : cette théorie est celle des « quatre Bonheurs », dont les deux premiers sont la « Longévité », qui, nous l'avons déjà dit, n'est pas autre chose que la perpétuité de l'existence individuelle, et la « Postérité », qui consiste dans les prolongements indéfinis de l'individu à travers toutes ses modalités. Ces deux « Bonheurs » ne concernent donc que l'extension de l'individualité, et ils se résument dans la restauration de l'« état primordial », qui en implique le plein achèvement ; les deux suivants, qui se rapportent au contraire aux états supérieurs et extra-individuels de l'être [22], sont le « Grand Savoir » et la « Parfaite Solitude », c'est-à-dire pânditya et mauna. Enfin, ces « quatre Bonheurs » obtiennent leur plénitude dans le « cinquième », qui les contient tous en principe et les unit synthétiquement dans leur essence unique et indivisible ; ce « cinquième Bonheur » n'est point nommé (non plus que le « quatrième état » de la Mândûkya Upanishad), étant inexprimable et ne pouvant être l'objet d'aucune connaissance distinctive ; mais il est facile de comprendre que ce dont il s'agit ici n'est autre que l'Union même ou l'« Identité Suprême », obtenue dans et par la réalisation complète et totale de ce que d'autres traditions appellent l'« Homme Universel », car le Yogî, au vrai sens de ce mot, ou l'« homme transcendant » (tcheun-jen) du Taoïsme, est aussi identique à l'« Homme Universel » [23].

1. Cette restriction est indispensable, car, s'il y avait incompatibilité absolue ou essentielle, la totalisation de l'être serait par là rendue impossible, aucune modalité ne pouvant rester en dehors de la réalisation finale. D'ailleurs, l'interprétation la plus exotérique de la « résurrection des morts » suffit à montrer que, même au point de vue théologique, il ne peut y avoir une antinomie irréductible entre le « salut » et l'« incorporation ».
2. Commentaire de Bhavadêva-Mishra sur les Brahma-Sûtras.
3. Voici une texte taoïste où les mêmes idées sont exprimées : « Celui-là (l'être qui est parvenu à cet état dans lequel il est uni à la totalité universelle) ne dépendra plus de rien ; il sera parfaitement libre... Aussi dit-on très justement : l'être surhumain n'a plus d'individualité propre ; l'homme transcendant n'a plus d'action propre ; le Sage n'a même plus un nom propre ; car il est un avec le Tout » (Tchoang-tseu, ch. 1er ; traduction du P. Wieger, p. 211). Le Yogî ou le jîvan-mukta, en effet, est affranchi du nom et de la forme (nâma-rûpa) qui sont les éléments constitutifs et caractéristiques de l'individualité ; nous avons déjà mentionné les textes des Upanishads où cette cessation du nom et de la forme est affirmée expressément.
4. Si cependant on semble parfois faire une différence et considérer jîvan-mukti comme inférieure à vidêha-mukti, cela ne peut s'entendre légitimement que d'une seule façon : c'est qu'on prend la « Délivrance dans la vie » comme réalisée par un être qui est encore lié à la vie en tant que condition caractéristique de l'état humain, et alors ce ne peut être en réalité qu'une Délivrance virtuelle, correspondant au cas de l'être réintégré au centre de cet état ; au contraire, la « Délivrance hors de la forme » (ce qui alors ne veut pas dire nécessairement « après la mort »), impliquant un état au-delà de toute condition individuelle, est seule regardée en ce cas comme la Délivrance effective.
5. C'est le domaine des « Eaux inférieures » ou des possibilités formelles ; les passions sont prises ici pour désigner toutes les modifications contingentes qui constituent le « courant des formes ».
6. C'est la « Grande Paix » (Es-Sakînah) de l'ésotérisme islamique, ou la Pax Profunda de la tradition rosicrucienne ; et le mot Shekinah, en hébreu, désigne la « présence réelle » de la Divinité, ou la « Lumière de gloire » dans et par laquelle, suivant la théologie chrétienne, s'opère la « vision béatifique » (cf. la « gloire de Dieu » dans le texte déjà cité de l'Apocalypse, XXI, 23). – Voici encore un texte taoïste qui se rapporte au même sujet : « La paix dans le vide est un état indéfinissable. On arrive à s'y établir. On ne la prend ni ne la donne. Jadis on y tendait. Maintenant on préfère l'exercice de la bonté et de l'équité, qui ne donne pas le même résultat » (Lie-tseu, ch. 1er ; traduction du P. Wieger, p. 77). Le « vide » dont il est ici question est le « quatrième état » de la Mândûkya Upanishad, qui est en effet indéfinissable, étant absolument inconditionné, et dont on ne peut parler que négativement. Les mots « jadis » et « maintenant » se réfèrent aux différentes périodes du cycle de l'humanité terrestre : les conditions de l'époque actuelle (correspondant au Kali-Yuga) font que la très grande majorité des hommes s'attachent à l'action et au sentiment, qui ne peuvent les conduire au-delà des limites de leur individualité, et encore moins à l'état suprême et inconditionné.
7. On peut comprendre par là le véritable sens du mot Nirvâna, dont les orientalistes ont donné tant de fausses interprétations ; ce terme, qui est loin d'être spécial au Bouddhisme comme on le croit parfois, signifie littéralement « extinction du souffle ou de l'agitation », donc état d'un être qui n'est plus soumis à aucun changement ni à aucune modification, qui est définitivement libéré de la forme ainsi que de tous les autres accidents ou liens de l'existence manifestée. Nirvâna est la condition supra-individuelle (celle de Prâjna), et Parinirvâna est l'état inconditionné ; on emploie aussi, dans le même sens, les termes Nirvritti, « extinction du changement ou de l'action », et Parinirvritti. – Dans l'ésotérisme islamique, les termes correspondants sont fanâ, « extinction », et fanâ el-fanâi, littéralement, « extinction de l'extinction ».
8. Âtmâ-Bodha de Shankarâchârya.
9. La racine de ce mot Muni est à rapprocher du grec μόνος, « seul », d'autant plus que son dérivé mauna signifie « silence » ou « l'état de Muni ». Certains commentateurs la rattachent au terme manana, la pensée réfléchie et concentrée, dérivé de manas, et alors le mot Muni désigne plus particulièrement « celui qui s'efforce vers la Délivrance au moyen de la méditation ».

10. À cet ordre appartient notamment la « fausse imputation » (adhyâsa), qui consiste à rapporter à une chose des attributs qui ne lui appartiennent pas véritablement.
11. Une telle erreur est appelée vivarta : c'est proprement une modification qui n'atteint aucunement l'essence de l'être auquel elle est attribuée, donc qui affecte seulement celui qui la lui rapporte par l'effet d'une illusion.
12. Âtmâ-Bodha de Shankarâchârya.
13. L'état de Sannyâsî est proprement le dernier des quatre âshramas (les trois premiers étant ceux de Brahmachârî ou « étudiant de la Science sacrée », disciple d'un Guru, de Grihastha ou « maître de maison », et de Vanaprastha ou « anachorète ») ; mais le nom de Sannyâsî est aussi étendu parfois, comme on le voit ici, au Sâdhu, c'est-à-dire à celui qui a accompli la réalisation parfaite (sâdhana), et qui est ativarnâshramî, ainsi que nous l'avons dit plus haut.
14. Commentaire sur les Brahma-Sûtras, 3e Adhyâya, 4e Pâda, sûtras 47 à 50.
15. Cf. ces paroles de l'Évangile : « Le Royaume du Ciel est pour ceux qui ressemblent à ces enfants... Quiconque ne recevra point le Royaume de Dieu comme un enfant, n'y entrera point » (St Matthieu, XIX, 24 ; St Luc, XVIII, 16 et 17).
16. Ce stade correspond au « Dragon caché » du symbolisme extrême-oriental. – Un autre symbole fréquemment employé est celui de la tortue qui se retire entièrement à l'intérieur de son écaille.
17. C'est l'« état édénique » de la tradition judéo-chrétienne ; c'est pourquoi Dante situe le Paradis terrestre au sommet de la montagne du Purgatoire, c'est-à-dire précisément au point où l'être quitte la Terre, ou l'état humain, pour s'élever aux Cieux (désignés comme le « Royaume de Dieu » dans la précédente citation de l'Évangile).
18. C'est le Sheikh des écoles islamiques, appelé aussi murabbul-murîdîn ; le Murîd est le disciple, c'est-à-dire le Brahmachârî hindou.
19. C'est encore le « vide » dont il est question dans le texte taoïste que nous avons cité plus haut ; et ce « vide », d'ailleurs, est aussi en réalité l'absolue plénitude.
20. On peut remarquer aussi que ces trois attributs sont en quelque sorte « préfigurés » respectivement, et dans le même ordre, par les trois premiers âshramas ; et le quatrième âshrama, celui du Sannyâsî (entendu ici dans son sens le plus ordinaire), rassemble et résume pour ainsi dire les trois autres, comme l'état final du Yogî comprend « éminemment » tous les états particuliers qui ont été d'abord parcourus comme autant de stades préliminaires.
21. Lakshmî est la Shakti de Vishnu ; Saraswatî ou Vâch est celle de Brahmâ ; Pârvatî est celle de Shiva. Pârvatî est aussi appelée Durgâ, c'est-à-dire « Celle qu'on approche difficilement ». – Il est remarquable qu'on trouve la correspondance de ces trois Shaktis jusque dans des traditions occidentales : ainsi, dans le symbolisme maçonnique, les « trois principaux piliers du Temple » sont « Sagesse, Force, Beauté » ; ici, la Sagesse est Saraswatî, la Force est Pârvatî et la Beauté est Lakshmî. De même, Leibnitz, qui avait reçu quelques enseignements ésotériques (assez élémentaires d'ailleurs) de source rosicrucienne, désigne les trois principaux attributs divins comme « Sagesse, Puissance, Bonté », ce qui est exactement la même chose, car « Beauté » et « Bonté » ne sont au fond (comme on le voit chez les Grecs et notamment chez Platon) que deux aspects d'une idée unique, qui est précisément celle d'« Harmonie ».
22. C'est pourquoi, tandis que les deux premiers « Bonheurs » appartiennent au domaine du Confucianisme, les deux autres relèvent de celui du Taoïsme.
23. Cette identité est pareillement affirmée dans les théories de l'ésotérisme islamique sur la « manifestation du Prophète ».

24
L'ÉTAT SPIRITUEL DU YOGI : L'«IDENTITÉ SUPRÊME».

En ce qui concerne l'état du Yogî, qui, par la Connaissance, est « délivré dans la vie » (jîvan-mukta) et a réalisé l'« Identité Suprême », nous citerons encore Shankarâchârya [1], et ce qu'il en dit, montrant les possibilités les plus hautes auxquelles l'être peut atteindre, servira en même temps de conclusion à cette étude.

« Le Yogî, dont l'intellect est parfait, contemple toutes choses comme demeurant en lui-même (dans son propre « Soi », sans aucune distinction de l'extérieur et de l'intérieur), et ainsi, par l'œil de la Connaissance (Jnâna-chakshus, expression qui pourrait être rendue assez exactement par « intuition intellectuelle »), il perçoit (ou plutôt conçoit, non rationnellement ou discursivement, mais par une prise de conscience directe et un « assentiment » immédiat) que toute chose est Âtmâ.

« Il connaît que toutes les choses contingentes (les formes et les autres modalités de la manifestation) ne sont pas autres qu'Âtmâ (dans leur principe), et que hors d'Âtmâ il n'est rien, « les choses différant simplement (suivant une parole du Vêda) en désignation, accident et nom, comme les ustensiles terrestres reçoivent divers noms, quoique ce soient seulement différentes formes de terre » [2] ; et ainsi il perçoit (ou conçoit, dans le même sens que ci-dessus) que lui-même est toutes choses (car il n'y a aucune chose qui soit un être autre que lui-même ou que son propre « Soi ») [3].

« Quand les accidents (formels et autres, comprenant la manifestation subtile aussi bien que la manifestation grossière) sont supprimés (n'existant qu'en mode illusoire, de telle sorte qu'ils ne sont véritablement rien au regard du Principe), le Muni (pris ici comme synonyme de Yogî) entre, avec tous les êtres (en tant qu'ils ne sont plus distingués de lui-même), dans l'Essence qui pénètre tout (et qui est Âtmâ) [4].

« Il est sans qualités (distinctes) et sans action [5] ; impérissable (akshara, non sujet à la dissolution, qui n'a de prise que sur le multiple), sans volition (appliquée à un acte défini ou à des circonstances déterminées) ; plein de Béatitude, immuable, sans forme ; éternellement libre et pur (ne pouvant être contraint ni atteint ou affecté en quelque façon que ce soit par un autre que lui-même, puisque cet autre n'existe pas, ou du moins n'a qu'une existence illusoire, tandis que lui-même est dans la réalité absolue).

« Il est comme l'Éther (Âkâsha), qui est répandu partout (sans différenciation), et qui pénètre simultanément l'extérieur et l'intérieur des choses [6] ; il est incorruptible, impérissable ; il est le même dans toutes choses (aucune modification n'affectant son identité), pur, impassible, inaltérable (dans son immutabilité essentielle).

« Il est (selon les termes mêmes du Vêda) « le Suprême Brahma, qui est éternel, pur, libre, seul (dans Sa perfection absolue), incessamment rempli de Béatitude, sans dualité, Principe (inconditionné) de toute existence, connaissant (sans que cette Connaissance implique aucune distinction de sujet et d'objet, ce qui serait contraire à la « non-dualité »), et sans fin ».

« Il est Brahma, après la possession duquel il n'y a rien à posséder ; après la jouissance de la Béatitude duquel il n'y a point de félicité qui puisse être désirée ; et après l'obtention de la Connaissance duquel il n'y a point de connaissance qui puisse être obtenue.

« Il est Brahma, lequel ayant été vu (par l'œil de la Connaissance), aucun objet n'est contemplé ; avec lequel étant identifié, aucune modification (telle que la naissance ou la mort) n'est éprouvée ; lequel étant perçu (mais non cependant comme un objet perceptible par une faculté quelconque), il n'y a plus rien à percevoir (puisque toute connaissance distinctive est dès lors dépassée et comme annihilée).

« Il est Brahma, qui est répandu partout, dans tout (puisqu'il n'y a rien hors de Lui et que tout est nécessairement contenu dans Son Infinité) [7] : dans l'espace intermédiaire, dans ce qui est au-dessus et dans ce qui est au-dessous (c'est-à-dire dans l'ensemble des trois mondes) ; le véritable, plein de Béatitude, sans dualité, indivisible et éternel.

« Il est Brahma, affirmé dans le Vêdânta comme absolument distinct de ce qu'Il pénètre (et qui, par contre, n'est point distinct de Lui, ou du moins ne s'en distingue qu'en mode illusoire) [8], incessamment rempli de Béatitude et sans dualité.

« Il est Brahma, « par qui (selon le Vêda) sont produits la vie (jîva), le sens interne (manas), les facultés de sensation et d'action (jnânêndriyas et karmêndriyas), et les éléments (tanmâtras et bhûtas) qui composent le monde manifesté (tant dans l'ordre subtil que dans l'ordre grossier) ».

« Il est Brahma, en qui toutes choses sont unies (au-delà de toute distinction, même principielle), de qui tous les actes dépendent (et qui est Lui-même sans action) ; c'est pourquoi Il est répandu en tout (sans division, dispersion ou différenciation d'aucune sorte).

« Il est Brahma, qui est sans grandeur ou dimensions (inconditionné), inétendu (étant indivisible et sans parties), sans origine (étant éternel), incorruptible, sans figure, sans qualités (déterminées), sans assignation ou caractère quelconque.

« Il est Brahma, par lequel toutes choses sont éclairées (participant à Son essence selon leurs degrés de réalité), dont la Lumière fait briller le soleil et tous les corps lumineux, mais qui n'est point rendu manifeste par leur lumière [9].

« Il pénètre lui-même sa propre essence éternelle (qui n'est pas différente du Suprême Brahma), et (simultanément) il contemple le Monde entier (manifesté et non-manifesté) comme étant (aussi) Brahma, de même que le feu pénètre intimement un boulet de fer incandescent, et (en même temps) se montre aussi lui-même extérieurement (en se manifestant aux sens par sa chaleur et sa luminosité).

« Brahma ne ressemble point au Monde [10], et hors Brahma il n'y a rien (car, s'il y avait quelque chose hors de Lui, Il ne pourrait être infini) ; tout ce qui semble exister en dehors de Lui ne peut exister (de cette façon) qu'en mode illusoire, comme l'apparence de l'eau (le mirage) dans le désert (marû) [11].

« De tout ce qui est vu, de tout ce qui est entendu (et de tout ce qui est perçu ou conçu par une faculté quelconque), rien n'existe (véritablement) hors de Brahma ; et, par la Connaissance (principielle et suprême), Brahma est contemplé comme seul véritable, plein de Béatitude, sans dualité.

« L'œil de la Connaissance contemple le véritable Brahma, plein de Béatitude, pénétrant tout ; mais l'œil de l'ignorance ne Le découvre point, ne L'aperçoit point, comme un homme aveugle ne voit point la lumière sensible.

« Le « Soi » étant éclairé par la méditation (quand une connaissance théorique, donc encore indirecte, le fait apparaître comme s'il recevait la Lumière d'une source autre que lui-même, ce qui est encore une distinction illusoire), puis brûlant du feu de la Connaissance (réalisant son identité essentielle avec la Lumière Suprême), il est délivré de tous les accidents (ou modifications contingentes), et brille dans sa propre splendeur, comme l'or qui est purifié dans le feu [12].

« Quand le Soleil de la Connaissance spirituelle se lève dans le ciel du cœur (c'est-à-dire au centre de l'être, qui est désigné comme Brahma-pura), il chasse les ténèbres (de l'ignorance voilant l'unique réalité absolue), il pénètre tout, enveloppe tout, et illumine tout.

« Celui qui a fait le pèlerinage de son propre « Soi », un pèlerinage dans lequel il n'y a rien concernant la situation, la place ou le temps (ni aucune circonstance ou condition particulière) [13], qui est partout [14] (et toujours, dans l'immutabilité de l'« éternel présent »), dans lequel ni le chaud ni le froid ne sont éprouvés (non plus qu'aucune autre impression sensible ou même mentale), qui procure une félicité permanente et une délivrance définitive de tout trouble (ou de toute modification) ; celui-là est sans action, il connaît toutes choses (en Brahma), et il obtient l'Éternelle Béatitude. »

---

1. Âtmâ-Bodha. – Réunissant ici différents passages de ce traité, nous ne nous astreindrons pas, dans ces extraits, à suivre rigoureusement l'ordre du texte ; d'ailleurs, en général, la suite logique des idées ne peut être exactement la même dans un texte sanskrit et dans une traduction en une langue occidentale, en raison des différences qui existent entre certaines « façons de penser » et sur lesquelles nous avons insisté en d'autres occasions.
2. Voir Chhândogya Upanishad, 6e Prapâthaka, 1er Khanda, shrutis 4 à 6.
3. Notons à ce propos qu'Aristote, dans le Περί ψυχής, déclare expressément que « l'âme est tout ce qu'elle connaît » ; on peut voir là l'indication d'un rapprochement assez net, à cet égard, entre la doctrine aristotélicienne et les doctrines orientales, malgré les réserves qu'impose toujours la différence des points de vue ; mais cette affirmation, chez Aristote et ses continuateurs, semble être demeurée purement théorique. Il faut donc admettre que les conséquences de cette idée de l'identification par la connaissance, en ce qui concerne la réalisation métaphysique, sont demeurées tout à fait insoupçonnées des Occidentaux, à l'exception, comme nous l'avons déjà dit, de certaines écoles proprement initiatiques, n'ayant aucun point de contact avec tout ce qui porte habituellement le nom de « philosophie ».
4. « Au-dessus de tout est le Principe, commun à tout, contenant et pénétrant tout, dont l'Infinité est l'attribut propre, le seul par lequel on puisse Le désigner, car Il n'a pas de nom propre » (Tchoang-tseu, ch. XXV ; traduction du P. Wieger, p. 437).
5. Cf. le « non-agir » (wou-wei) de la tradition extrême-orientale.
6. L'ubiquité est prise ici comme symbole de l'omniprésence au sens où nous avons déjà employé ce mot plus haut.
7. Rappelons encore ici le texte taoïste que nous avons déjà cité plus longuement : « Ne demandez pas si le Principe est dans ceci ou dans cela ; Il est dans tous les êtres… » (Tchoang-tseu, ch. XXII ; traduction du P. Wieger, p. 395).
8. Nous rappelons que cette irréciprocité dans la relation de Brahma et du Monde implique expressément la condamnation du « panthéisme », ainsi que de l'« immanentisme » sous toutes ses formes.
9. Il est « Ce par quoi tout est manifesté, mais qui n'est soi-même manifesté par rien », suivant un texte que nous avons déjà cité précédemment (Kêna Upanishad, 1er Khanda, shrutis 5 à 9).
10. L'exclusion de toute conception panthéiste est ici réitérée ; en présence d'affirmations aussi nettes, on a peine à s'expliquer certaines erreurs d'interprétation qui ont cours en Occident.
11. Ce mot marû, dérivé de la racine mri, « mourir », désigne toute région stérile, entièrement dépourvue d'eau, et plus spécialement un désert de sable, dont l'aspect uniforme peut être pris comme support de la méditation, pour évoquer l'idée de l'indifférenciation principielle.
12. On a vu plus haut que l'or est regardé comme étant lui-même de nature lumineuse.
13. « Toute distinction de lieu ou de temps est illusoire ; la conception de tous les possibles (compris synthétiquement dans la Possibilité Universelle, absolue et totale) se fait sans mouvement et hors du temps » (Lie-tseu, ch. III ; traduction du P. Wieger, p. 107).
14. De la même façon, dans les traditions ésotériques occidentales, il est dit que les véritables Rose-Croix se réunissent « dans le Temple du Saint-Esprit, lequel est partout ». – Les Rose-

Croix dont il s'agit n'ont, bien entendu, rien de commun avec les multiples organisations modernes qui ont pris le même nom ; on dit que, peu après la guerre de Trente Ans, ils quittèrent l'Europe et se retirèrent en Asie, ce qui peut d'ailleurs s'interpréter symboliquement plutôt que littéralement.

LE SYMBOLISME DE LA CROIX

1931

AVANT-PROPOS

Au début de L'*Homme et son devenir selon le Vêdânta*, nous présentions cet ouvrage comme devant constituer le commencement d'une série d'études dans lesquelles nous pourrions, suivant les cas, soit exposer directement certains aspects des doctrines métaphysiques de l'Orient, soit adapter ces mêmes doctrines de la façon qui nous paraîtrait la plus intelligible et la plus profitable, mais en restant toujours strictement fidèle à leur esprit. C'est cette série d'études que nous reprenons ici, après avoir dû l'interrompre momentanément pour d'autres travaux nécessités par certaines considérations d'opportunité, et où nous sommes descendus davantage dans le domaine des applications contingentes ; mais d'ailleurs, même dans ce cas, nous n'avons jamais perdu de vue un seul instant les principes métaphysiques, qui sont l'unique fondement de tout véritable enseignement traditionnel.

Dans L'*Homme et son devenir selon le Vêdânta*, nous avons montré comment un être tel que l'homme est envisagé par une doctrine traditionnelle et d'ordre purement métaphysique, et cela en nous bornant, aussi strictement que possible, à la rigoureuse exposition et à l'interprétation exacte de la doctrine elle-même, ou de moins en n'en sortant que pour signaler, lorsque l'occasion s'en présentait, les concordances de cette doctrine avec d'autres formes traditionnelles. En effet, nous n'avons jamais entendu nous renfermer exclusivement dans une forme déterminée, ce qui serait d'ailleurs bien difficile dès lors qu'on a pris conscience de l'unité essentielle qui se dissimule sous la diversité des formes plus ou moins extérieures, celles-ci n'étant en somme que comme autant de vêtements d'une seule et même vérité. Si, d'une façon générale, nous avons pris comme point de vue central celui des doctrines hindoues, pour des raisons que nous avons déjà expliquées ailleurs [1], cela ne saurait nullement nous empêcher de recourir aussi, chaque fois qu'il y a lieu, aux modes d'expression qui sont ceux des autres traditions, pourvu, bien entendu, qu'il s'agisse toujours de traditions véritables, de celles que nous pouvons appeler régulières ou orthodoxes, en entendant ces mots dans le sens que nous avons défini en d'autres occasions [2]. C'est là, en particulier, ce que nous ferons ici, plus librement que dans le précédent ouvrage, parce que nous nous y attacherons, non plus à l'exposé d'une certaine branche de doctrine, telle qu'elle existe dans une certaine civilisation, mais à l'explication d'un symbole qui est précisément de ceux qui sont communs à presque toutes les traditions, ce qui est, pour nous, l'indication qu'ils se rattachent directement à la grande Tradition primordiale.

Il nous faut, à ce propos, insister quelque peu sur un point qui est particulièrement important pour dissiper bien des confusions, malheureusement trop fréquentes à notre époque, nous voulons parler de la différence capitale qui existe entre « synthèse » et « syncrétisme ». Le syncrétisme consiste à rassembler du dehors des éléments plus ou moins disparates et qui, vus de cette façon, ne peuvent jamais être vraiment unifiés ; ce n'est en somme qu'une sorte d'éclectisme, avec tout ce que celui-ci comporte toujours de fragmentaire et d'incohérent. C'est là quelque chose de purement extérieur et superficiel ; les éléments pris de tous côtés et réunis ainsi artificiellement n'ont jamais que le caractère d'emprunts, incapables de s'intégrer effectivement dans une doctrine digne de ce nom. La synthèse, au contraire, s'effectue essentiellement du dedans ; nous voulons dire par là qu'elle consiste proprement à envisager les choses dans l'unité de leur principe même, à voir comment elles dérivent et dépendent de ce principe, et à les unir ainsi, ou plutôt à prendre conscience de leur union réelle, en vertu d'un lien tout intérieur, inhérent à ce qu'il y a de plus profond dans leur nature. Pour appliquer ceci à ce qui nous occupe présentement, on peut dire qu'il y aura syncrétisme toutes les fois qu'on se bornera à emprunter des éléments à différentes formes traditionnelles, pour les souder en quelque sorte extérieurement les uns aux autres, sans savoir qu'il n'y a au fond qu'une doctrine unique dont ces formes sont simplement autant d'expressions diverses, autant d'adaptations à des conditions mentales particulières, en relation avec des circonstances déterminées de temps et de lieux. Dans un pareil cas, rien de valable ne peut résulter de cet assemblage ; pour nous servir d'une comparaison facilement compréhensible, on n'aura, au lieu d'un ensemble organisé, qu'un informe amas de débris inutilisables, parce qu'il y manque ce qui pourrait leur donner une unité analogue à celle d'un être vivant ou d'un édifice harmonieux ; et c'est le propre du syncrétisme, en raison même de son extériorité, de ne pouvoir réaliser une telle unité. Par contre, il y aura synthèse quand on partira de l'unité même, et quand on ne la perdra jamais de vue à travers la multiplicité de ses manifestations ce qui implique qu'on a atteint, en dehors et au-delà des formes, la conscience de la vérité principielle qui se revêt de celles-ci pour s'exprimer et se communiquer dans la mesure du possible. Dès lors, on pourra se servir de l'une ou de l'autre de ces formes, suivant qu'il y aura avantage à le faire, exactement de la même façon que l'on peut, pour traduire une même pensée, employer des langages différents selon les circonstances, afin de se faire comprendre des divers interlocuteurs à qui l'on s'adresse ; c'est là, d'ailleurs, ce que certaines traditions désignent symboliquement comme le « don des langues ». Les concordances entre toutes les formes traditionnelles représentent, pourrait-on dire, des « synonymies » réelles ; c'est à ce titre que nous les envisageons, et, de même que l'explication de certaines choses peut-être plus facile dans telle langue que dans telle autre, une de ces formes pourra convenir mieux que les autres à l'exposé de certaines vérités et rendre celles-ci plus aisément intelligibles. Il est donc parfaitement légitime de faire usage, dans chaque cas, de la forme qui apparaît comme la mieux appropriée à ce qu'on se propose ; il n'y a aucun inconvénient à passer de l'une à l'autre, à la condition qu'on en connaisse réellement l'équivalence, ce qui ne peut se faire qu'en partant de leur principe commun. Ainsi, il n'y a là nul syncrétisme ; celui-ci, du reste, n'est qu'un point de vue purement « profane », incompatible avec la notion même de la « science sacrée » à laquelle ces études se réfèrent exclusivement.

La croix, avons-nous dit, est un symbole qui, sous des formes diverses, se rencontre à peu près partout, et cela dès les époques les plus reculées ; elle est donc fort loin d'appartenir proprement et exclusivement au Christianisme comme certains pourraient être tentés de le croire. Il faut même dire que le Christianisme, tout au moins sous son aspect extérieur et généralement connu, semble avoir quelque peu perdu de vue le caractère symbolique de la croix pour ne plus la regarder que comme le signe d'un fait historique ; en réalité, ces deux points de vue ne s'excluent aucunement, et même le second n'est en un certain sens qu'une conséquence du premier ; mais cette façon d'envisager les choses est tellement étrangère à la grande majorité de nos contemporains que nous devons nous y arrêter un instant pour éviter tout malentendu. En effet, on a trop souvent tendance à penser que l'admission d'un sens symbolique doit entraîner le rejet du sens littéral ou historique ; une telle opinion ne résulte que de l'ignorance de la loi de correspondance qui est le fondement même de tout symbolisme, et en vertu de laquelle chaque chose, procédant essentiellement d'un principe métaphysique dont elle tient toute sa réalité, traduit ou exprime ce principe à sa manière et selon son ordre d'existence, de telle sorte que, d'un ordre à l'autre, toutes choses s'enchaînent et se correspondent pour concourir à l'harmonie universelle et totale, qui est, dans la multiplicité de la manifestation, comme un reflet de l'unité principielle elle-même. C'est pourquoi les lois d'un domaine inférieur peuvent toujours être prises pour symboliser les réalités d'un ordre supérieur, où elles ont leur raison profonde, qui est à la fois leur principe et leur fin ; et nous pouvons rappeler à cette occasion, d'autant plus que nous en trouverons ici même des exemples, l'erreur des modernes interprétations « naturalistes » des antiques doctrines traditionnelles, interprétations qui renversent purement et simplement la hiérarchie des rapports entre les différents ordres de réalités. Ainsi, les symboles ou les mythes n'ont jamais eu pour rôle, comme le prétend une théorie beaucoup trop répandue de nos jours, de représenter le mouvement des astres ; mais la vérité est qu'on y trouve souvent des figures inspirées de celui-ci et destinées à exprimer analogiquement tout autre chose, parce que les lois de ce mouvement traduisent physiquement les principes métaphysiques dont elles dépendent. Ce que nous disons des phénomènes astronomiques, on peut le dire également, et au même titre, de tous les autres genres de phénomènes naturels : ces phénomènes, par là même qu'ils dérivent de principes supérieurs et transcendants, sont véritablement des symboles de ceux-ci ; et il est évident que cela n'affecte en rien la réalité propre que ces phénomènes comme tels possèdent dans l'ordre d'existence auquel ils appartiennent ; tout au contraire, c'est même là ce qui fonde cette réalité, car, en dehors de leur dépendance à l'égard des principes, toutes choses ne seraient qu'un pur néant. Il en est des faits historiques comme de tout le reste : eux aussi se conforment nécessairement à la loi de correspondance dont nous venons de parler et, par là même, traduisent selon leur mode les réalités supérieures, dont ils ne sont en quelque sorte qu'une expression humaine ; et nous ajouterons que c'est ce qui fait tout leur intérêt à notre point de vue, entièrement différent, cela va de soi, de celui auquel se placent les historiens « profanes » [3]. Ce caractère symbolique, bien que commun à tous les faits historiques, doit être particulièrement net pour ceux qui relèvent de ce qu'on peut appeler plus proprement l'« histoire sacrée » ; et c'est ainsi qu'on le trouve notamment, d'une façon très frappante, dans toutes les circonstances de la vie du Christ. Si l'on a bien compris ce que nous venons d'exposer, on verra immédiatement que non seulement ce n'est pas là une raison pour nier la réalité de ces événements et les traiter de « mythes » purs et simples, mais qu'au contraire ces événements devaient être tels et qu'il ne pouvait en être autrement ; comment pourrait-on d'ailleurs attribuer un caractère sacré à ce qui serait dépourvu de toute signification transcendante ? En particulier, si le Christ est mort sur la croix, c'est pouvons-nous dire, en raison de la valeur symbolique que la croix possède en elle-même et qui lui a toujours été reconnue par toutes les traditions ; c'est ainsi que, sans diminuer en rien sa signification historique, on peut la regarder comme n'étant que dérivée de cette valeur symbolique même.

Une autre conséquence de la loi de correspondance, c'est la pluralité des sens inclus en tout symbole : une chose quelconque, en effet, peut être considérée comme représentant non seulement les principes métaphysiques, mais aussi les réalités de tous les ordres qui sont supérieurs au sien, bien qu'encore contingents, car ces réalités, dont elle dépend aussi plus ou moins directement, jouent par rapport à elle le rôle de « causes secondes » ; et l'effet peut toujours être pris comme un symbole de la cause, à quelque degré que ce soit, parce que tout ce qu'il n'est que l'expression de quelque chose qui est inhérent à la nature de cette cause. Ces sens symboliques multiples et hiérarchiquement superposés ne s'excluent nullement les uns les autres, pas plus qu'ils n'excluent le sens littéral ; ils sont au contraire parfaitement concordants entre eux, parce qu'ils expriment en réalité les applications d'un même principe à des ordres divers ; et ainsi ils se complètent et se corroborent en s'intégrant dans l'harmonie de la synthèse totale. C'est d'ailleurs là ce qui fait du symbolisme un langage beaucoup moins étroitement limité que le langage ordinaire, et ce qui le rend seul apte à l'expression et à la communication de certaines vérités ; c'est par là qu'il ouvre des possibilités de conception vraiment illimitées ; c'est pourquoi il constitue le langage initiatique par excellence, le véhicule indispensable de tout enseignement traditionnel.

La croix a donc, comme tout symbole, des sens multiples ; mais notre intention n'est pas de les développer tous également ici, et il en est que nous ne ferons qu'indiquer occasionnellement. Ce que nous avons essentiellement en vue, en effet, c'est le sens métaphysique, qui est d'ailleurs le premier et le plus important de tous, puisque c'est proprement le sens principiel ; tout le reste n'est qu'applications contingentes et plus ou moins secondaires ; et, s'il nous arrive d'envisager certaines de ces applications, ce sera toujours, au fond, pour les rattacher à l'ordre métaphysique, car c'est là ce qui, à nos yeux, les rend valables et légitimes, conformément à la conception, si complètement oubliée du monde moderne, qui est celle des « sciences traditionnelles ».

---

1. *Orient et Occident*, 2ᵉ éd., pp. 203-227.
2. *Introduction générale à l'étude des doctrines hindoues*, 3ᵉ partie, chap. III ; *L'Homme et son devenir selon le Védânta*, 3ᵉ éd., chap 1ᵉʳ.
3. « La vérité historique elle-même n'est solide que quand elle dérive du Principe » (*Tchoang-Tseu*, chap. xxv).

1
LA MULTIPLICITÉ DES ÉTATS DE L'ETRE.

Un être quelconque, que ce soit l'être humain ou tout autre, peut évidemment être envisagé à bien des points de vue différents, nous pouvons même dire à une indéfinité de points de vue, d'importance fort inégale, mais tous également légitimes dans leurs domaines respectifs, à la condition qu'aucun d'eux ne prétende dépasser ses limites propres, ni surtout devenir exclusif et aboutir à la négation des autres. S'il est vrai qu'il en est ainsi, et si par conséquent on ne peut refuser à aucun de ces points de vue, même au plus secondaire et au plus contingent d'entre eux, la place qui lui appartient par le seul fait qu'il répond à quelque possibilité, il n'est pas moins évident, d'autre part, que, au point de vue métaphysique, qui seul nous intéresse ici, la considération d'un être sous son aspect individuel est nécessairement insuffisante, puisque qui dit métaphysique dit universel. Aucune doctrine qui se borne à la considération des êtres individuels ne saurait donc mériter le nom de métaphysique, quels que puissent être d'ailleurs son intérêt et sa valeur à d'autres égards ; une telle doctrine peut toujours être dite proprement « physique », au sens originel de ce mot, puisqu'elle se tient exclusivement dans le domaine de la « nature », c'est-à-dire de la manifestation, et encore avec cette restriction qu'elle n'envisage que la seule manifestation formelle, ou même plus spécialement un des états qui constituent celle-ci.

Bien loin d'être en lui-même une unité absolue et complète, comme le voudraient la plupart des philosophes occidentaux, et en tout cas les modernes sans exception, l'individu ne constitue en réalité qu'une unité relative et fragmentaire. Ce n'est pas un tout fermé et se suffisant à lui-même, un « système clos » à la façon de la « monade » de Leibnitz ; et la notion de la « substance individuelle », entendue en ce sens, et à laquelle ces philosophes attachent en général une si grande importance, n'a aucune portée proprement métaphysique : au fond, ce n'est pas autre chose que la notion logique du « sujet », et si elle peut sans doute être d'un grand usage à ce titre, elle ne peut légitimement être transportée au-delà des limites de ce point de vue spécial. L'individu, même envisagé dans toute l'extension dont il est susceptible, n'est pas un être total, mais seulement un état particulier de manifestation d'un être, état soumis à certaines conditions spéciales et déterminées d'existence, et occupant une certaine place dans la série indéfinie des états de l'être total. C'est la présence de la forme parmi ces conditions d'existence qui caractérise un état comme individuel ; il va de soi, d'ailleurs, que cette forme ne doit pas être conçue nécessairement comme spatiale, car elle n'est telle que dans le seul monde corporel, l'espace étant précisément une des conditions qui définissent proprement celui-ci [1].

Nous devons rappeler ici, au moins sommairement, la distinction fondamentale du « Soi » et du « moi », ou de la « personnalité » et de l'« individualité », sur laquelle nous avons déjà donné ailleurs toutes les explications nécessaires [2]. Le « Soi », avons-nous dit, est le principe transcendant et permanent dont l'être manifesté, l'être humain par exemple, n'est qu'une modification transitoire et contingente, modification qui ne saurait d'ailleurs aucunement affecter le principe. Immuable en sa nature propre, il développe ses possibilités dans toutes les modalités de réalisation, en multitude indéfinie, qui sont pour l'être total autant d'états différents, états dont chacun a ses conditions d'existence limitatives et déterminantes, et dont un seul constitue la portion ou plutôt la détermination particulière de cet être qui est le « moi » ou l'individualité humaine. Du reste, ce développement n'en est un, à vrai dire, qu'autant qu'on l'envisage du côté de la manifestation, en dehors, de laquelle tout doit nécessairement être en parfaite simultanéité dans l'« éternel présent » ; et c'est pourquoi la « permanente actualité » du « Soi » n'en est pas affectée. Le « Soi » est ainsi le principe par lequel existe, chacun dans son domaine propre, que nous pouvons appeler un degré d'existence, tous les états de l'être ; et ceci doit s'entendre, non seulement des états manifestés, individuels comme l'état humain ou supra-individuels, c'est-à-dire, en d'autres termes, formels ou informels, mais aussi, bien que le mot « exister » devienne alors impropre, des états non-manifestés, comprenant toutes les possibilités qui, par leur nature même, ne sont susceptibles d'aucune manifestation, en même temps que les possibilités de manifestation elles-mêmes en mode principiel ; mais ce « Soi » lui-même n'est que par soi, n'ayant et ne pouvant avoir, dans l'unité totale et indivisible de sa nature intime, aucun principe qui lui soit extérieur.

Nous venons de dire que le mot « exister » ne peut pas s'appliquer proprement au non-manifesté, c'est-à-dire en somme à l'état principiel ; en effet, pris dans son sens strictement étymologique (du latin *ex-stare*), ce mot indique l'être dépendant à l'égard d'un principe autre que lui-même, ou, en d'autres termes, celui qui n'a pas en lui-même sa raison suffisante, c'est-à-dire l'être contingent, qui est la même chose que l'être manifesté [3]. Lorsque nous parlerons de l'Existence, nous entendrons donc par là, la manifestation universelle, avec tous les états ou degrés qu'elle comporte degrés dont chacun peut être désigné également comme un « monde », et qui sont en multiplicité indéfinie ; mais ce terme ne conviendrait plus au degré de l'Être pur, principe de toute la manifestation et lui-même non-manifesté, ni, à plus forte raison, à ce qui est au-delà de l'Être même.

Nous pouvons poser en principe, avant toutes choses, que l'Existence, envisagée universellement suivant la définition que nous venons d'en donner, est unique dans sa nature intime, comme l'Être est un en soi-même, et en raison précisément de cette unité, puisque l'Existence universelle n'est rien d'autre que la manifestation intégrale de l'Être, ou, pour parler plus exactement, la réalisation, en mode manifesté, de toutes les possibilités que l'Être comporte et contient principiellement dans son unité même. D'autre part, pas plus que l'unité de l'Être sur laquelle elle est fondée, cette « unicité » de l'Existence, s'il nous est permis d'employer ici un terme qui peut paraître un néologisme [4], n'exclut la multiplicité des modes de la manifestation ou n'en est affectée, puisqu'elle comprend également tous ces modes par là même qu'ils sont également possibles, cette possibilité impliquant que chacun d'eux doit être réalisé selon les conditions qui lui sont propres. Il résulte de là que l'Existence, dans son « unicité », comporte, comme nous l'avons déjà indiqué tout à l'heure, une indéfinité de degrés, correspondant à tous les modes de la manifestation universelle ; et cette multiplicité indéfinie des degrés de l'Existence implique corrélativement, pour un être quelconque envisagé dans sa totalité, une multiplicité pareillement indéfinie d'états possibles, dont chacun doit se réaliser dans un degré déterminé de l'Existence.

Cette multiplicité des états de l'être, qui est une vérité métaphysique fondamentale, est vraie déjà lorsque nous nous bornons à considérer les états de manifestation, comme nous venons de le faire ici, et comme nous devons le faire dès lors qu'il s'agit seulement de l'Existence ; elle est donc vraie *a fortiori* si l'on considère à la fois les états de manifestation et les états de non-manifestation, dont l'ensemble constitue l'être total, envisagé alors, non plus dans le seul domaine de l'Existence, même pris dans toute l'intégralité de son extension, mais dans le domaine illimité de la Possibilité universelle. Il doit être bien compris, en effet, que l'Existence ne renferme que les possibilités de manifestation, et encore avec la restriction que ces possibilités ne sont conçues alors qu'en tant qu'elles se manifestent effectivement, puisque, en tant qu'elles ne se manifestent pas, c'est-à-dire principiellement, elles sont au degré de l'Être. Par conséquent, l'Existence est loin d'être toute la Possibilité, conçue comme véritablement universelle et totale, en dehors et au-delà de toutes les limitations, y compris même cette première limitation que constitue la détermination la plus primordiale de toutes, nous voulons dire l'affirmation de l'Être pur [5].

Quand il s'agit des états de non-manifestation d'un être, il faut encore faire une distinction entre le degré de l'Être et ce qui est au-delà ; dans ce dernier cas, il est évident que le terme d'« être » lui-même ne peut plus être rigoureusement appliqué dans son sens propre ; mais nous sommes cependant obligés, en raison de la constitution même du langage, de le conserver à défaut d'un autre plus adéquat, en ne lui attribuant plus alors qu'une valeur purement analogique et symbolique, sans quoi il nous serait tout à fait impossible de parler d'une façon quelconque de ce dont il s'agit. C'est ainsi que nous pourrons continuer à parler de l'être total comme étant en même temps manifesté dans certains de ses états et non-manifesté dans d'autres états, sans que cela implique aucunement que, pour ces derniers, nous devions nous arrêter à la considération de ce qui correspond au degré qui est proprement celui de l'Être [6].

Les états de non-manifestation sont essentiellement extra-individuels, et, de même que le « Soi » principiel dont ils ne peuvent être séparés, ils ne sauraient en aucune façon être individualisés ; quant aux états de manifestation, certains sont individuels, tandis que d'autres sont non-individuels, différence qui correspond, suivant ce que nous avons indiqué, à la distinction de la manifestation formelle et de la manifestation informelle. Si nous considérons en particulier le cas de l'homme, son individualité actuelle, qui constitue à proprement parler l'état humain, n'est qu'un état de manifestation parmi une indéfinité d'autres, qui doivent être tous conçus comme également possibles et, par là même, comme existant au moins virtuellement, sinon comme effectivement réalisés pour l'être que nous envisageons, sous un aspect relatif et partiel, dans cet état individuel humain.

---

1. Voir *L'Homme et son devenir selon le Védânta*, chap. II et X
2. *Ibid.*, chap. II.
3. Il résulte de là que, rigoureusement parlant, l'expression vulgaire « existence de Dieu » est un non-sens, que l'on entende d'ailleurs par « Dieu », soit l'Être comme on le fait le plus souvent, soit, à plus forte raison, le Principe Suprême qui est au-delà de l'Être.
4. Ce terme est celui qui nous permet de rendre le plus exactement l'expression arabe équivalente *Wahda-tul-wujûd*. — Sur la distinction qu'il y a lieu de faire entre l'« unicité » de l'Existence, l'« unité » de l'Être et la « non-dualité » du Principe Suprême, voir *L'Homme et son devenir selon le Védânta*, chap. VI.
5. Il est à remarquer que les philosophes, pour édifier leurs systèmes prétendent toujours, consciemment ou non, imposer quelque limitation à la Possibilité universelle, ce qui est contradictoire, mais ce qui est exigé par la constitution même d'un système comme tel ; il

pourrait même être assez curieux de faire l'histoire des différentes théories philosophiques modernes, qui sont celles qui présentent au plus haut degré ce caractère systématique, en se plaçant à ce point de vue des limitations supposées de la Possibilité universelle.
6. Sur l'état qui correspond au degré de l'Être et l'état inconditionné qui est au-delà de l'Être, voir *L'Homme et son devenir selon le Védânta*, chap. xiv et xv, 3ᵉ éd.

2

L'HOMME UNIVERSEL

La réalisation effective des états multiples de l'être se réfère à la conception de ce que différentes doctrines traditionnelles, et notamment l'ésotérisme islamique, désignent comme l'« Homme Universel » [1], conception qui, comme nous l'avons dit ailleurs, établit l'analogie constitutive de la manifestation universelle et de sa modalité individuelle humaine, ou, pour employer le langage de l'hermétisme occidental, du « macrocosme » et du « microcosme » [2]. Cette notion peut d'ailleurs être envisagée à différents degrés et avec des extensions diverses, la même analogie demeurant valable dans tous ces cas [3] : ainsi, elle peut être restreinte à l'humanité elle-même, envisagée soit dans sa nature spécifique, soit même dans son organisation sociale, car c'est sur cette analogie que repose essentiellement, entre autres applications, l'institution des castes [4]. À un autre degré, déjà plus étendu, la même notion peut embrasser le domaine d'existence correspondant à tout l'ensemble d'un état d'être déterminé, quel que soit d'ailleurs cet état [5] ; mais cette signification, surtout s'il s'agit de l'état humain, même pris dans le développement intégral de toutes ses modalités, ou d'un autre état individuel, n'est encore proprement que « cosmologique », et ce que nous devons envisager essentiellement ici, c'est une transposition métaphysique de la notion de l'homme individuel, transposition qui doit être effectuée dans le domaine extra-individuel et supra-individuel. En ce sens, et si l'on se réfère à ce que nous rappelions tout à l'heure, la conception de l'« Homme Universel » s'appliquera tout d'abord, et le plus ordinairement, à l'ensemble des états de manifestation ; mais on peut la rendre encore plus universelle, dans la plénitude de la vraie acception de ce mot, en l'étendant également aux états de non-manifestation, donc à la réalisation complète et parfaite de l'être total, celui-ci étant entendu dans le sens supérieur que nous avons indiqué précédemment, et toujours avec la réserve que le terme « être » lui-même ne peut plus être pris alors que dans une signification purement analogique.

Il est essentiel de remarquer ici que toute transposition métaphysique du genre de celle dont nous venons de parler doit être regardée comme l'expression d'une analogie au sens propre de ce mot ; et nous rappellerons, pour préciser ce qu'il faut entendre par là, que toute véritable analogie doit être appliquée en sens inverse : c'est ce que figure le symbole bien connu du « sceau de Salomon », formé de l'union de deux triangles opposés [6]. Ainsi, par exemple, de même que l'image d'un objet dans un miroir est inversée par rapport à l'objet, ce qui est le premier ou le plus grand dans l'ordre principiel est, du moins en apparence, le dernier ou le plus petit dans l'ordre de la manifestation [7]. Pour prendre des termes de comparaison dans le domaine mathématique, comme nous l'avons fait à ce propos afin de rendre la chose plus aisément compréhensible, c'est ainsi que le point géométrique est nul quantitativement et n'occupe aucun espace, bien qu'il soit (et ceci sera précisément expliqué plus complètement par la suite) le principe par lequel est produit l'espace tout entier, qui n'est que le développement ou l'expansion de ses propres virtualités. C'est ainsi également que l'unité arithmétique est le plus petit des nombres si on l'envisage comme située dans leur multiplicité, mais qu'elle est le plus grand en principe, puisqu'elle les contient tous virtuellement et produit toute leur série par la seule répétition indéfinie d'elle-même.

Il y a donc analogie, mais non pas similitude, entre l'homme individuel, être relatif et incomplet, qui est pris ici comme type d'un certain mode d'existence, ou même de toute existence conditionnée, et l'être total, inconditionné et transcendant par rapport à tous les modes particuliers et déterminés d'existence, et même par rapport à l'Existence pure et simple, être total que nous désignons symboliquement comme l'« Homme Universel ». En raison de cette analogie, et pour appliquer ici, toujours à titre d'exemple, ce que nous venons d'indiquer, on pourra dire que, si l'« Homme Universel » est le principe de toute la manifestation, l'homme individuel devra en être en quelque façon, dans son ordre, la résultante et comme l'aboutissement, et c'est pourquoi toutes les traditions s'accordent à le considérer en effet comme formé par la synthèse de tous les éléments et de tous les règnes de la nature [8]. Il faut qu'il en soit ainsi pour que l'analogie soit exacte, et elle l'est effectivement ; mais, pour justifier complètement, et avec elle la désignation même de l'« Homme Universel », il faudrait exposer, sur le rôle cosmogonique qui est propre à l'être humain, des considérations qui, si nous voulions leur donner tout le développement qu'elles comportent, s'écarteraient un peu trop du sujet que nous

nous proposons de traiter plus spécialement, et qui trouveront peut-être mieux leur place en quelque autre occasion. Nous nous bornerons donc, pour le moment, à dire que l'être humain a, dans le domaine d'existence individuelle qui est le sien, un rôle que l'on peut véritablement qualifier de « central » par rapport à tous les autres êtres qui se situent pareillement dans ce domaine ; ce rôle fait de l'homme l'expression la plus complète de l'état individuel considéré, dont toutes les possibilités s'intègrent pour ainsi dire en lui, au moins sous un certain rapport, et à la condition de le prendre, non pas dans la seule modalité corporelle, mais dans l'ensemble de toutes ses modalités, avec l'extension indéfinie dont elles sont susceptibles [9]. C'est là que résident les raisons les plus profondes parmi toutes celles sur lesquelles peut se baser l'analogie que nous envisageons ; et c'est cette situation particulière qui permet de transposer valablement la notion même de l'homme, plutôt que celle de tout autre être manifesté dans le même état, pour la transformer en la conception traditionnelle de l'« Homme Universel » [10].

Nous ajouterons encore une remarque qui est des plus importantes : c'est que l'« Homme Universel » n'existe que virtuellement, et en quelque sorte négativement, à la façon d'un archétype idéal, tant que la réalisation effective de l'être total ne lui a pas donné l'existence actuelle et positive ; et cela est vrai pour tout être, quel qu'il soit, considéré comme effectuant ou devant effectuer une telle réalisation [11]. Disons d'ailleurs, pour écarter tout malentendu, qu'une telle façon de parler qui présente comme successif ce qui est essentiellement simultané en soi, n'est valable qu'autant qu'on se place au point de vue spécial d'un état de manifestation de l'être, cet état étant pris comme point de départ de la réalisation. D'autre part, il est évident que des expressions comme celles d'« existence négative » et d'« existence positive » ne doivent pas être prises à la lettre, là où la notion même d'« existence » ne s'applique proprement que dans une certaine mesure et jusqu'à un certain point ; mais les imperfections qui sont inhérentes au langage, par le fait même qu'il est lié aux conditions de l'état humain et même plus particulièrement de sa modalité corporelle et terrestre, nécessitent souvent l'emploi, avec quelques précautions, d'« images verbales » de ce genre, sans lesquelles il serait tout à fait impossible de se faire comprendre, surtout dans des langues aussi peu adaptées à l'expression des vérités métaphysiques que le sont les langues occidentales.

---

1. L'« Homme Universel » (en arabe *El-Insânul-kâmil*) est l'*Adam Qadmôn* de la *Qabbalah* hébraïque ; c'est aussi le « Roi » (*Wang*) de la tradition extrême-orientale (*Tao-te-king*, xxv). — Il existe, dans l'ésotérisme islamique, un assez grand nombre de traités de différents auteurs sur *El-Insânul-kâmil* ; nous mentionnerons seulement ici, comme plus particulière-

ment importants à notre point de vue, ceux de Mohyiddin ibn Arabi et d'Abdul-Karîm El-Jîli.
2. Nous nous sommes déjà expliqué ailleurs sur l'emploi que nous faisons de ces termes, ainsi que de certains autres pour lesquels nous estimons n'avoir pas à nous préoccuper davantage de l'abus qui a pu en être fait parfois (*L'Homme et son devenir selon le Vêdânta*, chap. II et IV). — Ces termes, d'origine grecque, ont aussi en arabe leurs équivalents exacts (*El-Kawnul-kebir* et *El-Kawnuççeghir*), qui sont pris dans la même acception.
3. On pourrait faire une remarque semblable en ce qui concerne la théorie des cycles, qui n'est au fond qu'une autre expression des états d'existence : tout cycle secondaire reproduit en quelque sorte, à une moindre échelle, des phases correspondantes à celles du cycle plus étendu auquel il est subordonné.
4. Ch. le *Purusha-Sûkta* du *Rig-Vêda*, X, 90.
5. À ce sujet, et à propos du *Vaishwânara* de la tradition hindoue, voir *L'Homme et son devenir selon le Vêdânta*, chap. xii.
6. Voir *ibid.*, chap. I et III.
7. Nous avons montré que ceci se trouve très nettement exprimé à la fois dans des textes tirés les uns des *Upanishads* et les autres de l'Evangile.
8. Signalons notamment, à cet égard, la tradition islamique relative à la création des anges et à celle de l'homme. — Il va sans dire que la signification réelle de ces traditions n'a absolument rien de commun avec aucune conception « transformiste », ou même simplement « évolutionniste », au sens le plus général de ce mot, ni avec aucune des fantaisies modernes qui s'inspirent plus ou moins directement de telles conceptions antitraditionnelles.
9. La réalisation de l'individualité humaine intégrale correspond à l'« état primordial », dont nous avons eu souvent à parler déjà et qui est appelé « état édénique » dans la tradition judéo-chrétienne.
10. Nous rappelons, pour éviter toute équivoque, que nous prenons toujours le mot « transformation » dans son sens strictement étymologique, qui est celui de « passage au-delà de la forme », donc au-delà de tout ce qui appartient à l'ordre des existences individuelles.
11. En un certain sens, ces deux états négatif et positif de l'« Homme Universel » correspondent respectivement, dans le langage de la tradition judéo-chrétienne, à l'état préalable à la « chute » et à l'état consécutif à la « rédemption » ; ce sont donc, à ce point de vue, les deux Adam dont parle saint Paul (1re *Epître aux Corinthiens*, xv), ce qui montre en même temps le rapport de l'« Homme Universel » avec le *Logos* (cf. *Autorité spirituelle et pouvoir temporel*, 2e éd. p. 98).

3

LE SYMBOLISME MÉTAPHYSIQUE
DE LA CROIX

La plupart des doctrines traditionnelles symbolisent la réalisation de l'« Homme Universel » par un signe qui est partout le même, parce que, comme nous le disions au début, il est de ceux qui se rattachent directement à la Tradition primordiale : c'est le signe de la croix, qui représente très nettement la façon dont cette réalisation est atteinte par la communion parfaite de la totalité des états de l'être, harmoniquement et conformément hiérarchisés, en épanouissement intégral dans les deux sens de l'« ampleur » et de l'« exaltation » [1]. En effet, ce double épanouissement de l'être peut être regardé comme s'effectuant, d'une part, horizontalement, c'est-à-dire à un certain niveau ou degré d'existence déterminé, et d'autre part, verticalement, c'est-à-dire dans la superposition hiérarchique de tous les degrés. Ainsi, le sens horizontal représente l'« ampleur » ou l'extension intégrale de l'individualité prise comme base de la réalisation, extension qui consiste dans le développement indéfini d'un ensemble de possibilités soumises à certaines conditions spéciales de manifestation ; et il doit être bien entendu que, dans le cas de l'être humain, cette extension n'est nullement limitée à la partie corporelle de l'individualité, mais comprend toutes les modalités de celle-ci, l'état corporel n'étant proprement qu'une de ces modalités. Le sens vertical représente la hiérarchie, indéfinie aussi et à plus forte raison, des états multiples, dont chacun, envisagé de même dans son intégralité, est un de ces ensembles de possibilités, se rapportant à autant de « mondes » ou de degrés, qui sont compris dans la synthèse totale de l'« Homme Universel » [2]. Dans cette représentation cruciale, l'expansion horizontale correspond donc à l'indéfinité des modalités possibles d'un même état d'être considéré intégralement, et la superposition verticale à la série indéfinie des états de l'être total.

Il va de soi, d'ailleurs, que l'état dont le développement est figuré par la ligne horizontale peut être un état quelconque ; en fait ce sera l'état dans lequel se trouve actuellement, quant à sa manifestation, l'être qui réalise l'« Homme Universel », état qui est pour lui le point de départ et le support ou la base de cette réalisation. Tout état, quel qu'il soit, peut fournir à un être une telle base, ainsi qu'on le verra plus clairement par la suite ; si nous considérons plus particulièrement à cet égard l'état humain, c'est que celui-ci, étant le nôtre, nous concerne plus directement, de sorte que le cas auquel nous avons surtout affaire est celui des êtres qui partent de cet égard pour effectuer la réalisation dont il s'agit ; mais il doit être bien entendu que, au point de vue métaphysique pur, ce cas en constitue en aucune façon un cas privilégié.

On doit comprendre dès maintenant que la totalisation effective de l'être, étant au-delà de toute condition, est la même chose que ce que la doctrine hindoue appelle la « Délivrance » *(Moksha)*, ou que ce que l'ésotérisme islamique appelle l'« Identité Suprême » [3]. D'ailleurs, dans cette dernière forme traditionnelle, il est enseigné que l'« Homme Universel », en tant qu'il est représenté par l'ensemble « Adam-Ève », a le nombre d'*Allah*, ce qui est bien une expression de l'« Identité Suprême [4]. » Il faut faire à ce propos une remarque qui est assez importante, car on pourrait objecter que la désignation d'« Adam-Ève », bien qu'elle soit assurément susceptible de transposition, ne s'applique cependant, dans son sens propre, qu'à l'état humain primordial : c'est que, si l'« Identité Suprême » n'est réalisée effectivement que dans la totalisation des états multiples, on peut dire qu'elle est en quelque sorte réalisée déjà virtuellement au stade « édénique », dans l'intégration de l'état humain ramené à son centre originel, centre qui est d'ailleurs, comme on le verra, le point de communication directe avec les autres états [5].

Du reste, on pourrait dire aussi que l'intégration de l'état humain, ou de n'importe quel autre état, représente, dans son ordre et à son degré, la totalisation même de l'être ; et ceci se traduira très nettement dans le symbolisme géométrique que nous allons exposer. S'il en est ainsi, c'est qu'on peut retrouver en toutes choses, notamment dans l'homme individuel, et même plus particulièrement encore dans l'homme corporel, la correspondance et comme la figuration de l'« Homme Universel », chacune des parties de l'Univers, qu'il s'agisse d'un monde ou d'un être particulier, étant partout et toujours analogue au tout. Aussi un philosophe tel que Leibnitz a-t-il eu raison, assurément, d'admettre que toute « substance individuelle » (avec les réserves que nous avons faites plus haut sur la valeur de cette expression) doit contenir en elle-même une représentation intégrale de l'Univers, ce qui est une application correcte de l'analogie du « macrocosme » et du « microcosme »[6] ; mais, en se bornant à la considération de la « substance individuelle » et en voulant en faire l'être même, un être complet et même fermé, sans aucune communication réelle avec quoi que ce soit qui le dépasse, il s'est interdit de passer du sens de l'« ampleur » à celui de l'« exaltation », et ainsi il a privé sa théorie de toute portée métaphysique véritable[7]. Notre intention n'est nullement d'entrer ici dans l'étude des conceptions philosophiques, quelle qu'elles puissent être, non plus que toute autre chose relevant pareillement du domaine « profane » ; mais cette remarque se présentait tout naturellement à nous, comme une application presque immédiate de ce que nous venons de dire sur les deux sens selon lesquels s'effectue l'épanouissement de l'être total.

Pour en revenir au symbolisme de la croix nous devons noter encore que celle-ci, outre la signification métaphysique et principielle dont nous avons exclusivement parlé jusqu'ici, a divers autres sens plus ou moins secondaires et contingents ; et il doit normalement en être ainsi, d'après ce que nous avons dit, d'une façon générale, de la pluralité de sens inclus en tout symbole. Avant de développer la représentation géométrique de l'être et de ses états multiples, telle qu'elle est renfermée synthétiquement dans le signe de la croix, et de pénétrer dans le détail de ce symbolisme, assez complexe quand on veut le pousser aussi loin qu'il est possible, nous parlerons quelque peu de ces autres sens, car, bien que les considérations auxquelles ils se rapportent ne fassent pas l'objet propre du présent exposé, tout cela est pourtant lié d'une certaine façon, et parfois même plus étroitement qu'on ne serait tenté de le croire, toujours en raison de cette loi de correspondance que nous avons signalée dès le début comme le fondement même de tout symbolisme.

---

1. Ces termes sont empruntés au langage de l'ésotérisme islamique, qui est particulièrement précis sur ce point. — Dans le monde occidental, le symbole de la « Rose-Croix » a eu exactement le même sens, avant que l'incompréhension moderne ne donne lieu à toutes sortes d'interprétations bizarres ou insignifiantes ; la signification de la rose sera expliquée plus loin.
2. « Lorsque l'homme, dans le « degré universel », s'exalte vers le sublime, lorsque surgissent en lui les autres degrés (états non-humains) en parfait épanouissement, il est l'« Homme Universel ». L'exaltation ainsi que l'ampleur ont atteint leur plénitude dans le Prophète (qui est ainsi identique à l'« Homme Universel ») » (*Epître sur la Manifestation du Prophète*, par le Sheikh Mohammed ibn Fadlallah El-Hindi). — Ceci permet de comprendre cette parole qui fut prononcée, il y a une vingtaine d'années, par un personnage occupant alors dans l'Islam, même au simple point de vue exotérique, un rang fort élevé : « Si les Chrétiens ont le signe de la Croix, les Musulmans en ont la doctrine. » Nous ajouterons que, dans l'ordre ésotérique, le rapport de l'« Homme Universel » avec le Verbe d'une part et avec le Prophète d'autre part ne laisse subsister, quant au fond même de la doctrine, aucune divergence réelle entre le Christianisme et l'Islam, entendus l'un et l'autre dans leur véritable signification. — Il semble que la conception du *Vohu-Mana,* chez les anciens Perses, ait correspondu aussi à celle de l'« Homme Universel ».
3. Voir à ce sujet les derniers chapitres de *L'Homme et son devenir selon la Védânta.*
4. Ce nombre, qui est 66, est donné par la somme des valeurs numériques des lettres formant les noms *Adam wa Hawâ.* Suivant la *Genèse* hébraïque, l'homme « créé mâle et femelle »,

c'est-à-dire dans un état androgynique, est « à l'image de Dieu » ; et, d'après la tradition islamique, *Allah* ordonna aux anges d'adorer l'homme (*Qorân*, II, 34 ; XVII, 61 ; xviii, 50). L'état androgynique originel est l'état humain complet, dans lequel les complémentaires, au lieu de s'opposer, s'équilibrent parfaitement ; nous aurons à revenir sur ce point dans la suite. Nous ajouterons seulement ici, que, dans la tradition hindoue, une expression de cet état se trouve contenue symboliquement dans le mot *Hamsa*, où les deux pôles complémentaires de l'être sont, en outre, mis en correspondance avec les deux phases de la respiration, qui représentent celles de la manifestation universelle.

5. Les deux stades que nous indiquons ici dans la réalisation de l'« Identité Suprême » correspondent à la distinction que nous avons déjà faite ailleurs entre ce que nous pouvons appeler l'« immortalité effective » et l'« immortalité virtuelle » (voir *L'Homme et son devenir selon le Vêdânta*, chap. XVIII, 3e éd.).
6. Nous avons eu déjà l'occasion de signaler que Leibnitz, différent en cela des autres philosophes modernes, avait eu quelques données traditionnelles, d'ailleurs assez élémentaires et incomplètes, et que, à en juger par l'usage qu'il en fait, il ne semble pas avoir toujours parfaitement comprises.
7. Un autre défaut capital de la conception de Leibnitz, défaut qui, d'ailleurs, est peut-être lié plus ou moins étroitement à celui-là, c'est l'introduction du point de vue moral dans des considérations d'ordre universel où il n'a rien à voir, par le « principe du meilleur » dont ce philosophe a prétendu faire la « raison suffisante » de toute existence. Ajoutons encore, à ce propos, que la distinction du possible et du réel, telle que Leibnitz veut l'établir, ne saurait avoir aucune valeur métaphysique, car tout ce qui est possible est par là même réel selon son mode propre.

4
DES DIRECTIONS DE L'ESPACE

Certains écrivains occidentaux, à prétentions plus ou moins initiatiques, ont voulu donner à la croix une signification exclusivement astronomique, disant qu'elle est « un symbole de la jonction cruciale que forme l'écliptique avec l'équateur », et aussi « une image des équinoxes, lorsque le soleil, dans sa course annuelle, couvre successivement ces deux points »[1]. À vrai dire, si elle est cela, c'est que, comme nous l'indiquions plus haut, les phénomènes astronomiques peuvent eux-mêmes, à un point de vue plus élevé, être considérés comme des symboles, et qu'on peut y retrouver à ce titre, aussi bien que partout ailleurs, cette figuration de l'« Homme Universel » à laquelle nous faisions allusion dans le précédent chapitre ; mais, si ces phénomènes sont des symboles, il est évident qu'ils ne sont pas la chose symbolisée, et que le fait de les prendre pour celle-ci constitue un renversement des rapports normaux entre les différents ordres de réalités[2]. Lorsque nous trouvons la figure de la croix dans les phénomènes astronomiques ou autres, elle a exactement la même valeur symbolique que celle que nous pouvons tracer nous-mêmes[3] ; cela prouve seulement que le véritable symbolisme, loin d'être inventé artificiellement par l'homme, se trouve dans la nature même, ou, pour mieux dire, que la nature tout entière n'est qu'un symbole des réalités transcendantes.

Même en rétablissant ainsi l'interprétation correcte de ce dont il s'agit, les deux phrases que nous venons de citer contiennent l'une et l'autre une erreur : en effet, d'une part, l'écliptique et l'équateur ne forment pas la croix, car ces deux plans ne se coupent pas à angle droit ; d'autre part, les deux points équinoxiaux sont évidemment joints par une seule ligne droite, de sorte que, ici, la croix apparaît moins encore. Ce qu'il faut considérer en réalité, c'est, d'une part, le plan de l'équateur et l'axe qui, joignant les pôles, est perpendiculaire à ce plan ; ce sont, d'autre part, les deux lignes joignant respectivement les deux points solsticiaux et les deux points équinoxiaux ; nous avons ainsi ce qu'on peut appeler, dans le premier cas, la croix verticale, et dans le second, la croix horizontale. L'ensemble de ces deux croix, qui ont le même centre, forme la croix à trois dimensions, dont les branches sont orientées suivant les six directions de l'espace [4] ; celles-ci correspondent aux six points cardinaux, qui, avec le centre lui-même, forment le septénaire.

Nous avons eu l'occasion de signaler ailleurs l'importance attribuée par les doctrines orientales à ces sept régions de l'espace, ainsi que leur correspondance avec certaines périodes cycliques [5] ; nous croyons utile de reproduire ici un texte que nous avons cité alors et qui montre que la même chose se trouve aussi dans les traditions occidentales : « Clément d'Alexandrie dit que de Dieu, « Cœur de l'Univers », partent les étendues indéfinies qui se dirigent, l'une en haut, l'autre en bas, celle-ci à droite, celle-là à gauche, l'une en avant et l'autre en arrière ; dirigeant son regard vers ces six étendues comme vers un nombre toujours égal, il achève le monde ; il est le commencement et la fin (l'*alpha* et l'*oméga*) ; en lui s'achèvent les six phases du temps, et c'est de lui qu'elles reçoivent leur extension indéfinie ; c'est là le secret du nombre 7 [6]. »

Ce symbolisme est aussi celui de la *Qabbalah* hébraïque, qui parle du « Saint Palais » ou « Palais intérieur » comme situé au centre des six directions de l'espace. Les trois lettres du Nom divin *Jehovah* [7], par leur sextuple permutation suivant ces six directions, indiquent l'immanence de Dieu au sein du Monde, c'est-à-dire la manifestation du *Logos* au centre de toutes choses, dans le point primordial dont les étendues indéfinies ne sont que l'expansion ou le développement : « Il forma du *Thohu* (vide) quelque chose et fit de ce qui n'était pas ce qui est. Il tailla de grandes colonnes de l'éther insaisissable [8]. Il réfléchit, et la Parole (*Mentra*) produisit tout objet et toutes choses par son Nom Un [9]. » Ce point primordial d'où est proférée la Parole divine ne se développe pas seulement dans l'espace comme nous venons de le dire, mais aussi dans le temps ; il est le « Centre du Monde » sous tous les rapports, c'est-à-dire qu'il est à la fois au centre des espaces et au centre des temps. Ceci, bien entendu, si on le prend au sens littéral, ne concerne que notre monde, le seul dont les conditions d'existence soient directement exprimables en langage humain ; ce n'est que le monde sensible qui est soumis à l'espace et au temps ; mais, comme il s'agit en réalité du Centre de tous les mondes, on peut passer à l'ordre suprasensible en effectuant une transposition analogique dans laquelle l'espace et le temps ne gardent plus qu'une signification purement symbolique.

Nous avons vu qu'il est question, chez Clément d'Alexandrie, de six phases du temps, correspondant respectivement aux six directions de l'espace : ce sont, comme nous l'avons dit, six périodes cycliques, subdivisions d'une autre période plus générale, et parfois représentées comme six millénaires. Le *Zohar*, de même que le *Talmud*, partage en effet la durée du monde en périodes millénaires. « Le monde subsistera pendant six mille ans auxquels font allusion les six premiers mots de la *Genèse*. [10] » et ces six millénaires sont analogues aux six « jours » de la création [11]. Le septième millénaire, comme le septième « jour », est le *Sabbath* c'est-à-dire la phase de retour au Principe, qui correspond naturellement au centre, considéré comme septième région de l'espace. Il y a là une sorte de chronologie symbolique, qui ne doit évidemment pas être prise à la lettre, pas plus que celles que l'on rencontre dans d'autres traditions ; Josèphe [12] remarque que six mille ans forment dix « grandes années », la « grande année » étant de six siècles (c'est le *Naros* des Chaldéens) ; mais, ailleurs, ce qu'on désigne par cette même expression est une période beaucoup plus longue, dix ou douze mille ans chez les Grecs et les Perses. Cela, d'ailleurs, n'importe pas ici, où il ne s'agit nullement de calculer la durée réelle de notre monde, ce qui exigerait une étude approfondie de la théorie hindoue des *Manvantaras* ; comme ce n'est pas là ce que nous nous proposons présentement, il suffit de prendre ces divisions avec leur valeur symbolique. Nous dirons donc seulement qu'il peut s'agir de six phases indéfinies, donc de durée indéterminée, plus une septième qui correspond à l'achèvement de toutes choses et à leur rétablissement dans l'état premier [13].

Revenons à la doctrine cosmogonique de la *Qabbalah*, telle qu'elle est exposée dans le *Sepher Ietsirah* : « Il s'agit, dit M. Vulliaud, du développement à partir de la Pensée jusqu'à la modification du Son (la Voix), de l'impénétrable au compréhensible. On observera que nous sommes en présence d'un exposé symbolique du mystère qui a pour objet la genèse universelle et qui se relie au mystère de l'unité. En d'autres passages, c'est celui du « point » qui se développe par des lignes en tous sens [14], et qui ne devient compréhensible que par le « Palais intérieur ». C'est celui de l'insaisissable éther (*Avir*), où se produit la concentration, d'où émane la lumière (*Aor*) [15]. » Le point est effectivement le symbole de l'unité ; il est le principe de l'étendue, qui n'existe que par son rayonnement (le « vide » antérieur n'étant que pure virtualité), mais il ne devient compréhensible qu'en se situant lui-même dans cette étendue, dont il est alors le centre, ainsi que nous l'expliquerons plus complètement par la suite. L'émanation de la lumière, qui donne sa réalité à l'étendue, « faisant du vide quelque chose et de ce qui n'était pas ce qui est », est une expansion qui succède à la concentration ; ce sont là les deux phases d'aspiration et d'expiration dont il est si souvent question dans la doctrine hindoue, et dont la seconde correspond à la production du monde manifesté ; et il y a lieu de noter l'analogie qui existe aussi, à cet égard, avec le mouvement du cœur et la circulation du sang dans l'être vivant. Mais poursuivons : « La lumière *(Aor)* jaillit du mystère de l'éther *(Avir)*. Le point caché fut manifesté, c'est-à-dire la lettre *iod* [16]. » Cette lettre représente hiéroglyphiquement le Principe, et on dit que d'elle sont formées toutes les autres lettres de l'alphabet hébraïque, formation qui, suivant le *Sepher Ietsirah*, symbolise celle même du monde manifesté [17]. On dit aussi que le point primordial incompréhensible, qui est l'Un non-manifesté, en forme trois qui représentent le Commencement, le Milieu et la Fin [18], et que ces trois points réunis constituent la lettre *iod*, qui est ainsi l'Un manifesté (ou plus exactement affirmé en tant que principe de la manifestation universelle), ou, pour parler le langage théologique, Dieu se faisant « Centre du Monde » par son Verbe. « Quand ce *iod* a été produit, dit le *Sepher Ietsirah*, ce qui resta de ce mystère ou de l'*Avir* (l'éther) caché fut *Aor* (la lumière) » ; et, en effet, si l'on enlève le *iod* du mot *Avir*, il reste *Aor*.

M. Vulliaud cite, sur ce sujet, le commentaire de Moïse de Léon : « Après avoir rappelé que le Saint, béni soit-Il, inconnaissable, ne peut être saisi que d'après ses attributs *(mid-doth)* par lesquels Il a créé les mondes [19], commençons par l'exégèse du premier mot de la *Thorah : Bereshit* [20]. D'anciens auteurs nous ont appris relativement à ce mystère qu'il est caché dans le degré suprême, l'éther pur et impalpable. Ce degré est la somme totale de tous les miroirs postérieurs (c'est-à-dire extérieurs par rapport à ce degré lui-même) [21]. Ils en procèdent par le mystère du point qui est lui-même un degré caché et émanant du mystère de l'éther pur et mystérieux [22]. Le premier degré, absolument occulte (c'est-à-dire non-manifesté), ne peut être saisi [23]. De même, le mystère du point suprême, quoiqu'il soit profondément caché [24], peut être saisi dans le mystère du Palais intérieur. Le mystère de la couronne suprême *(Kether,* la première des dix *Sephiroth)* correspond à celui du pur et insaisissable éther *(Avir)*. Il est la cause de toutes les causes et l'origine de toutes les origines. C'est dans ce mystère, origine invisible de toutes choses, que le « point » caché dont tout procède prend naissance. C'est pourquoi il est dit dans le *Sepher Ietsirah* : « Avant l'Un, que peux-tu compter ? » C'est-à-dire : avant ce point, que peux-tu compter ou comprendre [25] ? Avant ce point, il n'y avait rien, excepté *Ain*, c'est-à-dire le mystère de l'éther pur et insaisissable, ainsi nommé (par une simple négation) à cause de son incompréhensibilité [26]. Le commencement compréhensible de l'existence se trouve dans le mystère du « point » suprême [27]. Et parce que ce point est le « commencement » de toutes choses, il est appelé « Pensée » *(Mahasheba)* [28]. Le mystère de la Pensée créatrice correspond au « point » caché. C'est dans le Palais intérieur que le mystère uni au « point » caché peut être compris, car le pur et insaisissable éther reste toujours mystérieux. Le « point » est l'éther rendu palpable (par la « concentration » qui est le point de départ de toute différenciation) dans le mystère du Palais intérieur ou Saint des Saints [29].

Tout, sans exception, a d'abord été conçu dans la Pensée [30]. Et si quelqu'un disait : « Voyez ! il y a du nouveau dans le monde », imposez-lui silence, car cela fut antérieurement conçu dans la Pensée [31]. Du « point » caché émane le Saint Palais intérieur (par les lignes issues de ce point suivant les six directions de l'espace). C'est le Saint des Saints, la cinquantième année (allusion au *Jubilé*, qui représente le retour à l'état primordial) [32], qu'on appelle également la Voix qui émane de la Pensée [33]. Tous les êtres et toutes les causes émanent alors par la force du « point » d'en haut. Voilà ce qui est relatif aux mystères des trois *Sephiroth* suprêmes [34]. Nous avons voulu donner ce passage en entier, malgré sa longueur, parce que, outre son intérêt propre, il a, avec le sujet de la présente étude, un rapport beaucoup plus direct qu'on ne pourrait le supposer à première vue.

Le symbolisme des directions de l'espace est celui-là même que nous aurons à appliquer dans tout ce qui va suivre, soit au point de vue « macrocosmique » comme dans ce qui vient d'être dit, soit au point de vue « microcosmique ». La croix à trois dimensions constitue, suivant le langage géométrique, un « système de coordonnées » auquel l'espace tout entier peut être rapporté ; et l'espace symbolisera ici l'ensemble de toutes les possibilités, soit d'un être particulier, soit de l'Existence universelle. Ce système est formé de trois axes, l'un vertical et les deux autres horizontaux, qui sont trois diamètres rectangulaires d'une sphère indéfinie, et qui, même indépendamment de toute considération astronomique, peuvent être regardés comme orientés vers les six points cardinaux : dans le texte de Clément d'Alexandrie que nous avons cité, le haut et le bas correspondent respectivement au Zénith et au Nadir, la droite et la gauche au Sud et au Nord, l'avant et l'arrière à l'Est et à l'Ouest ; ceci pourrait être justifié par les indications concordantes qui se retrouvent dans presque toutes les traditions. On peut dire aussi que l'axe vertical est l'axe polaire, c'est-à-dire la ligne fixe qui joint les deux pôles et autour de laquelle toutes choses accomplissent leur rotation ; c'est donc l'axe principal, tandis que les deux axes horizontaux ne sont que secondaires et relatifs. De ces deux axes horizontaux, l'un, l'axe Nord-Sud, peut être appelé aussi l'axe solsticial, et l'autre, l'axe Est-Ouest, peut être appelé l'axe équinoxial, ce qui nous ramène au point de vue astronomique, en vertu d'une certaine correspondance des points cardinaux avec les phases du cycle annuel, correspondance dont l'exposé complet nous entraînerait loin et n'importe d'ailleurs pas ici, mais trouvera sans doute mieux sa place dans une autre étude [35].

---

1. Ces citations sont empruntées, à titre d'exemple très caractéristique, à un auteur maçonnique bien connu, J.-M. Ragon (*Rituel du grade de Rose-Croix*, pp. 25-28).
2. Il est peut-être bon de rappeler encore ici, quoique nous l'ayons déjà fait en d'autres occasions, que c'est cette interprétation astronomique, toujours insuffisante en elle-même, et

radicalement fausse quand elle prétend être exclusive, qui a donné naissance à la trop fameuse théorie du « mythe solaire », inventée vers la fin du XVIIIe siècle par Dupuis et Volney, puis reproduite plus tard par Max Millier, et encore de nos jours par les principaux représentants d'une soi-disant « science des religions » qui nous est tout à fait impossible de prendre au sérieux.
3. Remarquons, d'ailleurs, que le symbole garde toujours sa valeur propre, même lorsqu'il est tracé sans intention consciente, comme il arrive notamment quand certains symboles incompris sont conservés simplement à titre d'ornementation.
4. Il ne faut pas confondre « directions » et « dimensions » de l'espace : il y a six directions, mais seulement trois dimensions, dont chacune comporte deux directions diamétralement opposées. C'est ainsi que la croix dont nous parlons a six branches, mais est formée seulement de trois droites dont chacune est perpendiculaire aux deux autres ; chaque branche est, suivant le langage géométrique, une « demi-droite » dirigée dans un certain sens à partir du centre.
5. *Le Roi du Monde*, chap. VII.
6. P. Vulliaud, *La Kabbale juive*, t. Ier, pp. 215-216.
7. Ce Nom est formé de quatre lettres, *iod he vau he*, mais parmi lesquelles il n'en est que trois distinctes, le *he* étant répété deux fois.
8. Il s'agit des « colonnes » de l'arbre séphirothique : colonne du milieu, colonne de droite et colonne de gauche ; nous y reviendrons plus loin. Il est essentiel de noter, d'autre part, que l'« éther » dont il est question ici ne doit pas être entendu seulement comme le premier élément du monde corporel, mais aussi dans un sens supérieur obtenu par transposition analogique, comme il arrive également pour l'*Akâsha* de la doctrine hindoue (voir *L'Homme et son devenir selon le Vêdânta*, chap. III).
9. *Sepher Ietsirah*, IV, 5.
10. *Siphra di-Tseniutha* : *Zohar*, II, 176 b.
11. Rappelons ici la parole biblique : « Mille ans sont comme un jour au regard du Seigneur. »
12. *Antiquités judaïques*, I, 4.
13. Ce dernier millénaire est sans doute assimilable au « règne de mille ans » dont il est parlé dans l'*Apocalypse*.
14. Ces lignes sont représentées comme les « cheveux de *Shiva* » dans la tradition hindoue.
15. *La Kabbale juive*, t. Ier, p. 217.
16. *Ibid.*, t. Ier, p. 217.
17. La « formation » (*Ietsirah*) doit être entendue proprement comme la production de la manifestation dans l'état subtil ; la manifestation dans l'état grossier est appelé *Asiah*, tandis que, d'autre part, *Beriah* est la manifestation informelle. Nous avons déjà signalé ailleurs cette exacte correspondance des mondes envisagés par la *Qabbalah* avec le *Tribhuvana* de la doctrine hindoue (*L'Homme et son devenir selon le Vêdânta*, chap. v).
18. Ces trois points peuvent, sous ce rapport, être assimilés aux trois éléments du monosyllabe *Aum (Om)* dans le symbolisme hindou, et aussi dans l'ancien symbolisme chrétien (voir *L'Homme et son devenir selon le Vêdânta*, chap. XVI, 3e éd. et *Le Roi du Monde*, chap. IV).
19. On trouve ici l'équivalent de la distinction que fait la doctrine hindoue entre *Brahma* « non-qualifié » (*nirguna*) et *Brahma* « qualifié » (*saguna*), c'est-à-dire entre le « Suprême » et le « Non-Suprême », ce dernier n'étant autre qu'*Ishwara* (voir *L'Homme et son devenir selon le Vêdânta*, chap. Ier et X). — *Middah* signifie littéralement « mesure » (cf. le sanscrit *mâtra*).
20. On sait que c'est le mot par lequel commence la *Genèse* : « in Principio ».
21. On voit que ce degré est la même chose que le « degré universel » de l'ésotérisme islamique, en lequel se totalisent synthétiquement tous les autres degrés, c'est-à-dire tous les états de l'Existence. La même doctrine fait aussi usage de la comparaison du miroir et d'autres similaires : c'est ainsi que, suivant une expression que nous avons déjà citée ailleurs (*L'Homme et son devenir selon le Vêdânta*, chap. X), l'Unité, considérée en tant qu'elle contient en elle-même tous les aspects de la Divinité (*Asrâr rabbâniyah* ou « mystères dominicaux »), c'est-à-dire tous les attributs divins, exprimés par les noms çifâtiyah (voir *Le Roi du Monde*, chap. III), « est de l'Absolu (le « Saint » insaisissable en dehors de Ses attributs) la surface réverbérante à innombrables facettes qui magnifie toute créature qui s'y mire directement » ; et il est à peine besoin de faire remarquer que c'est précisément de ces *Asrâr rabbâniyah* qu'il est question ici.

22. Le degré représenté par le point, qui correspond à l'Unité, est celui de l'Être pur (*Ishwara* dans la doctrine hindoue).
23. On pourra, à ce propos, se reporter à ce qu'enseigne la doctrine hindoue au sujet de ce qui est au-delà de l'Être, c'est-à-dire de l'état inconditionné d'*Atmâ* (voir *L'Homme et son devenir selon le Vêdânta*, chap. XV, 3e éd., où nous avons indiqué les enseignements concordants des autres traditions).
24. L'Être est encore non-manifesté, mais il est le principe de toute manifestation.
25. L'unité est, en effet, le premier de tous les nombres ; avant elle, il n'y a donc rien qui puisse être compté ; et la numération est prise ici comme symbole de la connaissance en mode distinctif.
26. C'est le Zéro métaphysique, ou le « Non-Être » de la tradition extrême-orientale, symbolisé par le « vide » (cf. *Tao-te-king*, XI) ; nous avons déjà expliqué ailleurs pourquoi les expressions de forme négative sont les seules qui puissent encore s'appliquer au-delà de l'Être (*L'Homme et son devenir selon le Vêdânta* chap. XV, 3e éd.).
27. C'est-à-dire dans l'Être, qui est le principe de l'Existence, laquelle est la même chose que la manifestation universelle, de même que l'unité est le principe et le commencement de tous les nombres.
28. Parce que toutes choses doivent être conçues par la pensée avant d'être réalisées extérieurement : ceci doit être entendu analogiquement par un transfert de l'ordre humain à l'ordre cosmique.
29. Le « Saint des Saints » était représenté par la partie la plus intérieure du Temple de Jérusalem, qui était le Tabernacle (*mishkan*) où se manifestait la *Shekinah*, c'est-à-dire la « présence divine ».
30. C'est le Verbe en tant qu'Intellect divin, qui est, suivant une expression employée par la théologie chrétienne, le « lieu des possibles ».
31. C'est la « permanente actualité » de toutes choses dans l'« éternel présent ».
32. Voir *Le Roi du Monde*, chap. III ; on remarquera que $50 = 7^2 + 1$. Le mot *kol*, « tout », en hébreu et en arabe, a pour valeur numérique 50. Cf. aussi les « cinquante portes de l'Intelligence ».
33. C'est encore le Verbe, mais en tant que Parole divine ; il est d'abord Pensée à l'intérieur (c'est-à-dire en Soi-même), puis Parole à l'extérieur (c'est-à-dire par rapport à l'Existence universelle), la Parole étant la manifestation de la Pensée ; et la première parole proférée est le *Iehi Aor (Fiat Lux)* de la Genèse.
34. Cité dans *La Kabbale juive*, t. Ier, pp. 405-406.
35. On peut noter encore, à titre de concordance, l'allusion que fait saint Paul au symbolisme des directions ou des dimensions de l'espace, lorsqu'il parle de « la largeur, la longueur, la hauteur et la profondeur de l'amour de Jésus-Christ » (*Épître aux Éphésiens*, III, 18). Ici, il n'y a que quatre termes énoncés distinctement au lieu de six : les deux premiers correspondent respectivement aux deux axes horizontaux, chacun de ceux-ci étant pris dans sa totalité ; les deux derniers correspondent aux deux moitiés supérieure et inférieure de l'axe vertical. La raison de cette distinction, en ce qui concerne les deux moitiés de cet axe vertical, est qu'elles se rapportent à deux *gunas* différents, et même opposés en un certain sens ; par contre, les deux axes horizontaux tout entiers se rapportent à un seul et même *guna*, ainsi qu'on va le voir au chapitre suivant.

5
THÉORIE HINDOUE DES TROIS GUNAS

Avant d'aller plus loin, nous devons, à propos de ce qui vient d'être dit, rappeler les indications que nous avons déjà données ailleurs sur la théorie hindoue des trois *gunas* [1] ; notre intention n'est pas de traiter complètement cette théorie avec toutes ses applications, mais seulement d'en présenter un aperçu en ce qui se rapporte à notre sujet. Ces trois *gunas* sont des qualités ou attributions essentielles, constitutives et primordiales des êtres envisagés dans leurs différents états de manifestation [2] ; ce ne sont pas des états, mais des conditions générales auxquelles les êtres sont soumis, par lesquelles ils sont liés en quelque sorte [3], et dont ils participent suivant des proportions indéfiniment variées, en vertu desquelles ils sont répartis hiérarchiquement dans l'ensemble des « trois mondes » (*Tribhuvana*), c'est-à-dire de tous les degrés de l'Existence universelle.

Les trois *gunas* sont : *sattwa*, la conformité à l'essence pure de l'Être (*Sat*), qui est identique à la lumière de la Connaissance (*Jnâna*), symbolisé par la luminosité des sphères célestes qui représentent les états supérieurs de l'être ; *rajas*, l'impulsion qui provoque l'expansion de l'être dans un état déterminé, c'est-à-dire le développement de celles de ses possibilités qui se situent à un certain niveau de l'Existence ; enfin, *tamas*, l'obscurité, assimilée à l'ignorance (*avidyâ*), racine ténébreuse de l'être considéré dans ses états inférieurs. Ceci est vrai pour tous les états manifestés de l'être, quels qu'ils soient, mais on peut aussi, naturellement, considérer plus particulièrement ces qualités ou ces tendances par rapport à l'état humain : *sattwa*, tendance ascendante, se réfère toujours aux états supérieurs, relativement à l'état particulier pris pour base ou pour point de départ de cette répartition hiérarchique et *tamas*, tendance descendante, aux états inférieurs par rapport à ce même état ; quant à *rajas*, il se réfère à ce dernier, considéré comme occupant une situation intermédiaire entre les états supérieurs et les états inférieurs, donc comme défini par une tendance qui n'est ni ascendante ni descendante, mais horizontale ; et, dans le cas présent, cet état est le « monde de l'homme » *(mânava-loka)*, c'est-à-dire le domaine ou le degré occupé dans l'Existence universelle par l'état individuel humain. On peut voir maintenant sans peine le rapport de tout ceci avec le symbolisme de la croix, que ce symbolisme soit d'ailleurs envisagé au point de vue purement métaphysique ou au point de vue cosmologique, et que l'application en soit faite dans l'ordre « macrocosmique » ou dans l'ordre « microcosmique ». Dans tous les cas, nous pouvons dire que *rajas* correspond à toute ligne horizontale, ou mieux, si nous considérons la croix à trois dimensions, à l'ensemble des deux lignes qui définissent le plan horizontal ; *tamas* correspond à la partie inférieure de la ligne verticale, c'est-à-dire à celle qui est située au-dessous de ce plan horizontal, et *sattwa* à la partie supérieure de cette même ligne verticale, c'est-à-dire à celle qui est située au-dessus du plan en question, lequel divise ainsi en deux hémisphères, supérieur et inférieur, la sphère indéfinie dont nous avons parlé plus haut.

Dans un texte du *Vêda*, les trois *gunas* sont présentés comme se convertissant l'un dans l'autre, en procédant selon un ordre ascendant : « Tout était *tamas* (à l'origine de la manifestation considérée comme sortant de l'indifférenciation primordiale de *Prakritï*). Il (c'est-à-dire le Suprême *Brahma*) commanda un changement, et *tamas* prit la teinte (c'est-à-dire la nature) [4] de *rajas* (intermédiaire entre l'obscurité et la luminosité) ; et *rajas*, ayant reçu de nouveau un commandement, revêtit la nature de *sattwa*. » Si nous considérons la croix à trois dimensions comme tracée à partir du centre d'une sphère, ainsi que nous venons de le faire et que nous aurons souvent à le faire encore par la suite, la conversion de *tamas* en *rajas* peut être représentée comme décrivant la moitié inférieure de cette sphère, d'un pôle à l'équateur, et celle de *rajas* en *sattwa* comme décrivant la moitié supérieure de la même sphère, de l'équateur à l'autre pôle. Le plan de l'équateur, supposé horizontal, représente alors, comme nous l'avons dit, le domaine d'expansion de *rajas*, tandis que *tamas* et *sattwa* tendent respectivement vers les deux pôles, extrémités de l'axe vertical [5]. Enfin, le point d'où est ordonnée la conversion de *tamas* en *rajas*, puis celle de *rajas* en *sattwa*, est le centre même de la sphère, ainsi qu'on peut s'en rendre compte immédiatement en se reportant aux considérations exposées dans le chapitre précédent [6] ; nous aurons d'ailleurs, dans ce qui suivra, l'occasion de l'expliquer plus complètement encore [7].

Ceci est également applicable, soit à l'ensemble des degrés de l'Existence universelle, soit à celui des états d'un être quelconque ; il y a toujours une parfaite correspondance entre ces deux cas, chaque état d'un être se développant, avec toute l'extension dont il est susceptible (et qui est indéfinie), dans un degré déterminé de l'Existence. En outre, on peut en faire certaines applications plus particulières, notamment, dans l'ordre cosmologique, à la sphère des éléments ; mais, comme la théorie des éléments ne rentre pas dans notre présent sujet, il est préférable de réserver tout ce qui la concerne pour une autre étude, dans laquelle nous nous proposons de traiter des conditions de l'existence corporelle.

---

1. Voir *Introduction générale à l'étude des doctrines hindoues*, p. 244 et *L'Homme et son devenir selon le Vêdânta,* chap. IV.
2. Les trois *gunas* sont en effet inhérents à *Prakriti* même, qui est la « racine » *(mûla)* de la manifestation universelle ; ils sont d'ailleurs en parfait équilibre dans son indifférenciation primordiale, et toute manifestation représente une rupture de cet équilibre.
3. Dans son acception ordinaire et littérale, le mot *guna* signifie « corde » ; de même, les termes *bandha* et *pâsha,* qui signifient proprement « lien », s'appliquent à toutes les conditions particulières et limitatives d'existence *(upâdhis)* qui définissent plus spécialement tel ou tel état ou mode de la manifestation. Il faut dire cependant que la dénomination de *guna* s'applique plus particulièrement à la corde d'un arc ; elle exprimerait donc, sous un certain rapport tout au moins, l'idée de « tension » à des degrés divers, d'où, par analogie, celle de « qualification » ; mais peut-être est-ce moins l'idée de « tension » qu'il faut voir ici que celle de « tendance », qui lui est d'ailleurs apparentée comme les mots mêmes l'indiquent, et qui est celle qui répond le plus exactement à la définition des trois *gunas*.
4. Le mot *varna,* qui signifie proprement « couleur », et par généralisation « qualité », est employé ; analogiquement pour désigner la nature ou l'essence d'un principe ou d'un être ; de là dérive aussi son usage dans le sens de « caste », parce que l'institution des castes, envisagée dans sa raison profonde, traduit essentiellement la diversité des natures propres aux différents individus humains (voir *Introduction générale à l'étude des doctrines hindoues*, 3ᵉ partie, chap. vi). D'ailleurs, en ce qui concerne les trois *gunas*, ils sont effectivement représentés par des couleurs symboliques : *tamas* par le noir, *rajas* par le rouge, et *sattwa* par le blanc *(Chândogya Upanishad,* 6ᵉ Prapâthaka, 3ᵉ Khanda shruti I ; cf. *Autorité spirituelle et pouvoir temporel* 2ᵉ éd., p. 53).
5. Ce symbolisme nous semble éclairer et justifier suffisamment l'image de la « corde d'arc » qui se trouve, comme nous l'avons dit, impliquée dans la signification du terme *guna*.
6. C'est à ce rôle du Principe, dans le monde et dans chaque être, que se réfère l'expression d'« ordonnateur interne » *(antaryâmî)* : il dirige toutes choses de l'intérieur, résidant lui-même au point le plus intérieur de tous, qui est le centre (voir *L'Homme et son devenir selon le Vêdânta,* chap. xiv, 3ᵉ éd.).
7. Sur ce même texte considéré comme donnant un schéma de l'organisation des « trois mondes », en correspondance avec les trois *gunas*, voir *L'Esotérisme de Dante*, chap. vi.

6
L'UNION DES COMPLÉMENTAIRES

Nous devons maintenant envisager, au moins sommairement, un autre aspect du symbolisme de la croix, qui est peut-être le plus généralement connu, quoiqu'il ne semble pas, au premier abord tout au moins présenter une relation très directe avec tout ce que nous avons vu jusqu'ici : nous voulons parler de la croix considérée comme symbole de l'union des complémentaires. Nous pouvons, à cet égard, nous contenter d'envisager la croix, comme on le fait le plus souvent, sous sa forme à deux dimensions ; il suffit d'ailleurs, pour revenir de là à la forme à trois dimensions, de remarquer que la droite horizontale unique peut être prise comme la projection du plan horizontal tout entier sur le plan supposé vertical dans lequel la figure est tracée. Cela posé, on regarde la ligne verticale comme représentant le principe actif, et la ligne horizontale le principe passif ; ces deux principes sont aussi désignés respectivement, par analogie avec l'ordre humain, comme masculin et féminin ; si on les prend dans leur sens le plus étendu, c'est-à-dire par rapport à tout l'ensemble de la manifestation universelle, ce sont ceux auxquels la doctrine hindoue donne les noms de *Purusha* et de *Prakriti* [1]. Il ne s'agit pas de reprendre ou de développer ici les considérations auxquelles peuvent donner lieu les rapports de ces deux principes, mais seulement de montrer que, en dépit des apparences, il existe un certain lien entre cette signification de la croix et celle que nous avons appelée sa signification métaphysique.

Nous dirons tout de suite, quitte à y revenir plus tard d'une façon plus explicite, que ce lien résulte de la relation qui existe, dans le symbolisme métaphysique de la croix, entre l'axe vertical et le plan horizontal. Il doit être bien entendu que des termes comme ceux d'actif et de passif, ou leurs équivalents, n'ont de sens que l'un par rapport à l'autre, car le complémentarisme est essentiellement une corrélation entre deux termes. Cela étant, il est évident qu'un complémentarisme comme celui de l'actif et du passif peut être envisagé à des degrés divers, si bien qu'un même terme pourra jouer un rôle actif ou passif suivant ce par rapport à quoi il jouera ce rôle ; mais, dans tous les cas, on pourra toujours dire que, dans une telle relation, le terme actif est, dans son ordre, l'analogue de *Purusha*, et le terme passif l'analogue de *Prakriti*. Or nous verrons par la suite que l'axe vertical, qui relie tous les états de l'être en les traversant en leurs centres respectifs, est le lieu de manifestation de ce que la tradition extrême-orientale appelle l'« Activité du Ciel », qui est précisément l'activité « non-agissante » de *Purusha*, par laquelle sont déterminées en *Prakriti* les productions qui correspondent à toutes les possibilités de manifestation. Quant au plan horizontal, nous verrons qu'il constitue un « plan de réflexion », représenté symboliquement comme la « surface des eaux », et l'on sait que les « Eaux » sont, dans toutes les traditions, un symbole de *Prakriti* ou de la « passivité universelle » [2] ; à vrai dire, comme ce plan représente un certain degré de l'Existence (et l'on pourrait envisager de même l'un quelconque des plans horizontaux correspondant à la multitude indéfinie des états de manifestation), il ne s'identifie pas à *Prakriti* elle-même, mais seulement à quelque chose de déjà déterminé par un certain ensemble de conditions spéciales d'existence (celles qui définissent un monde), et qui joue le rôle de *Prakriti*, en un sens relatif, à un certain niveau dans l'ensemble de la manifestation universelle.

Nous devons aussi préciser un autre point, qui se rapporte directement à la considération de l'« Homme Universel » : nous avons parlé plus haut de celui-ci comme constitué par l'ensemble « Adam-Ève », et nous avons dit ailleurs que le couple *Purusha-Prakriti*, soit par rapport à toute la manifestation, soit plus particulièrement par rapport à un état d'être déterminé, peut être regardé comme équivalent à l'« Homme Universel » [3]. À ce point de vue, l'union des complémentaires devra donc être considérée comme constituant l'« Androgyne » primordial dont parlent toutes les traditions ; sans nous étendre davantage sur cette question, nous pouvons dire que ce qu'il faut entendre par là, c'est que, dans la totalisation de l'être, les complémentaires doivent effectivement se trouver en équilibre parfait, sans aucune prédominance de l'un sur l'autre. Il est à remarquer, d'autre part, qu'à cet « Androgyne » est en général attribuée symboliquement la forme sphérique [4], qui est la moins différenciée de toutes, puisqu'elle s'étend également dans toutes les directions, et que les Pythagoriciens regardaient comme la forme la plus parfaite et comme la figure de la totalité universelle [5]. Pour donner ainsi l'idée de la totalité, la sphère doit d'ailleurs, ainsi que nous l'avons déjà dit, être indéfinie, comme le sont les axes qui forment la croix, et qui sont trois diamètres rectangulaires de cette sphère ; en d'autres termes, la sphère, étant constituée par le rayonnement même de son centre, ne se ferme jamais, ce rayonnement étant indéfini et remplissant l'espace tout entier par une série d'ondes concentriques, dont chacune reproduit les deux phases de concentration et d'expansion de la vibration initiale [6]. Ces deux phases sont d'ailleurs elles-mêmes une des expressions du complémentarisme [7] ; si, sortant des conditions spéciales qui sont inhérentes à la manifestation (en mode successif), on les envisage en simultanéité, elles s'équilibrent l'une l'autre, de sorte que leur réunion équivaut en réalité à l'immutabilité principielle, de même que la somme des déséquilibres partiels par lesquels est réalisée toute manifestation constitue toujours et invariablement l'équilibre total.

Enfin, une remarque qui a aussi son importance est celle-ci : nous avons dit tout à l'heure que les termes d'actif et de passif, exprimant seulement une relation, pouvaient être appliqués à différents degrés ; il résulte de là que, si nous considérons la croix à trois dimensions, dans laquelle l'axe vertical et le plan horizontal sont dans cette relation d'actif et de passif, on pourra encore envisager en outre la même relation entre les deux axes horizontaux, ou entre ce qu'ils représenteront respectivement. Dans ce cas, pour conserver la correspondance symbolique établie tout d'abord, on pourra, bien que ces axes soient tous les deux horizontaux en réalité, dire que l'un d'eux, celui qui joue le rôle actif, est relativement vertical par rapport à l'autre. C'est ainsi que, par exemple, si nous regardons ces deux axes comme étant respectivement l'axe solsticial et l'axe équinoxial, ainsi que nous l'avons dit plus haut, conformément au symbolisme du cycle annuel, nous pourrons dire que l'axe solsticial est relativement vertical par rapport à l'axe équinoxial, de telle sorte que, dans le plan horizontal, il joue analogiquement le rôle d'axe polaire (axe Nord-Sud, l'axe équinoxial jouant alors le rôle d'axe équatorial (axe Est-Ouest) [8]. La croix horizontale reproduit ainsi, dans son plan, des rapports analogues à ceux qui sont exprimés par la croix verticale ; et, pour revenir ici au symbolisme métaphysique qui est celui qui nous importe essentiellement, nous pouvons dire encore que l'intégration de l'état humain, représentée par la croix horizontale, est dans l'ordre d'existence auquel elle se réfère, comme une image de la totalisation même de l'être, représentée par la croix verticale [9].

---

1. Voir *L'Homme et son devenir selon le Vêdânta,* chap. IV.
2. Voir *ibid.,* chap. V.
3. *Ibid.,* chap. IV.
4. On connaît à cet égard le discours que Platon, dans le *Banquet,* met dans la bouche d'Aristophane, et dont la plupart des commentateurs modernes ont le tort de méconnaître la valeur symbolique, pourtant évidente. On trouve quelque chose de tout à fait similaire dans un certain aspect du symbolisme du *yin-yang* extrême-oriental, dont il sera question plus loin.

5. Parmi toutes les lignes d'égale longueur, la circonférence est celle qui enveloppe la surface maxima ; de même, parmi les corps d'égale surface, la sphère est celui qui contient le volume maximum ; c'est là, au point de vue purement mathématique, la raison pour laquelle ces figures étaient regardées comme les plus parfaites. Leibnitz s'est inspiré de cette idée dans sa conception du « meilleur des mondes », qu'il définit comme étant, parmi la multitude indéfinie de tous les mondes possibles, celui qui renferme le plus d'être ou de réalité positive ; mais l'application qu'il en fait ainsi est, comme nous l'avons déjà indiqué, dépourvue de toute portée métaphysique véritable.
6. Cette forme sphérique lumineuse, indéfinie et non fermée, avec ses alternatives de concentration et d'expansion (successives au point de vue de la manifestation, mais en réalité simultanées dans l'« éternel présent »), est, dans l'ésotérisme islamique, la forme de la *Rûh muhammadiyah* ; c'est cette forme totale de l'« Homme-Universel » que Dieu ordonna aux anges d'adorer, ainsi qu'il a été dit plus haut ; et la perception de cette même forme est impliquée dans un des degrés de l'initiation islamique.
7. Nous avons indiqué plus haut que ceci, dans la tradition hindoue, est exprimé par le symbolisme du mot *Hamsa*. On trouve aussi, dans certains textes tantriques, le mot *aha* symbolisant l'union de *Shiva et Shakti*, représentés respectivement par la première et la dernière lettres de l'alphabet sanscrit (de même que, dans la particule hébraïque *eth*, l'*aleph* et le *thau* représentent l'« essence » et la « substance » d'un être).
8. Cette remarque trouve notamment son application dans le symbolisme du *swastika*, dont il sera question plus loin.
9. Au sujet du complémentarisme, nous signalerons encore que, dans le symbolisme de l'alphabet arabe, les deux premières lettres, *alif* et *be*, sont considérées respectivement comme active ou masculine et comme passive ou féminine ; la forme de la première étant verticale, et celle de la seconde étant horizontale, leur réunion forme la croix. D'autre part, les valeurs numériques de ces lettres étant respectivement 1 et 2, ceci s'accorde avec le symbolisme arithmétique pythagoricien, selon lequel la « monade » est masculine et la « dyade » féminine ; la même concordance se retrouve d'ailleurs dans d'autres traditions, par exemple dans la tradition extrême-orientale, où, dans les figures des *koua* ou « trigrammes » de Fo-hi, le *yang*, principe masculin, est représenté par un trait plein, et le *yin*, principe féminin, par un trait brisé (ou mieux interrompu en son milieu) ; ces symboles, appelés les « deux déterminations », évoquent respectivement l'idée de l'unité et celle de la dualité ; il va de soi que ceci, comme dans le Pythagorisme lui-même, doit être entendu en un tout autre sens que celui du simple système de « numération » que Leibnitz s'était imaginé y trouver (voir *Orient et Occident*, 2e éd. pp. 64-70). D'une façon générale, suivant le *Yi-king*, les nombres impairs correspondent au *yang* et les nombres pairs au *yin* ; il semble que l'idée pythagoricienne du pair et de l'impair se retrouve aussi dans ce que Platon appelle le « même » et l'« autre », correspondant respectivement à l'unité et à la dualité, envisagées d'ailleurs exclusivement dans le monde manifesté. — Dans la numération chinoise, la croix représente le nombre 10 (le chiffre romain X n'est d'ailleurs, lui aussi, que la croix autrement disposée) ; on peut voir là une allusion au rapport du dénaire avec le quaternaire : $1 + 2 + 3 + 4 = 10$, rapport qui était figuré aussi par la *Tétraktys* pythagoricienne. En effet, dans la correspondance des figures géométriques avec les nombres, la croix représente naturellement le quaternaire ; plus précisément, elle le représente sous un aspect dynamique, tandis que le carré le représente sous un aspect statique ; la relation entre ces deux aspects est exprimée par le problème hermétique de la « quadrature du cercle », ou, suivant le symbolisme géométrique à trois dimensions, par un rapport entre la sphère et le cube auquel nous avons eu l'occasion de faire allusion à propos des figures du « Paradis terrestre » et de la « Jérusalem céleste » (*Le Roi du Monde*, chap. XI). Enfin, nous noterons encore, à ce sujet, que, dans le nombre 10, les deux chiffres 1 et 0 correspondent aussi respectivement à l'actif et au passif, représentés par le centre et la circonférence suivant un autre symbolisme, qu'on peut d'ailleurs rattacher à celui de la croix en remarquant que le centre est la trace de l'axe vertical dans le plan horizontal, dans lequel doit alors être supposée située la circonférence, qui représentera l'expansion dans ce même plan par une des ondes concentriques suivant lesquelles elle s'effectue ; le cercle avec le point central, figure du dénaire, est en même temps le symbole de la perfection cyclique, c'est-à-dire de la réalisation intégrale des possibilités impliquées dans un état d'existence.

7
LA RÉSOLUTION DES OPPOSITIONS

Dans le chapitre précédent, nous avons parlé de complémentaires, non de contraires ; il importe de ne pas confondre ces deux notions comme on le fait quelquefois à tort, et de ne pas prendre le complémentarisme pour une opposition. Ce qui peut donner lieu à certaines confusions à cet égard, c'est qu'il arrive parfois que les mêmes choses apparaissent comme contraires ou comme complémentaires suivant le point de vue sous lequel on les envisage ; dans ce cas, on peut toujours dire que l'opposition correspond au point de vue le plus inférieur ou le plus superficiel, tandis que le complémentarisme, dans lequel cette opposition se trouve en quelque sorte conciliée et déjà résolue, correspond par là même à un point de vue plus élevé ou plus profond, ainsi que nous l'avons expliqué ailleurs [1]. L'unité principielle exige en effet qu'il n'y ait pas d'oppositions irréductibles [2] ; donc, s'il est vrai que l'opposition entre deux termes existe bien dans les apparences et possède une réalité relative à un certain niveau d'existence, cette opposition doit disparaître comme telle et se résoudre harmoniquement, par synthèse ou intégration, en passant à un niveau supérieur. Prétendre qu'il n'en est pas ainsi, ce serait vouloir introduire le déséquilibre jusque dans l'ordre principiel lui-même, alors que, comme nous le disions plus haut, tous les déséquilibres qui constituent les éléments de la manifestation, envisagés « distinctivement » concourent nécessairement à l'équilibre total, que rien ne peut affecter ni détruire. Le complémentarisme même, qui est encore dualité, doit, à un certain degré, s'effacer devant l'unité, ses deux termes s'équilibrant et se neutralisant en quelque sorte en s'unissant jusqu'à fusionner indissolublement dans l'indifférenciation primordiale.

La figure de la croix peut aider à comprendre la différence qui existe entre le complémentarisme et l'opposition : nous avons vu que la verticale et l'horizontale pouvaient être prises comme représentant deux termes complémentaires ; mais, évidemment, on ne peut dire qu'il y ait opposition entre le sens vertical et le sens horizontal. Ce qui représente nettement l'opposition, dans la même figure, ce sont les directions contraires, à partir du centre, des deux demi-droites qui sont les deux moitiés d'un même axe, quel que soit cet axe ; l'opposition peut donc être envisagée également, soit dans le sens vertical, soit dans le sens horizontal. On aura ainsi, dans la croix verticale à deux dimensions, deux couples de termes opposés formant un quaternaire ; il en sera de même dans la croix horizontale, dont un des axes peut d'ailleurs être considéré comme relativement vertical, c'est-à-dire comme jouant le rôle d'un axe vertical par rapport à l'autre, ainsi que nous l'avons expliqué à la fin du chapitre précédent. Si l'on réunit les deux figures dans celle de la croix à trois dimensions, on a trois couples de termes opposés, comme nous l'avons vu précédemment à propos des directions de l'espace et des points cardinaux. Il est à remarquer qu'une des oppositions quaternaires les plus généralement connues, celle des éléments et des qualités sensibles qui leur correspondent, doit être disposée suivant la croix horizontale ; dans ce cas, en effet, il s'agit exclusivement de la constitution du monde corporel, qui se situe tout entier à un même degré de l'Existence et n'en représente même qu'une portion très restreinte. Il en est de même quand on envisage seulement quatre points cardinaux, qui sont alors ceux du monde terrestre, représenté symboliquement par le plan horizontal, tandis que le Zénith et le Nadir, opposés suivant l'axe vertical, correspondent à l'orientation vers les mondes respectivement supérieurs et inférieurs par rapport à ce même monde terrestre. Nous avons vu qu'il en est de même encore pour la double opposition des solstices et des équinoxes, et cela aussi se comprend aisément, car l'axe vertical, demeurant fixe et immobile alors que toutes choses accomplissent leur rotation autour de lui, est évidemment indépendant des vicissitudes cycliques, qu'il régit ainsi en quelque sorte par son immobilité même, image sensible de l'immutabilité principielle [3]. Si l'on ne considère que la croix horizontale, l'axe vertical y est représenté par le point central lui-même, qui est celui où il rencontre le plan horizontal ; ainsi, tout plan horizontal, symbolisant un état ou un degré quelconque de l'Existence, a en ce point qui peut être appelé son centre (puisqu'il est l'origine du système de coordonnées auquel tout point du plan pourra être rapporté) cette même image de l'immutabilité. Si l'on applique ceci, par exemple, à la théorie des éléments du monde corporel, le centre correspondra au cinquième élément, c'est-à-dire à l'éther [4], qui est en réalité le premier de tous selon l'ordre de production, celui dont tous les autres procèdent par différenciations successives, et qui réunit en lui toutes les qualités opposées, caractéristiques des autres éléments, dans un état d'indifférenciation et d'équilibre parfait, correspondant dans son ordre à la non-manifestation principielle [5].

Le centre de la croix est donc le point où se concilient et se résolvent toutes les oppositions ; en ce point s'établit la synthèse de tous les termes contraires, qui, à la vérité, ne sont contraires que suivant les points de vue extérieurs et particuliers de la connaissance en mode distinctif. Ce point central correspond à ce que l'ésotérisme islamique désigne comme la « station divine », qui est « celle qui réunit les contrastes et les antinomies » *(El-maqâmulilahî, huwa maqâm ijtimâ ed-diddaîn)* [6] ; c'est ce que la tradition extrême-orientale, de son côté, appelle l'« Invariable Milieu » *(Tchoung-young)*, qui est le lieu de l'équilibre parfait, représenté comme le centre de la « roue cosmique » [7] et qui est aussi, en même temps, le point où se reflète directement l'« Activité du Ciel » [8]. Ce centre dirige toutes choses par son « activité non-agissante » *(wei wou-wei)*, qui, bien que non-manifestée, ou plutôt parce que non-manifestée, est en réalité la plénitude de l'activité, puisque c'est celle du Principe dont sont dérivées toutes les activités particulières ; c'est ce que Lao-tseu exprime en ces termes : « Le Principe est toujours non-agissant, et cependant tout est fait par lui [9]. »

Le sage parfait, selon la doctrine taoïste, est celui qui est parvenu au point central et qui y demeure en union indissoluble avec le Principe, participant de son immutabilité et imitant son « activité non-agissante » : « Celui qui est arrivé au maximum du vide, dit encore Lao-tseu, celui-là sera fixé solidement dans le repos... Retourner à sa racine (c'est-à-dire au Principe, à la fois origine première et fin dernière de tous les êtres) [10], c'est entrer dans l'état de repos [11]. » Le « vide » dont il s'agit ici, c'est le détachement complet à l'égard de toutes les choses manifestées, transitoires et contingentes [12], détachement par lequel l'être échappe aux vicissitudes du « courant des formes », à l'alternance des états de « vie » et de « mort », de « condensation » et de « dissipation » [13], passant de la circonférence de la « roue cosmique » à son centre, qui est désigné lui-même comme « le vide (le non-manifesté) qui unit les rayons et en fait une roue » [14]. « La paix dans le vide, dit Lie-tseu, est un état indéfinissable ; on ne la prend ni ne la donne ; on arrive à s'y établir [15]. » Cette « paix dans le vide », c'est la « Grande Paix » de l'ésotérisme islamique [16], appelée en arabe *Es-Sakînah*, désignation qui l'identifie à la *Shekinah* hébraïque, c'est-à-dire à la « présence divine » au centre de l'être, représenté symboliquement comme le cœur dans toutes les traditions [17] ; et cette « présence divine » est en effet impliquée par l'union avec le Principe, qui ne peut effectivement s'opérer qu'au centre même de l'être. « À celui qui demeure dans le non-manifesté, tous les êtres se manifestent... Uni au Principe, il est en harmonie, par lui, avec tous les êtres. Uni au Principe, il connaît tout par les raisons générales supérieures, et n'use plus, par suite, de ses divers sens, pour connaître en particulier et en détail. La vraie raison des choses est invisible, insaisissable, indéfinissable indéterminable. Seul, l'esprit rétabli dans l'état de simplicité parfaite peut l'atteindre dans la contemplation profonde [18]. »

Placé au centre de la « roue cosmique », le sage parfait la meut invisiblement [19], par sa seule présence, sans participer à son mouvement, et sans avoir à se préoccuper d'exercer une action quelconque : « L'idéal, c'est l'indifférence (le détachement) de l'homme transcendant, qui laisse tourner la roue cosmique [20]. » Ce détachement absolu le rend maître de toutes choses, parce que, ayant dépassé toutes les oppositions qui sont inhérentes à la multiplicité, il ne peut plus être affecté par rien : « Il a atteint l'impassibilité parfaite ; la vie et la mort lui sont également indifférentes, l'effondrement de l'univers (manifesté) ne lui causerait aucune émotion [21]. À force de scruter, il est arrivé à la vérité immuable, la connaissance du Principe universel unique. Il laisse évoluer tous les êtres selon leur destinée, et se tient, lui, au centre immobile de toutes les destinées [22] ... Le signe extérieur de cet état intérieur, c'est l'imperturbabilité ; non pas celle du brave qui fonce seul, pour l'amour de la gloire, sur une armée rangée en bataille ; mais celle de l'esprit qui, supérieur au ciel, à la terre, à tous les êtres [23], habite dans un corps auquel il ne tient pas [24], ne fait aucun cas des images que ses sens lui fournissent, connaît tout par connaissance globale dans son unité immobile [25]. Cet esprit-là, absolument indépendant, est maître des hommes ; s'il lui plaisait de les convoquer en masse, au jour fixé tous accourraient ; mais il ne veut pas se faire servir [26]. »

Au point central, toutes les distinctions inhérentes aux points de vue extérieurs sont dépassées ; toutes les oppositions ont disparu et sont résolues dans un parfait équilibre. « Dans l'état primordial, ces oppositions n'existaient pas. Toutes sont dérivées de la diversification des êtres (inhérentes à la manifestation et contingente comme elle), et de leurs contacts causés par la giration universelle [27]. Elles cesseraient, si la diversité et le mouvement cessaient. Elles cessent d'emblée d'affecter l'être qui a réduit son moi distinct et son mouvement particulier à presque rien [28]. Cet être n'entre plus en conflit avec aucun être, parce qu'il est établi dans l'infini, effacé dans l'infini [29]. Il est parvenu et se tient au point de départ des transformations, point neutre où il n'y a pas de conflits. Par concentration de sa nature, par alimentation de son esprit vital, par rassemblement de toutes ses puissances, il s'est uni au principe de toutes les genèses. Sa nature étant entière (totalisée synthétiquement dans l'unité principielle), son esprit vital étant intact, aucun être ne saurait l'entamer [30]. »

Ce point central et primordial est identique au « Saint Palais » de la *Qabbalah* hébraïque ; en lui-même, il n'est pas situé, car il est absolument indépendant de l'espace, qui n'est que le résultat de son expansion ou de son développement indéfini en tous sens, et qui, par conséquent, procède entièrement de lui : « Transportons-nous en esprit, en dehors de ce monde des dimensions et des localisations, et il n'y aura plus lieu de vouloir situer le Principe [31]. » Mais, l'espace étant réalisé, le point primordial, tout en demeurant toujours essentiellement « non-localisé » (car il ne saurait être affecté ou modifié par là en quoi que ce soit), se fait le centre de cet espace (c'est-à-dire, en transportant ce symbolisme, le centre de toute la manifestation universelle), ainsi que nous l'avons déjà indiqué ; c'est de lui que partent les six directions, qui s'opposant deux à deux, représentent tous les contraires, et c'est aussi à lui qu'elles reviennent, par le mouvement alternatif d'expansion et de concentration qui constitue, ainsi qu'il a été dit plus haut, les deux phases complémentaires de toute manifestation. C'est la seconde de ces phases, le mouvement de retour vers l'origine, qui marque la voie suivie par le sage pour parvenir à l'union avec le Principe : la « concentration de sa nature », le « rassemblement de toutes ses puissances », dans le texte que nous citions tout à l'heure, l'indiquent aussi nettement que possible ; et la « simplicité », dont il a déjà été question, correspond à l'unité « sans dimensions » du point primordial. « L'homme absolument simple fléchit par sa simplicité tous les êtres..., si bien que rien ne s'oppose à lui dans les six régions de l'espace, que rien ne lui est hostile, que le feu et l'eau ne le blessent pas. [32] » En effet, il se tient au centre, dont les six directions sont issues par rayonnement et, où elles viennent, dans le mouvement de retour, se neutraliser deux à deux, de sorte que, en ce point unique, leur triple opposition cesse entièrement, et que rien de ce qui en résulte ou s'y localise ne peut atteindre l'être qui demeure dans l'unité immuable. Celui-ci ne s'opposant à rien, rien non plus ne saurait s'opposer à lui, car l'opposition est nécessairement une relation réciproque, qui exige deux termes en présence, et qui, par conséquent, est incompatible avec l'unité principielle ; et l'hostilité, qui n'est qu'une suite ou une manifestation extérieure de l'opposition, ne peut exister à l'égard d'un être qui est en dehors et au-delà de toute opposition. Le feu et l'eau, qui sont le type des contraires dans le « monde élémentaire », ne peuvent le blesser, car, à vrai dire, ils n'existent même plus pour lui en tant que contraires, étant rentrés, en s'équilibrant et se neutralisant l'un l'autre par la réunion de leurs qualités apparemment opposées, mais réellement complémentaires [33], dans l'indifférenciation de l'éther primordial.

Pour celui qui se tient au centre, tout est unifié, car il voit tout dans l'unité du Principe ; tous les points de vue particuliers (ou, si l'on veut, « particularistes ») et analytiques qui ne sont fondés que sur des distinctions contingentes, et dont naissent toutes les divergences des opinions individuelles, ont disparu pour lui, résorbés dans la synthèse totale de la connaissance transcendante, adéquate à la vérité une et immuable. « Son point de vue à lui, c'est un point d'où ceci et cela, oui et non, paraissent encore non-distingués. Ce point est le pivot de la norme ; c'est le centre immobile d'une circonférence sur le contour de laquelle roulent toutes les contingences, les distinctions et les individualités ; d'où l'on ne voit qu'un infini, qui n'est ni ceci ni cela, ni oui ni non. Tout voir dans l'unité primordiale non encore différenciée, ou d'une distance telle que tout se fond en un, voilà la vraie intelligence [34]. » Le « pivot de la norme », c'est ce que presque toutes les traditions appellent le « Pôle » [35], c'est-à-dire, comme nous l'avons déjà expliqué, le point fixe autour duquel s'accomplissent toutes les révolutions du monde, selon la norme ou la loi qui régit toute manifestation, et qui n'est elle-même que l'émanation directe du centre, c'est-à-dire l'expression de la « Volonté du Ciel » dans l'ordre cosmique [36].

---

1. *La Crise du Monde moderne*, pp. 43-44. 2ᵉ éd.
2. Par conséquent, tout « dualisme », qu'il soit d'ordre théologique comme celui qu'on attribue aux Manichéens, ou d'ordre philosophique comme celui de Descartes, est une conception radicalement fausse.
3. C'est le « moteur immobile » d'Aristote, auquel nous avons eu déjà par ailleurs l'occasion de faire d'assez fréquentes allusions.
4. C'est la « quintessence » (*quinta essentia*) des alchimistes, parfois représentée, au centre de la croix des éléments, par une figure telle que l'étoile à cinq branches ou la fleur à cinq pétales. Il est dit aussi que l'éther a une « quintuple nature » ; ceci doit s'entendre de l'éther envisagé en lui-même et comme principe des quatre autres éléments.
5. C'est la raison pour laquelle la désignation de l'éther est susceptible de donner lieu aux transpositions analogiques que nous avons signalées plus haut ; elle est alors prise symboliquement comme une désignation de l'état principal lui-même.
6. On atteint cette « station », ou ce degré de réalisation effective de l'être, par *El-fanâ*, c'est-à-dire par l'« extinction » du « moi » dans le retour à l'« état primordial » ; cette « extinction » n'est pas sans analogie, même quant au sens littéral du terme qui la désigne, avec le *Nirvana* de la doctrine hindoue. Au delà d'*El-fanâ*, il y a encore *Fana el-fanâi*, l'« extinction de l'extinction », qui correspond de même au *Parinirvâna* (voir *L'Homme et son devenir selon le Vêdânta*, chap. XIII, 3ᵉ éd.). En un certain sens, le passage de l'un de ces degrés à l'autre se rapporte à l'identification du centre d'un état de l'être avec celui de l'être total, suivant ce qui sera expliqué plus loin.
7. Voir *Le Roi du Monde*, chap. Iᵉʳ et IV, et *L'Esotérisme de Dante*, 3ᵉ éd., p. 62.
8. Le Confucianisme développe l'application de l'« Invariable Milieu » à l'ordre social, tandis que la signification purement métaphysique en est donnée par le Taoïsme.
9. *Tao-te-king*, XXXVII.
10. Le mot *Tao*, littéralement « Voie », qui désigne le Principe, est représenté par un caractère idéographique qui réunit les signes de la tête et des pieds, ce qui équivaut au symbole de l'*alpha* et de l'*ôméga* dans les traditions occidentales.
11. *Tao-te-king*, XVI.
12. Ce détachement est identique à *El-fanâ* ; on pourra se reporter aussi à ce qu'enseigne la *Bhagavad-Gîtâ* sur l'indifférence à l'égard des fruits de l'action, indifférence par laquelle l'être échappe à l'enchaînement indéfini des conséquences de cette action : c'est l'« action sans désir » (*nishkâma karma*), tandis que l'« action avec désir » (*sakâma karma*) est l'action accomplie en vue de ses fruits.
13. Aristote, dans un sens semblable, dit « génération » et « corruption ».
14. *Tao-te-king*, XI. — La forme la plus simple de la roue est le cercle divisé en quatre parties égales par la croix ; outre cette roue à quatre rayons, les formes les plus répandues dans le symbolisme de tous les peuples sont les roues à six et huit rayons ; naturellement, chacun de ces nombres ajoute à la signification générale de la roue une nuance particulière. La figure octogonale des huit *koua* ou « trigrammes » de Fo-hi, qui est un des symboles fondamentaux de la tradition extrême-orientale, équivaut à certains égards à la roue à huit rayons, ainsi que le lotus à huit pétales. Dans les anciennes traditions de l'Amérique centrale, le symbole du monde est toujours donné par le cercle dans lequel est inscrite une croix.

15. *Lie-tseu*, chap. Ier. — Nous citons les textes de Lie-tseu et de Tchoang-tseu d'après la traduction du R. P. Léon Wieger.
16. C'est aussi la *Pax profunda* de la tradition rosi-crucienne.
17. Voir *L'Homme et son devenir selon le Vêdânta*, chap. XIII, 3e éd., et *Le Roi du Monde*, chap. III. — Il est dit qu'*Allah* « fait descendre la Paix dans les cœurs des fidèles » *(Huwa elladhî anzala es-Sakînata fî qulû-bil-mûminîn)* ; et la *Qabbalah* hébraïque enseigne exactement la même chose : « La *Shekinah* porte ce nom, dit l'hébraïsant Louis Cappel, parce qu'elle habite *(shakan)* dans le cœur des fidèles, laquelle habitation fut symbolisée par le Tabernacle *(mishkan)* où Dieu est censé résider » *(Critica sacra*, p. 311, édition d'Amsterdam, 1689 ; cité par M. P. Vulliaud, *La Kabbale juive*, t. Ier, p. 493). Il est à peine besoin de faire remarquer que la « descente » de la « Paix » dans le cœur s'effectue suivant l'axe vertical : c'est la manifestation de l'« Activité du Ciel ». — Voir aussi, d'autre part, l'enseignement de la doctrine hindoue sur le séjour de Brahma, symbolisé par l'éther, dans le cœur, c'est-à-dire dans le centre vital de l'être humain *(L'Homme et son devenir selon le Vêdânta*, chap. III).
18. *Lie-tseu*, chap. IV. — On voit ici toute la différence qui sépare la connaissance transcendante du sage du savoir ordinaire ou « profane » ; les allusions à la « simplicité », expression de l'unification de toutes les puissances de l'être, et regardée comme caractéristique de l'« état primordial », sont fréquentes dans le Taoïsme. De même, dans la doctrine hindoue, l'état d'« enfance » *(bâlya)*, entendu au sens spirituel, est considéré comme une condition préalable pour l'acquisition de la connaissance par excellence (voir *L'Homme et son devenir selon le Vêdânta*, chap. xxiii, 3e éd.). — On peut rappeler à ce propos les paroles similaires qui se trouvent dans l'Evangile : « Quiconque ne recevra point le Royaume de Dieu comme un enfant, n'y entrera point « *(Si Luc*, XVIII, 17) ; « Tandis que vous avez caché ces choses aux savants et aux prudents, vous les avez révélées aux simples et aux petits » *(St Matthieu*, XI, 25 ; *St Luc*, X, 21). De point central, par lequel s'établit la communication avec les états supérieurs ou « célestes », est la « porte étroite » du symbolisme évangélique ; les « riches » qui ne peuvent y passer, ce sont les êtres attachés à la multiplicité, et qui, par suite, sont incapables de s'élever de la connaissance distinctive à la connaissance unifiée. La « pauvreté spirituelle », qui est le détachement à l'égard de la manifestation, apparaît ici comme un autre symbole équivalent à celui de l'« enfance » : « Bienheureux les pauvres en esprit, car le Royaume des Cieux leur appartient » *(St Matthieu*, V. 2). Cette « pauvreté » (en arabe *El-faqru*) joue également un rôle important dans l'ésotérisme islamique ; outre ce que nous venons de dire, elle implique encore la dépendance complète de l'être, en tout ce qu'il est, vis-à-vis du Principe, « hors duquel il n'y a rien, absolument rien qui existe » (Mohyiddin ibn Arabi, *Risâlatul-Ahadiyah*).
19. C'est la même idée qui est exprimée d'une part, dans la tradition hindoue, par le terme *Chakravartî*, littéralement « celui qui fait tourner la roue » (voir *Le Roi du Monde*, chap. II, et *L'Esotérisme de Dante*, 3e éd., p. 55)
20. *Tchoang-tseu*, chap. Ier. — Cf. *Le Roi du Monde*, chap. IX.
21. Malgré l'apparente similitude de certaines expressions, cette « impassibilité » est tout autre chose que celle des Stoïciens, qui était d'ordre uniquement « moral », et qui, d'ailleurs, semble n'avoir jamais été qu'une sim-ple conception théorique.
22. Suivant le commentaire traditionnel de Tcheng-tseu sur le *Yi-king*, « le mot « destinée » désigne la véritable raison d'être des choses » ; le « centre de toutes les destinées », c'est donc le Principe en tant que tous les êtres ont en lui leur raison suffisante.
23. Le Principe ou le « Centre », en effet, est avant toute distinction, y compris celle du « Ciel » *(Tien)* et de la « Terre » *(Ti)*, qui représente la première dualité, ces deux termes étant les équivalents respectifs de *Purusha* et de *Prakriti*.
24. C'est l'état du *jîvan-mukta* (voir *L'Homme et son devenir selon le Vêdânta*, chap. xxiii, 3e éd.).
25. Cf. la condition de *Prâjna* dans la doctrine hindoue *(ibid.*, chap. xiv).
26. *Tchoang-tseu*, chap. V. — L'indépendance de celui qui, dégagé de toutes les choses contingentes, est parvenu à la connaissance de la vérité immuable est également affirmée dans l'Evangile : « Vous connaîtrez la vérité, et la vérité vous rendra libres » *(St Jean*, VIII, 32) ; et l'on pourrait aussi, d'autre part, faire un rapprochement entre ce qui précède et cette autre parole évangélique : « Cherchez d'abord le Royaume de Dieu et sa justice, et tout le reste vous sera donné par surcroît » *(St Matthieu*, VII, 33 ; *St-Luc*, XII, 31). Il faut se souvenir ici du rapport étroit qui existe entre l'idée de justice et celles d'équilibre et d'har-

monie ; et nous avons aussi indiqué ailleurs la relation qui unit la justice et la paix (*Le Roi du Monde*, chap. Ier et VI ; *Autorité spirituelle et pouvoir temporel*, chap. VIII).
27. C'est-à-dire par la rotation de la « roue cosmique » autour de son axe.
28. Cette réduction du « moi distinct », qui finalement disparaît en se résorbant en un point unique, est la même chose que le « vide » dont il a été question plus haut ; c'est aussi *El-fanâ* de l'ésotérisme islamique. Il est d'ailleurs évident, d'après le symbolisme de la roue, que le « mouvement » d'un être est d'autant plus réduit que cet être est plus rapproché du centre.
29. La première de ces deux expressions se rapporte à la « personnalité », et la seconde à l'« individualité ».
30. *Tchoang-tseu*, chap. XIX. — La dernière phrase se rapporte encore aux conditions de l'« état primordial » : c'est ce que la tradition judéo-chrétienne désigne comme l'immortalité de l'homme avant la « chute », immortalité recouvrée par celui qui, revenu au « Centre du Monde », s'alimente à l'« Arbre de Vie ».
31. *Id.*, chap. xxii.
32. *Lie-tseu*, chap. II.
33. Le feu et l'eau, envisagés non plus sous l'aspect de l'opposition, mais sous celui du complémentarisme, sont une des expressions des deux principes actif et passif dans le domaine de la manifestation corporelle ou sensible ; les considérations se rapportant à ce point de vue ont été spécialement développées par l'hermétisme.
34. *Tchoang-tseu*, ch. II.
35. Nous avons étudié particulièrement ce symbolisme dans *Le Roi du Monde*. — Dans la tradition extrême-orientale, la « Grande Unité » (*Tai-i*) est représentée comme résidant dans l'étoile polaire, qui est appelée *Tien-ki*, c'est-à-dire littéralement « faîte du ciel ».
36. La « Rectitude » (*Te*), dont le nom évoque l'idée de la ligne droite et plus particulièrement celle de l'« Axe du Monde », est, dans la doctrine de Lao-tseu, ce qu'on pourrait appeler une « spécification » de la « Voie » (*Tao*) par rapport à un être ou à un état d'existence déterminé : c'est la direction que cet être doit suivre pour que son existence soit selon la « Voie », ou, en d'autres termes, en conformité avec le Principe (direction prise dans le sens ascendant tandis que, dans le sens descendant, cette même direction est celle suivant laquelle s'exerce l'« Activité du Ciel »). — Ceci peut être rapproché de ce que nous avons indiqué ailleurs (*Le Roi du Monde*, chap. VIII) au sujet de l'orientation rituelle, dont il sera encore question plus loin.

8

LA GUERRE ET LA PAIX

Ce qui vient d'être dit sur la « paix » résidant au point central nous amène, quoique ceci puisse paraître une digression, à parler quelque peu d'un autre symbolisme, celui de la guerre, auquel nous avons déjà fait ailleurs quelques allusions [1]. Ce symbolisme se rencontre notamment dans la *Bhagavad-Gîtâ* : la bataille dont il est question dans ce livre représente l'action, d'une façon tout à fait générale, sous une forme d'ailleurs appropriée à la nature et à la fonction des *Kshatriyas* à qui il est plus spécialement destiné [2]. Le champ de bataille (*Kshêtra*) est le domaine de l'action, dans lequel l'individu développe ses possibilités, et qui est figuré par le plan horizontal dans le symbolisme géométrique ; il s'agit ici de l'état humain, mais la même représentation pourrait s'appliquer à tout autre état de manifestation, pareillement soumis, sinon à l'action proprement dite, du moins au changement et à la multiplicité. Cette conception ne se trouve pas seulement dans la doctrine hindoue, mais aussi dans la doctrine islamique, car tel est exactement le sens réel de la « guerre sainte » (*jihâd*) ; l'application sociale et extérieure n'est que secondaire, et ce qui le montre bien, c'est qu'elle constitue seulement la « petite guerre sainte » (*El-jihâdul-açghar*), tandis que la « grande guerre sainte » (*El-jihâdul-akbar*) est d'ordre purement intérieur et spirituel [3].

On peut dire que la raison d'être essentielle de la guerre, sous quelque point de vue et dans quelque domaine qu'on l'envisage, c'est de faire cesser un désordre et de rétablir l'ordre ; c'est, en d'autres termes, l'unification d'une multiplicité, par les moyens qui appartiennent au monde de la multiplicité elle-même ; c'est à ce titre, et à ce titre seul, que la guerre peut être considérée comme légitime. D'autre part, le désordre est, en un sens, inhérent à toute manifestation prise en elle-même, car la manifestation, en dehors de son principe, donc en tant que multiplicité non unifiée, n'est qu'une série indéfinie de ruptures d'équilibre. La guerre, entendue comme nous venons de le faire, et non limitée à un sens exclusivement humain, représente donc le processus cosmique de réintégration du manifesté dans l'unité principielle ; et c'est pourquoi, au point de vue de la manifestation elle-même, cette réintégration apparaît comme une destruction, ainsi qu'on le voit très nettement par certains aspects du symbolisme de *Shiva* dans la doctrine hindoue.

Si l'on dit que la guerre elle-même est encore un désordre, cela est vrai sous un certain rapport, et il en est nécessairement ainsi par là même qu'elle s'accomplit dans le monde de la manifestation et de la multiplicité ; mais c'est un désordre qui est destiné à compenser un autre désordre, et, suivant l'enseignement et la tradition extrême-orientale que nous avons déjà rappelé précédemment, c'est la somme même de tous les désordres, ou de tous les déséquilibres, qui constitue l'ordre total. L'ordre n'apparaît d'ailleurs que si l'on s'élève au-dessus de la multiplicité, si l'on cesse de considérer chaque chose isolément et « distinctivement » pour envisager toutes choses dans l'unité. C'est là le point de vue de la réalité, car la multiplicité, hors du principe unique, n'a qu'une existence illusoire ; mais cette illusion, avec le désordre qui lui est inhérent, subsiste pour tout être tant qu'il n'est pas parvenu, d'une façon pleinement effective (et non pas, bien entendu, comme simple conception théorique), à ce point de vue de l'« unicité de l'Existence » (*Wahdatulwujûd*) dans tous les modes et tous les degrés de la manifestation universelle.

D'après ce que nous venons de dire, le but même de la guerre, c'est l'établissement de la paix, car la paix, même en son sens le plus ordinaire, n'est en somme pas autre chose que l'ordre, l'équilibre ou l'harmonie, ces trois termes étant à peu près synonymes et désignant tous, sous des aspects quelque peu différents, le reflet de l'unité dans la multiplicité même, lorsque celle-ci est rapportée à son principe. En effet, la multiplicité, alors, n'est pas véritablement détruite, mais elle est « transformée » ; et, quand toutes choses sont ramenées à l'unité, cette unité apparaît dans toutes choses, qui, bien loin de cesser d'exister, acquièrent au contraire par là, la plénitude de la réalité. C'est ainsi que s'unissent indivisiblement les deux points de vue complémentaires de « l'unité dans la multiplicité et la multiplicité dans « l'unité » (*El-wahdatu filkuthrati wal-kuthratu fil-wahdati*), au point central de toute manifestation, qui est le « lieu divin » ou la « station divine » (*El-maqâmul-ilahî*) dont il a été parlé plus haut. Pour celui qui est parvenu en ce point, comme nous l'avons dit, il n'y a plus de contraires, donc plus de désordre ; c'est le lieu même de l'ordre, de l'équilibre, de l'harmonie, ou de la paix, tandis que hors de ce lieu, et pour celui qui y tend seulement sans y être encore arrivé, c'est l'état de guerre tel que nous l'avons défini, puisque les oppositions en lesquelles réside le désordre, ne sont pas encore surmontées définitivement.

Mais dans son sens extérieur et social, la guerre légitime, dirigée contre ceux qui troublent l'ordre et ayant pour but de les y ramener, constitue essentiellement une fonction de « justice », c'est-à-dire en somme une fonction équilibrante [4], quelles que puissent être les apparences secondaires et transitoires ; mais ce n'est là que la « petite guerre sainte », qui est seulement une image de l'autre, de la « grande guerre sainte ». On pourrait appliquer ici ce que nous avons dit à diverses reprises, et encore au début même de la présente étude, quant à la valeur symbolique des faits historiques, qui peuvent être considérés comme représentatifs, selon leur mode, de réalités d'un ordre supérieur.

La grande « guerre sainte », c'est la lutte de l'homme contre les ennemis qu'il porte en lui-même, c'est-à-dire contre tous les éléments qui, en lui, sont contraires à l'ordre et à l'unité. Il ne s'agit pas, d'ailleurs, d'anéantir ces éléments, qui, comme tout ce qui existe, ont aussi leur raison d'être et leur place dans l'ensemble ; il s'agit plutôt, comme nous le disions tout à l'heure, de les « transformer » en les ramenant à l'unité, en les y résorbant en quelque sorte. L'homme doit tendre avant tout et constamment à réaliser l'unité en lui-même, dans tout ce qui le constitue, selon toutes les modalités de sa manifestation humaine : unité de la pensée, unité de l'action, et aussi, ce qui est peut-être le plus difficile, unité entre la pensée et l'action. Il importe d'ailleurs de remarquer que, en ce qui concerne l'action, ce qui vaut essentiellement, c'est l'intention (*niyyah*), car c'est cela seul qui dépend entièrement de l'homme lui-même, sans être affecté ou modifié par les contingences extérieures comme le sont toujours les résultats de l'action. L'unité dans l'intention et la tendance constante vers le centre invariable et immuable [5] sont représentées symboliquement par l'orientation rituelle (*qiblah*), les centres spirituels terrestres étant comme les images visibles du véritable et unique centre de toute manifestation, qui a d'ailleurs, ainsi que nous l'avons expliqué, son reflet direct dans tous les mondes, au point central de chacun d'eux, et aussi dans tous les êtres, où ce point central est désigné figurativement comme le cœur, en raison, de sa correspondance effective avec celui-ci dans l'organisme corporel.

Pour celui-ci qui est parvenu à réaliser parfaitement l'unité en lui-même, toute opposition ayant cessé, l'état de guerre cesse aussi par là même, car il n'y a plus que l'ordre absolu, selon le point de vue total qui est au-delà de tous les points de vue particuliers. À un tel être, comme il a déjà été dit précédemment, rien ne peut nuire désormais, car il n'y a plus pour lui d'ennemis, ni en lui ni hors de lui ; l'unité, effectuée au-dedans, l'est aussi et simultanément au-dehors, ou plutôt il n'y a plus ni dedans ni dehors, cela encore n'étant qu'une de ces oppositions qui se sont désormais effacées à son regard [6]. Établi définitivement au centre de toutes choses, celui-là « est à lui-même sa propre loi » [7], parce que sa volonté est une avec le Vouloir universel (la « Volonté du Ciel » de la tradition extrême-orientale, qui se manifeste effectivement au point même où réside cet être) ; il a obtenu la « Grande Paix », qui est véritablement, comme nous l'avons dit, la « présence divine » *(Es-Sakînah,* l'immanence de la Divinité en ce point qui est le « Centre du Monde ») ; étant identifié, par sa propre unification, à l'unité principielle elle-même, il voit l'unité en toutes choses et toutes choses dans l'unité, dans l'absolue simultanéité de l'« éternel présent ».

---

1. *Le Roi du Monde,* chap. X ; *Autorité spirituelle et pouvoir temporel,* chap. III et VIII.
2. Krishna et Arjuna, qui représentent le « Soi » et le « moi », ou la « personnalité » et l'« individualité », *Atmâ* inconditionné *et jîvâtmâ,* sont montés sur un même char, qui est le « véhicule » de l'être envisagé dans son état de manifestation ; et, tandis qu'Arjuna combat, Krishna conduit le char sans combattre, c'est-à-dire sans être lui-même engagé dans l'action. D'autres symboles ayant la même signification se trouvent dans plusieurs textes des *Upanishad* : les « deux oiseaux qui résident sur le même arbre » (*Mundaka Upanishad,* 3ᵉ Mundaka, Iᵉʳ Khanda, shruti 1 ; *Shwêtâshwatara Upanishad,* 4ᵉ Adhyâya, shruti 6), et aussi les « deux qui sont entrés dans la caverne » (*Katlm Upanishad,* Iᵉʳ Adhyâya, 3ᵉ Vallî shruti I) ; la « caverne » n'est autre que la cavité du cœur, qui représente précisément le lieu de l'union de l'individuel avec l'Universel, ou du « moi » avec le « Soi » (voir *L'Homme et son devenir selon le Vêdânta,* chap. III). — El-Hallâj dit dans le même sens : « Nous sommes deux esprits conjoints dans un même corps » (*nahnu ruhâni halalnâ badana*).
3. Ceci repose sur un *hadîth* du Prophète qui, au retour d'une expédition, prononça cette parole : « Nous sommes revenus de la petite guerre sainte à la grande guerre sainte » (*rajanâ min el-jihâdil-açghcr ilâ el-jihâdil-akbar*).
4. Voir *Le Roi du Monde,* chap. VI.
5. Voir ce que nous avons dit ailleurs sur l'« intention droite » et la « bonne volonté » (*Le Roi du Monde,* chap. III et VIII).
6. Ce regard est, selon la tradition hindoue, celui du troisième œil de *Shiva,* qui représente le « sens de l'éternité », et dont la possession effective est essentiellement impliquée dans la restauration de l'« état primordial » (voir *L'Homme et son devenir selon le Vêdânta,* chap. XX, 3ᵉ éd., et *Le Roi du monde,* chap. V et VII).
7. Cette expression est empruntée à l'ésotérisme islamique : dans le même sens, la doctrine hindoue parle de l'être qui est parvenu à cet état comme *swêchchhâchâri,* c'est-à-dire « accomplissant sa propre volonté ».

9

L'ARBRE DU MILIEU

Un autre aspect du symbolisme de la croix est celui qui l'identifie à ce que les diverses traditions désignent comme l'« Arbre du Milieu » ou par quelque autre terme équivalent ; nous avons vu ailleurs que cet arbre est un des nombreux symboles de l'« Axe du Monde »[1]. C'est donc la ligne verticale de la croix, figure de cet axe, qui est ici, à considérer principalement : elle constitue le tronc de l'arbre, tandis que la ligne horizontale (ou les deux lignes horizontales pour la croix à trois dimensions) en forme les branches. Cet arbre s'élève au centre du monde, ou plutôt d'un monde, c'est-à-dire du domaine dans lequel se développe un état d'existence, tel que l'état humain qui est envisagé le plus habituellement en pareil cas. Dans le symbolisme biblique, en particulier, c'est l'« Arbre de Vie », qui est planté au milieu du « Paradis terrestre », lequel représente lui-même le centre de notre monde, ainsi que nous l'avons expliqué en d'autres occasions[2]. Bien que nous n'ayons pas l'intention de nous étendre ici sur toutes les questions relatives au symbolisme de l'arbre, et qui demanderaient une étude spéciale, il est cependant, à ce propos, quelques points que nous ne croyons pas inutile d'expliquer.

Dans le Paradis terrestre, il n'y avait pas que l'« Arbre de Vie » ; il en est un autre qui joue un rôle non moins important et même plus généralement connu : c'est l'« Arbre de la Science du bien et du mal »[3]. Les relations qui existent entre ces deux arbres sont très mystérieuses : le récit biblique, immédiatement après avoir désigné l'« Arbre de Vie » comme étant « au milieu du jardin », nomme l'« Arbre de la Science du bien et du mal »[4] ; plus loin, il est dit que ce dernier était également « au milieu du jardin »[5] ; et enfin Adam, après avoir mangé le fruit de l'« Arbre de la

Science », n'aurait eu qu'à « étendre sa main » pour prendre aussi du fruit de l'« Arbre de Vie [6]. » Dans le second de ces trois passages, la défense faite par Dieu et même rapportée uniquement à « l'arbre qui est au milieu du jardin », et qui n'est pas autrement spécifié ; mais, en se reportant à l'autre passage où cette défense a été déjà énoncée [7], on voit que c'est évidemment de l'« Arbre de la Science du bien et du mal » qu'il s'agit en ce cas. C'est sans doute en raison du lien que cette proximité établit entre les deux arbres qu'ils sont étroitement unis dans le symbolisme, à tel point que certains arbres emblématiques présentent des traits qui évoquent l'un et l'autre à la fois ; mais il reste à expliquer en quoi ce lien consiste en réalité.

La nature de l'« Arbre de la Science du bien et du mal » peut, comme son nom même l'indique, être caractérisée par la dualité, puisque nous trouvons dans cette désignation deux termes qui sont, non pas même complémentaires, mais véritablement opposés, et dont on peut dire en somme que toute la raison d'être réside dans cette opposition, car, quand celle-ci est dépassée, il ne saurait plus être question de bien ni de mal ; il ne peut en être de même pour l'« Arbre de Vie », dont la fonction d'« Axe du Monde » implique au contraire essentiellement l'unité. Donc, quand nous trouvons dans un arbre emblématique une image de la dualité, il semble bien qu'il faille voir là une allusion à l'« Arbre de la Science », alors même que, à d'autres égards, le symbole considéré serait incontestablement une figure de l'« Arbre de Vie ». Il en est ainsi par exemple pour l'« arbre séphirothique » de la *Qabbalah* hébraïque, qui est expressément désigné comme l'« Arbre de Vie », et où cependant la « colonne de droite » et la « colonne de gauche » offrent la figure de la dualité ; mais entre les deux est la « colonne du milieu », où s'équilibrent les deux tendances opposées, et où se retrouve ainsi l'unité véritable de l'« Arbre de Vie [8]. »

La nature duelle de l'« Arbre de la Science » n'apparaît d'ailleurs à Adam qu'au moment même de la « chute », puisque c'est alors qu'il devient « connaissant le bien et le mal [9] ». C'est alors aussi qu'il est éloigné du centre qui est le lieu de l'unité première, à laquelle correspond l'« Arbre de Vie » ; et c'est précisément « pour garder le chemin de l'Arbre de Vie » que les *Kerubim* (les « tétramorphes » synthétisant en eux le quaternaire des puissances élémentaires), armés de l'épée flamboyante, sont placés à l'entrée de l'*Eden* [10]. Ce centre est devenu inaccessible pour l'homme déchu, ayant perdu le « sens de l'éternité », qui est aussi le « sens de l'unité » [11] ; revenir au centre, par la restauration de l'« état primordial », et atteindre l'« Arbre de Vie », c'est recouvrer ce « sens de l'éternité ».

D'autre part, on sait que la croix même du Christ est identifiée symboliquement à l'« Arbre de Vie » (*lignum vitae*), ce qui se comprend d'ailleurs assez facilement ; mais, d'après une « légende de la Croix » qui avait cours au Moyen Age, elle aurait été faite du bois de l'« Arbre de la Science », de sorte que celui-ci, après avoir été l'instrument de la « chute », serait devenu ainsi celui de la « rédemption ». On voit s'exprimer ici la connexion de ces deux idées de « chute » et de « rédemption », qui sont en quelque sorte inverses l'une de l'autre, et il y a là comme une allusion au rétablissement de l'ordre primordial [12] ; dans ce nouveau rôle, l'« Arbre de la Science » s'assimile en quelque sorte à l'« Arbre de Vie », la dualité étant effectivement réintégrée dans l'unité [13].

Ceci peut faire penser également au « serpent d'airain » élevé par Moïse dans le désert [14], et que l'on sait être aussi un symbole de « rédemption », de sorte que la perche sur laquelle il est placé équivaut à cet égard à la croix et rappelle de même l'« Arbre de Vie » [15]. Cependant, le serpent est plus habituellement associé à l'« Arbre de la Science » ; mais c'est qu'il est alors envisagé sous son aspect maléfique, et nous avons déjà fait observer ailleurs que, comme beaucoup d'autres symboles, il a deux significations opposées [16]. Il ne faut pas confondre le serpent qui représente la vie et celui qui représente la mort, le serpent qui est un symbole du Christ et celui qui est un symbole de Satan (et cela même lorsqu'ils se trouvent aussi étroitement unis que dans la curieuse figuration de l'« amphisbène » ou serpent à deux têtes) ; et l'on pourrait dire que le rapport de ces deux aspects contraires n'est pas sans présenter une certaine similitude avec celui des rôles que jouent respectivement l'« Arbre de Vie » et l'« Arbre de la science [17]. »

Nous avons vu tout à l'heure qu'un arbre affectant une forme ternaire, comme l'« arbre séphirothique », peut synthétiser en lui, en quelque sorte, les natures de l'« Arbre de Vie » et de l'« Arbre de la Science », comme si ceux-ci se trouvaient réunis en un seul, le ternaire étant ici décomposable en l'unité et la dualité dont il est la somme [18]. Au lieu d'un arbre unique, on peut avoir aussi, avec la même signification, un ensemble de trois arbres unis par leurs racines, celui du milieu étant l'« Arbre de Vie », et les deux autres correspondant à la dualité de l'« Arbre de la Science ». On trouve quelque chose de comparable dans la figuration de la croix du Christ entre deux autres croix, celles du bon et du mauvais larron : ceux-ci sont placés respectivement à la droite et à la gauche du Christ crucifié comme les élus et les damnés le seront à la droite et à la gauche du Christ triomphant au « Jugement dernier » ; et, en même temps qu'ils représentent évidemment le bien et le mal, ils correspondent aussi, par rapport au Christ, à la « Miséricorde » et à la « Rigueur », les attributs caractéristiques des deux colonnes latérales de l'« arbre séphirothique ». La croix du Christ occupe toujours la place centrale qui appartient proprement à l'« Arbre de Vie » ; et, lorsqu'elle est placée entre le soleil et la lune comme on le voit dans la plupart des anciennes figurations, il en est encore de même : elle est alors véritablement l'« Axe du Monde [19]. »

Dans le symbolisme chinois, il existe un arbre dont les branches sont anastomosées de façon à ce que leurs extrémités se rejoignent deux à deux pour figurer la synthèse des contraires ou la résolution de la dualité dans l'unité ; on trouve ainsi, soit un arbre unique dont les branches se divisent et se rejoignent de même par leurs branches [20].

C'est le processus de la manifestation universelle : tout part de l'unité et revient à l'unité ; dans l'intervalle se produit la dualité, division ou différenciation d'où résulte la phase d'existence manifestée ; les idées de l'unité et de la dualité sont donc réunies ici comme dans les autres figurations dont nous venons de parler [21]. Il existe aussi des représentations de deux arbres distincts et joints par une seule branche (c'est ce qu'on appelle l'« arbre lié ») ; dans ce cas, une petite branche sort de la branche commune, ce qui indique nettement qu'il s'agit alors de deux principes complémentaires et du produit de leur union ; et ce produit peut être encore la manifestation universelle, issue de l'union du « Ciel » et de la « Terre », qui sont les équivalents de *Purusha* et de *Prakriti* dans la tradition extrême-orientale, ou encore de l'action et de la réaction réciproques du *yang* et du *yin*, éléments masculin et féminin dont procèdent et participent tous les êtres, et dont la réunion en équilibre parfait constitue (ou reconstitue) l'« Androgyne » primordial dont il a été question plus haut [22].

Revenons maintenant à la représentation du « Paradis terrestre » : de son centre, c'est-à-dire du pied même de l'« Arbre de Vie », partent quatre fleuves se dirigeant vers les quatre points cardinaux, et traçant ainsi la croix horizontale sur la surface même du monde terrestre, c'est-à-dire dans le plan qui correspond au domaine de l'état humain. Ces quatre fleuves, qu'on peut rapporter au quaternaire des éléments [23], et qui sont issus d'une source unique correspondant à l'éther primordial [24], divisent en quatre parties, qui peuvent être rapportées aux quatre phases d'un développement cyclique [25], l'enceinte circulaire du « Paradis terrestre », laquelle n'est autre que la coupe horizontale de la forme sphérique universelle dont il a été question plus haut [26].

L'« Arbre de Vie » se retrouve au centre de la « Jérusalem céleste », ce qui s'explique aisément quand on connaît les rapports de celle-ci avec le « Paradis terrestre » [27] : il s'agit de la réintégration de toutes choses dans l'« état primordial », en vertu de la correspondance de la fin du cycle avec son commencement, suivant ce que nous expliquerons encore par la suite. Il est remarquable que cet arbre, d'après le symbolisme apocalyptique, porte alors douze fruits [28], qui sont, comme nous l'avons dit ailleurs [29], assimilables aux douze *Adityas* de la tradition hindoue, ceux-ci étant douze formes du soleil qui doivent apparaître toutes simultanément à la fin du cycle, rentrant alors dans l'unité essentielle de leur nature commune car ils sont autant de manifestations d'une essence unique et indivisible, *Aditi*, qui correspond à l'essence une de l'« Arbre de Vie » lui-même, tandis que *Diti* correspond à l'essence duelle de l'« Arbre de la Science du bien et du mal [30]. » D'ailleurs, dans diverses traditions, l'image du soleil est souvent liée à celle d'un arbre, comme si le soleil était le fruit de l'« Arbre du Monde » ; il quitte son arbre au début du cycle et vient s'y reposer à la fin [31]. Dans les idéogrammes chinois, le caractère désignant le coucher du soleil le représente se reposant sur son arbre à la fin du jour (qui est analogue à la fin du cycle) ; l'obscurité est représentée par un caractère qui figure le soleil tombé au pied de l'arbre. Dans l'Inde, on trouve l'arbre triple portant trois soleils, image de la *Trimûrti*, ainsi que l'arbre ayant pour fruits douze soleils, qui sont, comme nous venons de le dire, les douze *Adityas* ; en Chine, on trouve également l'arbre à douze soleils, en relation avec les douze signes du Zodiaque ou avec les douze mois de l'année comme les *Adityas*, et quelquefois aussi à dix, nombre de la perfection cyclique comme dans la doctrine pythagoricienne [32]. D'une façon générale, les différents soleils correspondent aux différentes phases d'un cycle [33] ; ils sortent de l'unité au commencement de celui-ci et y rentrent à la fin, qui coïncide avec le commencement d'un autre cycle, en raison de la continuité de tous les modes de l'Existence universelle.

---

1. *Le Roi du Monde*, chap. II ; sur l'« Arbre du Monde » et ses différentes formes, voir aussi *L'Homme et son devenir selon le Vêdânta*, chap. VIN. — Dans l'ésotérisme islamique, il existe un traité de Mohyiddin ibn Arabi intitulé *L'Arbre du Monde (Shajaratul-Kawn)*.
2. *Le Roi du Monde*, chap. V et IX ; *Autorité spirituelle et pouvoir temporel*, chap. V et VIII.
3. Sur le symbolisme végétal en relation avec le « Paradis terrestre », voir *L'Ésotérisme de Dante*, chap. IX.
4. *Genèse*, II, 9.
5. *Ibid.*, III, 3.
6. *Ibid.*, III, 22.
7. *Ibid.*, II, 17.
8. Sur l'« arbre séphirothique », voir *Le Roi du Monde*, chap. III. — De même, dans le symbolisme médiéval, l'« arbre des vifs et des morts », par ses deux côtés dont les fruits représentent respectivement les œuvres bonnes et mauvaises, s'apparente nettement à l'« Arbre de la Science du bien et du mal » ; et en même temps son tronc, qui est le Christ lui-même, l'identifie à l'« Arbre de Vie ».
9. *Genèse*, III, 22. — Lorsque « leurs yeux furent ouverts », Adam et Eve se couvrirent de feuilles de figuier *(ibid., III, 7)* ; ceci est à rapprocher du fait que, dans la tradition hindoue, l'« Arbre du Monde » est représenté par le figuier, et aussi du rôle que joue cet arbre dans l'Évangile.
10. *Ibid.*, III, 24.
11. Cf. *Le Roi du Monde*, chap. V.
12. Ce symbolisme est à rapprocher de ce que saint Paul dit des deux Adam (1er *Epître aux Corinthiens*, XV), et à quoi nous avons déjà fait allusion plus haut. La figuration du crâne d'Adam au pied de la croix, en relation avec la légende d'après laquelle il aurait été enterré au *Golgotha* même (dont le nom signifie « crâne »), n'est qu'une autre expression symbolique du même rapport.
13. Il est à remarquer que la croix, sous sa forme ordinaire, se rencontre dans les hiéroglyphes égyptiens avec le sens de « salut » (par exemple dans le nom de Ptolémée *Soter*). Ce signe est nettement distinct de la « croix ansée » *(ankh)*, qui, de son côté, exprime l'idée de « vie », et qui fut d'ailleurs employée fréquemment comme symbole par les Chrétiens des premiers siècles. On peut se demander si le premier de ces deux hiéroglyphes n'aurait pas un certain rapport avec la figuration de l'« Arbre de Vie », ce qui relierait l'une à l'autre ces deux formes différentes de la croix, puisque leur signification serait ainsi en partie

identique ; et, en tout cas, il y a entre les idées de « vie » et de « salut » une connexion évidente.
14. *Nombres*, XXI.
15. Le bâton d'Esculape a une signification similaire ; dans le caducée d'Hermès, on a les deux serpents en opposition, correspondant à la double signification du symbole.
16. *Le Roi du Monde*, chap. III.
17. Le serpent enroulé autour de l'arbre (ou autour du bâton qui en est un équivalent) est un symbole qui se rencontre dans la plupart des traditions ; nous verrons plus loin quelle en est la signification au point de vue de la représentation géométrique de l'être et de ses états.
18. Dans un passage de l'*Astrée* d'Honoré d'Urfé, il est question d'un arbre à trois jets, d'après une tradition qui paraît bien être d'origine druidique.
19. Cette identification de la croix à l'« Axe du Monde » se trouve énoncée expressément dans la devise des Chartreux : « *Stat Crux dum volvitur orbis.* » — Cf. le symbole du « globe du Monde », où la croix, surmontant le pôle, tient également la place de l'axe (voir *L'Esotérisme de Dante*, chap. VIII).
20. Ces deux formes se rencontrent notamment sur des bas-reliefs de l'époque des *Han*.
21. L'arbre dont il s'agit porte des feuilles trilobées rattachées à deux branches à la fois, et, à son pourtour, des fleurs en forme de calice ; des oiseaux volent autour ou sont posés sur l'arbre. — Sur le rapport entre le symbolisme des oiseaux et celui de l'arbre dans différentes traditions, voir *L'Homme et son devenir selon le Védânta*, chap. III, où nous avons relevé à cet égard divers textes des *Upanishads* et la parabole évangélique du grain de sénevé ; on peut y ajouter, chez les Scandinaves, les deux corbeaux messagers d'Odin se reposant sur le frêne *Ygdrasil*, qui est une des formes de l'« Arbre du Monde ». Dans le symbolisme du Moyen Age, on trouve également des oiseaux sur l'arbre *Peridexion* au pied duquel est un dragon ; le nom de cet arbre est une corruption de *Paradision*, et il peut sembler assez étrange qu'il ait été ainsi déformé, comme si l'on avait cessé de le comprendre à un certain moment.
22. Au lieu de l'« arbre lié », on trouve aussi parfois deux rochers joints de la même façon ; il y a d'ailleurs un rapport étroit entre l'arbre et le rocher, équivalent de la montagne, en tant que symboles de l'« Axe du Monde » ; et, d'une façon plus générale encore, il y a un rapprochement constant de la pierre et de l'arbre dans la plupart des traditions.
23. La *Qabbalah* fait correspondre à ces quatre fleuves les quatre lettres dont est formé le mot *PaRDeS*.
24. Cette source est, suivant la tradition des « Fidèles d'Amour », la « fontaine de jouvence » (*fons juventutis*), toujours représentée comme située au pied d'un arbre ; ses eaux sont donc assimilables au « breuvage d'immortalité » (l'*amrita* de la tradition hindoue) ; les rapports de l'« Arbre de Vie » avec le *Soma* védique et le *Haoma* mazdéen sont d'ailleurs évidents (cf. *Le Roi du Monde*, chap IV et VI. Rappelons aussi, à ce propos, la « rosée de lumière » qui, d'après la *Qabbalah* hébraïque, émane de l'« Arbre de Vie », et par laquelle doit s'opérer la résurrection des morts (voir *ibid.*, chap. III) ; la rosée joue également un rôle important dans le symbolisme hermétique. Dans les traditions extrême-orientales, il est fait mention de l'« arbre de la rosée douce », situé sur le mont *Kouenlun*, qui est souvent pris comme un équivalent du *Mêru* et des autres « montagnes sacrées » (la « montagne polaire », qui est, comme l'arbre, un symbole de l'« Axe du Monde », ainsi que nous venons de le rappeler). — Suivant la même tradition des « Fidèles d'Amour » (voir Luigi Valli, *Il Linguaggio segreto di Dante e dei « Fedeli d'Amore »*), cette source est aussi la « fontaine d'enseignement », ce qui se rapporte à la conservation de la Tradition primordiale au centre spirituel du monde ; nous retrouvons donc ici, entre l'« état primordial » et la « Tradition primordiale », le lien que nous avons signalé ailleurs au sujet du symbolisme du « Saint Graal », envisagé sous le double aspect de la coupe et du livre (*Le Roi du Monde*, chap. V). Rappelons encore la représentation, dans le symbolisme chrétien, de l'agneau sur le livre scellé de sept sceaux, sur la montagne d'où descendent les quatre fleuves (voir *ibid.*, chap. ix), nous verrons plus loin le rapport qui existe entre le symbole de l'« Arbre de Vie » et celui du « Livre de Vie ». — Un autre symbolisme pouvant donner lieu à des rapprochements intéressants se trouve chez certains peuples de l'Amérique centrale, qui, « à l'intersection de deux diamètres rectangulaires tracés dans un cercle, placent le cactus sacré, *peyotl* ou *hicouri*, symbolisant la « coupe d'immortalité », et qui est ainsi censé se trouver au centre d'une sphère creuse et au centre du monde » (A. Rouhier, *La Plante qui*

fait les yeux émerveillés. Le Peyotl, Paris, 1927, p. 154). Cf. aussi, en correspondance avec les quatre fleuves, les quatre coupes sacrificielles des *Rhibus* dans le *Véda*.
25. Voir *L'Esotérisme de Dante*, chap. VIII, où, à propos de la figure du « vieillard de Crète », qui représente les quatre âges de l'humanité, nous avons indiqué l'existence d'un rapport analogique entre les quatre fleuves des Enfers et ceux du Paradis terrestre.
26. Voir *Le Roi du Monde*, chap. XI.
27. Voir encore *ibid.*, chap. XI. — La figure de la « Jérusalem céleste » est, non plus circulaire, mais carrée, l'équilibre final étant alors atteint pour le cycle considéré.
28. Les fruits de l'« Arbre de Vie » sont les « pommes d'or » du jardin des Hespérides ; la « toison d'or » des Argonautes, également placée sur un arbre et gardée par un serpent ou un dragon, est un autre symbole de l'immortalité que l'homme doit reconquérir.
29. Voir *Le Roi du Monde*, chap. IV et XI.
30. Les *Dêvas*, assimilés aux *Adityas*, sont dits issus d'*Aditi* (« indivisibilité ») ; de *Diti* (« division ») sont issus les *Daïtyas* ou les *Asuras*. — *Aditi* est aussi, en un certain sens, la « Nature primordiale », appelée en arabe *El-Fitrah*.
31. Ceci n'est pas sans rapport avec ce que nous avons indiqué ailleurs en ce qui concerne le transfert de certaines désignations des constellations polaires aux constellations zodiacales ou inversement (*Le Roi du Monde*, ch. X). — Le soleil peut, d'une certaine façon, être dit « fils du Pôle » ; de là l'antériorité du symbolisme « polaire » par rapport au symbolisme « solaire ».
32. Cf., dans la doctrine hindoue, les dix *Avatâras* se manifestant pendant la durée d'un *Manvantara*.
33. Chez les peuples de l'Amérique centrale, les quatre âges en lesquels est divisée la grande période cyclique sont considérés comme régis par quatre soleils différents, dont les désignations sont tirées de leur correspondance avec les quatre éléments.

10

LE SWASTIKA

Une des formes les plus remarquables de ce que nous avons appelé la croix horizontale, c'est-à-dire de la croix tracée dans le plan qui représente un certain état d'existence, est la figure du *swastika*, qui semble bien se rattacher directement à la Tradition primordiale, car on la rencontre dans les pays les plus divers et les plus éloignés les uns des autres, et cela dès les époques les plus reculées ; loin d'être un symbole exclusivement oriental comme on le croit parfois, il est un de ceux qui sont le plus généralement répandus, de l'Extrême-Orient à l'Extrême-Occident, car il existe jusque chez certains peuples indigènes de l'Amérique [1]. Il est vrai que, à l'époque actuelle, il s'est conservé surtout dans l'Inde et dans l'Asie centrale et orientale, et qu'il n'y a peut-être que dans ces régions que l'on sache encore ce qu'il signifie ; mais pourtant, en Europe même, il n'a pas entièrement disparu [2]. Dans l'antiquité, nous trouvons ce signe, en particulier, chez les Celtes et dans la Grèce préhellénique [3] ; et, en Occident encore, il fut anciennement un des emblèmes du Christ, et il demeura même en usage comme tel jusque vers la fin du Moyen Age [4].

Nous avons dit ailleurs que le *swastika* est essentiellement le « signe du Pôle » [5] ; si nous le comparons à la figure de la croix inscrite dans la circonférence, nous pouvons nous rendre compte aisément que ce sont là, au fond, deux symboles équivalents à certains égards ; mais la rotation autour du centre fixe, au lieu d'être représentée par le tracé de la circonférence, est seulement indiquée dans le *swastika* par les lignes ajoutées aux extrémités des branches de la croix et formant avec celles-ci des angles droits ; ces lignes sont des tangentes à la circonférence, qui marquent la direction du mouvement aux points correspondants. Comme la circonférence représente le monde manifesté, le fait qu'elle est pour ainsi dire sous-entendue indique très nettement que le *swastika* n'est pas une figure du monde, mais bien de l'action du Principe à l'égard du monde.

Si l'on rapporte le *swastika* à la rotation d'une sphère telle que la sphère céleste autour de son axe, il faut le supposer tracé dans le plan équatorial, et alors le point central sera, comme nous l'avons déjà expliqué, la projection de l'axe sur ce plan qui lui est perpendiculaire. Quant au sens de la rotation indiquée par la figure, l'importance n'en est que secondaire et n'affecte pas la signification générale du symbole ; en fait, on trouve l'une et l'autre des deux formes indiquant une rotation de droite à gauche et de gauche à droite [6], et cela sans qu'il faille y voir toujours une intention d'établir entre elles une opposition quelconque. Il est vrai que, dans certains pays et à certaines époques, il a pu se produire, par rapport à la tradition orthodoxe, des schismes dont les partisans ont volontairement donné à la figure une orientation contraire à celle qui était en usage dans le milieu dont ils se séparaient, pour affirmer leur antagonisme par une manifestation extérieure, mais cela ne touche en rien à la signification essentielle, qui demeure la même dans tous les cas. D'ailleurs, on trouve parfois les deux formes associées ; on peut alors les regarder comme représentant une même rotation vue de l'un et de l'autre des deux pôles ; ceci se rattache au symbolisme très complexe des deux hémisphères, qu'il ne nous est pas possible d'aborder ici [7].

Nous ne pouvons non plus songer à développer toutes les considérations auxquelles peut donner lieu le symbolisme du *swastika*, et qui, d'ailleurs, ne se rattachent pas directement au sujet propre de la présente étude ; mais il ne nous était pas possible, en raison de son importance considérable au point de vue traditionnel, de passer entièrement sous silence cette forme spéciale de la croix ; nous avons donc cru nécessaire de donner tout au moins, en ce qui le concerne, ces indications quelque peu sommaires, mais nous nous en tiendrons là pour ne pas nous engager dans de trop longues digressions.

---

1. Nous avons même relevé assez récemment une information qui semblerait indiquer que les traditions de l'Amérique ancienne ne sont pas aussi complètement perdues qu'on le pense ; l'auteur de l'article où nous l'avons trouvée ne s'est d'ailleurs probablement pas douté de sa portée ; la voici textuellement reproduite : « En 1925, une grande partie des Indiens Cunas se soulevèrent, tuèrent les gendarmes de Panama qui habitaient sur leur territoire, et fondèrent la République indépendante de *Tulé*, dont le drapeau est un *swastika* sur fond orange à bordure rouge. Cette république existe encore à l'heure actuelle » (*Les Indiens de l'isthme de Panama*, par G. Grandidier : *Journal des Débats*, 22 janvier 1929). On remarquera surtout l'association du *swastika* avec le nom de *Tulé* ou *Tula*, qui est une des plus anciennes désignations du centre spirituel suprême, appliquée aussi par la suite à quelques-uns des centres subordonnés (voir *Le Roi du Monde*, chap. X).

2. En Lithuanie et en Courlande, les paysans tracent encore ce signe dans leurs maisons ; sans doute n'en connaissent-ils plus le sens et n'y voient-ils qu'une sorte de talisman protecteur ; mais ce qui est peut-être le plus curieux, c'est qu'ils lui donnent son nom sanscrit de *swastika*. Il semble d'ailleurs que le lithuanien soit, de toutes les langues européennes, celle qui a le plus de ressemblance avec le sanscrit. — Nous laissons entièrement de côté, cela va sans dire, l'usage tout artificiel et même antitraditionnel du *swastika* par les « racistes » allemands qui, sous l'appellation fantaisiste et quelque peu ridicule de *hakenkreuz* ou « croix à crochets », en firent très arbitrairement un signe d'antisémitisme, sous prétexte que cet emblème aurait été propre à la soi-disant « race âryenne », alors que c'est au contraire, comme nous venons de le dire, un symbole réellement universel. — Signalons à ce propos que la dénomination de « croix gammée », qui est souvent donnée au *swastika* en Occident à cause de la ressemblance de la forme de ses branches avec celle de la lettre grecque *gamma*, est également erronée ; en réalité, les signes appelés anciennement *gammadia* étaient tout différents, bien que s'étant trouvés parfois, en fait, plus ou moins étroitement associés au *swastika* dans les premiers siècles du *Christianisme*. L'un de ces signes, appelé aussi « croix du Verbe », est formé de quatre *gammas* dont les angles sont tournés vers le centre ; la partie intérieure de la figure, ayant la forme cruciale, représente le Christ, et les quatre *gammas* angulaires les quatre Evangélistes ; cette figure équivaut ainsi à la représentation bien connue du Christ au milieu des quatre animaux. On trouve une autre disposition où une croix centrale est entourée de quatre *gammas* placés en carré (les angles étant tournés en dehors au lieu de l'être en dedans) ; la signification de cette figure est la même que celle de la précédente. Ajoutons, sans y insister davantage, que ces signes mettent le symbolisme de l'équerre (dont la forme est celle du *gamma*) en relation directe avec celui de la croix.
3. Il existe diverses variantes du *swastika*, notamment une forme à branches courbes (ayant l'apparence de deux S croisés), et d'autres formes indiquant une relation avec divers symboles dont nous ne pouvons développer ici la signification ; la plus importante de ces formes est le *swastika* dit « clavigère », parce que ses branches sont constituées par des clefs (voir *La Grande Triade*, chap. VI). D'autre part, certaines figures qui n'ont gardé qu'un caractère purement décoratif, comme celle à laquelle on donne le nom de « grecque », sont originairement dérivées du *swastika*.
4. Voir *Le Roi du Monde*, chap. Ier.
5. *Ibid.*, chap. II. — Ayant indiqué à cette occasion les interprétations fantaisistes des Occidentaux modernes, nous n'y reviendrons pas ici.
6. Le mot *swastika* est, en sanscrit, le seul qui serve à désigner dans tous les cas le symbole en question ; le terme *sauvastika*, que certains ont voulu appliquer à l'une des deux formes pour la distinguer de l'autre (qui seule serait alors le véritable *swastika*), n'est en réalité qu'un adjectif dérivé de *swastika*, et indiquant ce qui se rapporte à ce symbole ou à ses significations. — Quant au mot *swastika* lui-même, on le fait dériver de *su asti*, formule de « bénédiction » au sens propre, qui a son exact équivalent dans le *ki-tôb* hébraïque de la *Genèse*. En ce qui concerne ce dernier, le fait qu'il se trouve répété à la fin du récit de chacun des « jours » de la création est assez remarquable si l'on tient compte de ce rapprochement : il semble indiquer que ces « jours » sont assimilables à autant de rotations du *swastika*, ou, en d'autres termes, de révolutions complètes de la « roue du monde », révolutions dont résulte la succession de « soir et matin » qui est énoncée ensuite (cf. aussi *La Grande Triade*, chap. V).
7. Il y a à cet égard une relation entre le symbole du *swastika* et celui de la double spirale, très important également, et qui, d'autre part, est assez étroitement apparenté au *yin-yang* extrême-oriental dont il sera question plus loin.

11
REPRÉSENTATION GÉOMÉTRIQUE
DES DEGRÉS DE L'EXISTENCE

Jusqu'ici, nous n'avons fait qu'examiner les divers aspects du symbolisme de la croix, en montrant leur rattachement à la signification métaphysique que nous avons indiquée en premier lieu. Ces considérations, qui ne sont en quelque sorte que préliminaires, étant terminées, c'est cette signification métaphysique que nous devons maintenant nous attacher à développer, en poussant aussi loin que possible l'étude du symbolisme géométrique par lequel sont représentés à la fois, soit les degrés de l'Existence universelle, soit les états de chaque être, suivant les deux points de vue que nous avons appelés « macrocosmique » et « microcosmique ».

Rappelons tout d'abord que, lorsqu'on envisage l'être dans son état individuel humain, il faut avoir le plus grand soin de remarquer que l'individualité corporelle n'est en réalité qu'une portion restreinte, une simple modalité de cette individualité humaine, et que celle-ci, dans son intégralité, est susceptible d'un développement indéfini, se manifestant dans des modalités dont la multiplicité est également indéfinie, mais dont l'ensemble ne constitue cependant qu'un état particulier de l'être, situé tout entier à un seul et même degré de l'Existence universelle. Dans le cas de l'état individuel humain, la modalité corporelle correspond au domaine de la manifestation grossière ou sensible, tandis que les autres modalités appartiennent au domaine de la manifestation subtile, ainsi que nous l'avons déjà expliqué ailleurs [1]. Chaque modalité est déterminée par un ensemble de conditions qui en délimitent les possibilités, et dont chacune, considérée isolément des autres, peut d'ailleurs s'étendre au-delà du domaine de cette modalité, et se combiner alors avec des conditions différentes pour constituer les domaines d'autres modalités, faisant partie de la même individualité intégrale [2]. Ainsi, ce qui détermine une certaine modalité, ce n'est pas précisément une condition spéciale d'existence, mais plutôt une combinaison ou une association de plusieurs conditions ; pour nous expliquer plus complètement sur ce point, il nous faudrait prendre un exemple tel que celui des conditions de l'existence corporelle, dont l'exposition détaillée nécessiterait, comme nous l'indiquions plus haut, toute une étude à part [3].

Chacun des domaines dont nous venons de parler, comme contenant une modalité d'un certain individu, peut d'ailleurs, si on l'envisage en général et seulement par rapport aux conditions qu'il implique, contenir des modalités similaires appartenant à une indéfinité d'autres individus, dont chacun, de son côté, est un état de manifestation d'un des êtres de l'Univers : ce sont là des états et des modalités qui se correspondent dans tous ces êtres. L'ensemble des domaines contenant toutes les modalités d'une même individualité, domaines qui, comme nous l'avons dit, sont en multitude indéfinie, et dont chacun est encore indéfini en extension, cet ensemble, disons-nous, constitue un degré de l'Existence universelle, lequel, dans son intégralité, contient une indéfinité d'individus. Il est bien entendu que nous supposons, en tout ceci, un degré de l'Existence qui comporte un état individuel, dès lors que nous avons pris pour type l'état humain ; mais tout ce qui se rapporte aux modalités multiples est également vrai dans un état quelconque, individuel ou non-individuel, car la condition individuelle ne peut apporter que des limitations restrictives, sans toutefois que les possibilités qu'elle inclut perdent pour cela leur indéfinité [4].

Nous pouvons, d'après ce que nous avons déjà dit, représenter un degré de l'Existence par un plan horizontal, s'étendant indéfiniment suivant deux dimensions, qui correspondent aux deux indéfinités que nous avons ici à considérer : d'une part, celle des individus, que l'on peut représenter par l'ensemble des droites du plan parallèles à l'une des dimensions, définie, si l'on veut, par l'intersection de ce plan horizontal avec un plan de front [5] ; et, d'autre part, celle des domaines particuliers aux différentes modalités des individus, qui sera alors représentée par l'ensemble des droites du plan horizontal perpendiculaires à la direction précédente, c'est-à-dire parallèles à l'axe visuel ou antéro-postérieur, dont la direction définit l'autre dimension [6]. Chacune de ces deux catégories comprend une indéfinité de droites parallèles entre elles, et toutes indéfinies en longueur ; chaque point du plan sera déterminé par l'intersection de deux droites appartenant respectivement à ces deux catégories, et représentera, par conséquent, une modalité particulière d'un des individus compris dans le degré considéré.

Chacun des degrés de l'Existence universelle, qui en comporte une indéfinité, pourra être représenté de même, dans une étendue à trois dimensions, par un plan horizontal. Nous venons de voir que la section d'un tel plan par un plan de front représente un individu, ou plutôt pour parler d'une façon plus générale et susceptible de s'appliquer indistinctement à tous les degrés, un certain état d'un être, état qui peut être individuel ou non-individuel, suivant les conditions du degré de l'Existence auquel il appartient. Nous pouvons donc maintenant regarder un plan de front comme représentant un être dans sa totalité ; cet être comprend une multitude indéfinie d'états, qui sont alors figurés par toutes les droites horizontales de ce plan, dont les verticales, d'autre part, sont formées par les ensembles de modalités qui se correspondent respectivement dans tous ces états. D'ailleurs, il y a dans l'étendue à trois dimensions une indéfinité de tels plans, représentant l'indéfinité des êtres contenus dans l'Univers total.

---

1. *L'homme et son devenir selon le Vêdânta*, chap. II, et aussi chap. xii et xiii, 3e éd. — Il faut noter aussi que, quand on parle de la manifestation subtile, on est souvent obligé de comprendre dans ce terme les états individuels non-humains, en outre des modalités extracorporelles de l'état humain dont il est ici question.
2. Il y a lieu d'envisager aussi, et nous pourrions même dire surtout, tout au moins en ce qui concerne l'état humain, des modalités qui sont en quelque sorte des extensions résultant de la suppression pure et simple d'une ou plusieurs conditions limitatives.
3. Sur ces conditions, voir *L'Homme et son devenir selon le Vêdânta*, chap. xxiv, 3e éd.
4. Nous rappelons qu'un état individuel est, comme nous l'avons dit plus haut, un état qui comprend la forme parmi ses conditions déterminantes, de sorte que manifestation individuelle et manifestation formelle sont des expressions équivalentes.
5. Pour bien comprendre les termes empruntés à la perspective, il est nécessaire de se rappeler qu'un plan de front est un cas particulier d'un plan vertical, tandis qu'un plan horizontal, au contraire, est un cas particulier d'un plan de bout. Inversement, une droite verticale est un cas particulier d'une droite de front, et une droite de bout est un cas particulier d'une droite horizontale. Il faut remarquer aussi que, en tout point, il passe une seule droite verticale et une multitude indéfinie de droites horizontales, mais, par contre, un seul plan horizontal (contenant toutes les droites horizontales qui passent par ce même point) et une multitude indéfinie de plans verticaux (passant tous par la droite verticale, qui est leur commune intersection, et dont chacun est déterminé par cette droite verticale et une des droites horizontales passant par le point considéré).
6. Dans le plan horizontal, la direction de la première dimension est celle des droites de front (ou transversales), et la direction de la seconde est celle des droites de bout.

12
REPRÉSENTATION GÉOMÉTRIQUE DES ÉTATS DE L'ÊTRE

Dans la représentation géométrique à trois dimensions que nous venons d'exposer, chaque modalité d'un état d'être quelconque n'est indiquée que par un point ; une telle modalité est cependant susceptible, elle aussi, de se développer dans le parcours d'un cycle de manifestation comportant une indéfinité de modifications secondaires. Ainsi, pour la modalité corporelle de l'individualité humaine, par exemple, ces modifications seront tous les moments de son existence (envisagée naturellement sous l'aspect de la succession temporelle, qui est une des conditions auxquelles cette modalité est soumise), ou, ce qui revient au même, tous les actes et tous les gestes, quels qu'ils soient, qu'elle accomplira au cours de cette existence [1]. Pour pouvoir faire entrer toutes ces modifications dans notre représentation, il faudrait figurer la modalité considérée, non plus seulement par un point, mais par une droite entière, dont chaque point serait alors une des modifications secondaires dont il s'agit, et cela en ayant bien soin de remarquer que cette droite, quoique indéfinie, n'en est pas moins limitée, comme l'est d'ailleurs tout indéfini, et même, si l'on peut s'exprimer ainsi, toute puissance de l'indéfini [2]. D'indéfinité simple étant représentée par la ligne droite, la double indéfinité, ou l'indéfini à la seconde puissance, le sera par le plan, et la triple indéfinité, ou l'indéfini à la troisième puissance, par l'étendue à trois dimensions. Si donc chaque modalité, envisagée comme une indéfinité simple, est figurée par une droite, un état d'être, comportant une indéfinité de telles modalités, c'est-à-dire une double indéfinité, sera maintenant figuré, dans son intégralité, par un plan horizontal, et un être, dans sa totalité, le sera, avec l'indéfinité de ses états, par une étendue à trois dimensions. Cette nouvelle représentation est ainsi plus complète que la première, mais il est évident que nous ne pouvons, à moins de sortir de l'étendue à trois dimensions, y considérer qu'un seul être, et non plus, comme précédemment, l'ensemble de tous les êtres de l'Univers, puisque la considération de cet ensemble nous forcerait à introduire ici encore une autre indéfinité, qui serait alors du quatrième ordre, et qui ne pourrait être figurée géométriquement qu'en supposant une quatrième dimension supplémentaire ajoutée à l'étendue [3].

Dans cette nouvelle représentation, nous voyons tout d'abord que par chaque point de l'étendue considérée passent trois droites respectivement parallèles aux trois dimensions de cette étendue ; chaque point pourrait donc être pris comme sommet d'un trièdre trirectangle, constituant un système de coordonnées auquel toute l'étendue serait rapportée, et dont les trois axes formeraient une croix à trois dimensions. Supposons que l'axe vertical de ce système soit déterminé ; il rencontrera chaque plan horizontal en un point, qui sera l'origine des coordonnées rectangulaires auxquelles ce plan sera rapporté, coordonnées dont les deux axes formeront une croix à deux dimensions. On peut dire que ce point est le centre du plan, et que l'axe vertical est le lieu des centres de tous les plans horizontaux ; toute verticale, c'est-à-dire toute parallèle à cet axe, contient aussi des points qui se correspondent dans ces mêmes plans. Si, outre l'axe vertical, on détermine un plan horizontal particulier pour former la base du système de coordonnées, le trièdre trirectangle dont nous venons de parler sera entièrement déterminé aussi par là même. Il y aura une croix à deux dimensions, tracée par deux des trois axes, dans chacun des trois plans de coordonnées, dont l'un est le plan horizontal considéré, et dont les deux autres sont deux plans orthogonaux passant chacun par l'axe vertical et par un des deux axes horizontaux ; et ces trois croix auront pour centre commun le sommet du trièdre, qui est le centre de la croix à trois dimensions, et que l'on peut considérer aussi comme le centre de toute l'étendue. Chaque point pourrait être centre, et on peut dire qu'il l'est en puissance ; mais, en fait, il faut qu'un point particulier soit déterminé, et nous dirons comment par la suite, pour qu'on puisse effectivement tracer la croix, c'est-à-dire mesurer l'étendue tout entière, ou, analogiquement, réaliser la compréhension totale de l'être.

---

1. C'est à dessein que nous employons ici le mot « gestes », parce qu'il fait allusion à une théorie métaphysique très importante, mais qui ne rentre pas dans le cadre de la présente étude. On pourra avoir un aperçu sommaire de cette théorie en se reportant à ce que nous avons dit ailleurs au sujet de la notion de l'*apûrva* dans la doctrine hindoue et des « actions et réactions-concordantes » (*Introduction générale à l'étude des doctrines hindoues*, pp. 258-261).
2. L'indéfini, qui procède du fini, est toujours réductible à celui-ci, puisqu'il n'est qu'un développement des possibilités incluses ou impliquées dans le fini. C'est une vérité élémentaire, quoique trop souvent méconnue, que le prétendu « infini mathématique »

(indéfinité quantitative, soit numérique, soit géométrique) n'est nullement infini, étant limité par les déterminations inhérentes à sa propre nature ; il serait d'ailleurs hors de propos de nous étendre ici sur ce sujet, dont nous aurons encore l'occasion de dire quelques mots plus loin.

3. Ce n'est pas ici le lieu de traiter cette question de la « quatrième dimension » de l'espace, qui a donné naissance à beaucoup de conceptions erronées ou fantaisistes, et qui trouverait plus naturellement sa place dans une étude sur les conditions de l'existence corporelle.

13

RAPPORTS DES DEUX REPRÉSENTATIONS PRÉCÉDENTES

Dans notre seconde représentation à trois dimensions, où nous avons considéré seulement un être dans sa totalité, la direction horizontale suivant laquelle se développent les modalités de tous les états de cet être implique, ainsi que les plans verticaux qui lui sont parallèles, une idée de succession logique, tandis que les plans verticaux qui lui sont perpendiculaires correspondent, corrélativement, à l'idée de simultanéité logique [1]. Si l'on projette toute l'étendue sur celui des trois plans de coordonnées qui est dans ce dernier cas, chaque modalité de chaque état d'être se projettera suivant un point d'une droite horizontale, dont l'ensemble sera la projection de l'intégralité d'un certain état d'être, et, en particulier, l'état dont le centre coïncide avec celui de l'être total sera figuré par l'axe horizontal situé dans le plan sur lequel se fait la projection. Nous sommes ainsi ramené à notre première représentation, celle où l'être est situé tout entier dans un plan vertical ; un plan horizontal pourra alors de nouveau être un degré de l'Existence universelle, et l'établissement de cette correspondance entre les deux représentations, en nous permettant de passer facilement de l'une à l'autre, nous dispense de sortir de l'étendue à trois dimensions.

Chaque plan horizontal, quand il représente un degré de l'Existence universelle, comprend tout le développement d'une possibilité particulière, dont la manifestation constitue, dans son ensemble, ce qu'on peut appeler un « macrocosme », c'est-à-dire un monde, tandis que, dans l'autre représentation, qui ne se rapporte qu'à un seul être, il est seulement le développement de la même possibilité dans cet être, ce qui constitue un état de celui-ci, individualité intégrale ou état non-individuel, que l'on peut, dans tous les cas, appeler analogiquement un « microcosme ». D'ailleurs, il importe de remarquer que le « macrocosme » lui-même, comme le « microcosme », n'est lorsqu'on l'envisage isolément, qu'un des éléments de l'Univers, comme chaque possibilité particulière n'est qu'un élément de la Possibilité totale.

Celle des deux représentations qui se rapporte à l'Univers peut être appelée, pour simplifier le langage, la représentation « macrocosmique », et celle qui se rapporte à un être, la représentation « microcosmique ». Nous avons vu comment, dans cette dernière, est tracé la croix à trois dimensions ; il en sera de même dans la représentation « macrocosmique », si l'on y détermine les éléments correspondants, c'est-à-dire un axe vertical, qui sera l'axe de l'Univers, et un plan horizontal, qu'on pourra désigner, par analogie, comme son équateur ; et nous devons encore faire remarquer que chaque « macrocosme » a ici son centre sur l'axe vertical, comme l'avait chaque « microcosme » dans l'autre représentation.

On voit, par ce qui vient d'être exposé, l'analogie qui existe entre le « macrocosme » et le « microcosme », chaque partie de l'Univers étant analogue aux autres parties, et ses propres parties lui étant analogues aussi, parce que toutes sont analogues à l'Univers total, ainsi que nous l'avons déjà dit précédemment. Il en résulte que, si nous considérons le « macrocosme », chacun des domaines définis qu'il comprend lui est analogue ; de même, si nous considérons le « microcosme », chacune de ses modalités lui est aussi analogue. C'est ainsi que, en particulier, la modalité corporelle de l'individualité humaine peut être prise pour symboliser, dans ses diverses parties, cette même individualité envisagée intégralement [2] ; mais nous nous contenterons de signaler ce point en passant, car nous pensons qu'il serait peu utile de nous étendre ici sur les considérations de ce genre, qui n'ont à notre point de vue qu'une importance tout à fait secondaire, et qui, d'ailleurs, sous la forme où elles sont présentées le plus habituellement, ne répondent qu'à une vue assez sommaire et plutôt superficielle de la constitution de l'être humain [3]. En tout cas, lorsqu'on veut entrer dans de semblables considérations, et alors même qu'on se contente d'établir des divisions très générales dans l'individualité, on ne devrait jamais oublier que celle-ci comporte en réalité une multitude indéfinie de modalités coexistantes, de même que l'organisme corporel lui-même se compose d'une multitude indéfinie de cellules, dont chacune aussi a son existence propre.

---

1. Il est bien entendu que les idées de succession et de simultanéité ne doivent être envisagées ici qu'au point de vue purement logique, et non chronologique, puisque le temps n'est qu'une condition spéciale, nous ne dirons même pas de l'état humain tout entier, mais de certaines modalités de cet état.
2. Voir *L'Homme et son devenir selon le Vêdânta*, chap. xii, 3ᵉ éd.

3. On peut en dire à peu près autant des comparaisons de la société humaine à un organisme, qui, ainsi que nous l'avons fait remarquer ailleurs à propos de l'institution des castes, renferment assurément une part de vérité, mais dont beaucoup de sociologues ont fait un usage immodéré, et parfois fort peu judicieux (voir *Introduction générale à l'étude des doctrines hindoues*, p. 203).

14

LE SYMBOLISME DU TISSAGE

Il est un symbolisme qui se rapporte directement à ce que nous venons d'exposer, bien qu'il en soit fait parfois une application qui peut, à première vue, sembler s'en écarter quelque peu : dans les doctrines orientales, les livres traditionnels sont fréquemment désignés par des termes qui, dans leur sens littéral, se rapportent au tissage. Ainsi, en sanscrit, *sûtra* signifie proprement « fil » [1] : un livre peut être formé par un ensemble de *sûtras*, comme un tissu est formé par un assemblage de fils ; *tantra* a aussi le sens de « fil » et celui de « tissu » et désigne plus spécialement la « chaîne » d'un tissu [2]. De même, en chinois, *king* est la « chaîne » d'une étoffe, et *wei* est sa « trame » ; le premier de ces deux mots désigne en même temps un livre fondamental, et le second désigne ses commentaires [3]. Cette distinction de la « chaîne » et de la « trame » dans l'ensemble des écritures traditionnelles correspond, suivant la terminologie hindoue, à celle de la *Shruti*, qui est le fruit de l'inspiration directe, et de la *Smriti*, qui est le produit de la réflexion s'exerçant sur les données de la *Shruti* [4].

Pour bien comprendre la signification de ce symbolisme, il faut remarquer tout d'abord que la chaîne, formée de fils tendus sur le métier, représente l'élément immuable et principiel, tandis que les fils de la trame, passant entre ceux de la chaîne par le va-et-vient de la navette, représentent l'élément variable et contingent, c'est-à-dire les applications du principe à telles ou telles conditions particulières. D'autre part, si l'on considère un fil de la chaîne et un fil de la trame, on s'aperçoit immédiatement que leur réunion forme la croix, dont ils sont respectivement la ligne verticale et la ligne horizontale ; et tout point du tissu, étant ainsi le point de rencontre de deux fils perpendiculaires entre eux, est par là même le centre d'une telle croix. Or, suivant ce que nous avons vu quant au symbolisme général de la croix, la ligne verticale représente ce qui unit entre eux tous les états d'un être ou tous les degrés de l'Existence, en reliant leurs points correspondants, tandis que la ligne horizontale représente le développement d'un de ces états ou de ces degrés. Si l'on rapporte ceci à ce que nous indiquions tout à l'heure, on peut dire, comme nous l'avons fait précédemment, que le sens horizontal figurera par exemple l'état humain, et le sens vertical ce qui est transcendant par rapport à cet état ; ce caractère transcendant est bien celui de la *Shruti*, qui est essentiellement « non-humaine », tandis que la *Smriti* comporte les applications à l'ordre humain et est le produit de l'exercice des facultés spécifiquement humaines.

Nous pouvons ajouter ici une autre remarque qui fera encore ressortir la concordance de divers symbolismes, plus étroitement liés entre eux qu'on ne pourrait le supposer tout d'abord : nous voulons parler de l'aspect sous lequel la croix symbolise l'union des complémentaires. Nous avons vu que, sous cet aspect, la ligne verticale représente le principe actif ou masculin (*Purusha*), et la ligne horizontale le principe passif ou féminin (*Prakriti*), toute manifestation étant produite par l'influence « non-agissante » du premier sur le second. Or, d'un autre côté, la *Shruti* est assimilée à la lumière directe, figurée par le soleil, et la *Smriti* à la lumière réfléchie [5], figurée par la lune ; mais, en même temps, le soleil et la lune, dans presque toutes les traditions, symbolisent aussi respectivement le principe masculin et le principe féminin de la manifestation universelle.

Le symbolisme du tissage n'est pas appliqué seulement aux écritures traditionnelles ; il est employé aussi pour représenter le monde, ou plus exactement l'ensemble de tous les mondes, c'est-à-dire des états ou des degrés, en multitude indéfinie, qui constituent l'Existence universelle. Ainsi, dans les *Upanishads*, le Suprême *Brahma* est désigné comme « Ce sur quoi les mondes sont tissés, comme chaîne et trame », ou par d'autres formules similaires [6] ; la chaîne et la trame ont naturellement, ici encore, les mêmes significations respectives que nous venons de définir. D'autre part, d'après la doctrine taoïste, tous les êtres sont soumis à l'alternance continuelle des deux états de vie et de mort (condensation et dissipation, vicissitudes du *yang* et du *yin*) [7] ; et les commentateurs appellent cette alternance « le va-et-vient de la navette sur le métier à tisser cosmique [8] ».

D'ailleurs, en réalité, il y a d'autant plus de rapport entre ces deux applications d'un même symbolisme que l'Univers lui-même, dans certaines traditions, est parfois symbolisé par un livre : nous rappellerons seulement à ce propos, le *Liber Mundi* des Rose-Croix, et aussi le symbole bien connu du *Liber Vitae* apocalyptique [9]. À ce point de vue encore, les fils de la chaîne, par lesquels sont reliés les points correspondants dans tous les états constituent le Livre sacré par excellence, qui est le prototype (ou plutôt l'archétype) de toutes les écritures traditionnelles, et dont celles-ci ne sont que des expressions en langage humain [10] ; les fils de la trame, dont chacun est le déroulement des événements dans un certain état, en constituent le commentaire, en ce sens qu'ils donnent les applications relatives aux différents états ; tous les événements, envisagés dans la simultanéité de l'« intemporel », sont ainsi inscrits dans ce Livre, dont chacun est pour ainsi dire un caractère, s'identifiant d'autre part à un point du tissu. Sur ce symbolisme du livre, nous citerons aussi un résumé de l'enseignement de Mohyiddin ibn Arabi : « L'Univers est un immense livre ; les caractères de ce livre sont tous écrits, en principe, de la même encre et transcrits à la Table éternelle par la plume divine ; tous sont transcrits simultanément et indivisibles ; c'est pourquoi les phénomènes essentiels divins cachés dans le « secret des secrets » prirent le nom de « lettres transcendantes ». Et ces mêmes lettres transcendantes, c'est-à-dire toutes les créatures, après avoir été condensées virtuellement dans l'omniscience divine, sont, par le souffle divin, descendues aux lignes inférieures, et ont composé et formé l'Univers manifesté [11]. »

Une autre forme du symbolisme du tissage, qui se rencontre aussi dans la tradition hindoue, est l'image de l'araignée tissant sa toile, image qui est d'autant plus exacte que l'araignée forme cette toile de sa propre substance [12]. En raison de la forme circulaire de la toile, qui est d'ailleurs le schéma plan du sphéroïde cosmogonique, c'est-à-dire de la sphère non fermée à laquelle nous avons déjà fait allusion, la chaîne est représentée ici par les fils rayonnant autour du centre, et la trame par les fils disposés en circonférences concentriques [13]. Pour revenir de là à la figure ordinaire du tissage, il n'y a qu'à considérer le centre comme indéfiniment éloigné, de telle sorte que les rayons deviennent parallèles, suivant la direction verticale, tandis que les circonférences concentriques deviennent des droites perpendiculaires à ces rayons, c'est-à-dire horizontales.

En résumé, on peut dire que la chaîne, ce sont les principes qui relient entre eux tous les mondes ou tous les états, chacun de ses fils reliant des points correspondants dans ces différents états, et que la trame, ce sont les ensembles d'événements qui se produisent dans chacun des mondes, de sorte que chaque fil de cette trame est, comme nous l'avons déjà dit, le déroulement des événements dans un monde déterminé. À un autre point de vue, on peut dire encore que la manifestation d'un être dans un certain état d'existence est, comme tout événement quel qu'il soit, déterminé par la rencontre d'un fil de la chaîne avec un fil de la trame. Chaque fil de la chaîne est alors un être envisagé dans sa nature essentielle, qui, en tant que projection directe du « Soi » principiel, fait le lien de tous ses états, maintenant son unité propre à travers leur indéfinie multiplicité. Dans ce cas, le fil de la trame que ce fil de la chaîne rencontre en un certain point correspond à un état défini d'existence, et leur intersection détermine les relations de cet être, quant à sa manifestation dans cet état, avec le milieu cosmique dans lequel il se situe sous ce rapport. La nature individuelle d'un être humain, par exemple, est la résultante de la rencontre de ces deux fils ; en d'autres termes, il y aura toujours lieu d'y distinguer deux sortes d'éléments, qui devront être rapportés respectivement au sens vertical et au sens horizontal : les premiers expriment ce qui appartient en propre à l'être considéré, tandis que les seconds proviennent des conditions du milieu.

Ajoutons que les fils dont est formé le « tissu du monde » sont encore désignés, dans un autre symbolisme équivalent, comme les « cheveux de *Shiva* » [14] ; on pourrait dire que ce sont en quelque sorte les « lignes de force » de l'Univers manifesté, et que les directions de l'espace sont leur représentation dans l'ordre corporel. On voit sans peine de combien d'applications diverses toutes ces considérations sont susceptibles ; mais nous n'avons voulu ici qu'indiquer la signification essentielle de ce symbolisme du tissage, qui est, semble-t-il, fort peu connu en Occident [15].

---

1. Ce mot est identique au latin *sutura*, la même racine, avec le sens de « coudre », se trouvant également dans les deux langues. — Il est au moins curieux de constater que le mot arabe *sûrat*, qui désigne les chapitres du *Qorân*, est composé exactement des mêmes éléments que le sanscrit *sûtura* ; ce mot a, d'ailleurs, le sens voisin de « rang » ou « rangée », et sa dérivation est inconnue.
2. La racine *tan* de ce mot exprime en premier l'idée d'extension.
3. Au symbolisme du tissage se rattache aussi l'usage des cordelettes nouées, qui tenaient lieu d'écriture en Chine à une époque fort reculée ; ces cordelettes étaient du même genre que celles que les anciens Péruviens employaient également et auxquelles ils donnaient le nom de *quipos*. Bien qu'on ait parfois prétendu que ces dernières ne servaient qu'à compter, il paraît bien qu'elles exprimaient aussi des idées beaucoup plus complexes, d'autant plus qu'il est dit qu'elles constituaient les « annales de l'empire », et que, d'ailleurs, les Péruviens n'ont jamais eu aucun autre procédé d'écriture, alors qu'ils possédaient une langue très parfaite et très raffinée ; cette sorte d'idéographie était rendue possible par de multiples combinaisons dans lesquelles l'emploi de fils de couleurs différentes jouait un rôle important.
4. Voir *L'Homme et son devenir selon le Vêdânta*, chap. Ier, et aussi *Autorité spirituelle et pouvoir temporel*, chap. VIII.
5. Le double sens du mot « réflexion » est ici très digne de remarque.
6. *Mundaka Upanishad*, 2e Mundaka, Khanda, shruti 5e ; *Brihad-Aranyaka Upanishad*, 3e Adhyâya, 8e Brâhmana, shrutis 7 et 8. — Le moine bouddhiste Kumâra-jîva traduisit en chinois un ouvrage sanscrit intitulé *Le Filet de Brahma (Fan-wang-king)*, d'après lequel les mondes sont disposés comme les mailles d'un filet.
7. *Tao-te-king*, xvi.
8. Tchang-houng-yang compare aussi cette alternance à la respiration, l'inspiration active répondant à la vie, l'expiration passive répondant à la mort, la fin de l'une étant d'ailleurs le commencement de l'autre. Le même commentateur se sert encore, comme terme de comparaison, de la révolution lunaire, la pleine lune étant la vie, la nouvelle lune étant la mort, avec deux périodes intermédiaires de croissance et de décroissance. En ce qui concerne la respiration, ce qui est dit ici doit être rapporté aux phases de l'existence d'un être comparé à celui-là même qui respire ; d'autre part, dans l'ordre universel, l'expiration correspond au développement de la manifestation, et l'inspiration au retour au non-manifesté, ainsi qu'il a été dit plus haut ; selon qu'on envisage les choses par rapport à la manifestation ou par rapport au Principe, il ne faut pas oublier de faire l'application du « sens inverse » dans l'analogie.

9. Nous avons indiqué plus haut que, dans certaines figurations, le livre scellé de sept sceaux, et sur lequel est couché l'agneau, est placé, comme l'« Arbre de Vie », à la source commune des quatre fleuves paradisiaques, et nous avons alors fait allusion à un rapport entre le symbolisme de l'arbre et celui du livre : les feuilles de l'arbre et les caractères du livre représentent pareillement tous les êtres de l'Univers (les « dix mille êtres » de la tradition extrême-orientale).
10. Ceci est affirmé expressément du *Véda* et du *Qorân* ; l'idée de l'« Evangile éternel » montre aussi que cette même conception n'est pas entièrement étrangère au Christianisme.
11. *El-Futûhâtul-Mekkiyah*. — On pourra faire un rapprochement avec le rôle que jouent également les lettres dans la doctrine cosmogonique du *Sepher Ietsirah*.
12. Commentaire de Shankarâchârya sur les *Brahma-Sûtras*, 2e Adhyâya, Ier Pâda, sûtra 25.
13. L'araignée, se tenant au centre de sa toile, donne l'image du soleil entouré de ses rayons ; elle peut ainsi être prise comme une figure du « Cœur du Monde ».
14. Nous y avons fait allusion plus haut au sujet des directions de l'espace.
15. On trouve cependant des traces d'un symbolisme du même genre dans l'antiquité gréco-latine, notamment dans le mythe des Parques ; mais celui-ci semble bien ne se rapporter qu'aux fils de la trame, et son caractère « fatal » peut en effet s'expliquer par l'absence de la notion de la chaîne, c'est-à-dire par le fait que l'être est envisagé seulement dans son état individuel, sans aucune intervention consciente (pour cet individu) de son principe personnel transcendant. Cette interprétation est, d'ailleurs, justifiée par la façon dont Platon considère l'axe vertical dans le mythe d'Er l'Arménien (*République*, livre X) : suivant lui, en effet, l'axe lumineux du monde est le « fuseau de la Nécessité » ; c'est un axe de diamant, entouré de plusieurs gaines concentriques, de dimensions et de couleurs diverses, qui correspondent aux différentes sphères planétaires ; la Parque Clotho le fait tourner de la main droite, donc de droite à gauche, ce qui est aussi le sens le plus habituel et le plus normal de la rotation du *swastika*. — À propos de cet « axe de diamant », signalons que le symbole thibétain du *vajra*, dont le nom signifie à la fois « foudre » et « diamant », est aussi en rapport avec l'« Axe du Monde ».

15
REPRÉSENTATION DE LA CONTINUITÉ DES DIFFÉRENTES MODALITÉS D'UN MÊME ÉTAT D'ÊTRE

Si nous considérons un état d'être, figuré par un plan horizontal de la représentation « microcosmique » que nous avons décrite, il nous reste maintenant à dire d'une façon plus précise à quoi correspond le centre de ce plan, ainsi que l'axe vertical qui passe par ce centre. Mais, pour en arriver là, il nous faudra avoir encore recours à une autre représentation géométrique, un peu différente de la précédente, et dans laquelle nous ferons intervenir, non plus seulement, comme nous l'avons fait jusqu'ici, le parallélisme ou la correspondance, mais encore la continuité de toutes les modalités de chaque état d'être entre elles, et aussi de tous les états entre eux, dans la constitution de l'être total.

Pour cela, nous sommes naturellement amenés à faire subir à notre figuration un changement qui correspond à ce qu'est, en géométrie analytique, le passage d'un système de coordonnées rectilignes à un système de coordonnées polaires. En effet, au lieu de représenter les différentes modalités d'un même état par des droites parallèles, comme nous l'avons fait précédemment, nous pouvons les représenter par des circonférences concentriques tracées dans le même plan horizontal, et ayant pour centre commun le centre même de ce plan, c'est-à-dire, selon ce que nous avons expliqué plus haut, son point de rencontre avec l'axe vertical.

De cette façon, on voit bien que chaque modalité est finie, limitée, puisqu'elle est figurée par une circonférence, qui est une courbe fermée, ou tout au moins une ligne dont les extrémités nous sont connues et comme données [1] ; mais, d'autre part, cette circonférence, comprend une multitude indéfinie de points [2], représentant l'indéfinité des modifications secondaires que comporte la modalité considérée, quelle qu'elle soit [3]. De plus les circonférences concentriques doivent ne laisser entre elles aucun intervalle, si ce n'est la distance infinitésimale de deux points immédiatement voisins (nous reviendrons un peu plus loin sur cette question), de sorte que leur ensemble comprenne tous les points du plan, ce qui suppose qu'il y a continuité entre toutes ces circonférences. Or, pour qu'il y ait vraiment continuité, il faut que la fin de chaque circonférence coïncide avec le commencement de la circonférence suivante (et non avec celui de la même circonférence) ; et, pour que ceci soit possible sans que les deux circonférences successives soient confondues, il faut que ces circonférences, ou plutôt les courbes que nous avons considérées comme telles, soient en réalité des courbes non fermées.

D'ailleurs, nous pouvons aller plus loin dans ce sens : il est matériellement impossible de tracer d'une façon effective une ligne qui soit vraiment une courbe fermée ; pour le prouver, il suffit de remarquer que, dans l'espace où est située notre modalité corporelle, tout est constamment en mouvement (par l'effet de la combinaison des conditions spatiale et temporelle, dont le mouvement est en quelque sorte une résultante), de telle façon que, si nous voulons tracer une circonférence, et si nous commençons ce tracé en un certain point de l'espace, nous nous trouverons forcément en un autre point lorsque nous l'achèverons, et nous ne repasserons jamais par le point de départ. De même, la courbe qui symbolise le parcours d'un cycle évolutif quelconque [4] ne devra jamais passer deux fois par un même point, ce qui revient à dire qu'elle ne doit pas être une courbe fermée (ni une courbe contenant des « points multiples »). Cette représentation montre qu'il ne peut pas y avoir deux possibilités identiques dans l'Univers, ce qui reviendrait d'ailleurs à une limitation de la Possibilité totale, limitation impossible, puisque, devant comprendre la Possibilité, elle ne pourrait y être comprise. Aussi toute limitation de la Possibilité universelle est-elle, au sens propre et rigoureux du mot, une impossibilité ; et c'est par là que tous les systèmes philosophiques, en tant que systèmes, postulant explicitement ou implicitement de telles limitations, sont condamnés à une égale impuissance du point de vue métaphysique [5]. Pour ne revenir aux possibilités identiques ou supposées telles, nous ferons encore remarquer, pour plus de précision, que deux possibilités qui seraient véritablement identiques ne différeraient par aucune de leurs conditions de réalisation ; mais, si toutes les conditions sont les mêmes, c'est aussi la même possibilité, et non pas deux possibilités distinctes, puisqu'il y a alors coïncidence sous tous les rapports [6] ; et ce raisonnement peut s'appliquer rigoureusement à tous les points de notre représentation, chacun de ces points figurant une modification particulière qui réalise une certaine possibilité déterminée [7].

Le commencement et la fin de l'une quelconque des circonférences que nous avons à considérer ne sont donc pas le même point, mais deux points consécutifs d'un même rayon, et, en réalité, on ne peut même pas dire qu'ils appartiennent à la même circonférence : l'un appartient encore à la circonférence précédente, dont il est la fin, et l'autre appartient déjà à la circonférence suivante, dont il est le commencement. Les termes extrêmes d'une série indéfinie peuvent être regardés comme situés en dehors de cette série, par là même qu'ils établissent sa continuité avec d'autres séries : et tout ceci peut s'appliquer, en particulier, à la naissance et à la mort de la modalité corporelle de l'individualité humaine. Ainsi, les deux modifications extrêmes de chaque modalité ne coïncident pas, mais il y a simplement correspondance entre elles dans l'ensemble de l'état d'être dont cette modalité fait partie, cette correspondance étant indiquée par la situation de leurs points représentatifs sur un même rayon issu du centre du plan. Par suite, le même rayon contiendra les modifications extrêmes de toutes les modalités de l'état considéré, modalités qui ne doivent d'ailleurs pas être regardées comme successives à proprement parler (car elles peuvent tout aussi bien être simultanées), mais seulement comme s'enchaînant logiquement. Les courbes qui figurent ces modalités, au lieu d'être des circonférences comme nous l'avions supposé tout d'abord, sont les spires successives d'une spirale indéfinie tracée dans le plan horizontal et se développant à partir de son centre ; cette courbe va en s'amplifiant d'une façon continue d'une spire à l'autre, le rayon variant alors d'une quantité infinitésimale, qui est la distance de deux points consécutifs de ce rayon. Cette distance peut être supposée aussi petite qu'on le veut, suivant la définition même des quantités infinitésimales, qui sont des quantités susceptibles de décroître indéfiniment ; mais elle ne peut jamais être considérée comme nulle, puisque les deux points consécutifs ne sont pas confondus ; si elle pouvait devenir nulle, il n'y aurait plus qu'un seul et même point.

---

1. Cette restriction est nécessaire pour que ceci ne soit pas en contradiction, même simplement apparente, avec ce qui va suivre.
2. Il importe de remarquer que nous ne disons pas un nombre indéfini, mais une multitude indéfinie, parce qu'il est possible que l'indéfinité dont il s'agit dépasse tout nombre, bien que la série des nombres soit elle-même indéfinie, mais en mode discontinu, tandis que celle des points d'une ligne l'est en mode continu. Le terme de « multitude » est plus étendu et plus compréhensif que celui du « multiplicité numérique », et il peut même s'appliquer en dehors du domaine de la quantité, dont le nombre n'est qu'un mode spécial ; c'est ce qu'avaient bien compris les philosophes scolastiques, qui transposaient cette notion de « multitude » dans l'ordre des « transcendantaux », c'est-à-dire des modes universels de l'Être, où elle est à celle de la multiplicité numérique dans le même rapport analogique que la conception de l'Unité métaphysique à celle de l'unité arithmétique ou quantitative. Il doit être bien entendu que c'est de cette multiplicité « transcendantale » qu'il s'agit quand nous parlons des états multiples de l'être, la quantité n'étant qu'une condition particulière applicable seulement à certains de ces états.
3. La longueur d'une circonférence étant d'autant plus grande que cette circonférence est plus éloignée du centre, il semble à première vue qu'elle doit contenir d'autant plus de points ; mais, d'autre part, si l'on remarque que chaque point d'une circonférence est l'ex-

trémité d'un de ses rayons, et que deux circonférences concentriques ont les mêmes rayons, on doit en conclure qu'il n y a pas plus de points dans la plus grande que dans la plus petite. La solution de cette apparente difficulté se trouve dans ce que nous avons indiqué dans la note précédente : c'est qu'il n'y a pas en réalité un nombre des points d'une ligne, que ces points ne peuvent proprement être « nombres », leur multitude étant au-delà du nombre. En outre, s'il y a toujours autant de points (s'il est possible d'employer cette façon de parler dans ces conditions) dans une circonférence qui diminue en se rapprochant de son centre, comme cette circonférence, à la limite, se réduit au centre lui-même, celui-ci, quoique n'étant qu'un seul point, doit contenir alors tous les points de la circonférence, ce qui revient à dire que toutes choses sont contenues dans l'unité.

4. Par « cycle évolutif », nous entendons simplement, suivant la signification originelle du mot, le processus de développement des possibilités comprises dans un mode quelconque d'existence, sans que ce processus implique quoi que ce soit qui puisse avoir le moindre rapport avec une théorie « évolutionniste » (cf. *L'Homme et son devenir selon le Védânta*, chap. XVIII, 3e éd.) ; nous avons d'ailleurs dit assez souvent ce qu'il fallait penser des théories de ce genre pour qu'il soit inutile d'y insister ici.
5. Il est facile de voir, en outre, que ceci exclut toutes les théories plus ou moins « réincarnationnistes » qui ont vu le jour dans l'Occident moderne, au même titre que le fameux « retour éternel » de Nietzsche et autres conceptions similaires ; nous avons d'ailleurs longuement développé ces considérations dans *L'Erreur spirite*, 2e partie, chap. VI.
6. C'est là un point que Leibnitz paraît avoir assez bien vu en posant son « principe des indiscernables », quoiqu'il ne l'ait peut-être pas formulé aussi nettement (cf. *Autorité spirituelle et pouvoir temporel*, chap. VII)
7. Nous entendons ici le terme « possibilité » dans son acception la plus restreinte et la plus spécialisée : il s'agit, non pas même d'une possibilité particulière susceptible d'un développement indéfini, mais seulement de l'un quelconque des éléments que comporte un tel développement.

16
RAPPORTS DU POINT ET DE L'ÉTENDUE

La question que soulève la dernière remarque que nous venons de faire mérite que nous nous y arrêtions quelque peu, sans toutefois traiter ici les considérations relatives à l'étendue avec tous les développements que comporterait ce sujet, qui rentre proprement dans l'étude des conditions de l'existence corporelle. Ce que nous voulons signaler surtout, c'est que la distance de deux points immédiatement voisins, que nous avons été amené à envisager en raison de l'introduction de la continuité dans la représentation géométrique de l'être, peut être regardée comme la limite de l'étendue dans le sens des quantités indéfiniment décroissantes ; en d'autres termes, elle est la plus petite étendue possible, ce après quoi il n'y a plus d'étendue, c'est-à-dire plus de condition spatiale, et on ne pourrait la supprimer sans sortir du domaine d'existence qui est soumis à cette condition. Donc, lorsqu'on divise l'étendue indéfiniment [1], et lorsqu'on pousse cette division aussi loin qu'il est possible, c'est-à-dire jusqu'aux limites de la possibilité spatiale par laquelle la divisibilité est conditionnée (et qui est d'ailleurs indéfinie dans le sens décroissant comme dans le sens croissant), ce n'est pas au point qu'on aboutit comme résultat ultime, mais bien à la distance élémentaire entre deux points. Il résulte de là que, pour qu'il y ait étendue ou condition spatiale, il faut qu'il y ait déjà deux points, et l'étendue (à une dimension) qui est réalisée par leur présence simultanée, et qui est précisément leur distance, constitue un troisième élément qui exprime la relation existant entre ces deux points les unissant et les séparant à la fois. D'ailleurs, cette distance, en tant qu'on la considère comme une relation, n'est évidemment pas composée de parties, car les parties en lesquelles elle pourrait être résolue, si elle le pouvait, ne seraient que d'autres relations de distance, dont elle est logiquement indépendante, comme, au point de vue numérique, l'unité est indépendante des fractions [2]. Ceci est vrai pour une distance quelconque, lorsqu'on ne l'envisage que par rapport aux deux points qui sont ses extrémités, et l'est *a fortiori* pour une distance infinitésimale, qui n'est nullement une quantité définie, mais qui exprime seulement une relation spatiale entre deux points immédiatement voisins, tels que deux points consécutifs d'une ligne quelconque. D'autre part, les points eux-mêmes, considérés comme extrémités d'une distance, ne sont pas des parties du continu spatial, bien que la relation de distance suppose qu'ils sont envisagés comme situés dans l'espace ; c'est donc, en réalité, la distance qui est le véritable élément spatial.

Par conséquent, on ne peut pas dire, en toute rigueur, que la ligne soit formée de points, et cela se comprend aisément, car, chacun des points étant sans étendue, leur simple addition, même s'ils sont en multitude indéfinie, ne peut jamais former une étendue ; la ligne est en réalité constituée par les distances élémentaires entre ses points consécutifs. De la même façon, et pour une raison semblable, si nous considérons dans un plan une indéfinité de droites parallèles, nous ne pouvons pas dire que le plan est constitué par la réunion de toutes ces droites, ou que celles-ci sont les véritables éléments constitutifs du plan ; les véritables éléments sont les distances de ces droites, distances par lesquelles elles sont des droites distinctes et non confondues, et, si les droites forment le plan en un certain sens, ce n'est pas par elles-mêmes, mais bien par leurs distances, comme il en est pour les points par rapport à chaque droite. De même encore, l'étendue à trois dimensions n'est pas composée d'une indéfinité de plans parallèles, mais des distances entre tous ces plans.

Cependant, l'élément primordial, celui qui existe par lui-même, c'est le point, puisqu'il est présupposé par la distance et que celle-ci n'est qu'une relation ; l'étendue elle-même présuppose donc le point. On peut dire que celui-ci contient en soi une virtualité d'étendue, qu'il ne peut développer qu'en se dédoublant d'abord, pour se poser en quelque façon en face de lui-même, puis en se multipliant (ou mieux en se sous-multipliant) indéfiniment, de telle sorte que l'étendue manifestée procède tout entière de sa différenciation, ou, pour parler plus exactement, de lui-même en tant qu'il se différencie. Cette différenciation n'a d'ailleurs de réalité qu'au point de vue de la manifestation spatiale : elle est illusoire au regard du point principal lui-même, qui ne cesse pas par là d'être en soi tel qu'il était, et dont l'unité essentielle ne saurait en être aucunement affectée [3]. Le point, considéré en soi, n'est aucunement soumis à la condition spatiale, puisque, au contraire, il en est le principe : c'est lui qui réalise l'espace, qui produit l'étendue par son acte, lequel, dans la condition temporelle (mais dans celle-là seulement), se traduit par le mouvement ; mais, pour réaliser ainsi l'espace, il faut que, par quelqu'une de ses modalités, il se situe lui-même dans cet espace, qui d'ailleurs n'est rien sans lui, et qu'il remplira tout entier du déploiement de ses propres virtualités [4]. Il peut, successivement dans la condition temporelle, ou simultanément hors de cette condition (ce qui, disons-le en passant, nous ferait sortir de l'espace ordinaire à trois dimensions) [5], s'identifier, pour les réaliser, à tous les points potentiels de cette étendue, celle-ci étant alors envisagée seulement comme une pure puissance d'être, qui n'est autre que la virtualité totale du point conçue sous son aspect passif, ou comme potentialité, le lieu ou le contenant de toutes les manifestations de son activité, contenant qui actuellement n'est rien, si ce n'est pas l'effectuation de son contenu possible [6].

Le point primordial, étant sans dimensions, est aussi sans forme ; il n'est donc par de l'ordre des existences individuelles ; il ne s'individualise en quelque façon que lorsqu'il se situe dans l'espace, et cela non pas en lui-même, mais seulement par quelqu'une de ses modalités, de sorte que, à vrai dire, ce sont celles-ci qui sont proprement individualisées, et non le point principiel. D'ailleurs, pour qu'il y ait forme, il faut qu'il y ait déjà différenciation, donc multiplicité réalisée dans une certaine mesure, ce qui n'est possible que quand le point s'oppose à lui-même, si l'on peut ainsi parler, par deux ou plusieurs de ses modalités de manifestation spatiale ; et cette opposition est ce qui, au fond, constitue la distance, dont la réalisation est la première effectuation de l'espace, qui n'est sans elle, comme nous venons de le dire, qu'une pure puissance de réceptivité. Remarquons encore que la distance n'existe d'abord que virtuellement ou implicitement dans la forme sphérique dont nous avons parlé plus haut, et qui est celle qui correspond au minimum de différenciation, étant « isotrope » par rapport au point central, sans rien qui distingue une direction particulière par rapport à toutes les autres ; le rayon, qui est ici l'expression de la distance (prise du centre à la périphérie), n'est pas tracé effectivement et ne fait pas partie intégrante de la figure sphérique. La réalisation effective de la distance ne se trouve explicitée que dans la ligne droite, et en tant qu'élément initial et fondamental de celle-ci, comme résultant de la spécification d'une certaine direction déterminée ; dès lors, l'espace ne peut plus être regardé comme « isotrope », et, à ce point de vue, il doit être rapporté à deux pôles symétriques (les deux points entre lesquels il y a distance), au lieu de l'être à un centre unique.

Le point qui réalise toute l'étendue, comme nous venons de l'indiquer, s'en fait le centre, en la mesurant selon toutes ses dimensions, par l'extension indéfinie des branches de la croix dans les six directions, ou vers les six points cardinaux de cette étendue. C'est l'« Homme Universel », symbolisé par cette croix, mais non l'homme individuel (celui-ci, en tant que tel, ne pouvant rien atteindre qui soit en dehors de son propre état d'être), qui est véritablement la « mesure de toutes choses », pour employer l'expression de Protagoras que nous avons déjà rappelée ailleurs [7], mais, bien entendu, sans attribuer au sophiste grec lui-même la moindre compréhension de cette interprétation métaphysique [8].

---

1. Nous disons « indéfiniment », mais non « à l'infini », ce qui serait une absurdité, la divisibilité étant nécessairement un attribut propre à un domaine limité, puisque la condition spatiale, dont elle dépend, est elle-même essentiellement limitée ; il faut donc qu'il y ait une limite à la divisibilité, comme à toute relativité ou détermination quelconque, et nous pouvons avoir la certitude que cette limite existe, alors même qu'elle ne nous est pas actuellement accessible.
2. Les fractions ne peuvent donc pas être, à proprement parler, des « parties de l'unité », car l'unité véritable est évidemment sans parties ; cette définition fautive qu'on donne souvent des fractions implique une confusion entre l'unité numérique, qui est essentiellement indivisible, et les « unités de mesure », qui ne sont des unités que d'une façon toute relative et conventionnelle, et qui, étant de la nature des grandeurs continues, sont nécessairement divisibles et composées de parties.
3. Si la manifestation spatiale disparaît, tous les points situés dans l'espace se résorbent dans le point principiel unique, puisqu'il n'y a plus entre eux aucune distance.
4. Leibnitz a distingué avec raison ce qu'il appelle les « points métaphysiques », qui sont pour lui les véritables « unités de substance », et qui sont indépendants de l'espace, et les « points mathématiques », qui ne sont que de simples modalités des précédents, en tant qu'ils en sont des déterminations spatiales, constituant leurs « points de vue » respectifs pour représenter ou exprimer l'Univers. Pour Leibnitz aussi, c'est ce qui est situé dans l'espace qui fait toute la réalité actuelle de l'espace lui-même ; mais il est évident qu'on ne saurait rapporter à l'espace, comme il le fait, tout ce qui constitue, en chaque être, l'expression de l'Univers total.
5. La transmutation de la succession en simultanéité, dans l'intégration de l'état humain, implique en quelque sorte une « spatialisation » du temps, qui peut se traduire par l'adjonction d'une quatrième dimension.
6. Il est facile de se rendre compte que le rapport du point principiel à l'étendue virtuelle, ou plutôt potentielle, est analogue à celui de l'« essence » à la « substance », ces deux termes étant entendus dans leur sens universel, c'est-à-dire comme désignant les deux pôles actif et passif de la manifestation, que la doctrine hindoue appelle *Purusha* et *Prakriti* (voir *L'Homme et son devenir selon le Vêdânta*, chap. IV).
7. *L'Homme et son devenir selon le Vêdânta*, chap. XVI, 3e éd.
8. Si notre intention était de nous livrer ici à une étude plus complète de la condition spatiale et de ses limitations, nous aurions à montrer comment, des considérations qui ont été exposées dans ce chapitre, peut se déduire une démonstration de l'absurdité des théories atomistes. Nous dirons seulement, sans y insister davantage, que tout ce qui est corporel est nécessairement divisible, par là même qu'il est étendu, c'est-à-dire soumis à la condition spatiale (cf. *Introduction générale à l'étude des doctrines hindoues*, pp. 239-240).

17
L'ONTOLOGIE DU BUISSON ARDENT

Nous pouvons encore préciser la signification du dédoublement du point par polarisation, telle que nous venons de l'exposer, en nous plaçant au point de vue proprement « ontologique » ; et, pour rendre la chose plus aisément compréhensible, nous pouvons envisager tout d'abord l'application au point de vue logique et même simplement grammatical. En effet, nous avons ici trois éléments, les deux points et leur distance, et il est facile de se rendre compte que ces trois éléments correspondent très exactement à ceux d'une proposition : les deux points représentent les deux termes de celle-ci, et leur distance, exprimant la relation qui existe entre eux, joue le rôle de la « copule » c'est-à-dire de l'élément qui relie les deux termes l'un à l'autre. Si nous considérons la proposition sous sa forme la plus habituelle et en même temps la plus générale, celle de la proposition attributive, dans laquelle la « copule » est le verbe « être » [1], nous voyons qu'elle exprime une identité, au moins sous un certain rapport, entre le sujet et l'attribut ; et ceci correspond au fait que les deux points ne sont en réalité que le dédoublement d'un seul et même point, se posant pour ainsi dire en face de lui-même comme nous l'avons expliqué.

D'autre part, on peut aussi envisager le rapport entre les deux termes comme étant un rapport de connaissance : dans ce cas, l'être, se posant pour ainsi dire en face de lui-même pour se connaître, se dédouble en sujet et objet ; mais, ici encore, ces deux ne sont qu'un en réalité. Ceci peut être étendu à toute connaissance vraie, qui implique essentiellement une identification du sujet et de l'objet, ce qu'on peut exprimer en disant que, sous le rapport et dans la mesure où il y a connaissance, l'être connaissant et l'être connu ; on voit dès lors que ce point de vue se rattache directement au précédent, car on peut dire que l'objet connu est un attribut (c'est-à-dire une modalité) du sujet connaissant.

Si maintenant nous considérons l'Être universel, qui est représenté par le point principiel dans son indivisible unité, et dont tous les êtres, en tant que manifestés dans l'Existence, ne sont en somme que des « participations », nous pouvons dire qu'il se polarise en sujet et attribut sans que son unité en soit affectée, et la proposition dont il est à la fois le sujet et l'attribut prend cette forme : « L'Être est l'Être. » C'est l'énoncé même de ce que les logiciens appellent le « principe d'identité » ; mais, sous cette forme, on voit que sa portée réelle dépasse le domaine de la logique, et que c'est proprement, avant tout, un principe ontologique, quelles que soient les applications qu'on peut en tirer dans des ordres divers. On peut dire encore que c'est l'expression du rapport de l'Être comme sujet (Ce qui est) à l'Être comme attribut (Ce qu'il est), et que, d'autre part, l'Être-sujet étant le Connaissant et l'Être-attribut (ou objet) le Connu, ce rapport est la Connaissance elle-même ; mais, en même temps, c'est le rapport d'identité ; la Connaissance absolue est donc l'identité même, et toute connaissance vraie, en étant une participation, implique aussi identité dans la mesure où elle est effective. Ajoutons encore que, le rapport n'ayant de réalité que par les deux termes qu'il relie, et ceux-ci n'étant qu'un, les trois éléments (le Connaissant, le Connu et la Connaissance) ne sont véritablement qu'un [2] ; c'est ce qu'on peut exprimer en disant que « l'Être Se connaît Soi-même par Soi-même » [3].

Ce qui est remarquable, et ce qui montre bien la valeur traditionnelle de la formule que nous venons d'expliquer ainsi, c'est qu'elle se trouve textuellement dans la Bible hébraïque, dans le récit de la manifestation de Dieu à Moïse dans le Buisson ardent [4] : Moïse lui demandant quel est son Nom, Il répond : *Eheieh asher Eheieh* [5], ce qu'on traduit le plus habituellement par : « Je suis Celui qui suis » (ou « Ce que Je suis »), mais dont la signification la plus exacte est : « L'Être est l'Être » [6]. Il y a deux façons différentes d'envisager la constitution de cette formule, dont la première consiste à la décomposer en trois stades successifs et graduels, suivant l'ordre même des trois mots dont elle est formée : *Eheieh*, « l'Être » ; *Eheieh asher*, « l'Être est » ; *Eheieh asher Eheieh*, « l'Être est l'Être ». En effet l'Être étant posé, ce qu'on peut en dire (et il faudrait ajouter : ce qu'on ne peut pas en dire), c'est d'abord qu'Il est, et ensuite qu'Il est l'Être ; ces affirmations nécessaires constituent essentiellement toute l'ontologie au sens propre de ce mot [7]. La seconde façon d'envisager la même formule, c'est de poser d'abord le premier *Eheieh*, puis le second comme le reflet du premier dans un miroir (image de la contemplation de l'Être par Lui-même) ; en troisième lieu, la « copule » *asher* vient se placer entre ces deux termes comme un lien exprimant leur relation réciproque. Ceci correspond exactement à ce que nous avons exposé précédemment : le point, d'abord unique, puis se dédoublant par une polarisation qui est aussi une réflexion, et la relation de distance (relation essentiellement réciproque) s'établissant entre les deux points par le fait même de leur situation l'un en face de l'autre [8].

---

1. Toutes les autres formes de propositions qu'envisagent certains logiciens peuvent toujours se ramener à la forme attributive, par ce que le rapport exprimé par celle-ci a un caractère plus fondamental que tous les autres.
2. Voir ce que nous avons dit sur le ternaire *Sachchidânanda* dans *L'Homme et son devenir selon le Vêdânta*, chap. XIV, 3e éd.
3. Dans l'ésotérisme islamique, on trouve aussi des formules telles que celles-ci : « *Allah* a créé le monde de Lui-même par Lui-même en Lui-même », ou : « Il a envoyé Son message de Lui-même à Lui-même par Lui-même. » Ces deux formules sont d'ailleurs équivalentes, car le « message divin » est le « Livre du Monde », archétype de tous les Livres sacrés, et les « lettres transcendantes » qui composent ce Livre sont toutes les créatures, ainsi qu'il a été expliqué plus haut. Il résulte aussi de là que la « science des lettres » (*ilmul-hurûf*), entendue dans son sens supérieur, est la connaissance de toutes choses dans le principe même, en tant qu'essences éternelles ; dans un sens que l'on peut dire moyen, c'est la cosmogonie ; enfin, dans le sens inférieur, c'est la connaissance des vertus des noms et des nombres, en tant qu'ils expriment la nature de chaque être, connaissance permettant d'exercer par leur moyen, en raison de cette correspondance, une action d'ordre « magique » sur les êtres eux-mêmes.
4. Dans certaines écoles d'ésotérisme islamique, le « Buisson ardent », support de la manifestation divine, est pris comme symbole de l'apparence individuelle subsistant lorsque l'être est parvenu à l'« Identité Suprême », dans le cas qui correspond à celui du *jîvan-mukta* dans la doctrine hindoue (voir *L'Homme et son devenir selon le Vêdânta*, chap. XXIII, 3e éd.) : c'est le cœur resplendissant de la lumière de la *Shekinah*, par la présence effectivement réalisée du « Suprême Soi » au centre de l'individualité humaine.
5. *Exode*, III, 14.
6. *Eheieh* doit, en effet, être considéré ici, non comme un verbe, mais comme un nom, ainsi que le montre la suite du texte, dans laquelle il est prescrit à Moïse de dire au peuple : « *Eheieh* m'a envoyé vers vous. » Quant au pronom relatif *asher*, « lequel », quand il joue le rôle de la « copule » comme c'est le cas ici, il a le sens du verbe « être » dont il tient la place dans la proposition.
7. Le fameux « argument ontologique » de saint Anselme et de Descartes, qui a donné lieu à tant de discussion et qui est, en effet, fort contestable sous la forme « dialectique » où il a été présenté, devient parfaitement inutile, aussi bien que tout autre raisonnement, si, au lieu de parler d'« existence de Dieu » (ce qui implique d'ailleurs une méprise sur la signification du mot « existence »), on pose simplement cette formule : « L'Être est », qui est de l'évidence la plus immédiate, relevant de l'intuition intellectuelle et non de la raison discursive (voir *Introduction générale à l'étude des doctrines hindoues*, pp. 114-115).
8. Il est à peine besoin de faire remarquer que, l'*Eheieh* hébraïque étant l'Être pur, le sens de ce nom divin s'identifie très exactement à celui de l'*Ishwara* de la doctrine hindoue, qui contient semblablement en Lui-même le ternaire *Sachchidânanda*.

18

PASSAGE DES COORDONNÉES RECTILIGNES AUX COORDONNÉES POLAIRES ; CONTINUITÉ PAR ROTATION

Il nous faut maintenant revenir à la représentation géométrique que nous avons exposée en dernier lieu, et dont l'introduction, comme nous l'avons fait remarquer, équivaut à remplacer par des coordonnées polaires les coordonnées rectilignes et rectangulaires de notre précédente représentation « microcosmique ». Toute variation du rayon de la spirale que nous avons envisagé correspond à une variation équivalente sur l'axe traversant toutes les modalités, c'est-à-dire perpendiculaire à la direction suivant laquelle s'effectuait le développement de chaque modalité. Quant aux variations sur l'axe parallèle à cette dernière direction, elles sont remplacées par les positions différentes qu'occupe le rayon en tournant autour du pôle (centre du plan ou origine des coordonnées), c'est-à-dire par les variations de cet angle de rotation, mesuré à partir d'une certaine position prise pour origine. Cette position initiale, qui sera la normale au départ de la spirale (cette courbe partant du centre tangentiellement à la position du rayon qui est perpendiculaire à celle-là), sera celle du rayon qui contient, comme nous l'avons dit, les modifications extrêmes (commencement et fin) de toutes les modalités.

Mais, dans ces modalités, il n'y a pas que le commencement et la fin qui se correspondent, et chaque modification intermédiaire ou élément quelconque d'une modalité à également sa correspondance dans toutes les autres, les modifications correspondantes étant toujours représentées par des points situés sur un même rayon issu du pôle. Si l'on prenait ce rayon, quel qu'il soit, comme normale à l'origine de la spirale, on aurait toujours la même spirale, mais la figure tout entière aurait tourné d'un certain angle. Pour représenter la parfaite continuité qui existe entre toutes les modalités, et dans la correspondance de tous leurs éléments, il faudrait supposer que la figure occupe simultanément toutes les positions possibles autour du pôle, toutes ces figures similaires s'interpénétrant, puisque chacune d'elles, dans l'ensemble de son développement indéfini, comprend également tous les points du plan. Ce n'est, à proprement parler, qu'une même figure dans une indéfinité de positions différentes, positions qui correspondent à l'indéfinité des valeurs que peut prendre l'angle de rotation, en supposant que cet angle varie d'une façon continue jusqu'à ce que le rayon, parti de la position initiale que nous avons définie, soit revenu, après une révolution complète, se superposer à cette position première.

Dans cette supposition, on aurait l'image exacte d'un mouvement vibratoire se propageant indéfiniment, en ondes concentriques, autour de son point de départ [1] ; et ce serait aussi le symbole géométrique le plus exact qu'on puisse donner de l'intégralité d'un état d'être. Si l'on voulait entrer plus avant dans les considérations d'ordre purement mathématique, qui ne nous intéressent ici qu'en tant qu'elles nous fournissent des représentations symboliques, on pourrait même montrer que la réalisation de cette intégralité correspondrait à l'intégration de l'équation différentielle exprimant la relation qui existe entre les variations concomitantes du rayon et de son angle de rotation, l'un et l'autre variant à la fois, et l'un en fonction de l'autre, d'une façon continue, c'est-à-dire de quantités infinitésimales. La constante arbitraire qui figure dans l'intégrale serait déterminée par la position du rayon prise pour origine, et cette même quantité qui n'est fixe que pour une position déterminée de la figure, devrait varier d'une façon continue de 0 à 2π pour toutes ses positions, de sorte que, si l'on considère celles-ci comme pouvant être simultanées (ce qui revient à supprimer la condition temporelle, qui donne à l'activité de manifestation la qualification particulière constituant le mouvement), il faut laisser la constante indéterminée entre ces deux valeurs extrêmes.

Cependant, on doit avoir bien soin de remarquer que ces représentations géométriques, quelles qu'elles soient, sont toujours plus ou moins imparfaites, comme l'est d'ailleurs nécessairement toute représentation et toute expression formelle. En effet, nous sommes naturellement obligés de les situer dans un espace particulier, dans une étendue déterminée, et l'espace, même envisagé dans toute l'extension dont il est susceptible, n'est rien de plus qu'une condition spéciale contenue dans un des degrés de l'Existence universelle, et à laquelle (d'ailleurs unie ou combinée à d'autres conditions du même ordre) sont soumis certains des domaines multiples compris dans ce degré de l'Existence, domaines dont chacun est, dans le « macrocosme », l'analogue de ce qu'est dans le « microcosme » la modalité correspondante de l'état d'être situé dans ce même degré. La représentation est forcément imparfaite, par là même qu'elle est enfermée dans des limites plus restreintes que ce qui est représenté, et, d'ailleurs, s'il en était autrement, elle serait inutile [2] ; mais, d'autre part, elle est d'autant moins imparfaite que, tout en demeurant toujours comprise dans les limites du concevable actuel, et même dans celles, beaucoup plus étroites, de l'imaginable (qui procède entièrement du sensible), elle devient cependant moins limitée, ce qui, en somme, revient à dire qu'elle fait intervenir une puissance plus élevés de l'indéfini [3]. Ceci se traduit en particulier, dans les représentations spatiales, par l'adjonction d'une dimension, ainsi que nous l'avons déjà indiqué précédemment ; d'ailleurs, cette question sera encore éclaircie par la suite de notre exposé.

---

1. Il s'agit de ce qu'on appelle en physique la surface libre « théorique », car, en fait, la surface libre d'un liquide n'est pas indéfiniment étendue et ne réalise jamais parfaitement le plan horizontal.
2. C'est pourquoi le supérieur ne peut en aucune façon symboliser l'inférieur, mais est, au contraire, toujours symbolisé par celui-ci ; le symbole doit évidemment, pour remplir sa destination de « support », être plus accessible, donc moins complexe ou moins étendu que ce qu'il exprime ou représente.
3. Dans les quantités infinitésimales, il y a quelque chose qui correspond exactement, mais en sens inverse, à ces puissances croissantes de l'infini : ce sont les différents ordres décroissants de ces quantités infinitésimales. Dans les deux cas, une quantité d'un certain ordre est indéfinie, dans le sens croissant ou dans le sens décroissant non seulement par rapport aux quantités finies ordinaires, mais aussi par rapport aux quantités appartenant à tous les ordres d'indéfinité précédents ; il n'y a donc pas hétérogénéité radicale entre les quantités ordinaires (considérées comme variables) et les quantités indéfiniment croissantes ou indéfiniment décroissantes.

19
REPRÉSENTATION DE LA CONTINUITÉ DES DIFFÉRENTS ÉTATS D'ÊTRE

Dans notre nouvelle représentation, nous n'avons encore considéré jusqu'ici qu'un plan horizontal, c'est-à-dire un seul état d'être, et il nous faut maintenant figurer aussi la continuité de tous les plans horizontaux, qui représentent l'indéfinie multiplicité de tous les états. Cette continuité s'obtiendra géométriquement d'une façon analogue : au lieu de supposer le plan horizontal fixe dans l'étendue à trois dimensions, supposition que le fait du mouvement rend d'ailleurs aussi irréalisable matériellement que le tracé d'une courbe fermée, nous n'avons qu'à supposer qu'il se déplace insensiblement, parallèlement à lui-même, donc en demeurant toujours perpendiculaire à l'axe vertical, et de façon à rencontrer successivement cet axe en tous ses points consécutifs, le passage d'un point à un autre correspondant au parcours d'une des spires que nous avons considérées. De mouvement spiroïdal sera ici supposé isochrone, d'abord pour simplifier la représentation autant qu'il est possible, et aussi pour traduire l'équivalence des multiples modalités de l'être en chacun de ses états, lorsqu'on les envisage du point de vue de l'Universel.

Nous pouvons même, pour plus de simplicité, considérer de nouveau et provisoirement chacune des spires comme nous l'avons déjà envisagée dans le plan horizontal fixe, c'est-à-dire comme une circonférence. Cette fois encore, la circonférence ne se fermera pas car, lorsque le rayon qui la décrit reviendra se superposer à sa position initiale, il ne sera plus dans le même plan horizontal (supposé fixe comme parallèle à la direction d'un des plans de coordonnées et marquant une certaine situation définie sur l'axe perpendiculaire à cette direction) ; la distance élémentaire qui séparera les deux extrémités de cette circonférence, ou plutôt de la courbe supposée telle, sera alors mesurée, non plus sur un rayon issu du pôle, mais sur une parallèle à l'axe vertical [1]. Ces points extrêmes n'appartiennent pas au même plan horizontal, mais à deux plans horizontaux superposés ; ils sont situés de part et d'autre du plan horizontal considéré dans le cours de son déplacement intermédiaire entre ces deux positions (déplacement qui correspond au développement de l'état représenté par ce plan), parce qu'ils marquent la continuité de chaque état d'être avec celui qui le précède et celui qui le suit immédiatement dans la hiérarchisation de l'être total. Si l'on considère les rayons qui contiennent les extrémités des modalités de tous les états, leur superposition forme un plan vertical dont ils sont les droites horizontales, et ce plan vertical est le lieu de tous les points extrêmes dont nous venons de parler, et qu'on pourrait appeler les points-limites pour les différents états, comme ils l'étaient précédemment, à un autre point de vue, pour les diverses modalités de chaque état. La courbe que nous avions provisoirement considérée comme une circonférence est en réalité une spire, de hauteur infinitésimale (distance de deux plans horizontaux rencontrant l'axe vertical en deux points consécutifs), d'une hélice tracée sur un cylindre de révolution dont l'axe n'est autre que l'axe vertical de notre représentation. La correspondance entre les points des spires successives est ici marquée par leur situation sur une même génératrice du cylindre, c'est-à-dire sur une même verticale ; les points qui se correspondent, à travers la multiplicité des états d'être, paraissent confondus lorsqu'on les envisage dans la totalité de l'étendue à trois dimensions, en projection orthogonale sur un plan de base du cylindre, c'est-à-dire sur un plan horizontal déterminé.

Pour compléter notre représentation, il suffit maintenant d'envisager simultanément, d'une part, ce mouvement hélicoïdal, s'effectuant sur un système cylindrique vertical constitué par une indéfinité de cylindres circulaires concentriques (le rayon de base ne variant de l'un à l'autre que d'une quantité infinitésimale), et, d'autre part, le mouvement spiroïdal que nous avons considéré précédemment dans chaque plan horizontal supposé fixe. Par suite de la combinaison de ces deux mouvements, la base plane du système vertical ne sera autre que la spirale horizontale, équivalant à l'ensemble d'une indéfinité de circonférences concentriques non fermées ; mais, en outre, pour pousser plus loin l'analogie des considérations relatives respectivement aux étendues à deux et trois dimensions, et aussi pour mieux symboliser la parfaite continuité de tous les états d'être entre eux, il faudra envisager la spirale, non pas dans une seule position, mais dans toutes les positions qu'elle peut occuper autour de son centre. On aura ainsi une indéfinité de systèmes verticaux tels que le précédent, ayant le même axe, et s'interpénétrant tous lorsqu'on les regarde comme coexistants, puisque chacun d'eux comprend également la totalité des points d'une même étendue à trois dimensions, dans laquelle ils sont tous situés ; ce n'est, ici encore, que le même système considéré simultanément dans toutes les positions, en multitude indéfinie, qu'il peut occuper en accomplissant une rotation complète autour de l'axe vertical.

Nous verrons cependant que, en réalité, l'analogie ainsi établie n'est pas encore tout à fait suffisante ; mais, avant d'aller plus loin, nous ferons remarquer que tout ce que nous venons de dire pourrait s'appliquer à la représentation « microcosmique », aussi bien qu'à la représentation « macrocosmique ». Dans ce cas, les spires successives de la spirale indéfinie tracée dans un plan horizontal, au lieu de représenter les diverses modalités d'un état d'être, représenteraient les domaines multiples d'un degré de l'Existence universelle, tandis que la correspondance verticale serait celle de chaque degré de l'Existence, dans chacune des possibilités déterminées qu'il comprend, avec tous les autres degrés. Ajoutons d'ailleurs, pour n'avoir pas à y revenir, que cette concordance entre les deux représentations « macrocosmique » et « microcosmique » sera également vraie pout tout ce qui va suivre.

---

1. En d'autres termes, c'est dans le sens vertical, et non plus dans le sens horizontal comme précédemment, que la courbe demeure ouverte.

20

LE VORTEX SPHÉRIQUE UNIVERSEL

S i nous revenons au système vertical complexe que nous avons considéré en dernier lieu, nous voyons que, autour du point pris pour centre de l'étendue à trois dimensions que remplit ce système, cette étendue n'est pas « isotrope », ou, en d'autres termes, que, par suite de la détermination d'une direction particulière et en quelque sorte « privilégiée », qui est celle de l'axe du système, c'est-à-dire la direction verticale, la figure n'est pas homogène dans toutes les directions à partir de ce point. Au contraire, dans le plan horizontal, lorsque nous considérions simultanément toutes les positions de la spirale autour du centre, ce plan était envisagé ainsi d'une façon homogène et sous un aspect « isotrope » par rapport à ce centre. Pour qu'il en soit de même dans l'étendue à trois dimensions, il faut remarquer que toute droite passant par le centre pourrait être prise pour axe d'un système tel que celui dont nous venons de parler, de sorte que toute direction peut jouer le rôle de la verticale ; de même, tout plan passant par le centre étant perpendiculaire à l'une de ces droites, il en résulte que, corrélativement, toute direction de plans pourra jouer le rôle de la direction horizontale, et même celui de la direction parallèle à l'un quelconque des trois plans de coordonnées. En effet, tout plan passant par le centre peut devenir l'un de ces trois plans dans une indéfinité de systèmes de coordonnées trirectangulaires, car il contient une indéfinité de couples de droites orthogonales se coupant au centre (ces droites étant tous les rayons issus du pôle dans la figuration de la spirale), couples qui peuvent tous former deux quelconques des trois axes d'un de ces systèmes. De même que chaque point de l'étendue est centre en puissance, comme nous l'avons dit plus haut, toute droite de cette même étendue est axe en puissance, et, même lorsque le centre aura été déterminé, chaque droite passant par ce point sera encore, en puissance, l'un quelconque des trois axes. Quand on aura choisi l'axe central ou principal d'un système, il restera encore à fixer les deux autres axes dans le plan perpendiculaire au premier et passant également par le centre ; mais il faut que, comme le centre lui-même, les trois axes soient aussi déterminés pour que la croix soit tracée effectivement, c'est-à-dire pour que l'étendue tout entière puisse être réellement mesurée selon ses trois dimensions.

On peut envisager comme coexistants tous les systèmes tels que notre représentation verticale, ayant respectivement pour axes centraux toutes les droites passant par le centre, car ils sont en effet coexistants à l'état potentiel, et, d'ailleurs, cela n'empêche nullement de choisir ensuite trois axes de coordonnées déterminés, auxquels on rapportera toute l'étendue. Ici encore, tous les systèmes dont nous parlons ne sont en réalité que les différentes positions du même système, lorsque son axe prend toutes les positions possibles autour du centre, et ils s'interpénètrent pour la même raison que précédemment, c'est-à-dire parce que chacun d'eux comprend tous les points de l'étendue. On peut dire que c'est le point principiel dont nous avons parlé, indépendant de toute détermination et représentant l'être en soi, qui effectue ou réalise cette étendue, jusqu'alors toute potentielle et conçue comme une pure possibilité de développement, en remplissant le volume total, indéfini à la troisième puissance, par la complète expansion de ses virtualités dans toutes les directions. D'ailleurs, c'est précisément dans la plénitude de l'expansion que s'obtient la parfaite homogénéité, de même que, inversement, l'extrême distinction n'est réalisable que dans l'extrême universalité [1] ; au point central de l'être, il s'établit, comme nous l'avons dit plus haut, un parfait équilibre entre les termes opposés de tous les contrastes et de toutes les antinomies auxquels donnent lieu les points de vue extérieurs et particuliers.

Comme, avec la nouvelle considération de tous les systèmes coexistants, les directions de l'étendue jouent toutes le même rôle, le déploiement qui s'effectue à partir du centre peut être regardé comme sphérique, ou mieux sphéroïdal : le volume total est, ainsi que nous l'avons déjà indiqué, un sphéroïde qui s'étend indéfiniment dans tous les sens, et dont la surface ne se ferme pas, non plus que les courbes que nous avons décrites auparavant ; d'ailleurs, la spirale plane, envisagée simultanément dans toutes ses positions, n'est pas autre chose qu'une section de cette surface par un plan passant par le centre. Nous avons dit que la réalisation de l'intégralité d'un plan se traduisait par le calcul d'une intégrale simple ; ici, comme il s'agit d'un volume, et non plus d'une surface, la réalisation de la totalité de l'étendue se traduirait par le calcul d'une intégrale double [2] ; les deux constantes arbitraires qui s'introduiraient dans ce calcul pourraient être déterminées par le choix de deux axes de coordonnées, le troisième axe se trouvant fixé par là même, puisqu'il doit être perpendiculaire au plan des deux autres et passer par le centre. Nous devons encore remarquer que le déploiement de ce sphéroïde n'est, en somme, pas autre chose que la propagation indéfinie d'un mouvement vibratoire (ou ondulatoire, ces deux termes étant au fond synonymes), non plus seulement dans un plan horizontal, mais dans toute l'étendue à trois dimensions, dont le point de départ de ce mouvement peut être actuellement regardé comme le centre. Si l'on considère cette étendue comme un symbole géométrique, c'est-à-dire spatial, de la Possibilité totale (symbole nécessairement imparfait, puisque limité par sa nature même), la représentation à laquelle nous avons ainsi abouti sera la figuration, dans la mesure où elle est possible, du vortex sphérique universel suivant lequel s'écoule la réalisation de toutes choses, et que la tradition métaphysique de l'Extrême-Orient appelle *Tao*, c'est-à-dire la « Voie ».

---

1. Nous faisons encore allusion ici à l'union des deux points de vue de l'« unité dans la pluralité et la pluralité dans l'unité », dont il a déjà été question précédemment, en conformité avec les enseignements de l'ésotérisme islamique.
2. Un point qu'il importe de retenir, bien que nous ne puissions y insister ici, c'est qu'une intégrale ne peut se calculer en prenant ses éléments un à un et successivement car, de cette façon, le calcul ne s'achèverait jamais ; l'intégration ne peut s'effectuer que par une unique opération synthétique, et le procédé analytique de formation des sommes arithmétiques ne saurait être applicable à l'infini.

21
DÉTERMINATION DES ÉLÉMENTS DE LA REPRÉSENTATION DE L'ÊTRE

Par ce que nous venons d'exposer, nous avons poussé jusqu'à ses extrêmes limites concevables, ou plutôt imaginables (puisque c'est toujours d'une représentation d'ordre sensible qu'il s'agit), l'universalisation de notre symbole géométrique, en y introduisant graduellement, en plusieurs phases successives, ou, pour parler plus exactement, envisagées successivement au cours de notre étude, une indétermination de plus en plus grande, correspondant à ce que nous avons appelé des puissances de plus en plus élevées de l'indéfini, mais toutefois sans sortir de l'étendue à trois dimensions. Après en être arrivé à ce point, il nous va falloir refaire en quelque sorte le même chemin en sens inverse, pour rendre à la figure la détermination de tous ses éléments, détermination sans laquelle, tout en existant tout entière à l'état virtuel, elle ne peut être tracée effectivement ; mais cette détermination, qui, à notre point de départ, était seulement envisagée pour ainsi dire hypothétiquement, comme une pure possibilité, deviendra maintenant réelle, car nous pourrons marquer la signification précise de chacun des éléments constitutifs du symbole crucial par lequel elle est caractérisée.

Tout d'abord, nous envisagerons, non l'universalité des êtres, mais un seul être dans sa totalité ; nous supposerons que l'axe vertical soit déterminé, et ensuite que soit également déterminé le plan passant par cet axe et contenant les points extrêmes des modalités de chaque état ; nous reviendrons ainsi au système vertical ayant pour base plane la spirale horizontale considérée dans une seule position, système que nous avions déjà décrit précédemment. Ici, les directions des trois axes de coordonnées sont déterminées, mais l'axe vertical seul est effectivement déterminé en position ; l'un des deux axes horizontaux sera situé dans le plan vertical dont nous venons de parler, et l'autre lui sera naturellement perpendiculaire ; mais le plan horizontal qui contiendra ces deux droites rectangulaires reste encore indéterminé. Si nous déterminions ce plan, nous déterminerions aussi par là même le centre de l'étendue, c'est-à-dire l'origine du système de coordonnées auquel cette étendue est rapportée puisque ce point n'est autre que l'intersection du plan horizontal de coordonnées avec l'axe vertical ; tous les éléments de la figure seraient alors effectivement déterminés, ce qui permettrait de tracer la croix à trois dimensions, mesurant l'étendue dans sa totalité.

Nous devons encore rappeler que nous avions eu à considérer, pour constituer le système représentatif de l'être total, d'abord une spirale horizontale, et ensuite une hélice cylindrique verticale ; Si nous considérons isolément une spire quelconque d'une telle hélice, nous pourrons, en négligeant la différence élémentaire de niveau entre ses extrémités, la regarder comme une circonférence tracée dans un plan horizontal ; on pourra de même prendre pour une circonférence chaque spire de l'autre courbe, la spirale horizontale, si l'on néglige la variation élémentaire du rayon entre ses extrémités. Par suite, toute circonférence tracée dans un plan horizontal et ayant pour centre le centre même de ce plan, c'est-à-dire son intersection avec l'axe vertical, pourra inversement, et avec les mêmes approximations, être envisagée comme une spire appartenant à la fois à une hélice verticale et à une spirale horizontale [1] ; il résulte de là que la courbe que nous représentons comme une circonférence n'est en réalité, rigoureusement parlant, ni fermée ni plane.

Une telle circonférence représentera une modalité quelconque d'un état d'être également quelconque, envisagée suivant la direction de l'axe vertical, qui se projettera lui-même horizontalement en un point, centre de la circonférence. D'autre part, si l'on envisageait celle-ci suivant la direction de l'un ou de l'autre des deux axes horizontaux, elle se projetterait en un segment, symétrique par rapport à l'axe vertical, d'une droite horizontale formant avec ce dernier une croix à deux dimensions, cette droite horizontale étant la trace, sur le plan vertical de projection, du plan dans lequel est située la circonférence considérée.

En ce qui concerne la signification de la circonférence avec le point central, celui-ci étant la trace de l'axe vertical sur un plan horizontal, nous ferons remarquer que, suivant un symbolisme tout à fait général, le centre et la circonférence représentent le point de départ et l'aboutissement d'un mode quelconque de manifestation [2] ; ils correspondent donc respectivement à ce que sont, dans l'Universel, l'« essence » et la « substance » (*Purusha* et *Prakriti* dans la doctrine hindoue), ou encore l'Être en soi et sa possibilité, et ils figurent, pour tout mode de manifestation, l'expression plus ou moins particularisée de ces deux principes envisagés comme complémentaires, actif et passif l'un par rapport à l'autre. Ceci achève de justifier ce que nous avons dit précédemment sur la relation existant entre les divers aspects du symbolisme de la croix, car nous pouvons déduire de là que, dans notre représentation géométrique, le plan horizontal (que l'on suppose fixe en tant que plan de coordonnées, et qui peut d'ailleurs occuper une position quelconque, n'étant déterminé qu'en direction) jouera un rôle passif par rapport à l'axe vertical, ce qui revient à dire que l'état d'être correspondant se réalisera dans son développement intégral sous l'influence active du principe qui est représenté par l'axe [3] ; ceci pourra être mieux compris par la suite, mais il importait de l'indiquer dès maintenant.

---

1. Cette circonférence est la même chose que celle qui limite extérieurement la figure connue sous le nom de *yin-yang* dans le symbolisme extrême-oriental, figure à laquelle nous avons déjà fait allusion, et dont il sera question spécialement un peu plus loin.
2. Nous avons vu que, dans le symbolisme des nombres cette figure correspond au dénaire, envisagé comme le développement complet de l'unité.
3. Si nous considérons la croix à deux dimensions obtenue par projection sur un plan vertical, croix qui est naturellement formée d'une ligne verticale et d'une ligne horizontale, nous voyons que, dans ces conditions, la croix symbolise bien l'union des deux principes actif et passif.

22

LE SYMBOLE EXTRÊME-ORIENTAL DU YIN-YANG ; ÉQUIVALENCE MÉTAPHYSIQUE DE LA NAISSANCE ET DE LA MORT

Pour en revenir à la détermination de notre figure, nous n'avons en somme à considérer particulièrement que deux choses : d'une part, l'axe vertical, et, d'autre part, le plan horizontal de coordonnées. Nous savons qu'un plan horizontal représente un état d'être, dont chaque modalité correspond à une spire plane que nous avons confondue avec une circonférence ; d'un autre côté, les extrémités de cette spire, en réalité, ne sont pas contenues dans le plan de la courbe, mais dans deux plans immédiatement voisins, car cette même courbe, envisagée dans le système cylindrique vertical, est « une spire, une fonction d'hélice, mais dont le pas est infinitésimal. C'est pourquoi, étant donné que nous vivons, agissons et raisonnons à présent sur des contingences, nous pouvons et devons même considérer le graphique de l'évolution individuelle [1] comme une surface (plane). Et, en réalité, elle en possède tous les attributs et qualités, et ne diffère de la surface que considérée de l'Absolu [2]. Ainsi, à notre plan (ou degré d'existence), le « circulus vital » est une vérité immédiate, et le cercle est bien la représentation du cycle individuel humain [3] ».

Le *yin-yang* qui, dans le symbolisme traditionnel de l'Extrême-Orient, figure le « cercle de la destinée individuelle », est bien en effet un cercle, pour les raisons précédentes. « C'est un cercle représentatif d'une évolution individuelle ou spécifique [4], et il ne participe que par deux dimensions au cylindre cyclique universel. N'ayant point d'épaisseur, il n'a pas d'opacité, et il est représenté diaphane et transparent, c'est-à-dire que les graphiques des évolutions, antérieures et postérieures à son moment [5], se voient et s'impriment au regard à travers lui [6]. » Mais, bien entendu, « il ne faut jamais perdre de vue que si, pris à part, le *yin-yang* peut être considéré comme un cercle, il est, dans la succession des modifications individuelles [7], un élément d'hélice : toute modification individuelle est essentiellement un vortex à trois dimensions [8] ; il n'y a qu'une seule stase humaine, et l'on ne repasse jamais par le chemin déjà parcouru [9] ».

Les deux extrémités de la spire d'hélice de pas infinitésimal sont, comme nous l'avons dit, deux points immédiatement voisins sur une génératrice du cylindre, une parallèle à l'axe vertical (d'ailleurs située dans un des plans des coordonnées). Ces deux points n'appartiennent pas réellement à l'individualité, ou, d'une façon plus générale, à l'état d'être représenté par le plan horizontal que l'on considère. « L'entrée dans le *yin-yang* et la sortie du *yin-yang* ne sont pas à la disposition de l'individu, car ce sont deux points qui appartiennent, bien qu'au yin-yang, à la spire inscrite sur la surface latérale (verticale) du cylindre, et qui sont soumis à l'attraction de la « Volonté du Ciel ». Et en réalité, en effet, l'homme n'est pas libre de sa naissance ni de sa mort. Pour sa naissance, il n'est libre ni de l'acceptation, ni du refus, ni du moment. Pour la mort, il n'est pas libre de s'y soustraire ; et il ne doit pas non plus, en toute justice analogique, être libre du moment de sa mort... En tout cas, il n'est libre d'aucune des conditions de ces deux actes : la naissance le lance invinciblement sur le circulus d'une existence qu'il n'a ni demandée ni choisie ; la mort le retire de ce circulus et le lance invinciblement dans un autre, prescrit et prévu par la « Volonté du Ciel », sans qu'il puisse rien en modifier [10]. Ainsi, l'homme terrestre est esclave quant à sa naissance et quant à sa mort, c'est-à-dire par rapport aux deux actes principaux de sa vie individuelle, aux seuls qui résument en somme son évolution spéciale au regard de l'Infini [11]. »

Il doit être bien compris que « les phénomènes mort et naissance, considérés en eux-mêmes et en dehors des cycles, sont parfaitement égaux » [12] ; on peut même dire que ce n'est en réalité qu'un seul et même phénomène envisagé sous deux faces opposées, du point de vue de l'un et de l'autre des deux cycles consécutifs entre lesquels il intervient. Cela se voit d'ailleurs immédiatement dans notre représentation géométrique, puisque la fin d'un cycle quelconque coïncide toujours nécessairement avec le commencement d'un autre, et que nous n'employons les mots « naissance » et « mort », en les prenant dans leur acception tout à fait générale, que pour désigner les passages entre les cycles, quelle que soit d'ailleurs l'extension de ceux-ci, et qu'il s'agisse de mondes aussi bien que d'individus. Ces deux phénomènes « s'accompagnent donc et se complètent l'un l'autre : la naissance humaine est la conséquence immédiate d'une mort (à un autre état) ; la mort humaine est la cause immédiate d'une naissance (dans un autre état également). L'une de ces circonstances ne se produit jamais sans l'autre. Et, le temps n'existant pas ici, nous pouvons affirmer que, entre la valeur intrinsèque du phénomène naissance et la valeur intrinsèque du phénomène mort, il y a identité métaphysique. Quant à leur valeur relative, et à cause de l'immédiateté des conséquences, la mort à l'extrémité d'un cycle quelconque est supérieure à la naissance sur le même cycle, de toute la valeur de l'attraction de la « Volonté du Ciel » sur ce cycle, c'est-à-dire, mathématiquement, du pas de l'hélice évolutive [13] ».

---

1. Soit pour une modalité particulière, soit même pour l'individualité intégrale si on l'envisage isolément dans l'être ; lorsqu'on ne considère qu'un seul état, la représentation doit être plane. Nous rappellerons encore une fois, pour éviter tout malentendu, que le mot « évolution » ne peut signifier pour nous rien de plus que le développement d'un certain ensemble de possibilités.
2. C'est-à-dire en envisageant l'être dans sa totalité.
3. Matgioi, *La voie Métaphysique*, p. 123.
4. L'espèce, en effet, n'est pas un principe transcendant par rapport aux individus qui en font partie ; elle est elle-même de l'ordre des existences individuelles et ne la dépasse pas ; elle se situe donc au même niveau dans l'Existence universelle, et l'on peut dire que la participation à l'espèce s'effectue selon le sens horizontal ; peut-être consacrerons-nous quelque jour une étude spéciale à cette question des conditions de l'espèce.
5. Ces évolutions sont le développement des autres états, ainsi répartis par rapport à l'état humain ; rappelons que, métaphysiquement, il n'est jamais question d'« antériorité » et de « postériorité » que dans le sens d'un enchaînement causal et purement logique, qui ne saurait exclure la simultanéité de toutes choses dans l'« éternel présent ».
6. Matgioi, *La Voie Métaphysique*, p 129. — La figure est divisée en deux parties, l'une obscure et l'autre claire, qui correspondent respectivement à ces évolutions antérieures et postérieures, les états dont il s'agit pouvant être considérés symboliquement, par comparaison avec l'état humain, les uns comme sombres, les autres comme lumineux ; en même temps, la partie obscure est le côté du *yin*, et la partie claire est le côté du *yang*, conformément à la signification originelle de ces deux termes. D'autre part, le *yang* et le *yin* étant aussi les deux principes masculin et féminin, on a ainsi, à un autre point de vue, et comme nous l'avons indiqué plus haut, la représentation de l'« Androgyne » primordial dont les deux moitiés sont déjà différenciées sans être encore séparées. Enfin, en tant que représentative des révolutions cycliques, dont les phases sont liées à la prédominance alternative du *yang* et du *yin*, la même figure encore est en rapport avec le symbole du *swastika*, ainsi qu'avec celui de la double spirale auquel nous avons fait allusion précédemment ; mais ceci nous entraînerait à des considérations étrangères à notre sujet.
7. Considérées en tant qu'elles se correspondent (en succession logique) dans les différents états d'être, qui doivent d'ailleurs être envisagés en simultanéité pour que les différentes spires de l'hélice puissent être comparées entre elles.
8. C'est un élément du vortex sphérique universel dont il a été question précédemment ; il y a toujours analogie et en quelque sorte « proportionnalité » (sans pourtant qu'il puisse y avoir de commune mesure) entre le tout et chacun de ses éléments, même infinitésimaux.
9. Matgioi, *La Voie Métaphysique*, pp. 131-132 (note). — Ceci exclut encore formellement la possibilité de la « réincarnation ». À cet égard, on peut aussi remarquer, au point de vue de la représentation géométrique, qu'une droite ne peut rencontrer un plan qu'en un seul point ; il en est ainsi, en particulier, de l'axe vertical par rapport à chaque plan horizontal.
10. Il en est ainsi parce que l'individu comme tel n'est qu'un être contingent, n'ayant pas en lui-même sa raison suffisante ; c'est pourquoi le parcours de son existence, si on l'envisage sans tenir compte de la variation selon le sens vertical, apparaît comme le « cycle de la nécessité ».
11. Matgioi, *La Voie Métaphysique*, pp. 132-133. — « Mais, entre sa naissance et sa mort, l'individu est libre, dans l'émission et dans le sens de tous ses actes terrestres ; dans le « circulus vital » de l'espèce et de l'individu, l'attraction de la « Volonté du Ciel » ne se fait pas sentir ».
12. *Ibid.*, pp. 138-139 (note).
13. *Ibid.*, p. 137. — Sur cette question de l'équivalence métaphysique de la naissance et de la mort, voir aussi *L'Homme et son devenir selon le Vêdânta*, chap. VIII et xvii, 3e éd.

23

SIGNIFICATION DE L'AXE VERTICAL; L'INFLUENCE DE LA VOLONTÉ DU CIEL

De ce qui précède, il résulte que le pas de l'hélice, élément par lequel les extrémités d'un cycle individuel, quel qu'il soit, échappent au domaine propre de l'individualité, est la mesure de la « force attractive de la Divinité [1] ». L'influence de la « Volonté du Ciel » dans le développement de l'être se mesure donc parallèlement à l'axe vertical ; ceci implique évidemment la considération simultanée d'une pluralité d'états, constituant autant de cycles intégraux d'existence (spirales horizontales), cette influence transcendante ne se faisant pas sentir dans l'intérieur d'un même état pris isolément.

L'axe vertical représente alors le lieu métaphysique de la manifestation de la « Volonté du Ciel », et il traverse chaque plan horizontal en son centre, c'est-à-dire au point où se réalise l'équilibre en lequel réside précisément cette manifestation, ou, en d'autres termes, l'harmonisation complète de tous les éléments constitutifs de l'état d'être correspondant. C'est là, comme nous l'avons vu plus haut, ce qu'il faut entendre par l'« Invariable Milieu » (*Tchoung-young*), où se reflète, en chaque état d'être (par l'équilibre qui est comme une image de l'Unité principielle dans le manifesté), l'« Activité du Ciel », qui, en elle-même, est non-agissante et non-manifestée, bien que devant être conçue comme capable d'action et de manifestation, sans d'ailleurs que cela puisse l'affecter ou la modifier en quelque façon que ce soit, et même, à la vérité, comme capable de toute action et de toute manifestation, précisément parce qu'elle est au-delà de toutes les actions et manifestations particulières. Par suite, nous pouvons dire que, dans la représentation d'un être, l'axe vertical est le symbole de la « Voie personnelle » [2], qui conduit à la Perfection, et qui est une spécification de la « Voie universelle », représentée précédemment par une figure sphéroïdale indéfinie et non fermée ; avec le même symbolisme géométrique, cette spécification s'obtient, d'après ce que nous avons dit, par la détermination d'une direction particulière dans l'étendue, direction qui est celle de cet axe vertical [3].

Nous avons parlé ici de la Perfection, et, à ce propos, une brève explication est nécessaire : quand ce terme est ainsi employé, il doit être entendu dans son sens absolu et total. Seulement, pour y penser, dans notre condition actuelle (en tant qu'êtres appartenant à l'état individuel humain), il faut bien rendre cette conception intelligible en mode distinctif ; et, cette conceptibilité est la « perfection active » *(Khien)*, possibilité de la volonté dans la Perfection, et naturellement de toute-puissance, qui est identique à ce qui est désigné comme l'« Activité du Ciel ». Mais, pour en parler, il faut en outre sensibiliser cette conception (puisque le langage, comme toute expression extérieure, est nécessairement d'ordre sensible) ; c'est alors la « perfection passive » *(Khouen)*, possibilité de l'action comme motif et comme but. *Khien* est la volonté capable de se manifester, et *Khouen* est l'objet de cette manifestation ; mais, d'ailleurs, dès lors qu'on dit « perfection active » ou « perfection passive », on ne dit plus Perfection au sens absolu, puisqu'il y a déjà là une distinction et une détermination, donc une limitation. On peut encore, si l'on veut, dire que *Khien* est la faculté agissante (il serait plus exact de dire « influente »), correspondant au « Ciel » *(Tien)*, et que *Khouen* est la faculté plastique, correspondant à la « Terre » *(Ti)* ; nous trouvons ici, dans la Perfection, l'analogue, mais encore plus universel, de ce que nous avons désigné, dans l'Être, comme l'« essence » et la « substance » [4]. En tout cas, quel que soit le principe par lequel on les détermine, il faut savoir que *Khien* et *Khouen* n'existent métaphysiquement que de notre point de vue d'êtres manifestés, de même que ce n'est pas en soi que l'Être se polarise et se détermine en « essence » et « substance », mais seulement par rapport à nous, et en tant que nous l'envisageons à partir de la manifestation universelle dont il est le principe et à laquelle nous appartenons.

Si nous revenons à notre représentation géométrique, nous voyons que l'axe vertical est déterminé comme expression de la « Volonté du Ciel » dans le développement de l'être, ce qui détermine en même temps la direction des plans horizontaux, représentant les différents états, et la correspondance horizontale et verticale de ceux-ci, établissant leur hiérarchisation. Par suite de cette correspondance, les points-limites de ces états sont déterminés comme extrémités des modalités particulières ; le plan vertical qui les contient est un des plans de coordonnées, ainsi que celui qui lui est perpendiculaire suivant l'axe ; ces deux plans verticaux tracent dans chaque plan horizontal une croix à deux dimensions, dont le centre est dans l'« Invariable Milieu ». Il ne reste donc plus qu'un seul élément indéterminé : c'est la position du plan horizontal particulier qui sera le troisième plan de coordonnées ; à ce plan correspond, dans l'être total, un certain état, dont la détermination permettra de tracer la croix symbolique à trois dimensions, c'est-à-dire de réaliser la totalisation même de l'être.

Un point qu'il importe de noter encore avant d'aller plus loin, est celui-ci : la distance verticale qui sépare les extrémités d'un cycle évolutif quelconque est constante, ce qui, semble-t-il, reviendrait à dire que, quel que soit le cycle que l'on envisage, la « force attractive de la Divinité » agit toujours avec la même intensité ; et il en est effectivement ainsi au regard de l'Infini : c'est ce qu'exprime la loi d'harmonie universelle, qui exige la proportionnalité en quelque sorte mathématique de toutes les variations. Il est vrai, cependant, qu'il pourrait ne plus en être de même, en apparence, si l'on se plaçait à un point de vue spécialisé, et si l'on avait seulement égard au parcours d'un certain cycle déterminé que l'on voudrait comparer aux autres sous le rapport dont il s'agit ; il faudrait alors pouvoir évaluer, dans le cas précis où l'on se serait placé (en admettant qu'il y ait lieu effectivement de s'y placer, ce qui, en tout cas, est en dehors du point de vue de la métaphysique pure), la valeur du pas de l'hélice ; mais « nous ne connaissons pas la valeur essentielle de cet élément géométrique, parce que nous n'avons pas actuellement conscience des états cycliques où nous passâmes, et que nous ne pouvons donc pas mesurer la hauteur métaphysique qui nous sépare aujourd'hui de celui dont nous sortons [5] ». Nous n'avons ainsi aucun moyen direct d'apprécier la mesure de l'action de la « Volonté du Ciel » ; « nous ne la connaîtrions que par analogie (en vertu de la loi d'harmonie), si, dans notre état actuel, ayant conscience de notre état précédent, nous pouvions juger de la quantité métaphysique acquise [6], et, par suite, mesurer la force ascensionnelle. Il n'est pas dit que la chose soit impossible, car elle est facilement compréhensible ; mais elle n'est pas dans les facultés de la présente humanité [7].

Remarquons encore en passant, et simplement pour indiquer, comme nous le faisons chaque fois que l'occasion s'en présente, la concordance qui existe entre toutes les traditions, que l'on pourrait, d'après ce que nous venons d'exposer sur la signification de l'axe vertical, donner une interprétation métaphysique de la parole bien connue de l'Evangile suivant laquelle le Verbe (ou la « Volonté du Ciel » en action) est (par rapport à nous) « la Voie, la Vérité et la Vie » [8]. Si nous reprenons pour un instant notre représentation « microcosmique » du début, et si nous considérons ses trois axes de coordonnées, la « Voie » (spécifiée à l'égard de l'être envisagé) sera représentée, comme ici, par l'axe vertical ; des deux axes horizontaux, l'un représentera alors la « Vérité », et l'autre la « Vie ». Tandis que la « Voie » se rapporte à l'« Homme Universel », auquel s'identifie le « Soi », la « Vérité » se rapporte ici à l'homme intellectuel, et la « Vie » à l'homme corporel (bien que ce dernier terme soit aussi susceptible d'une certaine transposition) [9] ; de ces deux derniers, qui appartiennent l'un et l'autre au domaine d'un même état particulier, c'est-à-dire à un même degré de l'existence universelle, le premier doit ici être assimilé à l'individualité intégrale, dont le second n'est qu'une modalité. La « Vie » sera donc représentée par l'axe parallèle à la direction suivant laquelle se développe chaque modalité, et la « Vérité » le sera par l'axe qui réunit toutes les modalités en les traversant perpendiculairement à cette même direction (axe qui, quoique également horizontal, pourra être regardé comme relativement vertical par rapport à l'autre, suivant ce que nous avons indiqué précédemment). Ceci suppose d'ailleurs que le tracé de la croix à trois dimensions est rapporté à l'individualité humaine terrestre, car c'est par rapport à celle-ci seulement que nous venons de considérer ici la « Vie » et même la « Vérité » ; ce tracé figure l'action du Verbe dans la réalisation de l'être total et son identification avec l'« Homme Universel. »

---

1. Matgioi, *La Voie Métaphysique*, p. 95.
2. Rappelons encore que la « personnalité » est pour nous le principe transcendant et permanent de l'être, tandis que l'individualité » n'en est qu'une manifestation transitoire et contingente.
3. Ceci achève de préciser ce que nous avons déjà indiqué au sujet des rapports de la « Voie » *(Tao)* et de la « Rectitude » *(Te)*.
4. Voir encore *L'Homme et son devenir selon le Vêdânta*, chap. IV. — Dans les *koua* de Fo-hi, *Khien* est représenté par trois traits pleins et *Khouen* par trois traits brisés ; or on a vu que le trait plein est le symbole du *yang* ou principe actif, et le trait brisé celui du *yin* ou principe passif.
5. Matgioi, *La Voie Métaphysique*, pp. 137-138 (note).
6. Il est bien entendu que le terme de « quantité », que justifie ici l'emploi du symbolisme mathématique, ne doit être pris que dans un sens purement analogique ; il en est d'ailleurs de même du mot « force » et de tous ceux qui évoquent des images empruntées au monde sensible.
7. *Ibid.*, p. 96. — Dans cette dernière citation, nous avons introduit quelques modifications, mais sans en altérer le sens, pour appliquer à chaque être ce qui était dit de l'Univers dans son ensemble. « L'homme ne peut rien sur sa propre vie, parce que la loi qui régit la vie et la mort, ses mutations à lui, lui échappe ; que peut-il savoir alors de la loi qui régit les grandes mutations cosmiques, l'évolution universelle ? » *(Tchoang-tseu*, chap. xxv). — Dans la tradition hindoue, les *Purânas* déclarent qu'il n'y a pas de mesure des *Kalpas* antérieurs et postérieurs, c'est-à-dire des cycles qui se rapportent aux autres degrés de l'Existence universelle.
8. Afin de prévenir toute méprise possible, étant données les confusions habituelles dans l'Occident moderne, nous tenons à bien spécifier qu'il s'agit ici exclusivement d'une interprétation métaphysique, et nullement d'une interprétation religieuse ; il y a, entre ces deux points de vue, toute la différence qui existe, dans l'Islamisme, entre la *haqîqah* (métaphysique et ésotérique) et la *shariyah* (sociale et exotérique).
9. Ces trois aspects de l'homme (dont les deux derniers seulement sont « humains » à proprement parler) sont désignés respectivement dans la tradition hébraïque par les termes d'*Adam*, d'*Aish* et d'*Enôsh*.

24

LE RAYON CÉLESTE ET SON PLAN DE RÉFLEXION

Si nous considérons la superposition des plans horizontaux représentatifs de tous les états d'être, nous pouvons dire encore que, par rapport à ceux-ci, envisagés séparément ou dans leur ensemble, l'axe vertical, qui les relie tous entre eux et au centre de l'être total, symbolise ce que diverses traditions appellent le « Rayon Céleste » ou le « Rayon Divin » : c'est le principe que la doctrine hindoue désigne sous les noms de *Buddhi* et de *Mahat* [1], « qui constitue l'élément supérieur non-incarné de l'homme, et qui lui sert de guide à travers les phases de l'évolution universelle » [2]. Le cycle universel, représenté par l'ensemble de notre figure, et « dont l'humanité (au sens individuel et « spécifique ») ne constitue qu'une phase, a un mouvement propre [3], indépendant de notre humanité, de toutes les humanités, de tous les plans (représentant tous les degrés de l'Existence), dont il forme la somme indéfinie (qui est l'« Homme Universel ») [4]. Ce mouvement propre, qu'il tient de l'affinité essentielle du « Rayon Céleste » vers son origine, l'aiguille invinciblement vers sa Fin (la Perfection), qui est identique à son Commencement, avec une force directrice ascensionnelle et divinement bienfaisante (c'est-à-dire harmonique) » [5], qui n'est autre que cette « force attractive de la Divinité » dont il a été question au chapitre précédent.

Ce sur quoi il nous faut insister, c'est que le « mouvement » du cycle universel est nécessairement indépendant d'une volonté individuelle quelconque, particulière ou collective, laquelle ne peut agir qu'à l'intérieur de son domaine spécial, et sans jamais sortir des conditions déterminées d'existence auxquelles ce domaine est soumis. « L'homme, en tant qu'homme (individuel), ne saurait disposer de mieux et de plus que de son destin hominal, dont il est libre d'arrêter, en effet, la marche individuelle. Mais cet être contingent, doué de vertus et de possibilités contingentes, ne saurait se mouvoir, ou s'arrêter, ou s'influencer soi-même en dehors du plan contingent spécial où, pour l'heure, il est placé et exerce ses facultés. Il est déraisonnable de supposer qu'il puisse modifier, *a fortiori* arrêter la marche éternelle du cycle universel [6]. » D'ailleurs, l'extension indéfinie des possibilités de l'individu, envisagé dans son intégralité, ne change rien à ceci, puisqu'elle ne saurait naturellement le soustraire à tout l'ensemble des conditions limitatives qui caractérisent l'état d'être auquel il appartient en tant qu'individu [7].

Le « Rayon Céleste » traverse tous les états d'être, marquant, ainsi que nous l'avons déjà dit, le point central de chacun d'eux par sa trace sur le plan horizontal correspondant, et le lieu de tous ces points centraux est l'« Invariable Milieu » ; mais cette action du « Rayon Céleste » n'est effective que s'il produit, par sa réflexion sur un de ces plans, une vibration qui, se propageant et s'amplifiant dans la totalité de l'être, illumine son chaos, cosmique ou humain. Nous disons cosmique ou humain, car ceci peut s'appliquer au « macrocosme » aussi bien qu'au « microcosme » ; dans tous les cas, l'ensemble des possibilités de l'être ne constitue proprement qu'un chaos « informe et vide » [8], dans lequel tout n'est qu'obscurité jusqu'au moment où se produit cette illumination qui en détermine l'organisation harmonique dans le passage de la puissance à l'acte [9]. Cette même illumination correspond strictement à la conversion des trois *gunas* l'un dans l'autre, que nous avons décrite plus haut d'après un texte du *Vêda* : si nous considérons les deux phases de cette conversion, le résultat de la première, effectuée à partir des états inférieurs de l'être, s'opère dans le plan même de réflexion, tandis que la seconde imprime à la vibration réfléchie une direction ascensionnelle, qui la transmet à travers toute la hiérarchie des états supérieurs de l'être. Le plan de réflexion, dont le centre, point d'incidence du « Rayon Céleste », est le point de départ de cette vibration indéfinie, sera alors le plan central dans l'ensemble des états d'être, c'est-à-dire le plan horizontal de coordonnées dans notre représentation géométrique, et son centre sera effectivement le centre de l'être total. Ce plan central, où sont tracées les branches horizontales de la croix à trois dimensions, joue, par rapport au « Rayon Céleste » qui en est la branche verticale, un rôle analogue à celui de la « perfection passive » par rapport à la « perfection active », ou à celui de la « substance » par rapport à l'« essence », de *Prakriti* par rapport à *Purusha* : c'est toujours, symboliquement, la « Terre » par rapport au « Ciel », et c'est aussi ce que toutes les traditions cosmogoniques s'accordent à représenter comme la « surface des Eaux » [10]. On peut encore dire que c'est le plan de séparation des « Eaux inférieures » et des « Eaux supérieures » [11], c'est-à-dire des deux chaos, formel et informel, individuel et extra-individuel, de tous les états, tant non-manifestés que manifestés, dont l'ensemble constitue la Possibilité totale de l'« Homme Universel ».

Par l'opération de l'« Esprit Universel » (*Atmâ*), projetant le « Rayon Céleste » qui se réfléchit sur le miroir des « Eaux », au sein de celles-ci est enfermée une étincelle divine, germe spirituel incréé, qui, dans l'Univers potentiel (*Brahmânda* ou « Œuf du Monde »), est cette détermination du « Non-Suprême » *Brahma (Apara-Brahma)* que la tradition hindoue désigne comme *Hiranyagarbha* (c'est-à-dire l'« Embryon d'Or ») [12]. Dans chaque être envisagé en particulier, cette étincelle de la lumière intelligible constitue, si l'on peut ainsi parler, une unité fragmentaire (expression d'ailleurs inexacte si on la prenait à la lettre, l'unité étant en réalité indivisible et sans parties) qui, se développant pour s'identifier en acte à l'Unité totale, à laquelle elle est en effet identique en puissance (car elle contient en elle-même l'essence indivisible de la lumière, comme la nature du feu est contenue tout entière en chaque étincelle) [13], s'irradiera en tous sens à partir du centre, et réalisera dans son expansion le parfait épanouissement de toutes les possibilités de l'être. Ce principe d'essence divine involué dans les êtres (en apparence seulement, car il ne saurait être réellement affecté par les contingences, et cet état d'« enveloppement » n'existe que du point de vue de la manifestation), c'est encore, dans le symbolisme védique, *Agni* [14], se manifestant au centre du *swastika*, qui est, comme nous l'avons vu, la croix tracée dans le plan horizontal, et qui, par sa rotation autour de ce centre, génère le cycle évolutif constituant chacun des éléments du cycle universel. Le centre, seul point restant immobile dans ce mouvement de rotation, est, en raison même de son immobilité (image de l'immutabilité principielle), le moteur de la « roue d'existence » il renferme en lui-même la « Loi » (au sens du terme sanscrit *Dharma*) [15], c'est-à-dire l'expression ou la manifestation de la « Volonté du Ciel », pour le cycle correspondant au plan horizontal dans lequel s'effectue cette rotation, et, suivant, ce que nous avons dit, son influence se mesure, ou du moins se mesurerait si nous en avions la faculté, par le pas de l'hélice, évolutive, à axe vertical [16].

La réalisation des possibilités de l'être s'effectue ainsi par une activité qui est toujours intérieure, puisqu'elle s'exerce à partir du centre de chaque plan ; et d'ailleurs, métaphysiquement, il ne saurait y avoir d'action extérieure s'exerçant sur l'être total, car une telle action n'est possible qu'à un point de vue relatif et spécialisé, l'est comme celui de l'individu [17]. Cette réalisation elle-même est figurée dans les différents symbolismes par l'épanouissement, à la surface des « Eaux », d'une fleur qui est, le plus habituellement, le lotus dans les traditions orientales et la rose ou le lis dans les traditions occidentales [18] ; mais nous n'avons pas l'intention d'entrer ici dans le détail de ces diverses figurations, qui peuvent varier et se modifier dans une certaine mesure, en raison des adaptations multiples auxquelles elles se prêtent, mais qui, au fond, procèdent partout et toujours du même principe, avec certaines considérations secondaires qui sont surtout basées sur les nombres [19]. En tout cas, l'épanouissement dont il s'agit pourra être envisagé d'abord dans le plan central, c'est-à-dire dans le plan horizontal de réflexion du « Rayon Céleste », comme intégration de l'état d'être correspondant ; mais il s'étendra aussi hors de ce plan, à la totalité des états, suivant le développement indéfini, dans toutes les directions à partir du point central du vortex sphérique universel dont nous avons parlé précédemment [20].

---

1. Voir *L'Homme et son devenir selon le Vêdânta*, chap. VII, et aussi chap. XXI, 3ᵉ éd., pour le symbolisme du « rayon solaire » (*sushuma*).
2. Simon et Théophane, *Les Enseignements secrets de la Gnose*, p. 10.
3. Le mot « mouvement » encore n'est ici qu'une expression purement analogique, puisque le cycle universel, dans sa totalité, est évidemment indépendant des conditions temporelle et spatiale, aussi bien que de n'importe quelles autres conditions particulières.
4. Cette « somme indéfinie » est à proprement parler une intégrale.
5. *Ibid.*, p. 50.
6. *Ibid.*, p. 50.
7. Ceci est vrai notamment de l'« immortalité » entendue au sens occidental, c'est-à-dire conçue comme un prolongement de l'état individuel humain dans la « perpétuité » ou indéfinité temporelle (voir *L'Homme et son devenir selon le Vêdânta*, chap. xviii, 3ᵉ éd.).
8. C'est la traduction littérale de l'hébreu *thohu va-bohu*, que Fabre d'Olivet (*La Langue hébraïque restituée*) explique par « puissance contingente d'être dans une puissance d'être ».
9. Cf. *Genèse*, I, 2-3.
10. Voir *L'Homme et son devenir selon le Vêdânta*, chap. V.
11. Cf. *Genèse*, I, 6-7.
12. Voir *L'Homme et son devenir selon le Vêdânta*, chap. XIII, 3ᵉ édition.
13. Voir *ibid.*, chap. V.
14. *Agni* est figuré comme un principe igné (de même, d'ailleurs, que le Rayon lumineux qui le fait naître), le feu étant regardé comme l'élément actif par rapport à l'eau, élément passif. — *Agni* au centre du *swastika*, c'est aussi l'agneau à la source des quatre fleuves dans le symbolisme chrétien (voir *L'Homme et son devenir selon le Vêdânta*, chap. III ; *L'Esotérisme de Dante*, chap. IV ; *Le Roi du Monde*, chap. IX).
15. Voir *Introduction générale à l'étude des doctrines hindoues*, 3ᵉ partie, chap. v, et *L'Homme et son devenir selon le Vêdânta*, chap. IV. — Nous avons aussi indiqué ailleurs le rapport qui existe entre le mot *Dharma* et le nom sanscrit du Pôle, *Dhruva*, dérivés respectivement des racines *dhri* et *dhru*, qui ont le même sens et expriment essentiellement l'idée de stabilité (*Le Roi du Monde*, chap. I).
16. « Quand on dit maintenant (dans le cours de la manifestation) « le Principe », ce terme ne désigne plus l'Être qui existe dans tous les êtres, norme universelle qui préside à l'évolution cosmique. La nature du Principe, la nature de l'Être, sont incompréhensibles et ineffables. Seul, le limité peut se comprendre (en mode individuel humain) et s'exprimer. Le Principe agissant comme le pôle, comme l'axe de l'universalité des êtres, disons de lui seulement qu'il est le pôle, qu'il est l'axe de l'évolution universelle, sans tenter de l'expliquer » (*Tchoang-tseu*, chap. XXV). C'est pourquoi le *Tao* « avec un nom », qui est « la Mère des dix mille êtres » (*Tao-te-king*, chap. Iᵉʳ) est la « Grande Unité » (*Tai-i*), située symboliquement, comme nous l'avons vu plus haut, dans l'étoile polaire : « S'il faut donner un nom au *Tao* (bien qu'il ne puisse être nommé), on l'appellera (comme équivalent approximatif) la « Grande Unité »... Les dix mille êtres sont produits par *Tai-i*, modifiés par *yin* et *yang*. » — En Occident, dans l'ancienne « Maçonnerie opérative », un fil à plomb, image de l'axe vertical, est suspendu en un point qui symbolise le pôle céleste. C'est aussi le point de suspension de la « balance » dont parlent diverses traditions (voir *Le Roi du Monde*,

245

chap. x) ; et ceci montre que le « rien » (*Ain*) de la *Qabbalah* hébraïque correspond au « non-agir » (*wou-wei*) de la tradition extrême-orientale.
17. Nous aurons l'occasion de revenir plus loin sur la distinction de l'« intérieur » et de l'« extérieur », qui est encore symbolique, comme l'est ici toute localisation ; mais nous tenons à bien préciser que l'impossibilité d'une action extérieure ne s'applique qu'à l'être total et non à l'être individuel, et que ceci exclut le rapprochement qu'on pourrait être tenté de faire ici avec l'assertion, analogue en apparence, mais sans portée métaphysique, que le « monadisme » de Leibnitz implique à l'égard des « substances individuelles ».
18. Nous avons signalé ailleurs le rapport qui existe entre ces fleurs symboliques et la roue considérée comme symbole du monde manifesté (*Le Roi du Monde*, chap. II).
19. Nous avons vu plus haut que le nombre des rayons de la roue varie suivant les cas ; il en est de même de celui des pétales des fleurs emblématiques. Le lotus a le plus souvent huit pétales ; dans les figurations occidentales, on trouve notamment les nombres 5 et 6, qui se rapportent respectivement au « microcosme » et au « macrocosme ».
20. Sur le rôle du « Rayon Divin » dans la réalisation de l'être et le passage aux états supérieurs, voir aussi *L'Esotérisme de Dante*, chap. VIII.

25

L'ARBRE ET LE SERPENT

Si nous reprenons maintenant le symbole du serpent enroulé autour de l'arbre, dont nous avons dit quelques mots plus haut, nous constaterons que cette figure est exactement celle de l'hélice tracée autour du cylindre vertical de la présentation géométrique, que nous avons étudiée. L'arbre symbolisant l'« Axe du Monde » comme nous l'avons dit, le serpent figurera donc l'ensemble des cycles de la manifestation universelle [1] ; et, en effet, le parcours des différents états est représenté, dans certaines traditions, comme une migration de l'être dans le corps de ce serpent [2]. Comme ce parcours peut être envisagé suivant deux sens contraires, soit dans le sens ascendant, vers les états supérieurs, soit dans le sens descendant, vers les états inférieurs, les deux aspects opposés du symbolisme du serpent, l'un bénéfique et l'autre maléfique, s'expliquent par là d'eux-mêmes [3].

On trouve le serpent enroulé, non seulement autour de l'arbre, mais aussi autour de divers autres symboles de l'« Axe du Monde » [4], et particulièrement de la montagne, comme on le voit, dans la tradition hindoue, dans le symbolisme du « barattement de la mer » [5]. Ici, le serpent *Shêsha* ou *Ananta*, représentant l'indéfinité de l'Existence universelle, est enroulé autour du *Mêru*, qui est la « montagne polaire » [6], et il est tiré en sens contraires par les *Dêvas* et les *Asuras*, qui correspondent respectivement aux états supérieurs et inférieurs par rapport à l'état humain ; on aura alors les deux aspects bénéfique et maléfique suivant qu'on envisagera le serpent du côté des *Dêvas* ou du côté des *Asuras* [7]. D'autre part, si l'on interprète la signification de ceux-ci en termes de « bien » et de « mal », on a une correspondance évidente avec les deux côtés opposés de l'« Arbre de la Science » et des autres symboles similaires dont nous avons parlé précédemment [8].

Il y a lieu d'envisager encore un autre aspect sous lequel le serpent, dans son symbolisme général, apparaît, sinon précisément comme maléfique (ce qui implique nécessairement la présence du corrélatif bénéfique, « bien » et « mal », comme les deux termes de toute dualité, ne pouvant se comprendre que l'un par l'autre), tout au moins comme redoutable, en tant qu'il figure l'enchaînement de l'être à la série indéfinie des cycles de manifestation [9]. Cet aspect correspond notamment au rôle du serpent (ou du dragon qui en est alors un équivalent) comme gardien de certains symboles d'immortalité dont il défend l'approche : c'est ainsi qu'on le voit enroulé autour de l'arbre aux pommes d'or du jardin des Hespérides, ou du hêtre de la foret de Colchide auquel est suspendue la « toison d'or » ; il est évident que ces arbres ne sont pas autre chose que des formes de l'« Arbre de Vie », et que, par conséquent, ils représentent encore l'« Axe du Monde » [10].

Pour se réaliser totalement, il faut que l'être échappe à cet enchaînement cyclique et passe de la circonférence au centre, c'est-à-dire au point où l'axe rencontre le plan représentant l'état où cet être se trouve actuellement ; l'intégration de cet état étant tout d'abord effectuée par là même, la totalisation s'opérera ensuite, à partir de ce plan de base, suivant la direction même de l'axe vertical. Il est à remarquer que, tandis qu'il y a continuité entre tous les états envisagés dans leur parcours cyclique, comme nous l'avons expliqué précédemment, le passage au centre implique essentiellement une discontinuité dans le développement de l'être ; il peut, à cet égard, être comparé à ce qu'est, au point de vue mathématique, le « passage à la limite » d'une série indéfinie en variation continue. En effet, la limite, étant par définition une quantité fixe, ne peut, comme telle, être atteinte dans le cours de la variation, même si celle-ci se poursuit indéfiniment ; n'étant pas soumise à cette variation, elle n'appartient pas à la série dont elle est le terme, et il faut sortir de cette série pour y parvenir. De même, il faut sortir, de la série indéfinie des états manifestés et de leurs mutations pour atteindre l'« Invariable Milieu », le point fixe et immuable qui commande le mouvement sans y participer, comme la série mathématique tout entière est, dans sa variation, ordonnée par rapport à sa limite, qui lui donne ainsi sa loi, mais est elle-même au-delà de cette loi. Pas plus que le passage à la limite, ni que l'intégration qui n'en est d'ailleurs en quelque sorte qu'un cas particulier, la réalisation métaphysique ne peut s'effectuer « par degrés » ; elle est comme une synthèse qui ne peut être précédée d'aucune analyse, et en vue de laquelle toute analyse serait d'ailleurs impuissante et de portée rigoureusement nulle.

Il y a dans la doctrine islamique un point intéressant et important en connexion avec ce qui vient d'être dit : le « chemin droit » (*Eççirâtul-*

mustaqîm) dont il est parlé dans la *fâtiha* (littéralement « ouverture ») ou première *sûrat* du *Qorân* n'est pas autre chose que l'axe vertical pris dans son sens ascendant, car sa « rectitude » (identique au *Te* de Lao-tseu) doit, d'après la racine même du mot qui la désigne (*qâm*, « se lever »), être envisagée suivant la direction verticale. On peut dès lors comprendre facilement la signification du dernier verset, dans lequel ce « chemin droit » est défini comme « chemin de ceux sur qui Tu répands Ta grâce, non de ceux sur qui est Ta colère ni de ceux qui sont dans l'erreur » (*çirâta elladhîna anamta alayhim, ghayri el-maghdûbi alayhim wa là ed-dâllîn*). Ceux sur qui est la « grâce » divine [11], ce sont ceux qui reçoivent directement l'influence de l'« Activité du Ciel », et qui sont conduits par elle aux états supérieurs et à la réalisation totale, leur être étant en conformité avec le Vouloir universel. D'autre part, la « colère » étant en opposition directe avec la « grâce », son action doit s'exercer aussi suivant l'axe vertical, mais avec l'effet inverse, le faisant parcourir dans le sens descendant, vers les états inférieurs [12] : c'est la voie « infernale » s'opposant à la voie « céleste », et ces deux voies sont les deux moitiés inférieures et supérieur de l'axe vertical, à partir du niveau correspondant à l'état humain. Enfin, ceux qui sont dans l'« erreur », au sens propre et étymologique de ce mot, ce sont ceux qui, comme c'est le cas de l'immense majorité des hommes, attirés et retenus par la multiplicité, errent indéfiniment dans les cycles de la manifestation, représentés par les spires du serpent enroulé autour de l'« Arbre du milieu » [13].

Rappelons encore, à ce propos, que le sens propre du mot *Islam* est « soumission à la Volonté divine » [14] ; c'est pourquoi il est dit, dans certains enseignements ésotériques, que tout être est *muslim*, en ce sens qu'il n'en est évidemment aucun qui puisse se soustraire à cette Volonté, et que, par conséquent, chacun occupe nécessairement la place qui lui est assignée dans l'ensemble de l'Univers. La distinction des êtres en « fidèles » (*mûminîn*) et « infidèles » (*kuffâr*) [15] consiste donc seulement en ce que les premiers se conforment consciemment et volontairement à l'ordre universel, tandis que, parmi les seconds, il en est qui n'obéissent à la loi que contre leur gré, et d'autres qui sont dans l'ignorance pure et simple. Nous retrouvons ainsi les trois catégories d'êtres que nous venons d'avoir à envisager ; les « fidèles » sont ceux qui suivent le « chemin droit », qui est le lieu de la « paix », et leur conformité au Vouloir universel fait d'eux les véritables collaborateurs du « plan divin ».

---

1. Il y a, entre cette figure et celle de l'*ouroboros*, c'est-à-dire du serpent qui se dévore la queue, le même rapport qu'entre l'hélice complète et la figure circulaire du yin-yang, dans laquelle une de ses spires prise à part est considérée comme plane ; l'*ouroboros* représente l'indéfinité d'un cycle envisagé isolément, indéfinité qui, pour l'état humain, et en raison de la présence de la condition temporelle, revêt l'aspect de la « perpétuité ».

2. On trouve notamment ce symbolisme dans la *Pistis Sophia* gnostique, où le corps du serpent est partagé suivant le Zodiaque et ses subdivisions, ce qui nous ramène d'ailleurs à la figure de l'*ouroboros*, car il ne peut s'agir, dans ces conditions, que du parcours d'un seul cycle, à travers les diverses modalités d'un même état ; dans ce cas, la migration envisagée pour l'être se limite donc aux prolongements de l'état individuel humain.
3. Parfois, le symbole se dédouble pour correspondre à ces deux aspects, et on a alors deux serpents enroulés en sens contraires autour d'un même axe, comme dans la figure du caducée. On trouve un équivalent de celui-ci dans certaines formes du bâton brahmanique (*Brahma-danda*), par un double enroulement de lignes mises respectivement en relation avec les deux sens de rotation du *swastika*. Ce symbolisme a d'ailleurs des applications multiples, que nous ne pouvons songer à développer ici ; une des plus importantes est celle qui concerne les courants subtils dans l'être humain (voir *L'Homme et son devenir selon le Vêdânta*, chap. XX, 3e éd.) ; l'analogie du « microcosme » et du « macrocosme » est d'ailleurs valable encore à ce point de vue particulier.
4. On le trouve notamment autour de l'*omphalos*, ainsi que de certaines figurations de l'« Œuf du Monde » (voir *Le Roi du Monde*, chap. IX) ; nous avons signalé à ce propos la connexion qui existe généralement entre les symboles de l'arbre, de la pierre, de l'œuf et du serpent ; ceci donnerait lieu à des considérations intéressantes, mais qui nous entraîneraient beaucoup trop loin.
5. Ce récit symbolique se trouve dans le *Râmâyana*.
6. Voir *Le Roi du Monde*, chap. IX.
7. On peut aussi rapporter ces deux aspects aux deux significations opposées que présente le mot *Asura* lui-même suivant la façon dont on le décompose : *asu-ra*, « qui donne la vie » ; *a-sura*, « non-lumineux ». C'est dans ce dernier sens seulement que les *Asuras* s'opposent aux *Dêvas*, dont le nom exprime la luminosité des sphères célestes ; dans l'autre sens, au contraire, ils s'y identifient en réalité (d'où l'application qui est faite de cette dénomination d'*Asuras*, dans certains textes védiques, à *Mitra* et à *Varuna*) ; il faut bien prendre garde à cette double signification pour résoudre les apparences de contradictions auxquelles elle peut donner naissance. — Si l'on applique à l'enchaînement des cycles le symbolisme de la succession temporelle, on comprend sans peine pourquoi il est dit que les *Asuras* sont antérieurs aux *Dêvas*. Il est au moins curieux de remarquer que, dans le symbolisme de la *Genèse* hébraïque, la création des végétaux avant celle des astres ou « luminaires » peut être rattachée à cette antériorité ; en effet, d'après la tradition hindoue, le végétal procède de la nature des *Asuras*, c'est-à-dire des états inférieurs par rapport à l'état humain, tandis que les corps célestes représentent naturellement les *Dêvas*, c'est-à-dire les états supérieurs. Ajoutons aussi, à cet égard, que le développement de l'« essence végétative » dans l'*Eden*, c'est le développement des germes provenant du cycle antécédent, ce qui répond encore au même symbolisme.
8. Dans le symbolisme temporel, on a aussi une analogie avec les deux visages de *Janus*, en tant que l'un de ceux-ci est considéré comme tourné vers l'avenir et l'autre vers le passé. Peut-être pourrons-nous quelque jour, dans une autre étude, montrer, d'une façon plus explicite que nous n'avons pu le faire jusqu'ici, le lien profond qui existe entre tous ces symboles des différentes formes traditionnelles.
9. C'est le *samsara* bouddhique, la rotation indéfinie de la « roue de vie », dont l'être doit se libérer pour atteindre le *Nirvana*. L'attachement à la multiplicité est aussi, en un sens, la « tentation » biblique, qui éloigne l'être de l'unité centrale originale et l'empêche d'atteindre le fruit de l'« Arbre de Vie » ; et c'est bien par là, en effet, que l'être est soumis à l'alternance des mutations cycliques, c'est-à-dire à la naissance et à la mort.
10. Il faut mentionner encore, à un point de vue assez proche de celui-là, les légendes symboliques qui, dans de nombreuses traditions, représentent le serpent ou le dragon comme gardien des « trésors cachés » ; ceux-ci sont en relation avec divers autres symboles forts importants, comme ceux de la « pierre noire » et du « feu souterrain » (voir *Le Roi du Monde*, chap. Ier et vii) ; c'est là encore un de ces nombreux points que nous ne pouvons qu'indiquer en passant, quitte à y revenir en quelque autre occasion.
11. Cette « grâce » est l'« effusion de rosée » qui dans, la *Qabbedah* hébraïque, est mise en rapport direct avec l'« Arbre de Vie » (voir *Le Roi du Monde*, chap. III).
12. Cette descente directe de l'Être suivant l'axe vertical est représentée notamment par la « chute des anges » ; ceci, quand il s'agit des êtres humains, ne peut évidemment correspondre qu'à un cas exceptionnel, et un tel être est dit *Waliyush-Shaytân*, parce qu'il est en quelque sorte l'inverse du « saint » ou *Waliyur-Rahman*.

13. Ces trois catégories d'êtres pourraient être désignées respectivement comme les « élus », les « rejetés » et les « égarés » ; il y a lieu de remarquer qu'elles correspondent exactement aux trois *gunas* : la première à *sattwa*, la seconde à *tamas*, et la troisième à *rajas*. — Certains commentateurs exotériques du Qorân ont prétendu que les « rejetés » étaient les Chrétiens ; mais c'est là une interprétation étroite, fort contestable même au point de vue exotérique, et qui, en tout cas, n'a évidemment rien d'une explication selon la *haqîqah*. — Au sujet de la première des trois catégories dont il s'agit ici, nous devons signaler que l'« Elu » *(El-Mustafâ)* est, dans l'Islam, une désignation appliquée au Prophète et, au point de vue ésotérique, à 1 « Homme Universel ».
14. Voir *Le Roi du Monde*, chap. VI. nous avons signalé alors l'étroite parenté de ce mot avec ceux qui désignent le « salut » et la « paix » *(Es-salâm)*.
15. Cette distinction ne concerne pas seulement les hommes, car elle est appliquée aussi aux *Jinns* par la tradition islamique ; en réalité, elle est applicable à tous les êtres.

26

INCOMMENSURABILITÉ DE L'ÊTRE TOTAL ET DE L'INDIVIDUALITÉ

Nous devons maintenant insister sur un point qui, pour nous, est d'une importance capitale : c'est que la conception traditionnelle de l'être, telle que nous l'exposons ici, diffère essentiellement, dans son principe même et par ce principe, de toutes les conceptions anthropomorphiques et géocentriques dont la mentalité occidentale s'affranchit si difficilement. Nous pourrions même dire qu'elle en diffère infiniment, et ce ne serait point là un abus de langage comme il arrive dans la plupart des cas où l'on emploie communément, ce mot, mais bien, au contraire, une expression plus juste que toute autre, et plus adéquate à la conception à laquelle nous l'appliquons, car celle-ci est proprement illimitée. La métaphysique pure ne saurait en aucune façon admettre l'anthropomorphisme [1] ; si celui-ci semble parfois s'introduire dans l'expression, ce n'est là qu'une apparence tout extérieure, d'ailleurs inévitable dans une certaine mesure dès lors que, si l'on veut exprimer quelque chose, il faut nécessairement se servir du langage humain. Ce n'est donc là qu'une conséquence de l'imperfection qui est forcément inhérente à toute expression, quelle qu'elle soit, en raison de sa limitation même ; et cette conséquence est admise seulement à titre d'indulgence en quelque sorte, de concession provisoire et accidentelle à la faiblesse de l'entendement humain individuel, à son insuffisance pour atteindre ce qui dépasse le domaine de l'individualité. Il se produit déjà, du fait de cette insuffisance, quelque chose de ce genre, avant toute expression extérieure, dans l'ordre de la pensée formelle (qui, du reste, apparaît aussi comme une expression si on l'envisage par rapport à l'informel) : toute idée à laquelle on pense avec intensité finit par « se figurer », par prendre en quelque façon une forme humaine, celle même du penseur ; on dirait que, suivant une comparaison fort expressive de Shankarâchârya, « la pensée coule dans l'homme comme le métal en fusion se répand, dans le moule du fondeur ». L'intensité même de la pensée [2] fait qu'elle occupe l'homme tout entier, d'une manière analogue à celle dont l'eau remplit un vase jusqu'aux bords ; elle prend donc la forme de ce qui la contient et la limite, c'est-à-dire, en d'autres termes, qu'elle devient anthropomorphe. C'est là, encore une fois, une imperfection à laquelle l'être individuel, dans les conditions restreintes et particularisées de son existence, ne peut guère échapper ; à la vérité, ce n'est même pas en tant qu'individu qu'il le peut, bien qu'il doive y tendre, car l'affranchissement complet d'une telle limitation ne s'obtient que dans les états extra-individuels et supra-individuels, c'est-à-dire informels, atteints au cours de la réalisation effective de l'être total.

Ceci étant dit pour prévenir toute objection possible à cet égard, il est évident qu'il ne peut y avoir aucune commune mesure entre, d'une part, le « Soi », envisagé comme la totalisation de l'être s'intégrant suivant trois dimensions de la croix, pour se réintégrer finalement en son Unité première, réalisée dans cette plénitude même de l'expansion que symbolise l'espace tout entier, et, d'autre part, une modification individuelle quelconque, représentée par un élément infinitésimal du même espace, ou même l'intégralité d'un état, dont la figuration plane (ou du moins considérée comme plane avec les restrictions que nous avons faites, c'est-à-dire tant que l'on envisage cet état isolément) comporte encore un élément infinitésimal par rapport à l'espace à trois dimensions, puisque, en situant cette figuration dans l'espace (c'est-à-dire dans l'ensemble de tous les états d'être), son plan horizontal doit être regardé comme se déplaçant effectivement d'une quantité infinitésimale suivant la direction de l'axe vertical [3]. Puisqu'il s'agit d'éléments infinitésimaux, même dans un symbolisme géométrique forcément restreint et limité, on voit que, en réalité et *a fortiori*, c'est bien là, pour ce qui est symbolisé respectivement par les deux termes que nous venons de comparer entre eux, une incommensurabilité absolue, ne dépendant d'aucune convention plus ou moins arbitraire, comme l'est toujours le choix de certaines unités relatives dans les mesures quantitatives ordinaires. D'autre part, quand il s'agit de l'être total, un indéfini est pris ici pour symbole de l'Infini, dans la mesure où il est permis de dire que l'Infini peut être symbolisé ; mais il est bien entendu que ceci ne revient nullement à les confondre comme le font assez habituellement les mathématiciens et les philosophes occidentaux. « Si nous pouvons prendre l'indéfini comme image de l'infini, nous ne pouvons appliquer à l'Infini les raisonnements de l'indéfini ; le symbolisme descend et ne remonte point [4]. »

Cette intégration ajoute une dimension à la représentation spatiale correspondante ; on sait en effet que, en partant de la ligne qui est le premier degré de l'indéfinité dans l'étendue, l'intégrale simple correspond au calcul d'une surface, et l'intégrale double au calcul d'un volume. Donc, s'il a fallu une première intégration pour passer de la ligne à la surface, qui est mesurée par la croix à deux dimensions décrivant le cercle indéfini qui ne se ferme pas (ou la spirale plane envisagée simultanément dans toutes ses positions possibles), il faut une seconde intégration pour passer de la surface au volume dans lequel la croix à trois dimensions produit, par l'irradiation de son centre suivant toutes les directions de l'espace où il s'est situé, le sphéroïde indéfini dont un mouvement vibratoire nous donne l'image, le volume toujours ouvert en tous sens qui symbolise le vortex universel de la « Voie ».

---

1. Sur cette question, voir *Introduction générale à l'étude des doctrines hindoues*, 3ᵉ partie, chap. VII.
2. Il est bien entendu que ce mot d'« intensité » ne doit pas être pris ici dans un sens quantitatif, et aussi que, la pensée n'étant pas soumise à la condition spatiale, sa forme n'est aucunement « localisable » ; c'est dans l'ordre subtil qu'elle se situe, non dans l'ordre corporel.
3. Nous rappelons que la question de la distinction fondamentale du « Soi » et du « Moi », c'est-à-dire en somme de l'être total et de l'individualité, que nous avons résumée au début de la présente étude, a été traitée plus complètement dans *L'Homme et son devenir selon le Vêdânta*, chap. II.
4. Matgioi, *La Voie Métaphysique*, p. 99.

27

PLACE DE L'ÉTAT INDIVIDUEL HUMAIN DANS L'ENSEMBLE DE L'ÊTRE

D'après ce que nous avons dit dans le chapitre précédent au sujet de l'anthropomorphisme, il est clair que l'individualité humaine, même envisagée dans son intégralité (et non pas restreinte à la seule modalité corporelle), ne saurait avoir une place privilégiée et « hors série » dans la hiérarchie indéfinie des états de l'être total ; elle y occupe son rang comme n'importe lequel des autres états et au même titre exactement, sans rien de plus ni de moins, conformément à la loi d'harmonie qui régit les rapports de tous les cycles de l'Existence universelle. Ce rang est déterminé par les conditions particulières qui caractérisent l'état dont il s'agit et en délimitent le domaine ; et, si nous ne pouvons le connaître actuellement, c'est qu'il ne nous est pas possible, en tant qu'individus humains, de sortir de ces conditions pour les comparer à celles des autres états, dont les domaines nous sont forcément inaccessibles ; mais il nous suffit évidemment, toujours comme individus, de comprendre que le rang est ce qu'il doit être et ne peut pas être autre qu'il est, chaque chose étant rigoureusement à la place qu'elle doit occuper comme élément de l'ordre total. En outre, en vertu de cette même loi d'harmonie à laquelle nous venons de faire allusion, « l'hélice évolutive étant régulière partout et en tous ses points, le passage d'un état à un autre se fait aussi logiquement et aussi simplement que le passage d'une situation (ou modification) à une autre dans l'intérieur d'un même état »[1], sans que, à ce point de vue tout au moins, il y ait nulle part dans l'Univers la moindre solution de continuité.

Si nous devons cependant faire une restriction en ce qui concerne la continuité (sans laquelle la causalité universelle ne saurait être satisfaite, car elle exige que tout s'enchaîne sans aucune interruption), c'est que, comme nous l'avons indiqué plus haut, il y a, à un point de vue autre que celui du parcours des cycles, un moment de discontinuité dans le développement de l'être ; ce moment qui a un caractère absolument unique, c'est celui où se produit, sous l'action du « Rayon Céleste » opérant sur un plan de réflexion, la vibration qui correspond au *Fiat Lux* cosmogonique et qui illumine, par son irradiation, tout le chaos des possibilités. À partir de ce moment, l'ordre succède au chaos, la lumière aux ténèbres, l'acte à la puissance, la réalité à la virtualité ; et, lorsque cette vibration a atteint son plein effet en s'amplifiant et se répercutant jusqu'aux confins de l'être, celui-ci, ayant dès lors réalisé sa plénitude totale, n'est évidemment plus assujetti à parcourir tel ou tel cycle particulier, puisqu'il les embrasse tous dans la parfaite simultanéité d'une compréhension synthétique et « non-distinctive ». C'est là ce qui constitue à proprement parler la « transformation », conçue comme impliquant le « retour des êtres en modification dans l'Être immodifié », en dehors et au-delà de toutes les conditions spéciales qui définissent les degrés de l'Existence manifestée. « La modification, dit le sage Shi-ping-wen, est le mécanisme qui produit tous les êtres ; la transformation est le mécanisme dans lequel s'absorbent tous les êtres [2]. »

Cette « transformation » au sens étymologique de passage au-delà de la forme), par laquelle s'effectue la réalisation de l'« Homme Universel », n'est pas autre chose que la « Délivrance » (en sanscrit *Moksha* ou *Mukti*) dont nous avons parlé ailleurs [3] ; elle requiert, avant tout, la détermination préalable d'un plan de réflexion du « Rayon Céleste », de telle sorte que l'état correspondant devienne par là même l'état central de l'être. D'ailleurs, cet état, en principe, peut être quelconque, puisque tous sont parfaitement équivalents quand ils sont envisagés de l'Infini ; et le fait que l'état humain n'est en rien distingué parmi les autres comporte évidemment, pour lui aussi bien que pour n'importe quel autre état, la possibilité de devenir cet état central. La « transformation » peut donc être atteinte à partir de l'état humain pris comme base, et même à partir de toute modalité de cet état, ce qui revient à dire qu'elle est notamment possible pour l'homme corporel et terrestre ; en d'autres termes, et comme nous l'avons dit en son lieu [4], la « Délivrance » peut s'obtenir « dans la vie » (*jîvan-mukti*), ce qui n'empêche pas qu'elle implique essentiellement, pour l'être qui l'obtient ainsi comme dans tout autre cas, la libération absolue et complète des conditions limitatives de toutes les modalités et de tous les états.

Pour ce qui est du processus effectif de développement qui permet à l'être de parvenir, après avoir traversé certaines phases préliminaires, à ce moment précis où s'opère la « transformation », nous n'avons nullement l'intention d'en parler ici, car il est évident que sa description, même sommaire, ne saurait rentrer dans le cadre d'une étude comme celle-ci, dont le caractère doit rester purement théorique. Nous avons seulement voulu indiquer quelles sont les possibilités de l'être humain, possibilités qui, d'ailleurs, sont nécessairement, sous le rapport de la totalisation, celles de l'être en chacun de ses états, puisque ceux-ci ne sauraient maintenir entre eux aucune différenciation au regard de l'Infini, où réside la Perfection.

---

1. Matgioi, *La Voie Métaphysique*, pp. 56-97.
2. *Ibid.*, p. 76. — Pour que l'expression soit correcte, il faudrait remplacer ici par « processus » le mot tout à fait impropre de « mécanisme », emprunté assez malencontreusement par Matgioi à la traduction du *Yi-king* de Philastre.
3. *L'Homme et son devenir selon le Védânta*, chap. XVII, 3ᵉ éd.
4. *Ibid.*, chap. XVIII, 3ᵉ éd.

28
LA GRANDE TRIADE

En rapprochant les dernières considérations de ce que nous avons dit au début, on peut se rendre compte aisément que la conception traditionnelle de l'« Homme Universel » n'a en réalité, malgré sa désignation, absolument rien d'anthropomorphique ; mais, si tout anthropomorphisme est nettement antimétaphysique et doit être rigoureusement écarté comme tel, il nous reste à préciser en quel sens et dans quelles conditions un certain anthropocentrisme peut, par contre, être regardé comme légitime [1]. Tout d'abord, comme nous l'avons indiqué, l'humanité, au point de vue cosmique, joue réellement un rôle « central » par rapport au degré de l'Existence auquel elle appartient, mais seulement par rapport à celui-là, et non pas, bien entendu, à l'ensemble de l'Existence universelle, dans lequel ce degré n'est qu'un quelconque parmi une multitude indéfinie, sans rien qui lui confère une situation spéciale par rapport aux autres. À cet égard, il ne peut donc être question d'anthropocentrisme que dans un sens restreint et relatif, mais cependant suffisant pour justifier la transposition analogique à laquelle donne lieu la notion de l'homme, et, par conséquent, la dénomination même de l'« Homme Universel ».

À un autre point de vue, nous avons vu que tout individu humain, aussi bien d'ailleurs que toute manifestation d'un être dans un état quelconque, a en lui-même la possibilité de se faire centre par rapport à l'être total ; on peut donc dire qu'il l'est en quelque sorte virtuellement, et que le but qu'il doit se proposer, c'est de faire de cette virtualité une réalité actuelle. Il est donc permis à cet être, avant même cette réalisation, et en vue de celle-ci, de se placer en quelque sorte idéalement au centre [2] ; du fait qu'il est dans l'état humain, sa perspective particulière donne naturellement à cet état une importance prépondérante, contrairement à ce qui a lieu quand on l'envisage du point de vue de la métaphysique pure, c'est-à-dire de l'Universel ; et cette prépondérance se trouvera pour ainsi dire justifiée *a posteriori* dans le cas où cet être, prenant effectivement l'état en question pour point de départ et pour base de sa réalisation, en fera véritablement l'état central de sa totalité, correspondant au plan horizontal de coordonnées dans notre représentation géométrique. Ceci implique tout d'abord la réintégration de l'être considéré au centre même de l'état humain, réintégration en laquelle consiste proprement la restitution de l'« état primordial », et ensuite, pour ce même être, l'identification du centre humain lui-même avec le centre universel ; la première de ces deux phases est la réalisation de l'intégralité de l'état humain, et la seconde est celle de la totalité de l'être.

Suivant la tradition extrême-orientale, l'« homme véritable » (*tchenn-jen*), est celui qui, ayant réalisé le retour à l'« état primordial », et par conséquent la plénitude de l'humanité, se trouve désormais établi définitivement dans l'« Invariable Milieu », et échappe déjà par là même aux vicissitudes de la « roue des choses ». Au-dessus de ce degré est l'« homme transcendant » (*cheun-jen*), qui à proprement parler n'est plus un homme, puisqu'il a dépassé l'humanité et est entièrement affranchi de ses conditions spécifiques : c'est celui qui est parvenu à la réalisation totale, à l'« Identité Suprême » ; celui-là est donc véritablement devenu l'« Homme Universel ». Il n'en est pas ainsi pour l'« homme véritable », mais cependant on peut dire que celui-ci est tout au moins virtuellement l'« Homme Universel », en ce sens que, dès lors qu'il n'a plus à parcourir d'autres états en mode distinctif, puisqu'il est passé de la circonférence au centre, l'état humain devra nécessairement être pour lui l'état central de l'être total, bien qu'il ne le soit pas encore d'une façon effective [3].

Ceci permet de comprendre en quel sens doit être entendu le terme intermédiaire de la « Grande Triade » qu'envisage la tradition extrême-orientale : les trois termes sont le « Ciel » (*Tien*), la « Terre » (*Ti*) et l'« Homme » (*Jen*), ce dernier jouant en quelque sorte un rôle de « médiateur » entre les deux autres, comme unissant en lui leurs deux natures. Il est vrai que, même en ce qui concerne l'homme individuel, on peut dire qu'il participe réellement du « Ciel » et de la « Terre », qui sont la même chose que *Purusha* et *Pra-kriti*, les deux pôles de la manifestation universelle ; mais il n'y a là rien qui soit spécial au cas de l'homme, car il en est nécessairement de même pour tout être manifesté. Pour qu'il puisse remplir effectivement à l'égard de l'Existence universelle, le rôle dont il s'agit, il faut que l'homme soit parvenu à se situer au centre de toutes choses, c'est-à-dire qu'il ait atteint tout au moins l'état de l'« homme véritable » ; encore ne l'exerce-t-il alors effectivement que pour un degré de l'Existence ; et c'est seulement dans l'état de l'« homme transcendant » que cette possibilité est réalisée dans sa plénitude. Ceci revient à dire que le véritable « médiateur », en qui l'union du « Ciel » et de la « Terre » est pleinement accomplie par la synthèse de tous les états, est l'Homme Universel », qui est identique au Verbe ; et, notons-le en passant, beaucoup de points des traditions occidentales, même dans l'ordre simplement théologique, pourraient trouver par là leur explication la plus profonde [4].

D'autre part, le « Ciel » et la « Terre » étant deux principes complémentaires, l'un actif et l'autre passif, leur union peut être représentée par la figure de l'« Androgyne », et ceci nous ramène à quelques-unes des considérations que nous avons indiquées dès le début en ce qui concerne l'« Homme Universel ». Ici encore, la participation des deux principes existe pour tout être manifesté, et elle se traduit en lui par la présence des deux termes *yang* et *yin*, mais en proportions diverses et toujours avec prédominance de l'un ou de l'autre ; l'union parfaitement équilibrée de ces deux termes ne peut être réalisée que dans l'« état primordial » [5]. Quant à l'état total, il ne peut plus y être question d'aucune distinction du *yang* et du *yin*, qui sont alors rentrés dans l'indifférenciation principielle ; on ne peut donc même plus parler ici de l'« Androgyne », ce qui implique déjà une certaine dualité dans l'unité même, mais seulement de la « neutralité » qui est celle de l'Être considéré en soi-même, au-delà de la distinction de l'« essence » et de la « substance », du « Ciel » et de la « Terre », de *Purusha* et de *Prakriti*. C'est donc seulement par rapport à la manifestation que le couple *Paru-sha-Prakriti* peut être, comme nous le disons plus haut, identifié à l'« Homme Universel » [6] ; et c'est aussi à ce point de vue, évidemment, que celui-ci est le « médiateur » entre le « Ciel » et la « Terre », ces deux termes eux-mêmes disparaissant dès qu'on passe au-delà de la manifestation [7].

---

1. Il faut d'ailleurs ajouter que cet anthropocentrisme n'a aucune solidarité nécessaire avec le géocentrisme, contrairement à ce qui se produit dans certaines conceptions « profanes » ; ce qui pourrait faire commettre des méprises à cet égard, c'est que la terre est parfois prise pour symboliser l'état corporel tout entier ; mais il va de soi que l'humanité terrestre n'est pas toute l'humanité.
2. Il y a ici quelque chose de comparable à la façon dont Dante, suivant un symbolisme temporel et non plus spatial, se situe lui-même au milieu de la « grande année » pour accomplir son voyage à travers les « trois mondes » (voir *L'Esotérisme de Dante*, chap. VIII).
3. La différence entre ces deux degrés est la même qu'entre ce que nous avons appelé ailleurs l'immortalité virtuelle et l'immortalité actuellement réalisée (*L'Homme et son devenir selon le Vêdânta*, chap. XVIII, 3ᵉ éd.) : ce sont les deux stades que nous avons distingués dès le début dans la réalisation de l'« Identité Suprême ». — l'« homme véritable » correspond, dans la terminologie arabe, à l'« Homme Primordial » (*El-Insânul-qadîm*), et l'« homme transcendant » à l'« homme Universel » (*El Insânul-Kâmil*). — Sur les rapports de l'« homme véritable » et de l'« homme transcendant », cf. *La Grande Triade*, chap. XVIII.
4. L'union du « Ciel » et de la « Terre » est la même chose que l'union des deux natures divine et humaine dans la personne du Christ, en tant que celui-ci est considéré comme l'« Homme Universel ». Parmi les anciens symboles du Christ se trouve l'étoile à six branches, c'est-à-dire le double triangle du « sceau de Salomon », (cf. *Le Roi du Monde*,

chap. IV) ; or, dans le symbolisme d'une école hermétique à laquelle se rattachaient Albert le Grand et saint Thomas d'Aquin, le triangle droit représente la Divinité, et le triangle inversé la nature humaine (« faite à l'image de Dieu », comme son reflet en sens inverse dans le « miroir des Eaux ») de sorte que l'union des deux triangles figure celle des deux natures *(Lâhût* et *Nâsût* dans l'ésotérisme islamique). Il est à remarquer, au point de vue spécial de l'hermétisme, que le ternaire humain : *spiritus, anima, corpus,* est en correspondance avec le ternaire des principes alchimiques : « soufre, mercure, sel ». — D'autre part, au point de vue du symbolisme numérique, le « sceau de Salomon » est la figure du nombre 6, qui est le nombre « conjonctif » (la lettre *vau* en hébreu et en arabe), le nombre de l'union et de la médiation ; c'est aussi le nombre de la création, et, comme tel, il convient encore au Verbe *per quem omnia facta sunt* ». Les étoiles à cinq et six branches représentent respectivement le « microcosme » et le « macrocosme », et aussi l'homme individuel (lié aux cinq conditions de son état, auxquelles correspondent les cinq sens et les cinq éléments corporels) et l'« Homme Universel » ou le *Logos.* Le rôle du Verbe, par rapport à l'Existence universelle, peut encore être précisé par l'adjonction de la croix tracée à l'intérieur de la figure du « sceau de Salomon » : la branche verticale relie les sommets des deux triangles opposés, ou les deux pôles de la manifestation, et la branche horizontale représente la « surface des Eaux ». — Dans la tradition extrême-orientale, on rencontre un symbole qui, tout en différant du « sceau de Salomon » par la disposition, lui est numériquement équivalent : six traits parallèles, pleins ou brisés suivant les cas (les soixante-quatre « hexagrammes » de Wen-wang dans le *Yi-king,* chacun d'eux étant formé par la superposition de deux des huit *koua* ou « trigrammes » de Fo-hi), constituent les « graphiques du Verbe » (en rapport avec le symbolisme du Dragon) ; et ils représentent aussi l'« Homme » comme terme moyen de la « Grande Triade » (le « trigramme » supérieur correspondant au « Ciel » et le « trigramme » inférieur à la « Terre », ce qui les identifie respectivement aux deux triangles droits et inversés du « sceau de Salomon »).

5. C'est pourquoi les deux moitiés du *yin-yang* constituent par leur réunion la forme circulaire complète (qui correspond dans le plan à la forme sphérique dans l'espace à trois dimensions).
6. Ce que nous disons ici de la véritable place de l'« Androgyne » dans la réalisation de l'être et de ses rapports avec l'« état primordial » explique le rôle important que cette conception joue dans l'hermétisme, dont les enseignements se réfèrent au domaine cosmologique, ainsi qu'aux extensions de l'état humain dans l'ordre subtil, c'est-à-dire en somme à ce qu'on peut appeler le « monde intermédiaire », qu'il ne faut pas confondre avec le domaine de la métaphysique pure.
7. On peut comprendre par là le sens supérieur de cette phrase de l'Evangile : « Le ciel et la terre passeront, mais mes paroles ne passeront point. » Le Verbe en lui-même, et par conséquent l'« Homme Universel » qui lui est identique, est au-delà de la distinction du « Ciel » et de la « Terre » ; il demeure donc éternellement tel qu'il est, dans sa plénitude d'être, alors que toute manifestation et toute différenciation (c'est-à-dire tout l'ordre des existences contingentes) se sont évanouies dans la « transformation » totale.

29
LE CENTRE ET LA CIRCONFÉRENCE

Les considérations que nous avons exposées ne nous conduisent nullement, comme certains pourraient le croire à tort si nous ne prenions la précaution d'y insister quelque peu, à envisager l'espace comme « une sphère dont le centre est partout et la circonférence nulle part », suivant la formule souvent citée de Pascal, qui, du reste, n'en est peut-être pas le premier inventeur. En tout cas, nous ne voulons pas rechercher ici dans quel sens précis Pascal lui-même entendait cette phrase, qui a pu être mal interprétée ; cela nous importe peu, car il est bien évident que l'auteur des trop célèbres considérations sur les « deux infinis », malgré ses mérites incontestables à d'autres égards, ne possédait aucune connaissance d'ordre métaphysique [1].

Dans la représentation spatiale de l'être total, il est vrai, sans doute, que chaque point, avant toute détermination, est, en puissance, centre de l'être que représente cette étendue où il est situé ; mais il ne l'est qu'en puissance et virtuellement, tant que le centre réel n'est pas effectivement déterminé. Cette détermination implique, pour le centre, une identification à la nature même du point principiel, qui, en soi, n'est à proprement parler nulle part, puisqu'il n'est pas soumis à la condition spatiale, ce qui lui permet d'en contenir toutes les possibilités ; ce qui est partout, au sens spatial, ce ne sont donc que les manifestations de ce point principiel, qui remplissent en effet l'étendue tout entière, mais qui ne sont que de simples modalités, de telle sorte que l'« ubiquité » n'est en somme que le substitut sensible de l'« omniprésence » véritable [2]. De plus, si le centre de l'étendue s'assimile en quelque façon tous les autres points par la vibration qu'il leur communique, ce n'est qu'en tant qu'il les fait participer de la même nature indivisible et inconditionnée qui est devenue la sienne propre, et cette participation, pour autant qu'elle est effective, les soustrait par là même à la condition spatiale.

Il y a lieu, en tout ceci, de tenir compte d'une loi générale élémentaire que nous avons déjà rappelée en diverses occasions et qu'on ne devrait jamais perdre de vue, encore que certains paraissent l'ignorer presque systématiquement : c'est que, entre le fait ou l'objet sensible (ce qui est au fond la même chose) que l'on prend pour symbole et l'idée ou plutôt le principe métaphysique que l'on veut symboliser dans la mesure où il peut l'être, l'analogie est toujours inversée, ce qui est d'ailleurs le cas de la véritable analogie [3]. Ainsi, dans l'espace considéré dans sa réalité actuelle, et non plus comme symbole de l'être, aucun point n'est et ne peut être centre ; tous les points appartiennent également au domaine de la manifestation, par le fait même qu'ils appartiennent à l'espace, qui est une des possibilités dont la réalisation est comprise dans ce domaine, lequel, dans son ensemble, ne constitue rien de plus que la circonférence de la « roue des choses », ou ce que nous pouvons appeler l'extériorité de l'Existence universelle. Parler ici d'« intérieur » et d'« extérieur » est d'ailleurs encore, aussi bien que de parler de centre et de circonférence, un langage symbolique, et même d'un symbolisme spatial ; mais l'impossibilité de se passer de tels symboles ne prouve pas autre chose que cette inévitable imperfection de nos moyens d'expression que nous avons déjà signalée plus haut. Si nous pouvons, jusqu'à un certain point, communiquer nos conceptions à autrui, dans le monde manifesté et formel (puisqu'il s'agit d'un état individuel restreint, hors duquel il ne pourrait d'ailleurs plus être même question d'« autrui » à proprement parler, tout au moins au sens « séparatif » qu'implique ce mot dans le monde humain), ce n'est évidemment qu'à travers des figurations manifestant ces conceptions dans certaines formes, c'est-à-dire par des correspondances et des analogies ; c'est là le principe et la raison d'être de tout symbolisme, et toute expression, quel qu'en soit le mode, n'est en réalité pas autre chose qu'un symbole [4]. Seulement, « gardons-nous bien de confondre la chose (ou l'idée) avec la forme détériorée sous laquelle nous pouvons seulement figurer, et peut-être même la comprendre (en tant qu'individus humains) ; car les pires erreurs métaphysiques (ou plutôt antimétaphysiques) sont issues de l'insuffisante compréhension et de la mauvaise interprétation des symboles. Et rappelons-nous toujours le dieu Janus, qui est représenté avec deux figures, et qui cependant n'en a qu'une, qui n'est ni l'une ni l'autre de celles que nous pouvons toucher ou voir » [5]. Cette image de Janus pourrait s'appliquer très exactement à la distinction de l'« intérieur » et de l'« extérieur », tout aussi bien qu'à la considération du passé et de l'avenir ; et le visage unique, que nul être relatif et contingent ne peut contempler sans être sorti de sa condition bornée, ne saurait être mieux comparé qu'au troisième œil de *Shiva*, qui voit toutes choses dans l'« éternel présent » [6].

Dans ces conditions, et avec les restrictions qui s'imposent d'après ce que nous venons de dire, nous pouvons, et nous devons même, pour conformer notre expression au rapport normal de toutes les analogies (que nous appellerions volontiers, en termes géométriques, un rapport d'homothétie inverse), renverser l'énoncé de la formule de Pascal que nous avons rappelée plus haut. C'est d'ailleurs ce que nous avons trouvé dans un des textes taoïstes que nous avons cités précédemment. « Le point qui est le pivot de la norme est le centre immobile d'une circonférence sur le contour de laquelle roulent toutes les contingences, les distinctions et les individualités [7]. » À première vue, on pourrait presque croire que les deux images sont comparables, mais, en réalité, elles sont exactement inverses l'une et l'autre ; en somme, Pascal s'est laissé entraîner par son imagination de géomètre, qui l'a amené à renverser les véritables rapports, tels qu'on doit les envisager au point de vue métaphysique. C'est le centre qui n'est proprement nulle part, puisque, comme nous l'avons dit, il est essentiellement « non-localisé » ; il ne peut être trouvé en aucun lieu de la manifestation, étant absolument transcendant par rapport à celle-ci, tout en étant intérieur à toutes choses. Il est au-delà de tout ce qui peut être atteint par les sens et par les facultés qui procèdent de l'ordre sensible : « Le Principe ne peut être atteint ni par la vue ni par l'ouïe... Le Principe ne peut pas être entendu ; ce qui s'entend, ce n'est pas Lui. Le Principe ne peut pas être vu ; ce qui se voit, ce n'est pas Lui. Le Principe ne peut pas être énoncé ; ce qui s'énonce, ce n'est pas Lui... Le Principe, ne pouvant pas être imaginé, ne peut pas non plus être décrit [8]. » Tout ce qui peut être vu, entendu, imaginé, énoncé ou décrit, appartient nécessairement à la manifestation, et même à la manifestation formelle ; c'est donc, en réalité, la circonférence qui est partout, puisque tous les lieux de l'espace, ou, plus généralement, toutes les choses manifestées (l'espace n'étant ici qu'un symbole de la manifestation universelle), « toutes les contingences, les distinctions et les individualités », ne sont que des éléments du « courant des formes », des points de la circonférence de la « roue cosmique. Donc, pour résumer ceci en quelques mots, nous pouvons dire que, non seulement dans l'espace, mais dans tout ce qui est manifesté, c'est l'extérieur ou la circonférence qui est partout, tandis que le centre n'est nulle part, puisqu'il est non-manifesté ; mais (et c'est ici que l'expression du « sens inverse » prend toute sa force significative) le manifesté ne serait absolument rien sans ce point essentiel, qui n'est lui-même rien de manifesté, et qui, précisément en raison de sa non-manifestation, contient en principe toutes les manifestations possibles, étant véritablement le « moteur immobile » de toutes choses, l'origine immuable de toute différenciation et de toute modifications. Ce point produit tout l'espace (ainsi que les autres manifestations) en sortant de lui-même en quelque sorte, par le déploiement de ses virtualités en une multitude indéfinie de modalités, desquelles il remplit cet espace tout entier ; mais, quand nous disons qu'il sort de lui-même pour effectuer ce développement, il ne faudrait pas prendre à la lettre cette expression très imparfaite, car ce serait là une grossière erreur. En réalité, le point principiel dont nous parlons, n'étant jamais soumis à l'espace, puisque c'est lui qui l'effectue et que le rapport de dépendance (ou le rapport causal) n'est évidemment pas réversible, demeure « non affecté » par les conditions de ses modalités quelconques, d'où il résulte qu'il ne cesse point d'être identique à lui-même. Quand il a réalisé sa possibilité totale, c'est pour revenir (mais sans que l'idée de « retour » ou de « recommencement » soit cependant aucunement applicable ici) à la « fin qui est identique au commencement », c'est-à-dire à cette Unité première qui contenait tout en principe, Unité qui, étant lui-même (considéré comme le « Soi »), ne peut en aucune façon devenir autre que lui-même (ce qui impliquerait une dualité), et dont, par conséquent, envisagé en lui-même, il n'était point sorti. D'ailleurs, tant qu'il s'agit de l'être en soi, symbolisé par le point, et même de l'Être universel, nous ne pouvons parler que de l'Unité, comme nous venons de le faire ; mais, si nous voulions, en dépassant les bornes de l'Être même, envisager la Perfection absolue, nous devrions passer en même temps, par delà cette Unité, au Zéro métaphysique, qu'aucun symbolisme ne saurait représenter, non plus qu'aucun nom ne saurait le nommer [9].

---

1. Une pluralité d'infinis est évidemment impossible, car ils se limiteraient l'un l'autre, de sorte qu'aucun d'eux ne serait réellement infini ; Pascal, comme beaucoup d'autres, confond l'infini avec l'indéfini, celui-ci étant entendu quantitativement et pris dans les deux sens opposés des grandeurs croissantes et décroissantes.
2. Voir *L'Homme et son devenir selon le Vêdânta*, chap. XXV, 3e éd.
3. On pourra, à ce propos, se reporter à ce que nous avons dit au début sur l'analogie de l'homme individuel et de l'« Homme Universel ».
4. Voir *Introduction générale à l'étude des doctrines hindoues*, 2e partie, chap. VII.
5. Matgioi, *La Voie Métaphysique*, pp. 21-22.
6. Voir *L'Homme et son devenir selon le Vêdânta*, chap. XX, 3e éd., et *Le Roi du Monde*, chap. V.
7. *Tchoang-tseu*, chap. II.
8. *Ibid.*, chap. XXII. — Cf. *L'Homme et son devenir selon le Vêdânta*, chap. XV, 3e éd.
9. Voir *L'Homme et son devenir selon le Vêdânta*, chap. XV, 3e éd.

30
DERNIÈRES REMARQUES SUR LE SYMBOLISME SPATIAL

Dans tout ce qui précède, nous n'avons pas cherché à établir une distinction nette entre les significations respectives des deux termes « espace » et « étendue », et, dans bien des cas, nous les avons même employés à peu près indifféremment l'un pour l'autre ; cette distinction, comme celle du « temps » et de la « durée », peut être d'un grand usage pour certaines subtilités philosophiques, elle peut même avoir quelque valeur réelle au point de vue cosmologique, mais, assurément, la métaphysique pure n'en a que faire [1]. D'ailleurs, d'une façon générale, nous préférons nous abstenir de toutes les complications de langage qui ne seraient pas strictement nécessaires à la clarté et à la précision de notre exposé ; et, suivant une déclaration qui n'est pas de nous, mais que nous pouvons entièrement faire nôtre, « nous répugnons à charger la métaphysique d'une nouvelle terminologie, nous rappelant que les terminologies sont des sujets de discussions, d'erreurs et de discrédit ; ceux qui les créent, pour les besoins apparents de leurs démonstrations, en hérissent incompréhensiblement leurs textes, et s'y attachent avec tant d'amour que souvent ces terminologies, arides et inutiles, finissent par constituer l'unique nouveauté du système proposé » [2].

En dehors de ces raisons générales, s'il nous est arrivé souvent d'appeler espace ce qui, à proprement parler, n'est en réalité qu'une étendue particulière à trois dimensions, c'est que même, dans le plus haut degré d'universalisation, du symbole spatial que nous avons étudié, nous n'avons pas dépassé les limites de cette étendue, prise pour donner une figuration, nécessairement imparfaite comme nous l'avons expliqué, de l'être total. Cependant, si l'on voulait s'astreindre à un langage plus rigoureux, on devrait sans doute n'employer le mot « espace » que pour désigner l'ensemble de toutes les étendues particulières ; ainsi, la possibilité spatiale, dont l'actualisation constitue une des conditions spéciales de certaines modalités de manifestation (telles que notre modalité corporelle, en particulier) dans le degré d'existence auquel appartient l'état humain, contient dans son indéfinité toutes les étendues possibles, dont chacune est elle-même indéfinie à un moindre degré, et qui peuvent différer entre elles par le nombre des dimensions ou par d'autres caractéristiques ; et il est d'ailleurs évident que l'étendue dite « euclidienne », qu'étudie la géométrie ordinaire, n'est qu'un cas particulier de l'étendue à trois dimensions, puisqu'elle n'en est pas la seule modalité concevable [3].

Malgré cela, la possibilité spatiale, même dans toute cette généralité où nous l'envisageons, n'est encore qu'une possibilité déterminée, indéfinie sans doute, et même indéfinie à une puissance multiple, mais néanmoins finie, puisque, comme le montre en particulier la production de la série des nombres à partir de l'unité, l'indéfini procède du fini, ce qui n'est possible qu'à la condition que le fini lui-même contienne en puissance cet indéfini ; et il est bien évident que le « plus » ne peut pas sortir du « moins », ni l'infini du fini. D'ailleurs, s'il en était autrement, la coexistence d'une indéfinité d'autres possibilités, qui ne sont pas comprises dans celle-là [4], et dont chacune est également susceptible d'un développement indéfini, serait impossible ; et cette seule considération, à défaut de toute autre, suffirait pleinement à démontrer l'absurdité de cet « espace infini » dont on a tant abusé [5], car ne peut être vraiment infini que ce qui comprend tout, ce hors de quoi il n'y a absolument rien qui puisse le limiter d'une façon quelconque, c'est-à-dire la Possibilité totale et universelle [6].

Nous arrêtons là le présent exposé, réservant pour une autre étude le surplus des considérations relatives à la théorie métaphysique des états multiples de l'être, que nous envisagerons alors indépendamment du symbolisme géométrique auquel elle donne lieu. Pour rester dans les limites que nous entendons nous imposer pour le moment, nous ajouterons simplement ceci, qui nous servira de conclusion : c'est par la conscience de l'Identité de l'Être, permanente à travers toutes les modifications indéfiniment multiples de l'Existence unique, que se manifeste, au centre même de notre état humain aussi bien que de tous les autres états, cet élément transcendant et informel, donc non-incarné et non-individualisé, qui est appelé le « Rayon Céleste » ; et c'est cette conscience, supérieure par là même à toute faculté de l'ordre formel, donc essentiellement supra-rationnelle, et impliquant l'assentiment de la loi d'harmonie qui relie et unit toutes choses dans l'Univers, c'est, disons-nous, cette conscience qui, pour notre être individuel, mais indépendamment de lui et des conditions auxquelles il est soumis, constitue véritablement la « sensation de l'éternité [7] ».

1. Tandis que l'étude est habituellement considérée comme une particularisation de l'espace, le rapport du temps et de la durée est parfois envisagé dans un sens opposé : selon certaines conceptions, en effet, et notamment celle des philosophes scolastiques, le temps n'est qu'un mode particulier de la durée ; mais ceci, qui est d'ailleurs parfaitement acceptable, se rattache à des considérations qui sont étrangères à notre sujet. Tout ce que nous pouvons dire à cet égard, c'est que le terme « durée » est pris alors pour désigner généralement tout mode de succession, c'est-à-dire en somme toute condition qui, dans d'autres états d'existence, peut correspondre analogiquement à ce qu'est le temps dans l'état humain ; mais l'emploi de ce terme risque peut-être de donner lieu à certaines confusions.
2. Matgioi, *La Voie Métaphysique*, p. 33 (note).
3. La parfaite cohérence logique des diverses géométries « non-euclidiennes » en est une preuve suffisante ; mais, bien entendu, ce n'est pas ici le lieu d'insister sur la signification et la portée de ces géométries, non plus que sur celles de l'« hypergéométrie » ou géométrie à plus de trois dimension.
4. Pour s'en tenir à ce qui est connu de tout le monde, la pensée ordinaire elle-même, telle que l'envisagent les psychologues, est en dehors de l'espace et ne peut s'y situer en aucune façon.
5. Aussi bien, d'ailleurs, que celle du « nombre infini » ; d'une façon générale, le prétendu « infini quantitatif », sous toutes ses formes, n'est et ne peut être purement et simplement que de l'infini ; par là disparaissent toutes les contradictions inhérentes à ce soi-disant infini, et qui embarrassent si fort les mathématiciens et les philosophes.
6. S'il nous est impossible, comme nous l'avons dit plus haut, d'admettre le point de vue étroit du géocentrisme, habituellement lié à l'anthropomorphisme, nous n'approuvons donc pas davantage cette sorte de lyrisme scientifique, ou plutôt pseudo-scientifique, qui paraît surtout cher à certains astronomes, et où il est sans cesse question de l'« espace infini » et du « temps éternel », qui sont, nous le répétons, de pures absurdités, puisque précisément, ne peut être infini et éternel que ce qui est indépendant de l'espace et du temps ; ce n'est encore là, au fond, qu'une des nombreuses tentatives de l'esprit moderne pour limiter la Possibilité universelle à la mesure de ses propres capacités, qui ne dépassent guère les bornes du monde sensible.
7. Il va de soi que le mot « sensation » n'est pas pris ici dans son sens propre, mais qu'il doit être entendu, par transposition analogique, d'une faculté intuitive, qui saisit immédiatement son objet, comme la sensation le fait dans son ordre ; mais il y a là toute la différence qui sépare l'intuition intellectuelle de l'intuition sensible, le supra-rationnel de l'infra-rationnel.

LES ÉTATS MULTIPLES DE L'ÊTRE

1932

AVANT-PROPOS

Dans notre précédente étude sur *Le Symbolisme de la Croix*, nous avons exposé, d'après les données fournies par les différentes doctrines traditionnelles, une représentation géométrique de l'être qui est entièrement basée sur la théorie métaphysique des états multiples. Le présent volume en sera à cet égard comme un complément, car les indications que nous avons données ne suffisent peut-être pas à faire ressortir toute la portée de cette théorie, que l'on doit considérer comme tout à fait fondamentale ; nous avons dû, en effet, nous borner alors à ce qui se rapportait le plus directement au but nettement défini que nous nous proposions. C'est pourquoi, laissant maintenant de côté la représentation symbolique que nous avons décrite, ou du moins ne la rappelant en quelque sorte qu'incidemment quand il y aura lieu de nous y référer, nous consacrerons entièrement ce nouveau travail à un plus ample développement de la théorie dont il s'agit, soit, et tout d'abord, dans son principe même, soit dans certaines de ses applications, en ce qui concerne plus particulièrement l'être envisagé sous son aspect humain.

En ce qui concerne ce dernier point, il n'est peut-être pas inutile de rappeler dès maintenant que le fait de nous arrêter aux considérations de cet ordre n'implique nullement que l'état humain occupe un rang privilégié dans l'ensemble de l'Existence universelle, ou qu'il soit métaphysiquement distingué, par rapport aux autres états, par la possession d'une prérogative quelconque. En réalité, cet état humain n'est qu'un état de manifestation comme tous les autres, et parmi une indéfinité d'autres ; il se situe, dans la hiérarchie des degrés de l'Existence, à la place qui lui est assignée par sa nature même, c'est-à-dire par le caractère limitatif des conditions qui le définissent, et cette place ne lui confère ni supériorité ni infériorité absolue. Si nous devons parfois envisager particulièrement cet état, c'est donc uniquement parce que, étant celui dans lequel nous nous trouvons en fait, il acquiert par là pour nous, mais pour nous seulement, une importance spéciale ; ce n'est là qu'un point de vue tout relatif et contingent, celui des individus que nous sommes dans notre présent mode de manifestation. C'est pourquoi, notamment, quand nous parlons d'états supérieurs et d'états inférieurs, c'est toujours par rapport à l'état humain pris pour terme de comparaison que nous devons opérer cette répartition hiérarchique, puisqu'il n'en est point d'autre qui nous soit directement saisissable en tant qu'individus ; et il ne faut pas oublier que toute expression, étant l'enveloppement dans une forme, s'effectue nécessairement en mode individuel, si bien que, lorsque nous voulons parler de quoi que ce soit, même des vérités d'ordre purement métaphysique, nous ne pouvons le faire qu'en descendant à un tout autre ordre, essentiellement relatif et limité, pour les traduire dans le langage qui est celui des individualités humaines. On comprendra sans peine toutes les précautions et les réserves qu'impose l'inévitable imperfection de ce langage, si manifestement inadéquat à ce qu'il doit exprimer en pareil cas ; il y a là une disproportion évidente, et l'on peut d'ailleurs en dire autant pour toute représentation formelle, quelle qu'elle soit, y compris même les représentations proprement symboliques, pourtant incomparablement moins étroitement bornées que le langage ordinaire, et par conséquent plus aptes à la communication des vérités transcendantes, d'où l'emploi qui en est fait constamment dans tout enseignement possédant un caractère vraiment « initiatique » et traditionnel[1]. C'est pourquoi, comme nous l'avons déjà fait remarquer à maintes reprises, il convient, pour ne point altérer la vérité par une exposition partielle, restrictive ou systématisée, de réserver toujours la part de l'inexprimable, c'est-à-dire de ce qui ne saurait s'enfermer dans aucune forme, et qui, métaphysiquement, est en réalité ce qui importe le plus, nous pouvons même dire tout l'essentiel.

Maintenant, si l'on veut, toujours en ce qui concerne la considération de l'état humain, relier le point de vue individuel au point de vue métaphysique, comme on doit toujours le faire s'il s'agit de « science sacrée », et non pas seulement de savoir « profane », nous dirons ceci : la réalisation de l'être total peut s'accomplir à partir de n'importe quel état pris comme base et comme point de départ, en raison même de l'équivalence de tous les modes d'existence contingents au regard de l'Absolu ; elle peut donc s'accomplir à partir de l'état humain aussi bien que de tout autre, et même, comme nous l'avons déjà dit ailleurs, à partir de toute modalité de cet état, ce qui revient à dire qu'elle est notamment possible pour l'homme corporel et terrestre, quoiqu'en puissent penser les Occidentaux, induits en erreur, quant à l'importance qu'il convient d'attribuer à la « corporéité », par l'extraordinaire insuffisance de leurs conceptions concernant la constitution de l'être humain[2]. Puisque cet état est celui où nous nous trouvons actuellement, c'est de là que nous devons effectivement partir si nous nous proposons d'atteindre à la réalisation métaphysique, à quelque degré que ce soit, et c'est là la raison essentielle pour laquelle ce cas doit être envisagé plus spécialement par nous ; ayant d'ailleurs développé ces considérations précédemment, nous n'y insisterons pas davantage, d'autant plus que notre exposé même permettra de les mieux comprendre encore[3].

D'autre part, pour écarter toute confusion possible, nous devons rappeler dès maintenant que, lorsque nous parlons des états multiples de l'être, il s'agit, non pas d'une simple multiplicité numérique, ou même plus généralement quantitative, mais bien d'une multiplicité d'ordre « transcendantal » ou véritablement universel, applicable à tous les domaines constituant les différents « mondes » ou degrés de l'Existence, considérés séparément ou dans leur ensemble, donc en dehors et au delà du domaine spécial du nombre et même de la quantité sous tous ses modes. En effet, la quantité, et à plus forte raison le nombre qui n'est qu'un des modes, à savoir la quantité discontinue, est seulement une des conditions déterminantes de certains états, parmi lesquels le nôtre ; elle ne saurait donc être transportée à d'autres états, et encore moins être appliquée à l'ensemble des états, qui échappe évidemment à une telle détermination. C'est pourquoi, quand nous parlons à cet égard d'une multitude indéfinie, nous devons toujours avoir bien soin de remarquer que l'indéfinité dont il s'agit dépasse tout nombre, et aussi tout ce à quoi la quantité est plus ou moins directement applicable, comme l'indéfinité spatiale ou temporelle, qui ne relève également que des conditions propres à notre monde[4].

Une autre remarque s'impose encore, au sujet de l'emploi que nous faisons du mot « être » lui-même, qui, en toute rigueur, ne peut plus s'appliquer dans son sens propre quand il s'agit de certains états de non-manifestation dont nous aurons à parler, et qui sont au delà du degré de l'Être pur. Nous sommes cependant obligé, en raison de la constitution même du langage humain, de conserver ce terme même en pareil cas, à défaut d'un autre plus adéquat, mais en ne lui attribuant plus alors qu'une valeur purement analogique et symbolique, sans quoi il nous serait tout à fait impossible de parler d'une façon quelconque de ce dont il s'agit ; et c'est là un exemple très net de ces insuffisances d'expression auxquelles nous faisions allusion tout à l'heure. C'est ainsi que nous pourrons, comme nous l'avons déjà fait ailleurs, continuer à parler de l'être total comme étant en même temps manifesté dans certains de ses états et non manifesté dans d'autres états, sans que cela implique aucunement que, pour ces derniers, nous devions nous arrêter à la considération de ce qui correspond au degré qui est proprement celui de l'Être[5].

Nous rappellerons, à ce propos, que le fait de s'arrêter à l'Être et de ne rien envisager au delà, comme s'il était en quelque sorte le Principe suprême, le plus universel de tous, est un des traits caractéristiques de certaines conceptions occidentales de l'antiquité et du moyen âge, qui, tout en contenant incontestablement une part de métaphysique qui ne se retrouve plus dans les conceptions modernes, demeurent grandement incomplètes sous ce rapport, et aussi en ce qu'elles se présentent comme des théories établies pour elles-mêmes, et non en vue d'une réalisation effective correspondante. Ce n'est pas à dire, assurément, qu'il n'y ait rien eu d'autre alors en Occident ; en cela, nous parlons seulement de ce qui est généralement connu, et dont certains, tout en faisant de louables efforts pour réagir contre la négation moderne, ont tendance à s'exagérer la valeur et la portée, faute de se rendre compte qu'il ne s'agit encore là que de points de vue somme toute assez extérieurs, et que, dans les civilisations où, comme c'est le cas, une sorte de coupure s'est établie entre deux ordres d'enseignement se superposant sans jamais s'opposer, l'« exotérisme » appelle l'« ésotérisme » comme son complément nécessaire.

Lorsque cet « ésotérisme » est méconnu, la civilisation, n'étant plus rattachée directement aux principes supérieurs par aucun lien effectif, ne tarde pas à perdre tout caractère traditionnel, car les éléments de cet ordre qui y subsistent encore sont comparables à un corps que l'esprit aurait abandonné, et, par suite, impuissants désormais à constituer quelque chose de plus qu'une sorte de formalisme vide ; c'est là, très exactement, ce qui est arrivé au monde occidental moderne[6].

Ces quelques explications étant données, nous pensons pouvoir entrer dans notre sujet même sans nous attarder davantage à des préliminaires dont toutes les considérations que nous avons déjà exposées par ailleurs nous permettent de nous dispenser en grande partie. Il ne nous est pas possible, en effet, de revenir indéfiniment sur ce qui a été dit dans nos précédents ouvrages, ce qui ne serait que temps perdu ; et, si en fait certaines répétitions sont inévitables, nous devons nous efforcer de les réduire à ce qui est strictement indispensable à la compréhension de ce que nous nous proposons d'exposer présentement, quitte à renvoyer le lecteur, chaque fois qu'il en sera besoin, à telle ou telle partie de nos autres travaux, où il pourra trouver des indications complémentaires ou de plus amples développements sur les questions que nous sommes amené à envisager de nouveau. Ce qui fait la difficulté principale de l'exposé, c'est que toutes ces questions sont liées en effet plus ou moins étroitement les unes aux autres, et qu'il importe de montrer cette liaison aussi souvent que cela est possible, mais que, d'autre part, il n'importe pas moins d'éviter toute apparence de « systématisation », c'est-à-dire de limitation incompatible avec la nature même de la doctrine métaphysique, qui doit au contraire ouvrir, à qui est capable de la comprendre et de l'« assentir », des possibilités de conception non seulement indéfinies, mais, nous pouvons le dire sans aucun abus de langage, réellement infinies comme la Vérité totale elle-même.

---

1. Nous ferons remarquer incidemment, à ce propos, que le fait que le point de vue philosophique ne fait jamais appel à aucun symbolisme suffirait à lui seul à montrer le caractère exclusivement « profane » et tout extérieur de ce point de vue spécial et du mode de pensée auquel il correspond.
2. Voir *L'Homme et son devenir selon le Védânta*, ch. XXIV.
3. *Le Symbolisme de la Croix*, ch. XXVI à XXVIII.
4. Voir *ibid.*, p. 124.
5. *Ibid.*, pp. 22-23.
6. *Orient et Occident et La Crise du Monde moderne.*

1

L'INFINI ET LA POSSIBILITÉ

Pour bien comprendre la doctrine de la multiplicité des états de l'être, il est nécessaire de remonter, avant toute autre considération, jusqu'à la notion la plus primordiale de toutes, celle de l'Infini métaphysique, envisagé dans ses rapports avec la Possibilité universelle. L'Infini est, suivant la signification étymologique du terme qui le désigne, ce qui n'a pas de limites ; et, pour garder à ce terme son sens propre, il faut en réserver rigoureusement l'emploi à la désignation de ce qui n'a absolument aucune limite, à l'exclusion de tout ce qui est seulement soustrait à certaines limitations particulières, tout en demeurant soumis à d'autres limitations en vertu de sa nature même, à laquelle ces dernières sont essentiellement inhérentes, comme le sont, au point de vue logique qui ne fait en somme que traduire à sa façon le point de vue qu'on peut appeler « ontologique », des éléments intervenant dans la définition même de ce dont il s'agit. Ce dernier cas est notamment, comme nous avons eu déjà l'occasion de l'indiquer à diverses reprises, celui du nombre, de l'espace, du temps, même dans les conceptions les plus générales et les plus étendues qu'il soit possible de s'en former, et qui dépassent de beaucoup les notions qu'on en a ordinairement[1] ; tout cela ne peut jamais être, en réalité, que du domaine de l'indéfini. C'est cet indéfini auquel certains, lorsqu'il est d'ordre quantitatif comme dans les exemples que nous venons de l'appeler, donnent abusivement le nom d'« infini mathématique », comme si l'adjonction d'une épithète ou d'une qualification déterminante au mot « infini » n'impliquait pas par elle-même une contradiction pure et simple[2]. En fait, cet indéfini, procédant du fini dont il n'est qu'une extension ou un développement, et étant par suite toujours réductible au fini, n'a aucune commune mesure avec le véritable Infini, pas plus que l'individualité, humaine ou autre, même avec l'intégralité des prolongements indéfinis dont elle est susceptible, n'en saurait avoir avec l'être total[3]. Cette formation de l'indéfini à partir du fini, dont on a un exemple très net dans la production de la série des nombres, n'est possible en effet qu'à la condition que le fini contienne déjà en puissance cet indéfini et, quand bien même les limites en seraient reculées jusqu'à ce que nous les perdions de vue en quelque sorte, c'est-à-dire jusqu'à ce qu'elles échappent à nos ordinaires moyens de mesure, elles ne sont aucunement supprimées par là ; il est bien évident, en raison de la nature même de la relation causale, que le « plus » ne peut pas sortir du « moins », ni l'Infini du fini.

Il ne peut en être autrement lorsqu'il s'agit, comme dans le cas que nous envisageons, de certains ordres de possibilités particulières, qui sont manifestement limités par la coexistence d'autres ordres de possibilités, donc en vertu de leur nature propre, qui fait que ce sont là telles possibilités déterminées, et non pas toutes les possibilités sans aucune restriction. S'il n'en était pas ainsi, cette coexistence d'une indéfinité d'autres possibilités, qui ne sont pas comprises dans celles-là, et dont chacune est d'ailleurs pareillement susceptible d'un développement indéfini, serait une impossibilité, c'est-à-dire une absurdité au sens logique de ce mot[4]. L'Infini, au contraire, pour être vraiment tel, ne peut admettre aucune restriction, ce qui suppose qu'il est absolument inconditionné et indéterminé, car toute détermination, quelle qu'elle soit, est forcément une limitation, par là même qu'elle laisse quelque chose en dehors d'elle, à savoir toutes les autres déterminations également possibles. La limitation présente d'ailleurs le caractère d'une véritable négation : poser une limite, c'est nier, pour ce qui y est enfermé, tout ce que cette limite exclut ; par suite, la négation d'une limite est proprement la négation d'une négation, c'est-à-dire, logiquement et même mathématiquement, une affirmation, de telle sorte que la négation de toute limite équivaut en réalité à l'affirmation totale et absolue. Ce qui n'a pas de limites, c'est ce dont on ne peut rien nier, donc ce qui contient tout, ce hors de quoi il n'y a rien; et cette idée de l'Infini, qui est ainsi la plus affirmative de toutes, puisqu'elle comprend ou enveloppe toutes les affirmations particulières, quelles qu'elles puissent être, ne s'exprime par un terme de forme négative qu'en raison même de son indétermination absolue. Dans le langage, en effet, toute affirmation directe est forcément une affirmation particulière et déterminée, l'affirmation de quelque chose, tandis que l'affirmation totale et absolue n'est aucune affirmation particulière à l'exclusion des autres, puisqu'elle les implique toutes également ; et il est facile de saisir dès maintenant le rapport très étroit que ceci présente avec la Possibilité universelle, qui comprend de la même façon toutes les possibilités particulières[5].

L'idée de l'Infini, telle que nous venons de la poser ici[6], au point de vue purement métaphysique, n'est aucunement discutable ni contestable, car elle ne peut renfermer en soi aucune contradiction, par là même qu'il n'y a en elle rien de négatif ; elle est de plus nécessaire, au sens logique de ce mot[7], car c'est sa négation qui serait contradictoire[8]. En effet, si l'on envisage le « Tout », au sens universel et absolu, il est évident qu'il ne peut être limité en aucune façon, car il ne pourrait l'être que par quelque chose qui lui serait extérieur, et, s'il y avait quelque chose qui lui fût extérieur, ce ne serait pas le « Tout ». Il importe de remarquer, d'ailleurs, que le « Tout », en ce sens, ne doit aucunement être assimilé à un tout particulier et déterminé, c'est-à-dire à un ensemble composé de parties qui seraient avec lui dans un rapport défini ; il est à proprement parler « sans parties », puisque, ces parties devant être nécessairement relatives et finies, elles ne pourraient avoir avec lui aucune commune mesure, ni par conséquent aucun rapport, ce qui revient à dire qu'elles n'existent pas pour lui[9] ; et ceci suffit à montrer qu'on ne doit chercher à s'en former aucune conception particulière[10].

Ce que nous venons de dire du Tout universel, dans son indétermination la plus absolue, s'y applique encore quand on l'envisage sous le point de vue de la Possibilité ; et à vrai dire ce n'est pas là une détermination, ou du moins c'est le minimum de détermination qui soit requis pour nous le rendre actuellement concevable, et surtout exprimable à quelque degré. Comme nous avons eu l'occasion de l'indiquer ailleurs[11], une limitation de la Possibilité totale est, au sens propre du mot, une impossibilité, puisque, devant comprendre la Possibilité pour la limiter, elle ne pourrait y être comprise, et ce qui est en dehors du possible ne saurait être autre qu'impossible ; mais une impossibilité, n'étant rien qu'une négation pure et simple, un véritable néant, ne peut évidemment limiter quoi que ce soit, d'où il résulte immédiatement que la Possibilité universelle est nécessairement illimitée. Il faut bien prendre garde, d'ailleurs, que ceci n'est naturellement applicable qu'à la Possibilité universelle et totale, qui n'est ainsi que ce que nous pouvons appeler un aspect de l'Infini, dont elle n'est distincte en aucune façon ni dans aucune mesure ; il ne peut rien y avoir qui soit en dehors de l'Infini, puisque cela serait une limitation, et qu'alors il ne serait plus l'Infini. La conception d'une « pluralité d'infinis » est une absurdité, puisqu'ils se limiteraient réciproquement, de sorte que, en réalité, aucun d'eux ne serait infini[12] ; donc, quand nous disons que la Possibilité universelle est infinie ou illimitée, il faut entendre par là qu'elle n'est pas autre chose que l'Infini même, envisagé sous un certain aspect, dans la mesure où il est permis de dire qu'il y a des aspects de l'Infini. Puisque l'Infini est véritablement « sans parties », il ne saurait, en toute rigueur, être question non plus d'une multiplicité d'aspects existant réellement et « distinctivement » en lui ; c'est nous qui, à vrai dire, concevons l'Infini sous tel ou tel aspect, parce qu'il ne nous est pas possible de faire autrement, et, même si notre conception n'était pas essentiellement limitée, comme elle l'est tant que nous sommes dans un état individuel, elle devrait forcément se limiter pour devenir exprimable, puisqu'il lui faut pour cela se revêtir d'une forme déterminée. Seulement, ce qui importe, c'est que nous comprenions bien d'où vient la limitation et à quoi elle tient, afin de ne l'attribuer qu'à notre propre imperfection, ou plutôt à celle des instruments intérieurs et extérieurs dont nous disposons actuellement en tant qu'êtres individuels, ne possédant effectivement comme tels qu'une existence définie et conditionnée, et de ne pas transporter cette imperfection, purement contingente et transitoire comme les conditions auxquelles elle se réfère et dont elle résulte, dans le domaine illimité de la Possibilité universelle elle-même.

Ajoutons encore une dernière remarque : si l'on parle corrélativement de l'Infini et de la Possibilité, ce n'est pas pour établir entre ces deux termes une distinction qui ne saurait exister réellement ; c'est que l'Infini est alors envisagé plus spécialement sous son aspect actif, tandis que la Possibilité est son aspect passif[13] ; mais, qu'il soit regardé par nous comme actif ou comme passif, c'est toujours l'Infini, qui ne saurait être affecté par ces points de vue contingents, et les déterminations, quel que soit le principe par lequel on les effectue, n'existent ici que par rapport à notre conception. C'est donc là, en somme, la même chose que ce que nous avons appelé ailleurs, suivant la terminologie de la doctrine extrême-orientale, la « perfection active » (*Khien*) et la « perfection passive » (*Khouen*), la Perfection, au sens absolu, étant identique à l'Infini entendu dans toute son indétermination ; et, comme nous l'avons dit alors, c'est l'analogue, mais à un autre degré et à un point de vue bien plus universel, de ce que sont, dans l'Être, l'« essence » et la « substance »[14]. Il doit être bien compris, dès maintenant, que l'Être n'enferme pas toute la Possibilité, et, que, par conséquent, il ne peut aucunement être identifié à l'Infini ; c'est pourquoi nous disons que le point de vue auquel nous nous plaçons ici est beaucoup plus universel que celui où nous n'avons à envisager que l'Être ; ceci est seulement indiqué pour éviter toute confusion, car nous aurons, dans la suite, l'occasion de nous en expliquer plus amplement.

---

1. Il faut avoir bien soin de remarquer que nous disons « générales » et non pas « universelles », car il ne s'agit ici que des conditions spéciales de certains états d'existence, et rien de plus ; cela seul doit suffire à faire comprendre qu'il ne saurait être question d'infinité en pareil cas, ces conditions étant évidemment limitées comme les états mêmes auxquels elles s'appliquent et qu'elles concourent à définir.
2. S'il nous arrive parfois de dire « Infini métaphysique », précisément pour marquer d'une façon plus explicite qu'il ne s'agit aucunement du prétendu « infini mathématique » ou d'autres « contrefaçons de l'Infini », s'il est permis d'ainsi parler, une telle expression ne tombe nullement sous l'objection que nous formulons ici, parce que l'ordre métaphysique est réellement illimité, de sorte qu'il n'y a là aucune détermination, mais au contraire l'af-

firmation de ce qui dépasse toute détermination, tandis que qui dit « mathématique » restreint par là même la conception à un domaine spécial et borné, celui de la quantité.
3. Voir *Le Symbolisme de la Croix*, ch. XXVI et XXX.
4. L'absurde, au sens logique et mathématique, est ce qui implique contradiction ; il se confond donc avec l'impossible, car c'est l'absence de contradiction interne qui, logiquement aussi bien qu'ontologiquement, définit la possibilité.
5. Sur l'emploi des termes de forme négative, mais dont la signification réelle est essentiellement affirmative, voir *Introduction générale à l'étude des doctrines hindoues*, pp. 140-144, et *L'Homme et son devenir selon le Vêdânta*, ch. XVI.
6. Nous ne disons pas de la définir, car il serait évidemment contradictoire de prétendre donner une définition de l'Infini ; et nous avons montré ailleurs que le point de vue métaphysique lui-même, en raison de son caractère universel et illimité, n'est pas davantage susceptible d'être défini (*Introduction générale à l'étude des doctrines hindoues*, 2ème partie, ch. V).
7. Il faut distinguer cette nécessité logique, qui est l'impossibilité qu'une chose ne soit pas ou qu'elle soit autrement qu'elle est, et cela indépendamment de toute condition particulière, de la nécessité dite « physique », ou nécessité de fait, qui est simplement l'impossibilité pour les choses ou les êtres de ne pas se conformer aux lois du monde auquel ils appartiennent, et qui, par conséquent, est subordonnée aux conditions par lesquelles ce monde est défini et ne vaut qu'à l'intérieur de ce domaine spécial.
8. Certains philosophes, ayant argumenté très justement contre le prétendu « infini mathématique », et ayant montré toutes les contradictions qu'implique cette idée (contradictions qui disparaissent d'ailleurs dès qu'on se rend compte que ce n'est là que de l'indéfini), croient avoir prouvé par là même, et en même temps, l'impossibilité de l'Infini métaphysique ; tout ce qu'ils prouvent en réalité, par cette confusion, c'est qu'ils ignorent complètement ce dont il s'agit dans ce dernier cas.
9. En d'autres termes, le fini, même s'il est susceptible d'extension indéfinie, est toujours rigoureusement nul au regard de l'Infini ; par suite, aucune chose ou aucun être ne peut être considéré comme une « partie de l'Infini », ce qui est une des conceptions erronées appartenant en propre au « panthéisme », car l'emploi même du mot « partie » suppose l'existence d'un rapport défini avec le tout.
10. Ce qu'il faut éviter surtout, c'est de concevoir le Tout universel à la façon d'une somme arithmétique, obtenue par l'addition de ses parties prises une à une et successivement. D'ailleurs, même quand il s'agit d'un tout particulier, il y a deux cas à distinguer : un tout véritable est logiquement antérieur à ses parties et en est indépendant ; un tout conçu comme logiquement postérieur à ses parties, dont il n'est que la somme, ne constitue en réalité que ce que les philosophes scolastiques appelaient un *ens rationis*, dont l'existence, en tant que « tout », est subordonnée à la condition d'être effectivement pensé comme tel ; le premier a en lui-même un principe d'unité réelle, supérieur à la multiplicité de ses parties, tandis que le second n'a d'autre unité que celle que nous lui attribuons par la pensée.
11. *Le Symbolisme de la Croix*, p. 126.
12. Voir *ibid.*, p. 203.
13. C'est *Brahma* et sa *Shakti* dans la doctrine hindoue (voir *L'Homme et son devenir selon le Vêdânta*, pp. 72 et 107-109).
14. Voir *Le Symbolisme de la Croix*, pp. 156-167.

2

POSSIBLES ET COMPOSSIBLES

La Possibilité universelle, avons-nous dit, est illimitée, et ne peut pas être autre qu'illimitée ; vouloir la concevoir autrement, c'est donc, en réalité, se condamner à ne pas la concevoir du tout. C'est ce qui fait que tous les systèmes philosophiques de l'Occident moderne sont également impuissants du point de vue métaphysique, c'est-à-dire universel, et cela précisément en tant que systèmes, ainsi que nous l'avons déjà fait remarquer occasionnellement à diverses reprises ; ils ne sont en effet, comme tels, que des conceptions restreintes et fermées, qui peuvent, par quelques-uns de leurs éléments, avoir une certaine valeur dans un domaine relatif, mais qui deviennent dangereuses et fausses dès que, prises dans leur ensemble, elles prétendent à quelque chose de plus et veulent se faire passer pour une expression de la réalité totale. Sans doute, il est toujours légitime d'envisager spécialement, si on le juge à propos, certains ordres de possibilités à l'exclusion des autres, et c'est là, en somme, ce que fait nécessairement une science quelconque; mais ce qui ne l'est pas, c'est d'affirmer que ce soit là toute la Possibilité et de nier tout ce qui dépasse la mesure de sa propre compréhension individuelle, plus ou moins étroitement bornée[1]. C'est pourtant là, à un degré ou à un autre, le caractère essentiel de cette forme systématique qui paraît inhérente à toute la philosophie occidentale moderne ; et c'est une des raisons pour lesquelles la pensée philosophique, au sens ordinaire du mot, n'a et ne peut avoir rien de commun avec les doctrines d'ordre purement métaphysique[2].

Parmi les philosophes qui, en raison de cette tendance systématique et véritablement « antimétaphysique », se sont efforcés de limiter d'une façon ou d'une autre la Possibilité universelle, certains, comme Leibnitz (qui est pourtant un de ceux dont les vues sont les moins étroites sous bien des rapports), ont voulu faire usage à cet égard de la distinction des « possibles » et des « compossibles » ; mais il n'est que trop évident que cette distinction, dans la mesure où elle est valablement applicable, ne peut aucunement servir à cette fin illusoire. En effet, les compossibles ne sont pas autre chose que des possibles compatibles entre eux, c'est-à-dire dont la réunion dans un même ensemble complexe n'introduit à l'intérieur de celui-ci aucune contradiction ; par suite, la « compossibilité » est toujours essentiellement relative à l'ensemble dont il s'agit. Il est bien entendu, d'ailleurs, que cet ensemble peut être, soit celui des caractères qui constituent toutes les attributions d'un objet particulier, ou d'un être individuel, soit quelque chose de beaucoup plus général et plus étendu, l'ensemble de toutes les possibilités soumises à certaines conditions communes et formant par là même un certain ordre défini, un des domaines compris dans l'Existence universelle ; mais, dans tous les cas, il faut qu'il s'agisse d'un ensemble qui soit toujours déterminé, sans quoi la distinction ne s'appliquerait plus. Ainsi, pour prendre d'abord un exemple d'ordre particulier et extrêmement simple, un « carré rond » est une impossibilité, parce que la réunion des deux possibles « carré » et « rond » dans une même figure implique contradiction ; mais ces deux possibles n'en sont pas moins également réalisables, et au même titre, car l'existence d'une figure carrée n'empêche évidemment pas l'existence simultanée, à côté d'elle et dans le même espace, d'une figure ronde, non plus que de toute autre figure géométriquement concevable[3] Cela paraît même trop évident pour qu'il soit utile d'y insister davantage ; mais un tel exemple, en raison de sa simplicité même, a l'avantage d'aider à comprendre, par analogie, ce qui se rapporte à des cas apparemment plus complexes, comme celui dont nous allons parler maintenant.

Si, au lieu d'un objet ou d'un être particulier, on considère ce que nous pouvons appeler un monde, suivant le sens que nous avons déjà donné à ce mot, c'est-à-dire tout le domaine formé par un certain ensemble de compossibles qui se réalisent dans la manifestation, ces compossibles devront être tous les possibles qui satisfont à certaines conditions, lesquelles caractériseront et définiront précisément le monde dont il s'agit, constituant un des degrés de l'Existence universelle. Les autres possibles, qui ne sont pas déterminés par les mêmes conditions, et qui, par suite, ne peuvent pas faire partie du même monde, n'en sont évidemment pas moins réalisables pour cela, mais, bien entendu, chacun selon le mode qui convient à sa nature. En d'autres termes, tout possible a son existence propre comme tel[4], et les possibles dont la nature implique une réalisation, au sens où on l'entend ordinairement, c'est-à-dire une existence dans un mode quelconque de manifestation[5], ne peuvent pas perdre ce caractère qui leur est essentiellement inhérent et devenir irréalisables par le fait que d'autres possibles sont actuellement réalisés. On peut encore dire que toute possibilité qui est une possibilité de manifestation doit nécessairement se manifester par là même, et que, inversement, toute possibilité qui ne doit pas se manifester est une possibilité de non-manifestation ; sous cette forme, il semble bien que ce ne soit là qu'une affaire de simple définition, et pourtant l'affirmation précédente ne comportait rien d'autre que cette vérité axiomatique, qui n'est nullement discutable. Si l'on demandait cependant pourquoi toute possibilité ne doit pas se manifester, c'est-à-dire pourquoi il y a à la fois des possibilités de manifestation et des possibilités de non-manifestation, il suffirait de répondre que le domaine de la manifestation, étant limité par là même qu'il est un ensemble de mondes ou d'états conditionnés (d'ailleurs en multitude indéfinie), ne saurait épuiser la Possibilité universelle dans sa totalité ; il laisse en dehors de lui tout l'inconditionné, c'est-à-dire précisément ce qui, métaphysiquement, importe le plus. Quant à se demander pourquoi telle possibilité ne doit pas se manifester aussi bien que telle autre, cela reviendrait simplement à se demander pourquoi elle est ce qu'elle est et non ce qu'est une autre ; c'est donc exactement comme si l'on se demandait pourquoi tel être est lui-même et non un autre être, ce qui serait assurément une question dépourvue de sens. Ce qu'il faut bien comprendre, à cet égard, c'est qu'une possibilité de manifestation n'a, comme telle, aucune supériorité sur une possibilité de non-manifestation ; elle n'est pas l'objet d'une sorte de « choix » ou de « préférence »[6], elle est seulement d'une autre nature.

Si maintenant on veut objecter, au sujet des compossibles, que, suivant l'expression de Leibnitz, « il n'y a qu'un monde », il arrive de deux choses l'une : ou cette affirmation est une pure tautologie, ou elle n'a aucun sens. En effet, si par « monde » on entend ici l'Univers total, ou même, en se bornant aux possibilités de manifestation, le domaine entier de toutes ces possibilités, c'est-à-dire l'Existence universelle, la chose qu'on énonce est trop évidente, encore que la façon dont on l'exprime soit peut-être impropre; mais, si l'on n'entend par ce mot qu'un certain ensemble de compossibles, comme on le fait le plus ordinairement, et comme nous venons de le faire nous-même, il est aussi absurde de dire que son existence empêche la coexistence d'autres mondes qu'il le serait, pour reprendre notre précédent exemple, de dire que l'existence d'une figure ronde empêche la coexistence d'une figure carrée, ou triangulaire, ou de toute autre sorte. Tout ce qu'on peut dire, c'est que, comme les caractères d'un objet déterminé excluent de cet objet la présence d'autres caractères avec lesquels ils seraient en contradiction, les conditions par lesquelles se définit un monde déterminé excluent de ce monde les possibles dont la nature n'implique pas une réalisation soumise à ces mêmes conditions ; ces possibles sont ainsi en dehors des limites du monde considéré, mais ils ne sont pas pour cela exclus de la Possibilité, puisqu'il s'agit de possibles par hypothèse, ni même, dans des cas plus restreints, de l'Existence au sens propre du terme, c'est-à-dire entendue comme comprenant tout le domaine de la manifestation universelle. Il y a dans l'Univers des modes d'existence multiples, et chaque possible a celui qui convient à sa propre nature ; quant à parler, comme on l'a fait parfois, et précisément en se référant à la conception de Leibnitz (tout en s'écartant sans doute de sa pensée dans une assez large mesure), d'une sorte de « lutte pour l'existence » entre les possibles, c'est là une conception qui n'a assurément rien de métaphysique, et cet essai de transposition de ce qui n'est qu'une simple hypothèse biologique (en connexion avec les modernes théories « évolutionnistes ») est même tout à fait inintelligible.

La distinction du possible et du réel, sur laquelle maints philosophes ont tant insisté, n'a donc aucune valeur métaphysique : tout possible est réel à sa façon, et suivant le mode que comporte sa nature[7] ; autrement, il y aurait des possibles qui ne seraient rien, et dire qu'un possible n'est rien est une contradiction pure et simple ; c'est l'impossible, et l'impossible seul, qui est, comme nous l'avons déjà dit, un pur néant. Nier qu'il y ait des possibilités de non-manifestation, c'est vouloir limiter la Possibilité universelle ; d'autre part, nier que, parmi les possibilités de manifestation, il y en ait de différents ordres, c'est vouloir la limiter plus étroitement encore.

Avant d'aller plus loin, nous ferons remarquer que, au lieu de considérer l'ensemble des conditions qui déterminent un monde, comme nous l'avons fait dans ce qui précède, on pourrait aussi, au même point de vue, considérer isolément une de ces condition : par exemple, parmi les conditions du monde corporel, l'espace, envisagé comme le contenant des possibilités spatiales[8]. Il est bien évident que, par définition même, il n'y a que les possibilités spatiales qui puissent se réaliser dans l'espace, mais il est non moins évident que cela n'empêche pas les possibilités non-spatiales de se réaliser également (et ici, en nous bornant à la considération des possibilités de manifestation, « se réaliser » doit être pris comme synonyme de « se manifester »), en dehors de cette condition particulière d'existence qu'est l'espace. Pourtant, si l'espace était infini comme certains le prétendent, il n'y aurait de place dans l'Univers pour aucune possibilité non-spatiale, et, logiquement, la pensée elle-même, pour prendre l'exemple le plus ordinaire et le plus connu de tous, ne pourrait alors être admise à l'existence qu'à la condition d'être conçue comme étendue, conception dont la psychologie « profane » elle-même reconnaît la fausseté sans aucune hésitation ; mais, bien loin d'être infini, l'espace n'est qu'un des modes possibles de la manifestation, qui elle-même n'est nullement infinie, même dans l'intégralité de son extension, avec l'indéfinité des modes qu'elle comporte, et dont chacun est lui-même indéfini[9]. Des remarques similaires s'appliqueraient de même à n'importe quelle autre condition spéciale d'existence ; et ce qui est vrai pour chacune de ces conditions prise à part l'est encore pour l'ensemble de plusieurs d'entre elles, dont la réunion ou la combinaison détermine un monde. Il va de soi, d'ailleurs, qu'il faut que les différentes conditions ainsi réunies soient compatibles entre elles, et leur compatibilité entraîne évidemment celle des possibles qu'elles comprennent respectivement, avec cette restriction que les possibles qui sont soumis à l'ensemble des conditions considérées peuvent ne constituer qu'une partie de ceux qui sont compris dans chacune des mêmes conditions envisagée isolément des autres, d'où il résulte que ces conditions, dans leur intégralité, comporteront, outre leur partie commune, des prolongements en divers sens, appartenant encore au même degré de l'Existence universelle. Ces prolongements, d'extension indéfinie, correspondent, dans l'ordre général et cosmique, à ce que sont, pour un être particulier, ceux d'un de ses états, par exemple d'un état individuel considéré intégralement, au delà d'une certaine modalité définie de ce même état, telle que la modalité corporelle dans notre individualité humaine[10].

---

1. Il est à remarquer en effet que tout système philosophique se présente comme étant essentiellement l'œuvre d'un individu, contrairement à ce qui a lieu pour les doctrines traditionnelles, au regard desquelles les individualités ne comptent pour rien.
2. Voir *Introduction générale à l'étude des doctrines hindoues*, 2ème partie, ch. VIII ; *L'Homme et son devenir selon le Védânta*, ch. Ier ; *Le Symbolisme de la Croix*, ch. Ier et XV.
3. De même, pour prendre un exemple d'ordre plus étendu, les diverses géométries euclidienne et non-euclidiennes ne peuvent évidemment s'appliquer à un même espace ; mais cela ne saurait empêcher les différentes modalités d'espace auxquelles elles correspondent de coexister dans l'intégralité de la possibilité spatiale, où chacune d'elles doit se réaliser à sa façon, suivant ce que nous allons expliquer sur l'identité effective du possible et du réel.
4. Il doit être bien entendu que nous ne prenons pas ici le mot « existence » dans son sens rigoureux et conforme à sa dérivation étymologique, sens qui ne s'applique strictement qu'à l'être conditionné et contingent, c'est-à-dire en somme à la manifestation ; nous n'employons ce mot, comme nous le faisons aussi parfois pour celui d'« être » lui-même, ainsi que nous l'avons dit dès le début, que d'une façon purement analogique et symbolique, parce qu'il nous aide dans une certaine mesure à faire comprendre ce dont il s'agit, bien que, en réalité, il lui soit extrêmement inadéquat (voir *Le Symbolisme de la Croix*, ch. Ier et II).
5. C'est alors l'« existence » au sens propre et rigoureux du mot.
6. Une telle idée est métaphysiquement injustifiable, et elle ne peut provenir que d'une intrusion du point de vue « moral » dans un domaine où il n'a que faire ; aussi le « principe du meilleur », auquel Leibnitz fait appel en cette occasion, est-il proprement antimétaphysique, ainsi que nous l'avons déjà fait remarquer incidemment ailleurs (*Le Symbolisme de la Croix*, p. 35).
7. Ce que nous voulons dire par là, c'est qu'il n'y a pas lieu, métaphysiquement, d'envisager le réel comme constituant un ordre différent de celui du possible ; mais il faut bien se rendre compte, d'ailleurs, que ce mot « réel » est par lui-même assez vague, sinon équivoque, tout au moins dans l'usage qui en est fait dans le langage ordinaire et même par la plupart des philosophes ; nous n'avons été amené à l'employer ici que parce qu'il était nécessaire d'écarter la distinction vulgaire du possible et du réel ; nous arriverons cependant, par la suite, à lui donner une signification beaucoup plus précise.

8. Il est important de noter que la condition spatiale ne suffit pas, à elle seule, à définir un corps comme tel ; tout corps est nécessairement étendu, c'est-à-dire soumis à l'espace (d'où résulte notamment sa divisibilité indéfinie, entraînant l'absurdité de la conception atomiste), mais, contrairement à ce qu'ont prétendu Descartes et d'autres partisans d'une physique « mécaniste », l'étendue ne constitue nullement toute la nature ou l'essence des corps.
9. Voir *Le Symbolisme de la Croix*, ch. XXX.
10. Voir *ibid.*, ch. XX ; cf. *L'Homme et son devenir selon le Vêdânta*, pp. 42-44, et aussi ch. XIII et XIV.

3

L'ÊTRE ET LE NON-ÊTRE

Dans ce qui précède, nous avons indiqué la distinction des possibilités de manifestation et des possibilités de non-manifestation, les unes et les autres étant également comprises, et au même titre, dans la Possibilité totale. Cette distinction s'impose à nous avant toute autre distinction plus particulière, comme celle des différents modes de la manifestation universelle, c'est-à-dire des différents ordres de possibilités qu'elle comporte, réparties selon les conditions spéciales auxquelles elles sont respectivement soumises, et constituant la multitude indéfinie des mondes ou des degrés de l'Existence.

Cela posé, si l'on définit l'Être, au sens universel, comme le principe de la manifestation, et en même temps comme comprenant, par là même, l'ensemble de toutes les possibilités de manifestation, nous devons dire que l'Être n'est pas infini, puisqu'il ne coïncide pas avec la Possibilité totale ; et cela d'autant plus que l'Être, en tant que principe de la manifestation, comprend bien en effet toutes les possibilités de manifestation, mais seulement en tant qu'elles se manifestent. En dehors de l'Être, il y a donc tout le reste, c'est-à-dire toutes les possibilités de non-manifestation, avec les possibilités de manifestation elles-mêmes en tant qu'elles sont à l'état non-manifesté ; et l'Être lui-même s'y trouve inclus, car, ne pouvant appartenir à la manifestation, puisqu'il en est le principe, il est lui-même non manifesté. Pour désigner ce qui est ainsi en dehors et au delà de l'Être, nous sommes obligé, à défaut de tout autre terme, de l'appeler le Non-Être ; et cette expression négative, qui, pour nous, n'est à aucun degré synonyme de « néant » comme elle paraît l'être dans le langage de certains philosophes, outre qu'elle est directement inspirée de la terminologie de la doctrine métaphysique extrême-orientale, est suffisamment justifiée par la nécessité d'employer une dénomination quelconque pour pouvoir en parler, jointe à la remarque, déjà faite par nous plus haut, que les idées les plus universelles, étant les plus indéterminées, ne peuvent s'exprimer, dans la mesure où elles sont exprimables, que par des termes qui sont en effet de forme négative, ainsi que nous l'avons vu en ce qui concerne l'Infini. On peut dire aussi que le Non-Être, dans le sens que nous venons d'indiquer, est plus que l'Être, ou, si l'on veut, qu'il est supérieur à l'Être, si l'on entend par là que ce qu'il comprend est au delà de l'extension de l'Être, et qu'il contient en principe l'Être lui-même. Seulement, dès lors qu'on oppose le Non-Être à l'Être, ou même qu'on les distingue simplement, c'est que ni l'un ni l'autre n'est infini, puisque, à ce point de vue, ils se limitent l'un l'autre en quelque façon ; l'infinité n'appartient qu'à l'ensemble de l'Être et du Non-Être, puisque cet ensemble est identique à la Possibilité universelle.

Nous pouvons encore exprimer les choses de cette façon : la Possibilité universelle contient nécessairement la totalité des possibilités, et on peut dire que l'Être et le Non-Être sont ses deux aspects : l'Être, en tant qu'elle manifeste les possibilités (ou plus exactement certaines d'entre elles) ; le Non-Être, en tant qu'elle ne les manifeste pas. L'Être contient donc tout le manifesté ; le Non-Être contient tout le non-manifesté, y compris l'Être lui-même ; mais la Possibilité universelle comprend à la fois l'Être et le Non-Être. Ajoutons que le non-manifesté comprend ce que nous pouvons appeler le non-manifestable, c'est-à-dire les possibilités de non-manifestation, et le manifestable, c'est-à-dire les possibilités de manifestation en tant qu'elles ne se manifestent pas, la manifestation ne comprenant évidemment que l'ensemble de ces mêmes possibilités en tant qu'elles se manifestent[1].

En ce qui concerne les rapports de l'Être et du Non-Être, il est essentiel de remarquer que l'état de manifestation est toujours transitoire et conditionné, et que, même pour les possibilités qui comportent la manifestation, l'état de non-manifestation est seul absolument permanent et inconditionné[2]. Ajoutons à ce propos que rien de ce qui est manifesté ne peut « se perdre », suivant une expression assez fréquemment employée, autrement que par le passage dans le non-manifesté ; et, bien entendu, ce passage même (qui, lorsqu'il s'agit de la manifestation individuelle, est proprement la « transformation » au sens étymologique de ce mot, c'est-à-dire le passage au delà de la forme) ne constitue une « perte » que du point de vue spécial de la manifestation, puisque, dans l'état de non-manifestation, toutes choses, au contraire, subsistent éternellement en principe, indépendamment de toutes les conditions particulières et limitatives qui caractérisent tel ou tel mode de l'existence manifestée. Seulement, pour pouvoir dire justement que « rien ne se perd », même avec la restriction concernant le non-manifesté, il faut envisager tout l'ensemble de la manifestation universelle, et non pas simplement tel ou tel de ses états à l'exclusion des autres, car, en raison de la continuité de tous ces états entre eux, il peut toujours y avoir un passage de l'un à l'autre, sans que ce passage continuel, qui n'est qu'un changement de mode (impliquant un changement correspondant dans les conditions d'existence), nous fasse aucunement sortir du domaine de la manifestation[3].

Quant aux possibilités de non-manifestation, elles appartiennent essentiellement au Non-Être, et, par leur nature-même, elles ne peuvent pas entrer dans le domaine de l'Être, contrairement à ce qui a lieu pour les possibilités de manifestation ; mais, comme nous l'avons dit plus haut, cela n'implique aucune supériorité des unes sur les autres, puisque les unes et les autres ont seulement des modes de réalité différents et conformes à leurs natures respectives ; et la distinction même de l'Être et du Non-Être est, somme toute, purement contingente, puisqu'elle ne peut être faite que du point de vue de la manifestation, qui est lui-même essentiellement contingent. Ceci, d'ailleurs, ne diminue en rien l'importance que cette distinction a pour nous, étant donné que, dans notre état actuel, il ne nous est pas possible de nous placer effectivement à un point de vue autre que celui-là, qui est le nôtre en tant que nous appartenons nous-mêmes, comme êtres conditionnés et individuels, au domaine de la manifestation, et que nous ne pouvons dépasser qu'en nous affranchissant entièrement, par la réalisation métaphysique, des conditions limitatives de l'existence individuelle.

Comme exemple d'une possibilité de non-manifestation, nous pouvons citer le vide, car une telle possibilité est concevable, au moins négativement, c'est-à-dire par l'exclusion de certaines déterminations : le vide implique l'exclusion, non seulement de tout attribut corporel ou matériel, non seulement même, d'une façon plus générale, de toute qualité formelle, mais encore de tout ce qui se rapporte à un mode quelconque de la manifestation. C'est donc un non-sens de prétendre qu'il peut y avoir du vide dans ce que comprend la manifestation universelle, sous quelque état que ce soit[4], puisque le vide appartient essentiellement au domaine de la non-manifestation ; il n'est pas possible de donner à ce terme une autre acception intelligible. Nous devons, à ce sujet, nous borner à cette simple indication, car nous ne pouvons pas traiter ici la question du vide avec tous les développements qu'elle comporterait, et qui s'écarteraient trop de notre sujet; comme c'est surtout à propos de l'espace qu'elle conduit parfois à de graves confusions[5], les considérations qui s'y rapportent trouveront mieux leur place dans l'étude que nous nous proposons de consacrer spécialement aux conditions de l'existence corporelle[6]. Au point de vue où nous nous plaçons présentement, nous devons simplement ajouter que le vide, quelle que soit la façon dont on l'envisage, n'est pas le Non-Être, mais seulement ce que nous pouvons appeler un de ses aspects, c'est-à-dire une des possibilités qu'il renferme et qui sont autres que les possibilités comprises dans l'Être, donc en dehors de celui-ci, même envisagé dans sa totalité, ce qui montre bien encore que l'Être n'est pas infini. D'ailleurs, quand nous disons qu'une telle possibilité constitue un aspect du Non-Être, il faut faire attention qu'elle ne peut être conçue en mode distinctif, ce mode s'appliquant exclusivement à la manifestation ; et ceci explique pourquoi, même si nous pouvons concevoir effectivement cette possibilité qu'est le vide, ou toute autre du même ordre, nous ne pouvons jamais en donner qu'une expression toute négative : cette remarque, tout à fait générale pour tout ce qui se rapporte au Non-Être, justifie encore l'emploi que nous faisons de ce terme[7].

Des considérations semblables pourraient donc s'appliquer à toute autre possibilité de non-manifestation ; nous pourrions prendre un autre exemple, comme le silence, mais l'application serait trop facile à faire pour qu'il soit utile d'y insister. Nous nous bornerons donc, à ce propos, à faire observer ceci : comme le Non-Être, ou le non-manifesté, comprend ou enveloppe l'Être, ou le principe de la manifestation, le silence comporte en lui-même le principe de la parole ; en d'autres termes, de même que l'Unité (l'Être) n'est que le Zéro métaphysique (le Non-Être) affirmé, la parole n'est que le silence exprimé ; mais, inversement, le Zéro métaphysique, tout en étant l'Unité non-affirmée, est aussi quelque chose de plus (et même infiniment plus), et de même le silence, qui en est un aspect au sens que nous venons de préciser, n'est pas simplement la parole non-exprimée, car il faut y laisser subsister en outre ce qui est inexprimable, c'est-à-dire non susceptible de manifestation (car qui dit expression dit manifestation, et même manifestation formelle), donc de détermination en mode distinctif[8]. Le rapport ainsi établi entre le silence (non-manifesté) et la parole (manifestée) montre comment il est possible de concevoir des possibilités de non-manifestation qui correspondent, par transposition analogique, à certaines possibilités de manifestation[9], sans prétendre d'ailleurs en aucune façon, ici encore, introduire dans le Non-Être une distinction effective qui ne saurait s'y trouver, puisque l'existence en mode distinctif (qui est l'existence au sens propre du mot) est essentiellement inhérente aux conditions de la manifestation (mode distinctif n'étant d'ailleurs pas ici, dans tous les cas, forcément synonyme de mode individuel, ce dernier impliquant spécialement la distinction formelle)[10].

---

1. Cf. L'Homme et son devenir selon le Vêdânta, ch. XVI.
2. Il doit être bien entendu que, quand nous disons « transitoire », nous n'avons pas en vue exclusivement, ni même principalement, la succession temporelle, car celle-ci ne s'applique qu'à un mode spécial de la manifestation.

3. Sur la continuité des états de l'être, voir *Le Symbolisme de la Croix*, ch. XV et XIX. — Ce qui vient d'être dit doit montrer que les prétendus principes de la « conservation de la matière » et de la « conservation de l'énergie », quelle que soit la forme sous laquelle on les exprime, ne sont en réalité que de simples lois physiques tout à fait relatives et approximatives, et qui, à l'intérieur même du domaine spécial auquel elles s'appliquent, ne peuvent être vraies que sous certaines conditions restrictives, conditions qui subsisteraient encore, *mutatis mutandis*, si l'on voulait étendre de telles lois, en en transposant convenablement les termes, à tout le domaine de la manifestation. Les physiciens sont d'ailleurs obligés de reconnaître qu'il ne s'agit en quelque sorte que de « cas-limites », en ce sens que de telles lois ne seraient rigoureusement applicables qu'à ce qu'ils appellent des « systèmes clos », c'est-à-dire à quelque chose qui, en fait, n'existe pas et ne peut pas exister, car il est impossible de réaliser et même de concevoir, à l'intérieur de la manifestation, un ensemble qui soit complètement isolé de tout le reste, sans communication ni échange d'aucune sorte avec ce qui est en dehors de lui ; une telle solution de continuité serait une véritable lacune dans la manifestation, cet ensemble étant par rapport au reste comme s'il n'était pas.
4. C'est là ce que prétendent notamment les atomistes (voir *L'Homme et son devenir selon le Vêdânta*, pp. 112-113).
5. La conception d'un « espace vide » est contradictoire, ce qui, notons-le en passant, constitue une preuve suffisante de la réalité de l'élément éthéré (*Âkâsha*), contrairement à la théorie des Bouddhistes et à celle des « philosophes physiciens » grecs qui n'admettaient que quatre éléments corporels.
6. Sur le vide et ses rapports avec l'étendue, voir aussi *Le Symbolisme de la Croix*, ch. IV.
7. Cf. *Tao-te-king*, ch. XIV.
8. C'est l'inexprimable (et non pas l'incompréhensible comme on le croit vulgairement) qui est désigné primitivement par le mot « mystère », car, en grec, μσστηριον dérive de μσειν, qui signifie « se taire », « être silencieux ». A la même racine verbale *mu* (d'où le latin *mulus*, « muet ») se rattache aussi le mot μσθος, « mythe », qui, avant d'être dévié de son sens jusqu'à ne plus désigner qu'un récit fantaisiste, signifiait ce qui, n'étant pas susceptible de s'exprimer directement, ne pouvait être que suggéré par une représentation symbolique, que celle-ci soit d'ailleurs verbale ou figurée.
9. On pourrait envisager de la même façon les ténèbres, dans un sens supérieur, comme ce qui est au-delà de la manifestation lumineuse, tandis que, dans leur sens inférieur et plus habituel, elles sont simplement, dans le manifesté, l'absence ou la privation de la lumière, c'est-à-dire quelque chose de purement négatif ; la couleur noire a d'ailleurs, dans le symbolisme, des usages se rapportant effectivement à cette double signification.
10. On pourra remarquer que les deux possibilités de non-manifestation que nous avons envisagées ici correspondent à l'« Abîme » (*Bσθος*) et au « Silence » (*Σιγη*) de certaines écoles du Gnosticisme alexandrin, lesquels sont en effet des aspects du Non-Être.

4
FONDEMENT DE LA THÉORIE DES ÉTATS MULTIPLES

Ce qui précède contient, dans toute son universalité, le fondement de la théorie des états multiples : si l'on envisage un être quelconque dans sa totalité, il devra comporter, au moins virtuellement, des états de manifestation et des états de non-manifestation, car ce n'est que dans ce sens qu'on peut parler vraiment de « totalité » ; autrement, on n'est en présence que de quelque chose d'incomplet et de fragmentaire, qui ne peut pas constituer véritablement l'être total[1]. La non-manifestation, avons-nous dit plus haut, possède seule le caractère de permanence absolue ; c'est donc d'elle que la manifestation, dans sa condition transitoire, tire toute sa réalité ; et l'on voit par là que le Non-Être, loin d'être le « néant », serait exactement tout le contraire, si toutefois le « néant » pouvait avoir un contraire, ce qui lui supposerait encore un certain degré de « positivité », alors qu'il n'est que la « négativité » absolue, c'est-à-dire la pure impossibilité[2].

Cela étant, il en résulte que ce sont essentiellement les états de non-manifestation qui assurent à l'être la permanence et l'identité ; et, en dehors de ces états, c'est-à-dire si l'on ne prend l'être que dans la manifestation, sans le rapporter à son principe non-manifesté, cette permanence et cette identité ne peuvent être qu'illusoires, puisque le domaine de la manifestation est proprement le domaine du transitoire et du multiple, comportant des modifications continuelles et indéfinies. Dès lors, on comprendra aisément ce qu'il faut penser, au point de vue métaphysique, de la prétendue unité du « moi », c'est-à-dire de l'être individuel, qui est si indispensable à la psychologie occidentale et « profane » : d'une part, c'est une unité fragmentaire, puisqu'elle ne se réfère qu'à une portion de l'être, à un de ses états pris isolément, et arbitrairement, parmi une indéfinité d'autres (et encore cet état est-il fort loin d'être envisagé ordinairement dans son intégralité) ; et, d'autre part, cette unité, en ne considérant même que l'état spécial auquel elle se rapporte, est encore aussi relative que possible, puisque cet état se compose lui-même d'une indéfinité de modifications diverses, et elle a d'autant moins de réalité qu'on fait abstraction du principe transcendant (le « Soi » ou la personnalité) qui pourrait seul lui en donner vraiment, en maintenant l'identité de l'être, en mode permanent, à travers toutes ces modifications.

Les états de non-manifestation sont du domaine du Non-Être, et les états de manifestation sont du domaine de l'Être, envisagé dans son intégralité ; on peut dire aussi que ces derniers correspondent aux différents degrés de l'Existence, ces degrés n'étant pas autre chose que les différents modes, en multiplicité indéfinie, de la manifestation universelle. Pour établir ici une distinction nette entre l'Être et l'Existence, nous devons, ainsi que nous l'avons déjà dit, considérer l'Être comme étant proprement le principe même de la manifestation ; l'Existence universelle sera alors la manifestation intégrale de l'ensemble des possibilités que comporte l'Être, et qui sont d'ailleurs toutes les possibilités de manifestation, et ceci implique le développement effectif de ces possibilités en mode conditionné. Ainsi, l'Être enveloppe l'Existence, et il est métaphysiquement plus que celle-ci, puisqu'il en est le principe ; l'Existence n'est donc pas identique à l'Être, car celui-ci correspond à un moindre degré de détermination, et, par conséquent, à un plus haut degré d'universalité[3].

Bien que l'Existence soit essentiellement unique, et cela parce que l'Être en soi-même est un, elle n'en comprend pas moins la multiplicité indéfinie des modes de la manifestation, car elle les comprend tous également par là même qu'ils sont également possibles, cette possibilité impliquant que chacun d'eux doit être réalisé selon les conditions qui lui sont propres. Comme nous l'avons dit ailleurs, en parlant de cette « unicité de l'Existence » (en arabe *Wahdatul-wujûd*) suivant les données de l'ésotérisme islamique[4], il résulte de là que l'Existence, dans son « unicité » même, comporte une indéfinité de degrés, correspondant à tous les modes de la manifestation universelle (laquelle est au fond la même chose que l'Existence elle-même) ; et cette multiplicité indéfinie des degrés de l'Existence implique corrélativement, pour un être quelconque envisagé dans le domaine entier de cette Existence, une multiplicité pareillement indéfinie d'états de manifestation possibles, dont chacun doit se réaliser dans un degré déterminé de l'Existence universelle. Un état d'un être est donc le développement d'une possibilité particulière comprise dans un tel degré, ce degré étant défini par les conditions auxquelles est soumise la possibilité dont il s'agit, en tant qu'elle est envisagée comme se réalisant dans le domaine de la manifestation[5].

Ainsi, chaque état de manifestation d'un être correspond à un degré de l'Existence, et cet état comporte en outre des modalités diverses, suivant les différentes combinaisons de conditions dont est susceptible un même mode général de manifestation ; enfin, chaque modalité comprend elle-même une série indéfinie de modifications secondaires et élémentaires. Par exemple, si nous considérons l'être dans cet état particulier qu'est l'individualité humaine, la partie corporelle de cette individualité n'en est qu'une modalité, et cette modalité est déterminée, non pas précisément par une condition spéciale d'existence, mais par un ensemble de conditions qui en délimitent les possibilités, ces conditions étant celles dont la réunion définit le monde sensible ou corporel[6]. Comme nous l'avons déjà indiqué[7], chacune de ces conditions, considérée isolément des autres, peut s'étendre au delà du domaine de cette modalité, et, soit par sa propre extension, soit par sa combinaison avec des conditions différentes, constituer alors les domaines d'autres modalités, faisant partie de la même individualité intégrale. D'autre part, chaque modalité doit être regardée comme susceptible de se développer dans le parcours d'un certain cycle de manifestation, et, pour la modalité corporelle, en particulier, les modifications secondaires que comporte ce développement seront tous les moments de son existence (envisagée sous l'aspect de la succession temporelle), ou, ce qui revient au même, tous les actes et tous les gestes, quels qu'ils soient, qu'elle accomplira au cours de cette existence[8].

Il est presque superflu d'insister sur le peu de place qu'occupe le « moi » individuel dans la totalité de l'être[9], puisque, même dans toute l'extension qu'il peut acquérir quand on l'envisage dans son intégralité (et non pas seulement dans une modalité particulière comme la modalité corporelle), il ne constitue qu'un état comme les autres, et parmi une indéfinité d'autres, et cela alors même que l'on se borne à considérer les états de manifestation ; mais, en outre, ceux-ci ne sont eux-mêmes, au point de vue métaphysique, que ce qu'il y a de moins important dans l'être total, pour les raisons que nous avons données plus haut[10]. Parmi les états de manifestation, il en est certains, autres que l'individualité humaine, qui peuvent être également des états individuels (c'est-à-dire formels), tandis que d'autres sont des états non-individuels (ou informels), la nature de chacun étant déterminée (ainsi que sa place dans l'ensemble hiérarchiquement organisé de l'être) par les conditions qui lui sont propres, puisqu'il s'agit toujours d'états conditionnés, par là même qu'ils sont manifestés. Quant aux états de non-manifestation, il est évident que, n'étant pas soumis à la forme, non plus qu'à aucune autre condition d'un mode quelconque d'existence manifestée, ils sont essentiellement extra-individuels ; nous pouvons dire qu'ils constituent ce qu'il y a de vraiment universel en chaque être, donc ce par quoi tout être se rattache, en tout ce qu'il est, à son principe métaphysique et transcendant, rattachement sans lequel il n'aurait qu'une existence toute contingente et purement illusoire au fond.

---

1. Comme nous l'avons indiqué au début, si l'on veut parler de l'être total, il faut bien, quoique ce terme ne soit plus proprement applicable, l'appeler encore analogiquement « un être », faute d'avoir un autre terme plus adéquat à notre disposition.
2. Le « néant » ne s'oppose donc pas à l'Être, contrairement à ce qu'on dit d'ordinaire ; c'est à la Possibilité qu'il s'opposerait, s'il pouvait entrer à la façon d'un terme réel dans une opposition quelconque ; mais, comme il n'en est pas ainsi, il n'y a rien qui puisse s'opposer à la Possibilité, ce qui se comprend sans peine, dès lors que la Possibilité est en réalité identique à l'Infini.
3. Nous rappelons encore qu'« exister », dans l'acception étymologique de ce mot (du latin *ex-stare*), c'est proprement être dépendant ou conditionné; c'est donc, en somme, ne pas avoir en soi-même son propre principe ou sa raison suffisante, ce qui est bien le cas de la manifestation, ainsi que nous l'expliquerons par la suite en définissant la contingence d'une façon plus précise.
4. *Le Symbolisme de la Croix*, pp. 20-21.
5. Cette restriction est nécessaire parce que, dans son essence non-manifestée, cette même possibilité ne peut évidemment être soumise à de telles conditions.
6. C'est ce que la doctrine hindoue désigne comme le domaine de la manifestation grossière ; on lui donne aussi quelquefois le nom de « monde physique », mais cette expression est équivoque, et, si elle peut se justifier par le sens moderne du mot « physique », qui ne s'applique plus en effet qu'à ce qui concerne les seules qualités sensibles, nous pensons qu'il vaut mieux garder toujours à ce mot son sens ancien et étymologique (de $\nu\sigma\sigma\iota\varsigma$, « nature ») ; lorsqu'on l'entend ainsi, la manifestation subtile n'est pas moins « physique » que la manifestation grossière, car la « nature », c'est-à-dire proprement le domaine du « devenir », est en réalité identique à la manifestation universelle tout entière.
7. *Le Symbolisme de la Croix*, p. 102.
8. *Ibid.*, p. 107.
9. Voir *ibid.*, ch. XXVII.
10. On pourrait donc dire que le « moi », avec tous les prolongements dont il est susceptible, a incomparablement moins d'importance que ne lui en attribuent les psychologues et les philosophes occidentaux modernes, tout en ayant des possibilités indéfiniment plus étendues qu'ils ne le croient et qu'ils ne peuvent même le supposer (voir *L'Homme et son devenir selon le Vêdânta*, pp. 43-44, et aussi ce que nous dirons plus loin des possibilités de la conscience individuelle).

5
RAPPORTS DE L'UNITÉ ET DE LA MULTIPLICITÉ

Dans le Non-Être, il ne peut pas être question d'une multiplicité d'états, puisque c'est essentiellement le domaine de l'indifférencié et même de l'inconditionné : l'inconditionné ne peut pas être soumis aux déterminations de l'un et du multiple, et l'indifférencié ne peut pas exister en mode distinctif. Si cependant nous parlons des états de non-manifestation, ce n'est pas pour établir dans l'expression une sorte de symétrie avec les états de manifestation, qui serait injustifiée et tout à fait artificielle ; mais c'est que nous sommes forcé d'y introduire en quelque façon de la distinction, faute de quoi nous ne pourrions pas en parler du tout; seulement, nous devons bien nous rendre compte que cette distinction n'existe pas en soi, que c'est nous qui lui donnons son existence toute relative, et ce n'est qu'ainsi que nous pouvons envisager ce que nous avons appelé des aspects du Non-Être, en faisant d'ailleurs ressortir tout ce qu'une telle expression a d'impropre et d'inadéquat. Dans le Non-Être, il n'y a pas de multiplicité, et, en toute rigueur, il n'y a pas non plus d'unité, car le Non-Être est le Zéro métaphysique, auquel nous sommes obligé de donner un nom pour en parler, et qui est logiquement antérieur à l'unité ; c'est pourquoi la doctrine hindoue parle seulement à cet égard de « non-dualité » (*adwaita*), ce qui, d'ailleurs, doit encore être rapporté à ce que nous avons dit plus haut sur l'emploi des termes de forme négative.

Il est essentiel de remarquer à ce propos, que le Zéro métaphysique n'a pas plus de rapports avec le zéro mathématique, qui n'est que le signe de ce qu'on peut appeler un néant de quantité, que l'Infini véritable n'en a avec le simple indéfini, c'est-à-dire la quantité indéfiniment croissante ou indéfiniment décroissante[1] ; et cette absence de rapports, si l'on peut s'exprimer ainsi, est exactement du même ordre dans l'un et l'autre cas, avec cette réserve, pourtant, que le Zéro métaphysique n'est qu'un aspect de l'Infini ; du moins, il nous est permis de le considérer comme tel en tant qu'il contient en principe l'unité, et par suite tout le reste. En effet, l'unité primordiale n'est pas autre chose que le Zéro affirmé, ou, en d'autres termes, l'Être universel, qui est cette unité, n'est que le Non-Être affirmé, dans la mesure où est possible une telle affirmation, qui est déjà une première détermination, car elle n'est que la plus universelle de toutes les affirmations définies, donc conditionnées ; et cette première détermination, préalable à toute manifestation et à toute particularisation (y compris la polarisation en « essence » et « substance » qui est la première dualité et, comme telle, le point de départ de toute multiplicité), contient en principe toutes les autres déterminations ou affirmations distinctives (correspondant à toutes les possibilités de manifestation), ce qui revient à dire que l'unité, dès lors qu'elle est affirmée, contient en principe la multiplicité, ou qu'elle est elle-même le principe immédiat de cette multiplicité[2].

On s'est souvent demandé, et assez vainement, comment la multiplicité pouvait sortir de l'unité, sans s'apercevoir que la question, ainsi posée, ne comporte aucune solution, pour la simple raison qu'elle est mal posée et, sous cette forme, ne correspond à aucune réalité ; en effet, la multiplicité ne sort pas de l'unité, pas plus que l'unité ne sort du Zéro métaphysique, ou que quelque chose ne sort du Tout universel, ou que quelque possibilité ne peut se trouver en dehors de l'Infini ou de la Possibilité totale[3] La multiplicité est comprise dans l'unité primordiale, et elle ne cesse pas d'y être comprise par le fait de son développement en mode manifesté ; cette multiplicité est celle des possibilités de manifestation, elle ne peut pas être conçue autrement que comme telle, car c'est la manifestation qui implique l'existence distinctive ; et d'autre part, puisqu'il s'agit de possibilités, il faut bien qu'elles existent de la façon qui est impliquée par leur nature. Ainsi le principe de la manifestation universelle, tout en étant un, et en étant même l'unité en soi, contient nécessairement la multiplicité ; et celle-ci dans tous ses développements indéfinis, et s'accomplissant indéfiniment selon une indéfinité de directions[4], procède tout entière de l'unité primordiale, dans laquelle elle demeure toujours comprise, et qui ne peut être aucunement affectée ou modifiée par l'existence en elle de cette multiplicité, car elle ne saurait évidemment cesser d'être elle-même par un effet de sa propre nature, et c'est précisément en tant qu'elle est l'unité qu'elle implique essentiellement les possibilités multiples dont il s'agit. C'est donc dans l'unité même que la multiplicité existe, et, comme elle n'affecte pas l'unité c'est qu'elle n'a qu'une existence toute contingente par rapport à celle-ci ; nous pouvons même dire que cette existence, tant qu'on ne la rapporte pas à l'unité comme nous venons de le faire, est purement illusoire ; c'est l'unité seule qui, étant son principe, lui donne toute la réalité dont elle est susceptible ; et l'unité elle-même, à son tour, n'est pas un principe absolu et se suffisant à soi-même mais c'est du Zéro métaphysique qu'elle tire sa propre réalité.

L'Être, n'étant que la première affirmation, la détermination la plus primordiale, n'est pas le principe suprême de toutes choses ; il n'est, nous le répétons, que le principe de la manifestation, et on voit par là combien le point de vue métaphysique est restreint par ceux qui prétendent le réduire exclusivement à la seule « ontologie » ; faire ainsi abstraction du Non-Être, c'est même proprement exclure tout ce qui est le plus vraiment et le plus purement métaphysique. Cela étant dit en passant, nous conclurons ainsi en ce qui concerne le point que nous venons de traiter : l'Être est un en soi-même, et, par suite, l'Existence universelle, qui est la manifestation intégrale de ses possibilités, est unique dans son essence et sa nature intime ; mais ni l'unité de l'Être ni l'« unicité » de l'Existence n'excluent la multiplicité des modes de la manifestation, d'où l'indéfinité des degrés de l'Existence, dans l'ordre général et cosmique, et celle des états de l'être, dans l'ordre des existences particulières[5]. Donc, la considération des états multiples n'est aucunement en contradiction avec l'unité de l'Être, non plus qu'avec l'« unicité » de l'Existence qui est fondée sur cette unité, puisque ni l'une ni l'autre ne sont affectées en quoi que ce soit par la multiplicité ; et il résulte de là que, dans tout le domaine de l'Être, la constatation de la multiplicité, loin de contredire l'affirmation de l'unité ou de s'y opposer en quelque façon, y trouve le seul fondement valable qui puisse lui être donné, tant logiquement que métaphysiquement.

---

1. Ces deux cas de l'indéfiniment croissant et de l'indéfiniment décroissant sont ce qui correspond en réalité à ce que Pascal a si improprement appelé les « deux infinis » (voir *Le Symbolisme de la Croix*, p. 203) ; il convient d'insister sur le fait que l'un et l'autre ne nous font aucunement sortir du domaine quantitatif.
2. Nous rappelons encore, car on ne saurait trop y insister, que l'unité dont il s'agit ici est l'unité métaphysique ou « transcendantale », qui s'applique à l'Être universel comme un attribut « coextensif » à celui-ci, pour employer le langage des logiciens (bien que la notion d'« extension » et celle de « compréhension » qui lui est corrélative ne soient plus proprement applicables au delà des « catégories » ou des genres les plus généraux, c'est-à-dire quand on passe du général à l'universel), et qui, comme telle, diffère essentiellement de l'unité mathématique ou numérique, ne s'appliquant qu'au seul domaine quantitatif ; et il en est de même pour la multiplicité, suivant la remarque que nous avons déjà faite précédemment à plusieurs reprises Il y a seulement analogie, et non pas identité ni même similitude, entre les notions métaphysiques dont nous parlons et les notions mathématiques correspondantes ; la désignation des unes et des autres par des termes communs n'exprime en réalité rien de plus que cette analogie.
3. C'est pourquoi nous pensons qu'on doit, autant que possible, éviter l'emploi d'un terme tel que celui d'« émanation », qui évoque une idée ou plutôt une image fausse, celle d'une « sortie » hors du Principe.
4. Il va de soi que ce mot de « directions », emprunté à la considération des possibilités spatiales, doit être entendu ici symboliquement, car, au sens littéral, il ne s'appliquerait

qu'à une infime partie des possibilités de manifestation ; le sens que nous lui donnons présentement est en conformité avec tout ce que nous avons exposé dans Le *Symbolisme de la Croix*.

5. Nous ne disons pas « individuelles », car dans ce dont il s'agit ici sont compris également les états de manifestation informelle, qui sont supra-individuels.

6

CONSIDÉRATIONS ANALOGIQUES TIRÉES DE L'ÉTUDE DE L'ÉTAT DE RÊVE

Nous quitterons maintenant le point de vue purement métaphysique auquel nous nous sommes placé, dans le chapitre précédent, pour envisager la question des rapports de l'unité et de la multiplicité, car nous pourrons peut-être mieux encore faire comprendre la nature de ces rapports par quelques considérations analogiques, données ici à titre d'exemple, ou plutôt d'« illustration », si l'on peut ainsi parler[1], et qui montreront dans quel sens et dans quelle mesure on peut dire que l'existence de la multiplicité est illusoire au regard de l'unité, tout en ayant, bien entendu, autant de réalité qu'en comporte sa nature. Nous emprunterons ces considérations, d'un caractère plus particulier, à l'étude de l'état de rêve, qui est une des modalités de manifestation de l'être humain, correspondant à la partie subtile (c'est-à-dire non-corporelle) de son individualité, et dans lequel cet être produit un monde qui procède tout entier de lui-même, et dont les objets consistent exclusivement dans des conceptions mentales (par opposition aux perceptions sensorielles de l'état de veille), c'est-à-dire dans des combinaisons d'idées revêtues de formes subtiles, ces formes dépendant d'ailleurs substantiellement de la forme subtile de l'individu lui-même, dont les objets idéaux du rêve ne sont en somme qu'autant de modifications accidentelles et secondaires[2].

L'homme, dans l'état de rêve, se situe donc dans un monde qui est tout entier imaginé par lui[3], dont tous les éléments sont par conséquent tirés de lui-même, de sa propre individualité plus ou moins étendue (dans ses modalités extra-corporelles), comme autant de « formes illusoires » (*mâyâvi-rûpa*)[4], et cela alors même qu'il n'en possède pas actuellement la conscience claire et distincte. Quel que soit le point de départ intérieur ou extérieur, pouvant être fort différent suivant les cas, qui donne au rêve une certaine direction, les événements qui s'y déroulent ne peuvent résulter que d'une combinaison d'éléments contenus, au moins potentiellement et comme susceptibles d'un certain genre de réalisation, dans la compréhension intégrale de l'individu ; et, si ces éléments, qui sont des modifications de l'individu, sont en multitude indéfinie, la variété de telles combinaisons possibles est également indéfinie. Le rêve, en effet, doit être regardé comme un mode de réalisation pour des possibilités qui, tout en appartenant au domaine de l'individualité humaine, ne sont pas susceptibles, pour une raison ou pour une autre, de se réaliser en mode corporel ; telles sont, par exemple, les formes d'êtres appartenant au même monde, mais autres que l'homme, formes que celui-ci possède virtuellement en lui-même en raison de la position centrale qu'il occupe dans ce monde[5]. Ces formes ne peuvent évidemment être réalisées par l'être humain que dans l'état subtil, et le rêve est le moyen le plus ordinaire, on pourrait dire le plus normal, de tous ceux par lesquels il lui est possible de s'identifier à d'autres êtres, sans cesser aucunement pour cela d'être lui-même, ainsi que l'indique ce texte taoïste : « Jadis, raconte Tchoang-tseu, une nuit, je fus un papillon, voltigeant content de son sort ; puis je m'éveillai, étant Tchoang-tcheou. Qui suis-je, en réalité ? Un papillon qui rêve qu'il est Tchoang-tcheou, ou Tchoang-tcheou qui s'imagine qu'il fut papillon ? Dans mon cas, y a-t-il deux individus réels ? Y a-t-il eu transformation réelle d'un individu en un autre ? Ni l'un ni l'autre ; il y a eu deux modifications irréelles de l'être unique, de la norme universelle, dans laquelle tous les êtres dans tous leurs états sont un »[6].

Si l'individu qui rêve prend en même temps, dans le cours de ce rêve, une part active aux événements qui s'y déroulent par l'effet de sa faculté imaginative, c'est-à-dire s'il y joue un rôle déterminé dans la modalité extra-corporelle de son être qui correspond actuellement à l'état de sa conscience clairement manifestée, ou à ce qu'on pourrait appeler la zone centrale de cette conscience, il n'en faut pas moins admettre que, simultanément, tous les autres rôles y sont également « agis » par lui, soit dans d'autres modalités, soit tout au moins dans différentes modifications secondaires de la même modalité, appartenant aussi à sa conscience individuelle, sinon dans son état actuel, restreint, de manifestation en tant que conscience, du moins dans l'une quelconque de ses possibilités de manifestation, lesquelles, dans leur ensemble, embrassent un champ indéfiniment plus étendu. Tous ces rôles apparaissent naturellement comme secondaires par rapport à celui qui est le principal pour l'individu, c'est-à-dire à celui où sa conscience actuelle est directement intéressée, et, puisque tous les éléments du rêve n'existent que par lui, on peut dire qu'ils ne sont réels qu'autant qu'ils participent à sa propre existence : c'est lui-même qui les réalise comme autant de modifications de lui-même, et sans cesser pour cela d'être lui-même indépendamment de ces modifications qui n'affectent en rien ce qui constitue l'essence propre de son individualité. De plus, si l'individu est conscient qu'il rêve, c'est-à-dire que tous les événements qui se déroulent dans cet état n'ont véritablement que la réalité qu'il leur donne lui-même, il n'en sera aucunement affecté alors même qu'il y sera acteur en même temps que spectateur, et précisément parce qu'il ne cessera pas d'être spectateur pour devenir acteur, la conception et la réalisation n'étant plus séparées pour sa conscience individuelle parvenue à un degré de développement suffisant pour embrasser synthétiquement toutes les modifications actuelles de l'individualité. S'il en est autrement, les mêmes modifications peuvent encore se réaliser, mais, la conscience ne reliant plus directement cette réalisation à la conception dont elle est un effet, l'individu est porté à attribuer aux événements une réalité extérieure à lui-même, et, dans la mesure où il la leur attribue effectivement, il est soumis à une illusion dont la cause est en lui, illusion qui consiste à séparer la multiplicité de ces événements de ce qui en est le principe immédiat, c'est-à-dire de sa propre unité individuelle[7].

C'est là un exemple très net d'une multiplicité existant dans une unité sans que celle-ci en soit affectée ; encore que l'unité dont il s'agit ne soit qu'une unité toute relative, celle d'un individu, elle n'en joue pas moins, par rapport à cette multiplicité, un rôle analogue à celui de l'unité véritable et primordiale par rapport à la manifestation universelle. D'ailleurs, nous aurions pu prendre un autre exemple, et même considérer de cette façon la perception à l'état de veille[8] ; mais le cas que nous avons choisi a sur celui-là l'avantage de ne donner prise à aucune contestation, en raison des conditions qui sont particulières au monde du rêve, dans lequel l'homme est isolé de toutes les choses extérieures, ou supposées extérieures[9], qui constituent le monde sensible. Ce qui fait la réalité de ce monde du rêve, c'est uniquement la conscience individuelle envisagée dans tout son développement, dans toutes les possibilités de manifestation qu'elle comprend ; et, d'ailleurs, cette même conscience, ainsi envisagée dans son ensemble, comprend ce monde du rêve au même titre que tous les autres éléments de la manifestation individuelle, appartenant à l'une quelconque des modalités qui sont contenues dans l'extension intégrale de la possibilité individuelle.

Maintenant, il importe de remarquer que, si l'on veut considérer analogiquement la manifestation universelle, on peut seulement dire que, comme la conscience individuelle fait la réalité de ce monde spécial qui est constitué par toutes ses modalités possibles, il y a aussi quelque chose qui fait la réalité de l'Univers manifesté, mais sans qu'il soit aucunement légitime de faire de ce « quelque chose » l'équivalent d'une faculté individuelle ou d'une condition spécialisée d'existence, ce qui serait une conception éminemment anthropomorphique et antimétaphysique. C'est alors quelque chose qui n'est, par conséquent, ni la conscience ni la pensée, mais dont la conscience et la pensée ne sont au contraire que des modes particuliers de manifestation ; et, s'il y a une indéfinité de tels modes possibles, qui peuvent être regardés comme autant d'attributions, directes ou indirectes, de l'Être universel, analogues dans une certaine mesure à ce que sont pour l'individu les rôles joués dans le rêve par ses modalités ou modifications multiples, et par lesquelles il n'est pas davantage affecté dans sa nature intime, il n'y a aucune raison de prétendre réduire toutes ces attributions à une ou plusieurs d'entre elles, ou du moins il ne peut y en avoir qu'une, qui n'est autre que cette tendance systématique que nous avons déjà dénoncée comme incompatible avec l'universalité de la métaphysique. Ces attributions, quelles qu'elles soient, sont seulement des aspects différents de ce principe unique qui fait la réalité de toute la manifestation parce qu'il est l'Être lui-même, et leur diversité n'existe que du point de vue de la manifestation différenciée, non du point de vue de son principe ou de l'Être en soi, qui est l'unité primordiale et véritable. Cela est vrai même pour la distinction la plus universelle qu'on puisse faire dans l'Être, celle de l'« essence » et de la « substance », qui sont comme les deux pôles de toute la manifestation ; « a fortiori » en est-il ainsi pour des aspects beaucoup plus particuliers, donc plus contingents et d'importance secondaire[10] : quelque valeur qu'ils puissent prendre aux yeux de l'individu, lorsque celui-ci les envisage de son point de vue spécial, ce ne sont là, à proprement parler, que de simples « accidents » dans l'Univers.

---

1. En effet, il n'y a pas d'exemple possible, au sens strict de ce mot, en ce qui concerne les vérités métaphysiques, puisque celles-ci sont universelles par essence et ne sont susceptibles d'aucune particularisation, tandis que tout exemple est forcément d'ordre particulier, à un degré ou à un autre.
2. Voir *L'Homme et son devenir selon le Vêdânta*, ch. XIV.
3. Le mot « imaginé » doit être entendu ici dans son sens le plus exact, puisque c'est bien d'une formation d'images qu'il s'agit essentiellement dans le rêve.
4. Voir *L'Homme et son devenir selon le Vêdânta*, p. 108.
5. Voir *Le Symbolisme de la Croix*, pp. 28-29 et 197-198.
6. *Tchoang-tseu*, ch. 11.
7. Les mêmes remarques peuvent s'appliquer également au cas de l'hallucination, dans lequel l'erreur ne consiste pas, comme on le dit d'ordinaire, à attribuer une réalité à l'objet perçu, car il serait évidemment impossible de percevoir quelque chose qui n'existerait en aucune façon, mais bien à lui attribuer un mode de réalité autre que celui qui est vraiment le sien : c'est en somme une confusion entre l'ordre de la manifestation subtile et celui de la manifestation corporelle.
8. Leibnitz a défini la perception comme « l'expression de la multiplicité dans l'unité » (*multorum in uno expressio*), ce qui est juste, mais à la condition de faire les réserves que nous avons déjà indiquées sur l'unité qu'il convient d'attribuer à la « substance individuelle » (cf. *Le Symbolisme de la Croix*, pp. 34-35).
9. Par cette restriction, nous n'entendons aucunement nier l'extériorité des objets sensibles, qui est une conséquence de leur spatialité ; nous voulons seulement indiquer que nous ne

faisons pas intervenir ici la question du degré de réalité qu'il y a lieu d'assigner à cette extériorité.
10. Nous faisons allusion ici, notamment, à la distinction de l'« esprit » et de la « matière », telle que la pose, depuis Descartes, toute la philosophie occidentale, qui en est arrivée à vouloir absorber toute réalité, soit dans les deux termes de cette distinction, soit dans l'un ou l'autre seulement de ces deux termes, au-dessus desquels elle est incapable de s'élever (voir *Introduction générale à l'étude des doctrines hindoues*, pp. 137-142.

7
LES POSSIBILITÉS DE LA CONSCIENCE INDIVIDUELLE

Ce que nous venons de dire au sujet de l'état de rêve nous amène à parler quelque peu, d'une façon générale, des possibilités que comporte l'être humain dans les limites de son individualité, et, plus particulièrement, des possibilités de cet état individuel envisagé sous l'aspect de la conscience, qui constitue une de ses caractéristiques principales. Bien entendu, ce n'est pas au point de vue psychologique que nous entendons nous placer ici, quoique ce point de vue puisse se définir précisément par la conscience considérée comme un caractère inhérent à certaines catégories de phénomènes qui se produisent dans l'être humain, ou, si l'on préfère une façon de parler plus imagée, comme le « contenant » de ces mêmes phénomènes[1]. Le psychologue, d'ailleurs, n'a pas à se préoccuper de rechercher ce que peut être au fond la nature de cette conscience, pas plus que le géomètre ne recherche ce qu'est la nature de l'espace, qu'il prend comme une donnée incontestable, et qu'il considère simplement comme le contenant de toutes les formes qu'il étudie. En d'autres termes, la psychologie n'a à s'occuper que de ce que nous pouvons appeler la « conscience phénoménique », c'est-à-dire la conscience considérée exclusivement dans ses rapports avec les phénomènes, et sans se demander si elle est ou n'est pas l'expression de quelque chose d'un autre ordre, qui, par définition même, ne relève plus du domaine psychologique[2].

Pour nous, la conscience est tout autre chose que pour le psychologue : elle ne constitue pas un état d'être particulier, et elle n'est d'ailleurs pas le seul caractère distinctif de l'état individuel humain ; même dans l'étude de cet état, ou plus précisément de ses modalités extra-corporelles, il ne nous est donc pas possible d'admettre que tout se ramène à un point de vue plus ou moins similaire à celui de la psychologie. La conscience serait plutôt une condition de l'existence dans certains états, mais non pas strictement dans le sens où nous parlons, par exemple, des conditions de l'existence corporelle ; on pourrait dire, d'une façon plus exacte, quoique pouvant paraître quelque peu étrange à première vue, qu'elle est une « raison d'être » pour les états dont il s'agit, car elle est manifestement ce par quoi l'être individuel participe de l'Intelligence universelle (*Buddhi* de la doctrine hindoue)[3] ; mais, naturellement, c'est à la faculté mentale individuelle (*manas*) qu'elle est inhérente sous sa forme déterminée (comme *ahankâra*)[4], et, par suite, dans d'autres états, la même participation de l'être à l'Intelligence universelle peut se traduire en un tout autre mode. La conscience, dont nous ne prétendons d'ailleurs pas donner ici une définition complète, ce qui serait sans doute assez peu utile[5], est donc quelque chose de spécial, soit à l'état humain, soit à d'autres états individuels plus ou moins analogues à celui-là ; par suite, elle n'est aucunement un principe universel, et, si elle constitue cependant une partie intégrante et un élément nécessaire de l'existence universelle, ce n'est qu'exactement au même titre que toutes les conditions propres à n'importe quels états d'être, sans qu'elle possède à cet égard le moindre privilège, non plus que les états auxquels elle se réfère n'en possèdent eux-mêmes par rapport aux autres états[6].

Malgré ces restrictions essentielles, la conscience, dans l'état individuel humain, n'en est pas moins, comme cet état lui-même, susceptible d'une extension indéfinie ; et, même chez l'homme ordinaire, c'est-à-dire chez celui qui n'a pas développé spécialement ses modalités extra-corporelles, elle s'étend effectivement beaucoup plus loin qu'on ne le suppose communément. On admet assez généralement, il est vrai, que la conscience actuellement claire et distincte n'est pas toute la conscience, qu'elle n'en est qu'une portion plus ou moins considérable, et que ce qu'elle laisse en dehors d'elle peut la dépasser de beaucoup en étendue et en complexité ; mais, si les psychologues reconnaissent volontiers l'existence d'une « subconscience », si même ils en abusent parfois comme d'un moyen d'explication trop commode, en y faisant rentrer indistinctement tout ce qu'ils ne savent où classer parmi les phénomènes qu'ils étudient, ils ont toujours oublié d'envisager corrélativement une « superconscience »[7], comme si la conscience ne pouvait pas se prolonger aussi bien par en haut que par en bas, si tant est que ces notions relatives de « haut » et de « bas » aient ici un sens quelconque, et il est vraisemblable qu'elles doivent en avoir un, du moins, pour le point de vue spécial des psychologues. Notons d'ailleurs que « subconscience » et « superconscience » ne sont en réalité, l'une et l'autre, que de simples prolongements de la conscience, qui ne nous font nullement sortir de son domaine intégral, et qui, par conséquent, ne peuvent en aucune façon être assimilés à l'« inconscient », c'est-à-dire à ce qui est en dehors de la conscience, mais doivent au contraire être compris dans la notion complète de la conscience individuelle.

Dans ces conditions, la conscience individuelle peut suffire à rendre compte de tout ce qui, au point de vue mental, se passe dans le domaine de l'individualité, sans qu'il y ait lieu de faire appel à l'hypothèse bizarre d'une « pluralité de consciences », que certains ont été jusqu'à entendre dans le sens d'un « polypsychisme » littéral. Il est vrai que l'« unité du moi », telle qu'on l'envisage d'ordinaire, est également illusoire ; mais, s'il en est ainsi, c'est justement que la pluralité et la complexité existent au sein même de la conscience, qui se prolonge en des modalités dont certaines peuvent être fort lointaines et fort obscures, comme celles qui constituent ce qu'on peut appeler la « conscience organique »[8], et comme aussi la plupart de celles qui se manifestent dans l'état de rêve.

D'un autre côté, l'extension indéfinie de la conscience rend complètement inutiles certaines théories étranges qui ont vu le jour à notre époque, et que leur impossibilité métaphysique suffit d'ailleurs à réfuter pleinement. Nous n'entendons pas parler seulement ici des hypothèses plus ou moins « réincarnationnistes » et de toutes celles qui leur sont comparables, comme impliquant une semblable limitation de la Possibilité universelle, et sur lesquelles nous avons eu déjà l'occasion de nous expliquer avec tous les développements nécessaires [9] ; nous avons plus particulièrement en vue l'hypothèse « transformiste », qui, du reste, a maintenant perdu beaucoup de la considération imméritée dont elle a joui pendant un certain temps[10]. Pour préciser ce point sans nous y étendre outre mesure, nous ferons remarquer que la prétendue loi du « parallélisme de l'ontogénie et de la phylogénie », qui est un des principaux postulats du « transformisme », suppose, avant tout, qu'il y a réellement une « phylogénie » ou « filiation de l'espèce », ce qui n'est pas un fait, mais une hypothèse toute gratuite ; le seul fait qui puisse être constaté, c'est la réalisation de certaines formes organiques par l'individu au cours de son développement embryonnaire, et, dès lors qu'il réalise ces formes de cette façon, il n'a pas besoin de les avoir réalisées déjà dans de soi-disant « existences successives », et il n'est pas davantage nécessaire que l'espèce à laquelle il appartient les ait réalisées pour lui dans un développement auquel, en tant qu'individu, il n'aurait pu prendre aucune part. D'ailleurs, les considérations embryologiques étant mises à part, la conception des états multiples nous permet d'envisager tous ces états comme existant simultanément dans un même être, et non pas comme ne pouvant être parcourus que successivement au cours d'une « descendance » qui passerait, non seulement d'un être à un autre, mais même d'une espèce à une autre[11]. L'unité de l'espèce est, en un sens, plus véritable et plus essentielle que celle de l'individu[12], ce qui s'oppose à la réalité d'une telle « descendance » ; au contraire, l'être qui, comme individu, appartient à une espèce déterminée, n'en est pas moins, en même temps, indépendant de cette espèce dans ses états extra-individuels, et peut même, sans aller aussi loin, avoir des liens établis avec d'autres espèces par de simples prolongements de l'individualité. Par exemple, comme nous l'avons dit plus haut, l'homme qui revêt une certaine forme en rêve, fait par là même de cette forme une modalité secondaire de sa propre individualité, et, par suite, il la réalise effectivement suivant le seul mode où cette réalisation lui soit possible. Il y a aussi, à ce même point de vue, d'autres prolongements individuels qui sont d'un ordre assez différent, et qui présentent un caractère plutôt organique ; mais ceci nous entraînerait trop loin, et nous nous bornons à l'indiquer en passant[13]. D'ailleurs, pour ce qui est d'une réfutation plus complète et plus détaillée des théories « transformistes », elle doit être rapportée surtout à l'étude de la nature de l'espèce et de ses conditions d'existence, étude que nous ne saurions avoir l'intention d'aborder présentement ; mais ce qu'il est essentiel de remarquer, c'est que la simultanéité des états multiples suffit à prouver l'inutilité de telles hypothèses, qui sont parfaitement insoutenables dès qu'on les envisage du point de vue métaphysique, et dont le défaut de principe entraîne nécessairement la fausseté de fait.

Nous insistons plus particulièrement sur la simultanéité des états d'être, car, même pour les modifications individuelles, qui se réalisent en mode successif dans l'ordre de la manifestation, si elles n'étaient pas conçues comme simultanées en principe, leur existence ne pourrait être que purement illusoire. Non seulement l'« écoulement des formes » dans le manifesté, à la condition de lui conserver son caractère tout relatif et contingent, est pleinement compatible avec la « permanente actualité » de toutes choses dans le non-manifesté, mais, s'il n'y avait aucun principe au changement, le changement lui-même, ainsi que nous l'avons expliqué en d'autres occasions, serait dépourvu de toute réalité.

---

1. Le rapport de contenant à contenu, pris dans son sens littéral, est un rapport spatial ; mais ici il ne doit être entendu que d'une façon toute figurée, puisque ce dont il s'agit est sans étendue et ne se situe pas dans l'espace.
2. Il résulte de là que la psychologie, quoi que certains puissent en prétendre, a exactement le même caractère de relativité que n'importe quelle autre science spéciale et contingente, et qu'elle n'a pas davantage de rapports avec la métaphysique ; il ne faut d'ailleurs pas oublier qu'elle n'est qu'une science toute moderne et « profane », sans lien avec quelques connaissances traditionnelles que ce soit.
3. Voir *L'Homme et son devenir selon le Vêdânta*, ch. VII.
4. *Ibid.*, ch. VIII.
5. Il arrive, en effet, que, pour des choses dont chacun a par lui-même une notion suffisamment claire, comme c'est le cas ici, la définition apparaît comme plus complexe et plus obscure que la chose elle-même.
6. Sur cette équivalence de tous les états au point de vue de l'être total, voir *Le Symbolisme de la Croix*, ch. XXVII.

7. Certains psychologues ont cependant employé ce terme de « superconscience », mais ils n'entendent par là rien d'autre que la conscience normale claire et distincte, par opposition à la « subconscience » ; dans ces conditions, ce n'est là qu'un néologisme parfaitement inutile. Au contraire, ce que nous entendons ici par « superconscience » est véritablement symétrique de la « subconscience » par rapport à la conscience ordinaire, et alors ce terme ne fait plus double emploi avec aucun autre.
8. Voir *L'Homme et son devenir selon le Vêdânta*, p. 182.
9. *L'Erreur spirite*, $2^{\text{ème}}$ partie, ch. VI ; cf. *Le Symbolisme de la Croix*. pp. 125-127.
10. Le succès de cette théorie fut d'ailleurs dû pour une bonne part à des raisons qui n'ont rien de « scientifique », mais qui tiennent directement à son caractère antitraditionnel ; pour les mêmes raisons, il est à prévoir que, alors même qu'aucun biologiste sérieux n'y croira plus, elle subsistera longtemps encore dans les manuels scolaires et les ouvrages de vulgarisation.
11. Il doit être bien entendu que l'impossibilité du changement des espèce ne s'applique qu'aux espèces véritables, qui ne coïncident pas toujours forcément avec ce qui est désigné comme tel dans les classifications des zoologistes et des botanistes, ceux-ci pouvant prendre à tort pour des espèces distinctes ce qui n'est en réalité que races ou variétés d'une même espèce.
12. Cette affirmation peut paraître assez paradoxale au premier abord, mais elle se justifie suffisamment quand on considère le cas des végétaux et celui de certains animaux dits inférieurs, tels que les polypes et les vers, où il est à peu près impossible de reconnaître si l'on se trouve en présence d'un ou de plusieurs individus et de déterminer dans quelle mesure ces individus sont vraiment distincts les uns des autres, tandis que les limites de l'espèce, au contraire, apparaissent toujours assez nettement.
13. Cf. *L'Erreur spirite*, pp. 249-252.

8

LE MENTAL, ÉLÉMENT CARACTÉRISTIQUE DE L'INDIVIDUALITÉ HUMAINE

Nous avons dit que la conscience, entendue dans son sens le plus général, n'est pas quelque chose qui puisse être regardé comme rigoureusement propre à l'être humain comme tel, comme susceptible de le caractériser à l'exclusion de tous les autres ; et il y a en effet, même dans le domaine de la manifestation corporelle (qui ne représente qu'une portion restreinte du degré de l'Existence où se situe l'être humain), et de cette partie de la manifestation corporelle qui nous environne plus immédiatement et qui constitue l'existence terrestre, une multitude d'êtres qui n'appartiennent pas à l'espèce humaine, mais qui présentent cependant avec elle assez de similitude, sous bien des rapports, pour qu'il ne soit pas permis de les supposer dépourvus de la conscience, même prise simplement dans son sens psychologique ordinaire. Tel est, à un degré ou à un autre, le cas de toutes les espèces animales, qui témoignent d'ailleurs manifestement de la possession de la conscience ; il a fallu tout l'aveuglement que peut causer l'esprit de système pour donner naissance à une théorie aussi contraire à toute évidence que l'est la théorie cartésienne des « animaux-machines ». Peut-être même faut-il aller plus loin encore, et, pour les autres règnes organiques, sinon pour tous les êtres du monde corporel, envisager la possibilité d'autres formes de la conscience, qui apparaît comme liée plus spécialement à la condition vitale ; mais ceci n'importe pas présentement pour ce que nous nous proposons d'établir.

Cependant, il est assurément une forme de la conscience, parmi toutes celles qu'elle peut revêtir, qui est proprement humaine, et cette forme déterminée (*ahankâra* ou « conscience du moi ») est celle qui est inhérente à la faculté que nous appelons le « mental », c'est-à-dire précisément à ce « sens interne » qui est désigné en sanscrit sous le nom de *manas*, et qui est véritablement la caractéristique de l'individualité humaine[1]. Cette faculté est quelque chose de tout à fait spécial, qui, comme nous l'avons expliqué amplement en d'autres occasions, doit être soigneusement distingué de l'intellect pur, celui-ci devant au contraire, en raison de son universalité, être regardé comme existant dans tous les êtres et dans tous les états, quelles que puissent être les modalités à travers lesquelles son existence sera manifestée ; et il ne faudrait pas voir dans le « mental » autre chose que ce qu'il est vraiment, c'est-à-dire, pour employer le langage des logiciens, une « différence spécifique » pure et simple, sans que sa possession puisse entraîner par elle-même, pour l'homme, aucune supériorité effective sur les autres êtres. En effet, il ne saurait être question de supériorité ou d'infériorité, pour un être envisagé par rapport à d'autres, que dans ce qu'il a de commun avec ceux-ci et qui implique une différence, non de nature, mais seulement de degrés, tandis que le « mental » est précisément ce qu'il y a de spécial dans l'homme, ce qui ne lui est pas commun avec les êtres non-humains, donc ce à l'égard de quoi il ne peut en aucune façon être comparé à ceux-ci. L'être humain pourra donc sans doute, dans une certaine mesure, être regardé comme supérieur ou inférieur à d'autres êtres à tel ou tel autre point de vue (supériorité ou infériorité d'ailleurs toujours relatives, bien entendu) ; mais la considération du « mental », dès lors qu'on la fait entrer comme « différence » dans la définition de l'être humain, ne pourra jamais fournir aucun point de comparaison.

Pour exprimer encore la même chose en d'autres termes, nous pouvons reprendre simplement la définition aristotélicienne et scolastique de l'homme comme « animal raisonnable » : si on le définit ainsi, et si l'on regarde en même temps la raison, ou mieux la « rationalité », comme étant proprement ce que les logiciens du moyen âge appelaient une *differentia animalis*, il est évident que la présence de celle-ci ne peut constituer rien de plus qu'un simple caractère distinctif. En effet, cette différence ne s'applique que dans le seul genre animal, pour caractériser l'espèce humaine en la distinguant essentiellement de toutes les autres espèces de ce même genre ; mais elle ne s'applique pas aux êtres n'appartenant pas à ce genre, de sorte que de tels êtres (comme les anges par exemple) ne peuvent en aucun cas être dits « raisonnables », et cette distinction marque seulement que leur nature est différente de celle de l'homme, sans impliquer assurément pour eux aucune infériorité par rapport à celui-ci[2]. D'autre part, il est bien entendu que la définition que nous venons de rappeler ne s'applique à l'homme qu'en tant qu'être individuel, car c'est seulement comme tel qu'il peut être regardé comme appartenant au genre animal[3] ; et c'est bien comme être individuel que l'homme est en effet caractérisé par la raison, ou mieux par le « mental », en faisant rentrer dans ce terme plus étendu la raison proprement dite, qui en est un des aspects, et sans doute le principal.

Quand nous disons, en parlant du « mental », ou de la raison, ou, ce qui revient encore à peu près au même, de la pensée sous son mode humain, que ce sont des facultés individuelles, il va de soi qu'il faut entendre par là, non pas des facultés qui seraient propres à un individu à l'exclusion des autres, ou qui seraient essentiellement et radicalement différentes chez chaque individu (ce qui serait d'ailleurs la même chose au fond, car on ne pourrait pas vraiment dire alors que ce sont les mêmes facultés, de sorte qu'il ne s'agirait que d'une assimilation purement verbale), mais des facultés qui appartiennent aux individus en tant que tels, et qui n'auraient plus aucune raison d'être si on voulait les considérer en dehors d'un certain état individuel et des conditions particulières qui définissent l'existence dans cet état. C'est en ce sens que la raison, par exemple, est proprement une faculté individuelle humaine, car, s'il est vrai qu'elle est au fond, dans son essence, commune à tous les hommes (sans quoi elle ne pourrait évidemment servir à définir la nature humaine), et qu'elle ne diffère d'un individu à un autre que dans son application et dans ses modalités secondaires, elle n'en appartient pas moins aux hommes en tant qu'individus, et seulement en tant qu'individus, puisqu'elle est justement caractéristique de l'individualité humaine ; et il faut bien prendre garde que ce n'est que par une transposition purement analogique qu'on peut légitimement envisager en quelque façon sa correspondance dans l'universel. Donc, et nous y insistons pour écarter toute confusion possible (confusion que les conceptions « rationalistes » de l'Occident moderne rendent même des plus faciles), si l'on prend le mot « raison » à la fois en un sens universel et en un sens individuel, on doit toujours avoir soin de remarquer que ce double emploi d'un même terme (qu'il serait du reste, en toute rigueur, préférable d'éviter) n'est que l'indication d'une simple analogie, exprimant la réfraction d'un principe universel (qui n'est autre que *Buddhi*) dans l'ordre mental humain[4]. Ce n'est qu'en vertu de cette analogie, qui n'est à aucun degré une identification, que l'on peut en un certain sens, et sous la réserve précédente, appeler aussi « raison » ce qui, dans l'universel, correspond, par une transposition convenable, à la raison humaine, ou, en d'autres termes, ce dont celle-ci est l'expression, comme traduction et manifestation, en mode individualisé[5]. D'ailleurs, les principes fondamentaux de la connaissance, même si on les regarde comme l'expression d'une sorte de « raison universelle », entendue au sens du *Logos* platonicien et alexandrin, n'en dépassent pas moins pour cela, au delà de toute mesure assignable, le domaine particulier de la raison individuelle, qui est exclusivement une faculté de connaissance distinctive et discursive[6], et à laquelle ils s'imposent comme des données d'ordre transcendant conditionnant nécessairement toute activité mentale. Cela est évident, du reste, dès que l'on remarque que ces principes ne présupposent aucune existence particulière, mais sont au contraire présupposés logiquement comme des prémisses, au moins implicites, de toute affirmation vraie d'ordre contingent. On peut même dire que, en raison de leur universalité, ces principes, qui dominent toute logique possible, ont en même temps, ou plutôt avant tout, une portée qui s'étend bien au delà du domaine de la logique, car celle-ci, tout au moins dans son acception habituelle et philosophique[7], n'est et ne peut être qu'une application, plus ou moins consciente d'ailleurs, des principes universels aux conditions particulières de l'entendement humain individualisé[8].

Ces quelques précisions, bien que s'écartant un peu du sujet principal de notre étude, nous ont paru nécessaires pour bien faire comprendre dans quel sens nous disons que le « mental » est une faculté ou une propriété de l'individu comme tel, et que cette propriété représente l'élément essentiellement caractéristique de l'état humain. C'est à dessein, d'ailleurs, que, quand il nous arrive de parler de « facultés », nous laissons à ce terme une acception assez vague et indéterminée ; il est ainsi susceptible d'une application plus générale, dans des cas où il n'y aurait aucun avantage à le remplacer par quelque autre terme plus spécial parce que plus nettement défini.

Pour ce qui est de la distinction essentielle du « mental » d'avec l'intellect pur, nous rappellerons seulement ceci : l'intellect, dans le passage de l'universel à l'individuel, produit la conscience, mais celle-ci, étant de l'ordre individuel, n'est aucunement identique au principe intellectuel lui-même, bien qu'elle en procède immédiatement comme résultante de l'intersection de ce principe avec le domaine spécial de certaines conditions d'existence, par lesquelles est définie l'individualité considérée[9]. D'autre part, c'est à la faculté mentale, unie directement à la conscience, qu'appartient en propre la pensée individuelle, qui est d'ordre formel (et, suivant ce qui vient d'être dit, nous y comprenons la raison aussi bien que la mémoire et l'imagination), et qui n'est nullement inhérente à l'intellect transcendant (*Buddhi*), dont les attributions sont essentiellement informelles[10]. Ceci montre clairement à quel point cette faculté mentale est en réalité quelque chose de restreint et de spécialisé, tout en étant cependant susceptible de développer des possibilités indéfinies ; elle est donc à la fois beaucoup moins et beaucoup plus que ne le voudraient les conceptions par trop simplifiées, voire même « simplistes », qui ont cours parmi les psychologues occidentaux[11].

---

1. Voir *L'Homme et son devenir selon le Vêdânta*, ch. VIII. — Nous employons le terme de « mental », préférablement à tout autre, parce que sa racine est la même que celle du sanscrit *manas*, qui se retrouve dans le latin *mens*, l'anglais *mind*, etc. ; d'ailleurs, les nombreux

rapprochements linguistiques que l'on peut faire aisément au sujet de cette racine *man* ou *men* et des diverses significations des mots qu'elle forme montrent bien qu'il s'agit là d'un élément qui est regardé comme essentiellement caractéristique de l'être humain, puisque sa désignation sert souvent aussi à nommer celui-ci, ce qui implique que cet être est suffisamment défini par la présence de l'élément en question (cf. *ibid.*, pp. 23-24).

2. Nous verrons plus loin que les états « angéliques » sont proprement les états supra-individuels de la manifestation, c'est-à-dire ceux qui appartiennent au domaine de la manifestation informelle.
3. Nous rappelons que l'espèce est essentiellement de l'ordre de la manifestation individuelle, qu'elle est strictement immanente à un certain degré défini de l'Existence universelle, et que, par conséquent, l'être ne lui est lié que dans son état correspondant à ce degré.
4. Dans l'ordre cosmique, la réfraction correspondante du même principe a son expression dans le *Manu* de la tradition hindoue (voir *Introduction générale à l'étude des doctrines hindoues*, 3ème partie, ch. V. et *L'Homme et son devenir selon le Védânta*, pp. 58-59).
5. Suivant les philosophes scolastiques, une transposition de ce genre doit être effectuée toutes les fois qu'on passe des attributs des êtres créés aux attributs divins, de telle sorte que ce n'est qu'analogiquement que les mêmes termes peuvent être appliqués aux uns et aux autres, et simplement pour indiquer qu'il y a en Dieu le principe de toutes les qualités qui se trouvent dans l'homme ou dans tout autre être, à la condition, bien entendu, qu'il s'agisse de qualités réellement positives, et non de celles qui, n'étant que la conséquence d'une privation ou d'une limitation, n'ont qu'une existence purement négative, quelles que soient d'ailleurs les apparences, et sont par conséquent dépourvues de principe.
6. Connaissance discursive, s'opposant à connaissance intuitive, est au fond synonyme de connaissance indirecte et médiate ; ce n'est donc qu'une connaissance toute relative, et en quelque sorte par reflet ou par participation ; en raison de son caractère d'extériorité, qui laisse subsister la dualité du sujet et de l'objet, elle ne saurait trouver en elle-même la garantie de sa vérité, mais doit la recevoir de principes qui la dépassent et qui sont de l'ordre de la connaissance intuitive, c'est-à-dire purement intellectuelle.
7. Nous faisons cette restriction parce que la logique, dans des civilisations orientales comme celles de l'Inde et de la Chine, présente un caractère différent, qui en fait un « point de vue » (*darshana*) de la doctrine totale et une véritable « science traditionnelle » (voir *Introduction générale à l'étude des doctrines hindoues*, 3ème partie, ch. IX).
8. Cf. *Le Symbolisme de la Croix*, ch. XVII.
9. Cette intersection est, suivant ce que nous avons exposé ailleurs, celle du « Rayon Céleste » avec son plan de réflexion (*ibid.*, ch. XXIV).
10. Voir *L'Homme et son devenir selon le Védânta*, ch. VII et VIII.
11. C'est ce que nous avons déjà indiqué plus haut au sujet des possibilités du « moi » et de sa place dans l'être total.

9
LA HIÉRARCHIE DES FACULTÉS INDIVIDUELLES

La distinction profonde de l'intellect et du mental consiste essentiellement, comme nous venons de le dire, en ce que le premier est d'ordre universel, tandis que le second est d'ordre purement individuel ; par suite, ils ne peuvent pas s'appliquer au même domaine ni aux mêmes objets, et il y a lieu, à cet égard, de distinguer de même l'idée informelle de la pensée formelle, qui n'en est que l'expression mentale, c'est-à-dire la traduction en mode individuel. L'activité de l'être, dans ces deux ordres différents que sont l'intellectuel et le mental, peut, tout en s'exerçant simultanément, arriver à se dissocier au point de les rendre complètement indépendants l'un de l'autre quant à leurs manifestations respectives ; mais nous ne pouvons que signaler ceci en passant et sans y insister, car tout développement sur ce sujet nous entraînerait inévitablement à sortir du point de vue strictement théorique auquel nous entendons nous borner présentement.

D'autre part, le principe psychique qui caractérise l'individualité humaine est d'une double nature : outre l'élément mental proprement dit, il comprend également l'élément sentimental ou émotif, qui, évidemment, relève aussi du domaine de la conscience individuelle, mais qui est encore plus éloigné de l'intellect, et en même temps plus étroitement dépendant des conditions organiques, donc plus proche du monde corporel ou sensible. Cette nouvelle distinction, bien qu'établie à l'intérieur de ce qui est proprement individuel, et par conséquent moins fondamentale que la précédente, est pourtant encore beaucoup plus profonde qu'on ne pourrait le croire à première vue ; et beaucoup d'erreurs ou de méprises de la philosophie occidentale, particulièrement sous sa forme psychologique[1], proviennent de ce que, malgré les apparences, elle ne l'ignore guère moins au fond que celle de l'intellect et du mental, ou que tout au moins elle en méconnaît la portée réelle. De plus, la distinction, et nous pourrions même dire la séparation de ces facultés, montre qu'il y a une véritable multiplicité d'états, ou plus précisément de modalités, dans l'individu lui-même, quoique celui-ci, dans son ensemble, ne constitue qu'un seul état de l'être total ; l'analogie de la partie et du tout se retrouve ici comme partout ailleurs[2]. On peut donc parler d'une hiérarchie des facultés individuelles, aussi bien que d'une hiérarchie des états de l'être total ; seulement, les facultés de l'individu, si elles sont indéfinies dans leur extension possible, sont en nombre défini, et le simple fait de les subdiviser plus ou moins, par une dissociation poussée plus ou moins loin, ne leur ajoute évidemment aucune potentialité nouvelle, tandis que, comme nous l'avons déjà dit, les états de l'être sont véritablement en multitude indéfinie, et cela par leur nature même, qui est (pour les états manifestés) de correspondre à tous les degrés de l'Existence universelle. On pourrait dire que, dans l'ordre individuel, la distinction ne s'opère que par division, et que, dans l'ordre extra-individuel, elle s'opère au contraire par multiplication ; ici comme dans tous les cas, l'analogie s'applique donc en sens inverse[3].

Nous n'avons nullement l'intention d'entrer ici dans l'étude spéciale et détaillée des différentes facultés individuelles et de leurs fonctions ou attributions respectives ; cette étude aurait forcément un caractère plutôt psychologique, du moins tant que nous nous en tiendrions à la théorie de ces facultés, qu'il suffit d'ailleurs de nommer pour que leurs objets propres soient assez clairement définis par là même, à la condition, bien entendu, de rester dans les généralités, qui seules nous importent actuellement. Comme les analyses plus ou moins subtiles ne sont pas du ressort de la métaphysique, et que du reste elles sont ordinairement d'autant plus vaines qu'elles sont plus subtiles, nous les abandonnons très volontiers aux philosophes qui font profession de s'y complaire ; d'un autre côté, notre intention présente n'est pas de traiter complètement la question de la constitution de l'être humain, que nous avons déjà exposée dans un autre ouvrage[4], ce qui nous dispense de plus amples développements sur ces points d'importance secondaire par rapport au sujet qui nous occupe maintenant.

En somme, si nous avons jugé à propos de dire quelques mots de la hiérarchie des facultés individuelles, c'est seulement parce qu'elle permet de se rendre mieux compte de ce que peuvent être les états multiples, en en donnant en quelque sorte une image réduite, comprise dans les limites de la possibilité individuelle humaine. Cette image ne peut être exacte, selon sa mesure, que si l'on tient compte des réserves que nous avons formulées en ce qui concerne l'application de l'analogie ; d'autre part, comme elle sera d'autant meilleure qu'elle sera moins restreinte, il convient d'y faire entrer, conjointement avec la notion générale de la hiérarchie des facultés, la considération des divers prolongements de l'individualité dont nous avons eu l'occasion de parler précédemment. D'ailleurs, ces prolongements, qui sont de différents ordres, peuvent rentrer également dans les subdivisions de la hiérarchie générale ; il y en a même qui, étant en quelque sorte de nature organique comme nous l'avons dit, se rattachent simplement à l'ordre corporel, mais à la condition de voir jusque dans celui-ci quelque chose de psychique à un certain degré, cette manifestation corporelle étant comme enveloppée et pénétrée tout à la fois par la manifestation subtile, en laquelle elle a son principe immédiat. Il n'y a pas lieu, à la vérité, de séparer l'ordre corporel des autres ordres individuels (c'est-à-dire des autres modalités appartenant au même état individuel envisagé dans l'intégralité de son extension) beaucoup plus profondément que ceux-ci ne doivent être séparés entre eux, puisqu'il se situe avec eux à un même niveau dans l'ensemble de l'Existence universelle, et par conséquent dans la totalité des états de l'être ; mais, tandis que les autres distinctions étaient négligées et oubliées, celle-là prenait une importance exagérée en raison du dualisme « esprit-matière » dont la conception a prévalu, pour des causes diverses, dans les tendances philosophiques de tout l'Occident moderne[5].

---

1. Nous employons cette expression à dessein, parce que certains, au lieu de ne donner à la psychologie que sa place légitime de science spécialisée, prétendent en faire le point de départ et le fondement de toute une pseudo-métaphysique, qui, bien entendu, est sans aucune valeur.
2. Voir *Le Symbolisme de la Croix*, pp. 25-26 et 34-25.
3. Voir *ibid*. pp. 27-28 et 206-208.
4. *L'Homme et son devenir selon le Vêdânta*.
5. Voir *Introduction générale à l'étude des doctrines hindoues*, pp. 137-142, et *L'Homme et son devenir selon le Vêdânta*, pp. 59-61. — Comme nous l'avons déjà indiqué, c'est à Descartes qu'il faut faire remonter principalement l'origine et la responsabilité de ce dualisme, quoiqu'il faille aussi reconnaître que ses conceptions ont dû leur succès à ce qu'elles n'étaient en somme que l'expression systématisée de tendances préexistantes, celles-là mêmes qui sont proprement caractéristiques de l'esprit moderne (cf. *La Crise du Monde moderne*, pp. 124-128).

10

LES CONFINS DE L'INDÉFINI

Bien que nous ayons parlé d'une hiérarchie des facultés individuelles, il importe de ne jamais perdre de vue qu'elles sont toutes comprises dans l'extension d'un seul et même état de l'être total, c'est-à-dire dans un plan horizontal de la représentation géométrique de l'être, telle que nous l'avons exposée dans notre précédente étude, tandis que la hiérarchie des différents états est marquée par leur superposition suivant la direction de l'axe vertical de la même représentation. La première de ces deux hiérarchies n'occupe donc, à proprement parler, aucune place dans la seconde, puisque son ensemble s'y réduit à un seul point (le point de rencontre de l'axe vertical avec le plan correspondant à l'état considéré) : en d'autres termes, la différence des modalités individuelles, ne se référant qu'au sens de l'« ampleur », est rigoureusement nulle suivant celui de l'« exaltation »[1].

Il ne faut pas oublier, d'autre part, que l'« ampleur », dans l'épanouissement intégral de l'être, est indéfinie aussi bien que l'« exaltation » ; et c'est là ce qui nous permet de parler de l'indéfinité des possibilités de chaque état, mais, bien entendu, sans que cette indéfinité doive aucunement être interprétée comme supposant une absence de limites. Nous nous sommes déjà suffisamment expliqué là-dessus en établissant la distinction de l'Infini et de l'indéfini, mais nous pouvons faire intervenir ici une figuration géométrique dont nous n'avons pas encore parlé : dans un plan horizontal quelconque, les confins de l'indéfini sont marqués par le cercle-limite auquel certains mathématiciens ont donné la dénomination, d'ailleurs absurde, de « droite de l'infini »[2], et ce cercle n'est fermé en aucun de ses points, étant un grand cercle (section par un plan diamétral) du sphéroïde indéfini dont le déploiement comprend l'intégralité de l'étendue, représentant la totalité de l'être[3]. Si maintenant nous considérons, dans leur plan, les modifications individuelles parties d'un cycle quelconque extérieur au centre (c'est-à-dire sans identification avec celui-ci suivant le rayon centripète) et se propageant indéfiniment en mode vibratoire, leur arrivée au cercle-limite (suivant le rayon centrifuge) correspond à leur maximum de dispersion, mais, en même temps, est nécessairement le point d'arrêt de leur mouvement centrifuge. Ce mouvement, indéfini en tous sens, représente la multiplicité des points de vue partiels, en dehors de l'unité du point de vue central, dont cependant ils procèdent tous comme les rayons émanés du centre commun, et qui constitue ainsi leur unité essentielle et fondamentale, mais non actuellement réalisée par rapport à leur voie d'extériorisation graduelle, contingente et multiforme, dans l'indéfinité de la manifestation.

Nous parlons ici d'extériorisation en nous plaçant au point de vue de la manifestation elle-même ; mais on ne doit pas oublier que toute extériorisation est, comme telle, essentiellement illusoire, puisque, comme nous l'avons dit plus haut, la multiplicité, qui est contenue dans l'unité sans que celle-ci en soit affectée, ne peut jamais en sortir réellement, ce qui impliquerait une « altération » (au sens étymologique) en contradiction avec l'immutabilité principielle[4]. Les points de vue partiels, en multitude indéfinie, que sont toutes les modalités d'un être dans chacun de ses états, ne sont donc en somme que des aspects fragmentaires du point de vue central (fragmentation d'ailleurs tout illusoire aussi, celui-ci étant essentiellement indivisible en réalité par là même que l'unité est sans parties), et leur « réintégration » dans l'unité de ce point de vue central et principiel n'est proprement qu'une « intégration » au sens mathématique de ce terme : elle ne saurait exprimer que les éléments aient pu, à un moment quelconque, être vraiment détachés de leur somme, ou être considérés ainsi autrement que par une simple abstraction. Il est vrai que cette abstraction n'est pas toujours effectuée consciemment, parce qu'elle est une conséquence nécessaire de la restriction des facultés individuelles sous telle ou telle de leurs modalités spéciales, modalité seule actuellement réalisée par l'être qui se place à l'un ou à l'autre de ces points de vue partiels dont il est ici question.

Ces quelques remarques peuvent aider à faire comprendre comment il faut envisager les confins de l'indéfini, et comment leur réalisation est un facteur important de l'unification effective de l'être[5]. Il convient d'ailleurs de reconnaître que leur conception, même simplement théorique, ne va pas sans quelque difficulté, et il doit normalement en être ainsi, puisque l'indéfini est précisément ce dont les limites sont reculées jusqu'à ce que nous les perdions de vue, c'est-à-dire jusqu'à ce qu'elles échappent aux prises de nos facultés, du moins dans l'exercice ordinaire de celles-ci ;

mais, ces facultés étant elles-mêmes susceptibles d'une extension indéfinie, ce n'est pas en vertu de leur nature même que l'indéfini les dépasse, mais seulement en vertu d'une limitation de fait due au degré de développement présent de la plupart des êtres humains, de sorte qu'il n'y a à cette conception aucune impossibilité, et que d'ailleurs elle ne nous fait pas sortir de l'ordre des possibilités individuelles. Quoi qu'il en soit, pour apporter à cet égard de plus grandes précisions, il faudrait considérer plus particulièrement, à titre d'exemple, les conditions spéciales d'un certain état d'existence, ou, pour parler plus rigoureusement, d'une certaine modalité définie, telle que celle qui constitue l'existence corporelle, ce que nous ne pouvons faire dans les limites du présent exposé ; sur cette question encore, nous renverrons donc, comme nous avons déjà dû le faire à diverses reprises, à l'étude que nous nous proposons de consacrer entièrement à ce sujet des conditions de l'existence corporelle.

---

1. Sur la signification de ces termes empruntés à l'ésotérisme islamique, voir *Le Symbolisme de la Croix*, pp. 31-32.
2. Cette dénomination vient de ce qu'un cercle dont le rayon croit indéfiniment a pour limite une droite ; et, en géométrie analytique, l'équation du cercle-limite dont il s'agit, et qui est le lieu de tous les points du plan indéfiniment éloignés du centre (origine des coordonnées), se réduit effectivement à une équation du premier degré comme celle d'une droite.
3. *Voir Le Symbolisme de la Croix, ch. XX.*
4. Sur la distinction de l'« intérieur » et de l'« extérieur » et les limites dans lesquelles elle est valable, voir *ibid.*, pp. 205-206.
5. Ceci doit être rapproché de ce que nous avons dit ailleurs, que c'est dans la plénitude de l'expansion que s'obtient la parfaite homogénéité, de même que, inversement, l'extrême distinction n'est réalisable que dans l'extrême universalité (*ibid.*, p. 153).

11
PRINCIPES DE DISTINCTION
ENTRE LES ÉTATS D'ÊTRE

Jusqu'ici, en ce qui concerne plus spécialement l'être humain, nous avons considéré surtout l'extension de la possibilité individuelle, qui seule constitue d'ailleurs l'état proprement humain ; mais l'être qui possède cet état possède aussi, au moins virtuellement, tous les autres états, sans lesquels il ne saurait être question de l'être total. Si l'on envisage tous ces états dans leurs rapports avec l'état individuel humain, on peut les classer en « préhumains » et « posthumains », mais sans que l'emploi de ces termes doive aucunement suggérer l'idée d'une succession temporelle ; il ne peut ici être question d'« avant » et d'« après » que d'une façon toute symbolique[1], et il ne s'agit que d'un ordre de conséquence purement logique, ou plutôt à la fois logique et ontologique, dans les divers cycles du développement de l'être, puisque, métaphysiquement, c'est-à-dire au point de vue principiel, tous ces cycles sont essentiellement simultanés, et qu'ils ne peuvent devenir successifs qu'accidentellement en quelque sorte, en ayant égard à certaines conditions spéciales de manifestation. Nous insistons une fois de plus sur ce point, que la condition temporelle, si généralisée qu'on en suppose la conception, n'est applicable qu'à certains cycles ou à certains états particuliers, comme l'état humain, ou même à certaines modalités de ces états, comme la modalité corporelle (certains des prolongements de l'individualité humaine pouvant échapper au temps, sans sortir pour cela de l'ordre des possibilités individuelles), et qu'elle ne peut à aucun titre intervenir dans la totalisation de l'être[2]. Il en est d'ailleurs exactement de même de la condition spatiale, ou de n'importe quelle autre des conditions auxquelles nous sommes actuellement soumis en tant qu'êtres individuels, aussi bien que de celles auxquelles sont de même soumis tous les autres états de manifestation compris dans l'intégralité du domaine de l'Existence universelle.

Il est assurément légitime d'établir, comme nous venons de l'indiquer, une distinction dans l'ensemble des états de l'être en les rapportant à l'état humain, qu'on les dise logiquement antérieurs ou postérieurs, ou encore supérieurs ou inférieurs à celui-ci, et nous avons donné dès le début les raisons qui justifient une telle distinction ; mais, à vrai dire, ce n'est là qu'un point de vue très particulier, et le fait qu'il est présentement le nôtre ne doit pas nous faire illusion à cet égard ; aussi, dans tous les cas où il n'est pas indispensable de se placer à ce point de vue, il vaut mieux recourir à un principe de distinction qui soit d'un ordre plus général et qui présente un caractère plus fondamental, sans oublier jamais, d'ailleurs, que toute distinction est forcément quelque chose de contingent. La distinction la plus principielle de toutes, si l'on peut dire, et celle qui est susceptible de l'application la plus universelle, est celle des états de manifestation et des états de non-manifestation, que nous avons effectivement posée avant toute autre, dès le commencement de la présente étude, parce qu'elle est d'une importance capitale pour tout l'ensemble de la théorie des états multiples. Cependant, il peut se faire qu'il y ait lieu d'envisager parfois une autre distinction d'une portée plus restreinte, comme celle que l'on pourra établir, par exemple, en se référant, non plus à la manifestation universelle dans son intégralité, mais simplement à l'une quelconque des conditions générales ou spéciales d'existence qui nous sont connues : on divisera alors les états de l'être en deux catégories, suivant qu'ils seront ou ne seront pas soumis à la condition dont il s'agit, et, dans tous les cas, les états de non-manifestation, étant inconditionnés, rentreront nécessairement dans la seconde de ces catégories, celle dont la détermination est purement négative. Ici, nous aurons donc, d'une part, les états qui sont compris à l'intérieur d'un certain domaine déterminé, d'ailleurs plus ou moins étendu, et, d'autre part, tout le reste, c'est-à-dire tous les états qui sont en dehors de ce même domaine ; il y a, par suite, une certaine asymétrie et comme une disproportion entre ces deux catégories, dont la première seule est délimitée en réalité, et cela quel que soit l'élément caractéristique qui sert à les déterminer. Pour avoir de ceci une représentation géométrique, on peut, étant donnée une courbe quelconque tracée dans un plan, considérer cette courbe comme partageant le plan tout entier en deux régions : l'une située à l'intérieur de la courbe, qui l'enveloppe et la délimite, et l'autre s'étendant à tout ce qui est à l'extérieur de la même courbe ; la première de ces deux régions est définie, tandis que la seconde est indéfinie. Les mêmes considérations s'appliquent à une surface fermée dans l'étendue à trois dimensions, que nous avons prise pour symboliser la totalité de l'être ; mais il importe de remarquer que, dans ce cas encore, une des régions est strictement définie (quoique comprenant d'ailleurs toujours une indéfinité de points) dès lors que la surface est fermée, tandis que, dans la division des états de l'être, la catégorie qui est susceptible d'une détermination positive, donc d'une délimitation effective, n'en comporte pas moins, si restreinte qu'on puisse la supposer par rapport à l'ensemble, des possibilités de développement indéfini. Pour obvier à cette imperfection de la représentation géométrique, il suffit de lever la restriction que nous nous sommes imposée en considérant une surface fermée, à l'exclusion d'une surface non fermée : en allant jusqu'aux confins de l'indéfini, en effet, une ligne ou une surface, quelle qu'elle soit, est toujours réductible à une courbe ou à une surface fermée[3], de sorte qu'on peut dire qu'elle partage le plan ou l'étendue en deux régions, qui peuvent alors être l'une et l'autre indéfinies en extension, et dont cependant une seule, comme précédemment, est conditionnée par une détermination positive résultant des propriétés de la courbe ou de la surface considérée.

Dans le cas où l'on établit une distinction en rapportant l'ensemble des états à l'un quelconque d'entre eux, que ce soit l'état humain ou tout autre, le principe déterminant est d'un ordre différent de celui que nous venons d'indiquer, car il ne peut plus se ramener purement et simplement à l'affirmation et à la négation d'une certaine condition[4]. Géométriquement, il faut alors considérer l'étendue comme partagée en deux par le plan qui représente l'état pris pour base ou pour terme de comparaison ; ce qui est situé de part et d'autre de ce plan correspond respectivement aux deux catégories qu'on est ainsi amené à envisager, et qui présentent alors une sorte de symétrie ou d'équivalence qu'elles n'avaient pas dans le cas précédent. Cette distinction est celle que nous avons exposée ailleurs, sous sa forme la plus générale, à propos de la théorie hindoue des trois *gunas* : le plan qui sert de base est indéterminé en principe, et il peut être celui qui représente un état conditionné quelconque, de sorte que ce n'est que secondairement qu'on le détermine comme représentant l'état humain, lorsqu'on veut se placer au point de vue de cet état spécial.

D'autre part, il peut y avoir avantage, particulièrement pour faciliter les applications correctes de l'analogie, à étendre cette dernière représentation à tous les cas, même à ceux auxquels elle ne semble pas convenir directement d'après les considérations précédentes. Pour obtenir ce résultat, il n'y a évidemment qu'à figurer comme un plan de base ce par quoi on détermine la distinction qu'on établit, quel qu'en soit le principe : la partie de l'étendue qui est située au-dessous de ce plan pourra représenter ce qui est soumis à la détermination considérée, et celle qui est située au-dessus représentera alors ce qui n'est pas soumis à cette même détermination. Le seul inconvénient d'une telle représentation est que les deux régions de l'étendue semblent y être également indéfinies, et de la même façon ; mais on peut détruire cette symétrie en regardant leur plan de séparation comme la limite d'une sphère dont le centre est indéfiniment éloigné suivant la direction descendante, ce qui nous ramène en réalité au premier mode de représentation, car ce n'est là qu'un cas particulier de cette réduction à une surface fermée à laquelle nous faisions allusion tout à l'heure. En somme, il suffit de prendre garde que l'apparence de symétrie, en pareil cas, n'est due qu'à une certaine imperfection du symbole employé ; et, d'ailleurs, on peut toujours passer d'une représentation à une autre lorsqu'on y trouve une commodité plus grande ou quelque avantage d'un autre ordre, puisque, en raison même de cette imperfection inévitable par la nature des choses comme nous avons eu souvent l'occasion de le faire remarquer, une seule représentation est généralement insuffisante pour rendre intégralement (ou du moins sans autre réserve que celle de l'inexprimable) une conception de l'ordre de celle dont il s'agit ici.

Bien que, d'une façon ou d'une autre, on divise les états d'être en deux catégories, il va de soi qu'il n'y a là aucune trace d'un dualisme quelconque, car cette division se fait au moyen d'un principe unique, tel qu'une certaine condition d'existence, et il n'y a ainsi en réalité qu'une seule détermination, qui est envisagée à la fois positivement et négativement. D'ailleurs, pour rejeter tout soupçon de dualisme, si injustifié qu'il soit, il suffit de faire observer que toutes ces distinctions, loin d'être irréductibles, n'existent que du point de vue tout relatif où elles sont établies, et que même elles n'acquièrent cette existence contingente, la seule dont elles soient susceptibles, que dans la mesure où nous la leur donnons nous-mêmes par notre conception. Le point de vue de la manifestation tout entière, bien qu'évidemment plus universel que les autres, est encore tout relatif comme eux, puisque la manifestation elle-même est purement contingente ; ceci s'applique donc même à la distinction que nous avons considérée comme la plus fondamentale et la plus proche de l'ordre principiel, celle des états de manifestation et des états de non-manifestation, comme nous avons d'ailleurs eu soin de l'indiquer déjà en parlant de l'Être et du Non-Être.

---

1. Cf. *L'Homme et son devenir selon le Vêdânta*, pp. 177-179. — Ce symbolisme temporel est d'ailleurs d'un emploi constant dans la théorie des cycles, que celle-ci soit appliquée à l'ensemble des êtres ou à chacun d'eux en particulier ; les cycles cosmiques ne sont pas autre chose que les états ou degrés de l'Existence universelle, ou leurs modalités secondaires quand il s'agit de cycles subordonnés et plus restreints, qui présentent d'ailleurs des phases correspondantes à celles des cycles plus étendus dans lesquels ils s'intègrent, en vertu de cette analogie de la partie et du tout dont nous avons déjà parlé.
2. Cela est vrai, non seulement du temps, mais même de la « durée » envisagée, suivant certaines conceptions, comme comprenant, outre le temps, tous les autres modes possibles de succession, c'est-à-dire toutes les conditions qui, dans d'autres états d'existence, peuvent correspondre analogiquement à ce qu'est le temps dans l'état humain (voir *Le Symbolisme de la Croix*, p. 211).

3. C'est ainsi, par exemple, que la droite est réductible à une circonférence et le plan a une sphère, comme limites de l'une et de l'autre quand leurs rayons sont supposés croître indéfiniment.
4. Il est d'ailleurs bien entendu que c'est la négation d'une condition, c'est-à-dire d'une détermination ou d'une limitation, qui a un caractère de positivité au point de vue de la réalité absolue, ainsi que nous l'avons expliqué à propos de l'emploi des termes de forme négative.

12

LES DEUX CHAOS

Parmi les distinctions qui, suivant ce que nous avons exposé dans le chapitre précédent, se fondent sur la considération d'une condition d'existence, une des plus importantes, et nous pourrions sans doute même dire la plus importante de toutes, est celle des états formels et des états informels, parce qu'elle n'est pas autre chose, métaphysiquement, qu'un des aspects de la distinction de l'individuel et de l'universel, ce dernier étant regardé comme comprenant à la fois la non-manifestation et la manifestation informelle, ainsi que nous l'avons expliqué ailleurs. En effet, la forme est une condition particulière de certains modes de la manifestation, et c'est à ce titre qu'elle est, notamment, une des conditions de l'existence dans l'état humain ; mais, en même temps, elle est proprement, d'une façon générale, le mode de limitation qui caractérise l'existence individuelle, qui peut lui servir en quelque sorte de définition. Il doit être bien entendu, d'ailleurs, que cette forme n'est pas nécessairement déterminée comme spatiale et temporelle, ainsi qu'elle l'est dans le cas spécial de la modalité humaine corporelle ; elle ne peut aucunement l'être dans les états non-humains, qui ne sont pas soumis à l'espace et au temps, mais à de tout autres conditions[1]. Ainsi, la forme est une condition commune, non pas à tous les modes de la manifestation, mais du moins à tous ses modes individuels, qui se différencient entre eux par l'adjonction de telles ou telles autres conditions plus particulières ; ce qui fait la nature propre de l'individu comme tel, c'est qu'il est revêtu d'une forme, et tout ce qui est de son domaine, comme la pensée individuelle dans l'homme, est également formel[2]. La distinction que nous venons de rappeler est donc, au fond, celle des états individuels et des états non-individuels (ou supra-individuels), les premiers comprenant dans leur ensemble toutes les possibilités formelles, et les seconds toutes les possibilités informelles.

L'ensemble des possibilités formelles et celui des possibilités informelles sont ce que les différentes doctrines traditionnelles symbolisent respectivement par les « Eaux inférieures » et les « Eaux supérieures »[3] ; les Eaux, d'une façon générale et au sens le plus étendu, représentent la Possibilité, entendue comme la « perfection passive »[4], ou le principe plastique universel, qui, dans l'Être, se détermine comme la « substance » (aspect potentiel de l'Être) ; dans ce dernier cas, il ne s'agit plus que de la totalité des possibilités de manifestation, les possibilités de non-manifestation étant au delà de l'Être[5]. La « surface des Eaux », ou leur plan de séparation, que nous avons décrit ailleurs comme le plan de réflexion du « Rayon Céleste »[6], marque donc l'état dans lequel s'opère le passage de l'individuel à l'universel, et le symbole bien connu de la « marche sur les Eaux » figure l'affranchissement de la forme, ou la libération de la condition individuelle[7]. L'être qui est parvenu à l'état correspondant pour lui à la « surface des Eaux », mais sans s'élever encore au-dessus de celle-ci, se trouve comme suspendu entre deux chaos, dans lesquels tout n'est d'abord que confusion et obscurité (*tamas*), jusqu'au moment où se produit l'illumination qui en détermine l'organisation harmonique dans le passage de la puissance à l'acte, et par laquelle s'opère, comme par le *Fiat Lux* cosmogonique, la hiérarchisation qui fera sortir l'ordre du chaos.

Cette considération des deux chaos, correspondant au formel et à l'informel, est indispensable pour la compréhension d'un grand nombre de figurations symboliques et traditionnelles[8] ; c'est pourquoi nous avons tenu à la mentionner spécialement ici. Du reste, bien que nous ayons déjà traité cette question dans notre précédente étude, elle se rattachait trop directement à notre présent sujet pour qu'il nous fût possible de ne pas la rappeler au moins brièvement.

---

1. Voir *Le Symbolisme de la Croix*, p. 18. — « La forme, géométriquement parlant, c'est le contour : c'est l'apparence de la Limite » (Matgioi, *La Voie Métaphysique*, p. 85). On pourrait la définir comme un ensemble de tendances en direction, par analogie avec l'équation tangentielle d'une courbe ; il va sans dire que cette conception, à base géométrique, est transposable dans l'ordre qualitatif. Signalons aussi qu'on peut faire intervenir ces considérations en ce qui concerne les éléments non individualisés (mais non pas supra-individuels) du « monde intermédiaire », auxquels la tradition extrême-orientale donne la dénomination générique d'« influences errantes », et leur possibilité d'individualisation temporaire et fugitive, en détermination de direction, par l'entrée en rapport avec une conscience humaine (cf. *L'Erreur spirite*, pp. 119-123).
2. C'est sans doute de cette façon qu'il faut entendre ce que dit Aristote, que « l'homme (en tant qu'individu) ne pense jamais sans images », c'est-à-dire sans formes.
3. La séparation des Eaux, au point de vue cosmogonique, se trouve décrite notamment au début de la *Genèse* (I, 6-7).
4. Voir *Le Symbolisme de la Croix*, pp. 166-167.
5. Cf. *L'Homme et son devenir selon le Vêdânta* pp. 71-72.

6. *Le Symbolisme de la Croix*, ch. XXIV. — C'est aussi, dans le symbolisme hindou, le plan suivant lequel le *Brahmânda* ou « Œuf du Monde », au centre duquel réside *Hiranyagarbha*, se divise en deux moitiés ; cet « Œuf du Monde » est d'ailleurs souvent représenté comme flottant à la surface des Eaux primordiales (voir *L'Homme et son devenir selon le Vêdânta*, pp. 71 et 143-144).
7. *Nârâyana*, qui est un des noms de *Vishnu* dans la tradition hindoue, signifie littéralement « Celui qui marche sur les Eaux » ; il y a là un rapprochement avec la tradition évangélique qui s'impose de lui-même. Naturellement, là comme partout ailleurs, la signification symbolique ne porte aucune atteinte au caractère historique qu'a dans le second cas le fait considéré, fait qui, du reste, est d'autant moins contestable que sa réalisation, correspondant à l'obtention d'un certain degré d'initiation effective, est beaucoup moins rare qu'on ne le suppose d'ordinaire.
8. Cf. notamment le symbolisme extrême-oriental du Dragon, correspondant d'une certaine façon à la conception théologique occidentale du Verbe comme le « lieu des possibles » (voir *L'Homme et son devenir selon le Vêdânta*, p. 168).

13
LES HIÉRARCHIES SPIRITUELLES

La hiérarchisation des états multiples dans la réalisation effective de l'être total permet seule de comprendre comment il faut envisager, au point de vue métaphysique pur, ce qu'on appelle assez généralement les « hiérarchies spirituelles ». Sous ce nom, on entend d'ordinaire des hiérarchies d'êtres différents de l'homme et différents entre eux, comme si chaque degré était occupé par des êtres spéciaux, limités respectivement aux états correspondants ; mais la conception des états multiples nous dispense manifestement de nous placer à ce point de vue, qui peut être très légitime pour la théologie ou pour d'autres sciences ou spéculations particulières, mais qui n'a rien de métaphysique. Au fond, peu nous importe en elle-même l'existence des êtres extra-humains et supra-humains, qui peuvent assurément être d'une indéfinité de sortes, quelles que soient d'ailleurs les appellations par lesquelles on les désigne ; si nous avons toute raison pour admettre cette existence, ne serait-ce que parce que nous voyons aussi des êtres non-humains dans le monde qui nous entoure et qu'il doit par conséquent y avoir dans les autres états des êtres qui ne passent pas par la manifestation humaine (n'y aurait-il que ceux qui sont représentés dans celui-ci par les individualités non-humaines), nous n'avons cependant aucun motif pour nous en occuper spécialement, non plus que des êtres infra-humains, qui existent bien également et qu'on pourrait envisager de la même façon. Personne ne songe à faire de la classification détaillée des êtres non-humains du monde terrestre l'objet d'une étude métaphysique ou soi-disant telle ; on ne voit pas pourquoi il en serait autrement par le simple fait qu'il s'agit d'êtres existant dans d'autres mondes, c'est-à-dire occupant d'autres états, qui, si supérieurs qu'ils puissent être par rapport au nôtre, n'en font pas moins partie, au même titre, du domaine de la manifestation universelle. Seulement, il est facile de comprendre que les philosophes qui ont voulu borner l'être à un seul état, considérant l'homme, dans son individualité plus ou moins étendue, comme constituant un tout complet en lui-même, s'ils ont cependant été amenés à penser vaguement, pour une raison quelconque, qu'il y a d'autres degrés dans l'Existence universelle, n'ont pu faire de ces degrés que les domaines d'êtres qui nous soient totalement étrangers, sauf en ce qu'il peut y avoir de commun à tous les êtres ; et, en même temps, la tendance anthropomorphique les a souvent portés d'autre part à exagérer la communauté de nature, en prêtant à ces êtres des facultés non pas simplement analogues, mais similaires ou même identiques à celles qui appartiennent en propre à l'homme individuel[1]. En réalité, les états dont il s'agit sont incomparablement plus différents de l'état humain qu'aucun philosophe de l'Occident moderne n'a jamais pu le concevoir, même de loin ; mais, malgré cela, ces mêmes états, quels que puissent être d'ailleurs les êtres qui les occupent actuellement, peuvent être également réalisés par tous les autres êtres, y compris celui qui est en même temps un être humain dans un autre état de manifestation, sans quoi, comme nous l'avons déjà dit, il ne pourrait être question de la totalité d'aucun être, cette totalité devant, pour être effective, comprendre nécessairement tous les états, tant de manifestation (formelle et informelle) que de non-manifestation, chacun selon le mode dans lequel l'être considéré est capable de le réaliser. Nous avons noté ailleurs que presque tout ce qui est dit théologiquement des anges peut être dit métaphysiquement des états supérieurs de l'être[2], de même que, dans le symbolisme astrologique du moyen âge, les « cieux », c'est-à-dire les différentes sphères planétaires et stellaires, représentent ces mêmes états, et aussi les degrés initiatiques auxquels correspond leur réalisation[3] ; et, comme les « cieux » et les « enfers », les *Dêvas* et les *Asuras*, dans la tradition hindoue, représentent respectivement les états supérieurs et inférieurs par rapport à l'état humain[4]. Bien entendu, tout ceci n'exclut aucun des modes de réalisation qui peuvent être propres à d'autres êtres, de la même façon qu'il en est qui sont propres à l'être humain (en tant que son état individuel est pris pour point de départ et pour base de la réalisation) ; mais ces modes qui nous sont étrangers ne nous importent pas plus que ne nous importent toutes les formes que nous ne serons jamais appelés à réaliser (comme les formes animales, végétales et minérales du monde corporel), parce qu'elles sont réalisées aussi par d'autres êtres dans l'ordre de la manifestation universelle, dont l'indéfinité exclut toute répétition.

Il résulte de ce que nous venons de dire que, par « hiérarchies spirituelles », nous ne pouvons entendre proprement rien d'autre que l'ensemble des états de l'être qui sont supérieurs à l'individualité humaine, et plus spécialement des états informels ou supra-individuels, états que nous devons d'ailleurs regarder comme réalisables pour l'être à partir de l'état humain, et cela même au cours de son existence corporelle et terrestre. En effet, cette réalisation est essentiellement impliquée dans la totalisation de l'être, donc dans la « Délivrance » (*Moksha* ou *Mukti*), par laquelle l'être est affranchi des liens de toute condition spéciale d'existence, et qui, n'étant pas susceptible de différents degrés, est aussi complète et aussi parfaite lorsqu'elle est obtenue comme « libération dans la vie » (*jîvan-mukti*) que comme « libération hors de la forme » (*vidêha-mukti*), ainsi que nous avons eu l'occasion de l'exposer ailleurs[5]. Aussi ne peut-il y avoir aucun degré spirituel qui soit supérieur à celui du *Yogî*, car celui-ci, étant parvenu à cette « Délivrance », qui est en même temps l'« Union » (*Yoga*) ou l'« Identité Suprême », n'a plus rien à obtenir ultérieurement ; mais, si le but à atteindre est le même pour tous les êtres, il est bien entendu que chacun l'atteint suivant sa « voie personnelle », donc par des modalités susceptibles de variations indéfinies. On comprend par suite qu'il y ait, au cours de cette réalisation, des étapes multiples et diverses, qui peuvent être d'ailleurs parcourues successivement ou simultanément suivant les cas, et qui, se référant encore à des états déterminés, ne doivent aucunement être confondues avec la libération totale qui en est la fin ou l'aboutissement suprême[6] : ce sont là autant de degrés qu'on peut envisager dans les « hiérarchies spirituelles », quelle que soit du reste la classification plus ou moins générale qu'on établira, s'il y a lieu, dans l'indéfinité de leurs modalités possibles, et qui dépendra naturellement du point de vue auquel on entendra se placer plus particulièrement[7].

Il y a ici une remarque essentielle à faire : les degrés dont nous parlons, représentant des états qui sont encore contingents et conditionnés, n'importent pas métaphysiquement par eux-mêmes, mais seulement en vue du but unique auquel ils tendent tous, précisément en tant qu'on les regarde comme des degrés, et dont ils constituent seulement comme une préparation. Il n'y a d'ailleurs aucune commune mesure entre un état particulier quelconque, si élevé qu'il puisse être, et l'état total et inconditionné ; et il ne faut jamais perdre de vue que, au regard de l'Infini, la manifestation tout entière étant rigoureusement nulle, les différences entre les états qui en font partie doivent évidemment l'être aussi, quelque considérables qu'elles soient en elles-mêmes et tant qu'on envisage seulement les divers états conditionnés qu'elles séparent les uns des autres. Si le passage à certains états supérieurs constitue en quelque façon, relativement à l'état pris pour point de départ, une sorte d'acheminement vers la « Délivrance », il doit cependant être bien entendu que celle-ci, lorsqu'elle sera réalisée, impliquera toujours une discontinuité par rapport à l'état dans lequel se trouvera actuellement l'être qui l'obtiendra, et que, quel que soit cet état, cette discontinuité n'en sera ni plus ni moins profonde, puisque, dans tous les cas, il n'y a, entre l'état de l'être « non-délivré » et celui de l'être « délivré », aucun rapport comme il en existe entre différents états conditionnés[8].

En raison même de l'équivalence de tous les états vis-à-vis de l'Absolu, dès lors que le but final est atteint dans l'un ou l'autre des degrés dont il s'agit, l'être n'a aucunement besoin de les avoir tous parcourus préalablement, et d'ailleurs il les possède tous dès lors « par surcroît », pour ainsi dire, puisque ce sont là des éléments intégrants de sa totalisation. D'autre part, l'être qui possède ainsi tous les états pourra toujours évidemment, s'il y a lieu, être envisagé plus particulièrement par rapport à l'un quelconque de ces états et comme s'il y était « situé » effectivement, quoiqu'il soit véritablement au delà de tous les états et qu'il les contienne tous en lui-même, loin de pouvoir être contenu dans aucun d'eux. On pourrait dire que, en pareil cas, ce seront là simplement des aspects divers qui constitueront en quelque sorte autant de « fonctions » de cet être, sans que celui-ci soit aucunement affecté par leurs conditions, qui n'existent plus pour lui qu'en mode illusoire, puisque, en tant qu'il est vraiment « soi », son état est essentiellement inconditionné. C'est ainsi que l'apparence formelle, voire même corporelle, peut subsister pour l'être qui est « délivré dans la vie » (*jîvan-mukta*), et qui, « pendant sa résidence dans le corps, n'est pas affecté par ses propriétés, comme le firmament n'est pas affecté par ce qui flotte dans son sein »[9] ; et il demeure de même « non-affecté » par toutes les autres contingences, quel que soit l'état, individuel ou supra-individuel, c'est-à-dire formel ou informel, auquel elles se réfèrent dans l'ordre de la manifestation, qui, au fond, n'est lui-même que la somme de toutes les contingences.

---

1. Si les états « angéliques » sont les états supra-individuels qui constituent la manifestation informelle, on ne peut attribuer aux anges aucune des facultés qui sont d'ordre proprement individuel ; par exemple, comme nous l'avons dit plus haut, on ne peut les supposer doués de raison, ce qui est la caractéristique exclusive de l'individualité humaine, et ils ne peuvent avoir qu'un mode d'intelligence purement intuitif.
2. *L'Homme et son devenir selon le Vêdânta*, p. 108. — Le traité *De Angelis* de saint Thomas d'Aquin est particulièrement caractéristique à cet égard.
3. *L'Esotérisme de Dante*, pp. 10 et 58-61.
4. *Le Symbolisme de la Croix*, pp. 182-183.
5. *L'Homme et son devenir selon le Vêdânta*, ch. XXIV.
6. Cf. *ibid.*, ch. XXII et XXIII.
7. Ces « hiérarchies spirituelles », en tant que les divers états qu'elles comportent sont réalisés par l'obtention d'autant de degrés initiatiques effectifs, correspondent à ce que l'ésotérisme islamique appelle les « catégories de l'initiation » (*Tartîbut-taçawwuf*) ; nous signalerons spécialement, sur ce sujet, le traité de Mohyiddin ibn Arabi qui porte précisément ce titre.
8. Voir *L'Homme et son devenir selon le Vêdânta*, pp. 199-201.
9. *Âtmâ-Bodha* de Shankarâchârya (voir *ibid.*, p. 239).

14

RÉPONSE AUX OBJECTIONS TIRÉES DE LA PLURALITÉ DES ÊTRES

Dans ce qui précède, il est un point qui pourrait encore prêter à une objection, bien que, à vrai dire, nous y ayons déjà répondu en partie, au moins implicitement, par ce que nous venons d'exposer à propos des « hiérarchies spirituelles ». Cette objection est la suivante : étant donné qu'il existe une indéfinité de modalités qui sont réalisées par des êtres différents, est-il vraiment légitime de parler de totalité pour chaque être ? On peut répondre à cela, tout d'abord, en faisant remarquer que l'objection ainsi posée ne s'applique évidemment qu'aux états manifestés, puisque, dans le non-manifesté, il ne saurait être question d'aucune espèce de distinction réelle, de telle sorte que, au point de vue de ces états de non-manifestation, ce qui appartient à un être appartient également à tous, en tant qu'ils ont effectivement réalisé ces états. Or, si l'on considère de ce même point de vue tout l'ensemble de la manifestation, il ne constitue, en raison de sa contingence, qu'un simple « accident » au sens propre du mot, et, par suite, l'importance de telle ou telle de ses modalités, considérée en elle-même et « distinctivement », est alors rigoureusement nulle. De plus, comme le non-manifesté contient en principe tout ce qui fait la réalité profonde et essentielle des choses qui existent sous un mode quelconque de la manifestation, ce sans quoi le manifesté n'aurait qu'une existence purement illusoire, on peut dire que l'être qui est parvenu effectivement à l'état de non-manifestation possède par là même tout le reste, et qu'il le possède véritablement « par surcroît », de la même façon que, comme nous le disions au chapitre précédent, il possède tous les états ou degrés intermédiaires, même sans les avoir parcourus préalablement et distinctement.

Cette réponse, dans laquelle nous n'envisageons que l'être qui est parvenu à la réalisation totale, est pleinement suffisante au point de vue purement métaphysique, et elle est même la seule qui puisse être vraiment suffisante, car, si nous n'envisagions pas l'être de cette façon, si nous nous placions dans tout autre cas que celui-là, il n'y aurait plus lieu de parler de totalité, de sorte que l'objection même ne s'appliquerait plus. Ce qu'il faut dire, en somme, aussi bien ici que quand il s'agit des objections qui peuvent être posées concernant l'existence de la multiplicité, c'est que le manifesté, considéré comme tel, c'est-à-dire sous l'aspect de la distinction qui le conditionne, n'est rien au regard du non-manifesté, car il ne peut y avoir aucune commune mesure entre l'un et l'autre ; ce qui est absolument réel (tout le reste n'étant qu'illusoire, au sens d'une réalité qui n'est que dérivée et comme « participée »), c'est, même pour les possibilités qui comportent la manifestation, l'état permanent et inconditionné sous lequel elles appartiennent, principiellement et fondamentalement, à l'ordre de la non-manifestation.

Cependant, bien que ceci soit suffisant, nous traiterons encore maintenant un autre aspect de la question, dans lequel nous considérerons l'être comme ayant réalisé, non plus la totalité du « Soi » inconditionné, mais seulement l'intégralité d'un certain état. Dans ce cas, l'objection précédente doit prendre une nouvelle forme : comment est-il possible d'envisager cette intégralité pour un seul être, alors que l'état dont il s'agit constitue un domaine qui lui est commun avec une indéfinité d'autres êtres, en tant que ceux-ci sont également soumis aux conditions qui caractérisent et déterminent cet état ou ce mode d'existence ? Ce n'est plus la même objection, mais seulement une objection analogue, toutes proportions gardées entre les deux cas, et la réponse doit être aussi analogue : pour l'être qui est parvenu à se placer effectivement au point de vue central de l'état considéré, ce qui est la seule façon possible d'en réaliser l'intégralité, tous les autres points de vue, plus ou moins particuliers, n'importent plus en tant qu'ils sont pris distinctement, puisqu'il les a tous unifiés dans ce point de vue central ; c'est donc dans l'unité de celui-ci qu'ils existent dès lors pour lui, et non plus en dehors de cette unité, puisque l'existence de la multiplicité hors de l'unité est purement illusoire. L'être qui a réalisé l'intégralité d'un état s'est fait lui-même le centre de cet état, et, comme tel, on peut dire qu'il remplit cet état tout entier de sa propre irradiation : il s'assimile tout ce qui y est contenu, de façon à en faire comme autant de modalités secondaires de lui-même[1], à peu près comparables à ce que sont les modalités qui se réalisent dans l'état de rêve, suivant ce qui a été dit plus haut. Par conséquent, cet être n'est aucunement affecté, dans son extension, par l'existence que ces modalités, ou du moins certaines d'entre elles, peuvent avoir par ailleurs en dehors de lui-même (cette expression « en dehors » n'ayant du reste plus de sens à son propre point de vue, mais seulement au point de vue des autres êtres, demeurés dans la multiplicité non unifiée), en raison de l'existence simultanée d'autres êtres dans le même état ; et, d'autre part, l'existence de ces mêmes modalités en lui-même n'affecte en rien son unité, même en tant qu'il ne s'agit que de l'unité encore relative qui est réalisée au centre d'un état particulier. Tout cet état n'est constitué que par l'irradiation de son centre[2], et tout être qui se place effectivement à ce centre devient également, par là même, maître de l'intégralité de cet état ; c'est ainsi que l'indifférenciation principielle du non-manifesté se reflète dans le manifesté, et il doit être bien entendu, d'ailleurs, que ce reflet, étant dans le manifesté, garde toujours par là même la relativité qui est inhérente à toute existence conditionnée.

Cela étant établi, on comprendra sans peine que des considérations analogues puissent s'appliquer aux modalités comprises, à des titres divers, dans une unité encore plus relative, comme celle d'un être qui n'a réalisé un certain état que partiellement, et non intégralement. Un tel être, comme l'individu humain par exemple, sans être encore parvenu à son entier épanouissement dans le sens de l'« ampleur » (correspondant au degré d'existence dans lequel il est situé), s'est cependant assimilé, dans une mesure plus ou moins complète, tout ce dont il a véritablement pris conscience dans les limites de son extension actuelle ; et les modalités accessoires qu'il s'est ainsi adjointes, et qui sont évidemment susceptibles de s'accroître constamment et indéfiniment, constituent une part très importante de ces prolongements de l'individualité auxquels nous avons déjà fait allusion à différentes reprises.

---

1. Le symbole de la « nourriture » (*anna*) est fréquemment employé dans les *Upanishads* pour désigner une telle assimilation.
2. Ceci a été amplement expliqué dans notre précédente étude sur *Le Symbolisme de la Croix*.

15

LA RÉALISATION DE L'ÊTRE PAR LA CONNAISSANCE

Nous venons de dire que l'être s'assimile plus ou moins complètement tout ce dont il prend conscience ; en effet, il n'y a de connaissance véritable, dans quelque domaine que ce soit, que celle qui nous permet de pénétrer plus ou moins profondément dans la nature intime des choses, et les degrés de la connaissance ne peuvent consister précisément qu'en ce que cette pénétration est plus ou moins profonde et aboutit à une assimilation plus ou moins complète. En d'autres termes, il n'y a de connaissance véritable qu'autant qu'elle implique une identification du sujet avec l'objet, ou, si l'on préfère considérer le rapport en sens inverse, une assimilation de l'objet par le sujet[1], et dans la mesure précise où elle implique effectivement une telle identification ou une telle assimilation, dont les degrés de réalisation constituent, par conséquent, les degrés de la connaissance elle-même[2]. Nous devons donc maintenir, en dépit de toutes les discussions philosophiques, d'ailleurs plus ou moins oiseuses, auxquelles ce point a pu donner lieu[3], que toute connaissance véritable et effective est immédiate, et qu'une connaissance médiate ne peut avoir qu'une valeur purement symbolique et représentative[4]. Quant à la possibilité même de la connaissance immédiate, la théorie tout entière des états multiples la rend suffisamment compréhensible ; d'ailleurs, vouloir la mettre en doute, c'est faire preuve d'une parfaite ignorance à l'égard des principes métaphysiques les plus élémentaires, puisque, sans cette connaissance immédiate, la métaphysique elle-même serait totalement impossible.

Nous avons parlé d'identification ou d'assimilation, et nous pouvons employer ici ces deux termes à peu près indifféremment, bien qu'ils ne se rapportent pas exactement au même point de vue ; de la même façon, on peut regarder la connaissance comme allant à la fois du sujet à l'objet dont il prend conscience (ou, plus généralement et pour ne pas nous limiter aux conditions de certains états, dont il fait une modalité secondaire de lui-même) et de l'objet au sujet qui se l'assimile, et nous rappellerons à ce propos la définition aristotélicienne de la connaissance, dans le domaine sensible, comme « l'acte commun du sentant et du senti », qui implique effectivement une telle réciprocité de relation[5]. Ainsi, en ce qui concerne ce domaine sensible ou corporel, les organes des sens sont, pour l'être individuel, les « entrées » de la connaissance[6] ; mais, à un autre point de vue, ils sont aussi des « sorties », précisément en ce que toute connaissance implique un acte d'identification partant du sujet connaissant pour aller vers l'objet connu (ou plutôt à connaître), ce qui est, pour l'être individuel, comme l'émission d'une sorte de prolongement extérieur de lui-même. Il importe de remarquer, d'ailleurs, qu'un tel prolongement n'est extérieur que par rapport à l'individualité envisagée dans sa notion la plus restreinte, puisqu'il fait partie intégrante de l'individualité étendue ; l'être, en s'étendant ainsi par un développement de ses propres possibilités, n'a aucunement à sortir de lui-même, ce qui, en réalité, n'aurait même aucun sens, car un être ne peut, sous aucune condition, devenir autre que lui-même. Ceci répond directement, en même temps, à la principale objection des philosophes occidentaux modernes contre la possibilité de la connaissance immédiate ; on voit nettement par là que ce qui a donné naissance à cette objection n'est rien d'autre qu'une incompréhension métaphysique pure et simple, en raison de laquelle ces philosophes ont méconnu les possibilités de l'être, même individuel, dans son extension indéfinie.

Tout ceci est vrai « a fortiori » si, sortant des limites de l'individualité, nous l'appliquons aux états supérieurs : la connaissance véritable de ces états implique leur possession effective, et, inversement, c'est par cette connaissance même que l'être en prend possession, car ces deux actes sont inséparables l'un de l'autre, et nous pourrions même dire qu'au fond ils ne sont qu'un. Naturellement, ceci ne doit s'entendre que de la connaissance immédiate, qui, lorsqu'elle s'étend à la totalité des états, comporte en elle-même leur réalisation, et qui est, par suite, « le seul moyen d'obtenir la Délivrance complète et finale »[7] Quant à la connaissance qui est restée purement théorique, il est évident qu'elle ne saurait nullement équivaloir à une telle réalisation, et, n'étant pas une saisie immédiate de son objet, elle ne peut avoir, comme nous l'avons déjà dit, qu'une valeur toute symbolique ; mais elle n'en constitue pas moins une préparation indispensable à l'acquisition de cette connaissance effective par laquelle, et par laquelle seule, s'opère la réalisation de l'être total.

Nous devons insister particulièrement, chaque fois que l'occasion s'en présente à nous, sur cette réalisation de l'être par la connaissance, car elle est tout à fait étrangère aux conceptions occidentales modernes, qui ne vont pas au delà de la connaissance théorique, ou plus exactement d'une faible partie de celle-ci, et qui opposent artificiellement le « connaître » à l'« être », comme si ce n'étaient pas là les deux faces inséparables d'une seule et même réalité[8] ; il ne peut pas y avoir de métaphysique véritable pour quiconque ne comprend pas vraiment que l'être se réalise par la connaissance, et qu'il ne peut se réaliser que de cette façon. La doctrine métaphysique pure n'a pas à se préoccuper, si peu que ce soit, de toutes les « théories de la connaissance » qu'élabore si péniblement la philosophie moderne ; on peut même voir, dans ces essais de substitution d'une « théorie de la connaissance » à la connaissance elle-même, un véritable aveu d'impuissance, quoique assurément inconscient, de la part de cette philosophie, si complètement ignorante de toute possibilité de réalisation effective. En outre, la connaissance vraie, étant immédiate comme nous l'avons dit, peut être plus ou moins complète, plus ou moins profonde, plus ou moins adéquate, mais ne peut pas être essentiellement « relative » comme le voudrait cette même philosophie, ou du moins elle ne l'est qu'autant que ses objets sont eux-mêmes relatifs. En d'autres termes, la connaissance relative, métaphysiquement parlant, n'est pas autre chose que la connaissance du relatif ou du contingent, c'est-à-dire celle qui s'applique au manifesté ; mais la valeur de cette connaissance, à l'intérieur de son domaine propre, est aussi grande que le permet la nature de ce domaine[9], et ce n'est pas ainsi que l'entendent ceux qui parlent de « relativité de la connaissance ». A part la considération des degrés d'une connaissance plus ou moins complète et profonde, degrés qui ne changent rien à sa nature essentielle, la seule distinction que nous puissions faire légitimement, quant à la valeur de la connaissance, est celle que nous avons déjà indiquée entre la connaissance immédiate et la connaissance médiate, c'est-à-dire entre la connaissance effective et la connaissance symbolique.

---

1. Il doit être bien entendu que nous prenons ici les termes de « sujet » et d'« objet » dans leur sens le plus habituel, pour désigner respectivement « celui qui connait » et « ce qui est connu » (voir *L'Homme et son devenir selon le Vêdânta*, p. 152).
2. Nous avons déjà signalé en différentes occasions qu'Aristote avait posé en principe l'identification par la connaissance, mais que cette affirmation, chez lui et chez ses continuateurs scolastiques, semblait être restée purement théorique, sans qu'ils en aient jamais tiré aucune conséquence en ce qui concerne la réalisation métaphysique (voir notamment *Introduction générale à l'étude des doctrines hindoues*, p. 157, et *L'Homme et son devenir selon le Vêdânta*, p. 252).
3. Nous faisons allusion ici aux modernes « théories de la connaissance » sur la vanité desquelles nous nous sommes déjà expliqué ailleurs (*Introduction générale à l'étude des doctrines hindoues*, p. 156) ; nous y reviendrons d'ailleurs un peu plus loin.
4. Cette différence est celle de la connaissance intuitive et de la connaissance discursive, dont nous avons déjà parlé assez souvent pour qu'il ne soit pas nécessaire de nous attarder une fois de plus.

5. On peut remarquer aussi que l'acte commun à deux êtres, suivant le sens qu'Aristote donne au mot « acte », c'est ce par quoi leurs natures coïncident, donc s'identifient au moins partiellement.
6. Voir *L'Homme et son devenir selon le Vêdânta*, p. 133 ; le symbolisme des « bouches » de *Vaishwânara* se rapporte à l'analogie de l'assimilation cognitive avec l'assimilation nutritive.
7. *Atmâ-Bodha* de Shankarâchârya (voir *ibid.*, p. 231).
8. *Voir encore Introduction générale à l'étude des doctrines hindoues, pp. 156-157.*
9. Cela s'applique même à la simple connaissance sensible, qui est aussi, dans l'ordre inférieur et limité qui est le sien, une connaissance immédiate, donc nécessairement vraie.

16
CONNAISSANCE ET CONSCIENCE

Une conséquence très importante de ce qui a été dit jusqu'ici, c'est que la connaissance, entendue absolument et dans toute son universalité, n'a aucunement pour synonyme ou pour équivalent la conscience, dont le domaine est seulement coextensif à celui de certains états d'être déterminés, de sorte que ce n'est que dans ces états, à l'exclusion de tous les autres, que la connaissance se réalise par le moyen de ce qu'on peut appeler proprement une « prise de conscience ». La conscience, telle que nous l'avons entendue précédemment, même dans sa plus grande généralité et sans la restreindre à sa forme spécifiquement humaine, n'est qu'un mode contingent et spécial de connaissance sous certaines conditions, une propriété inhérente à l'être envisagé dans certains états de manifestation ; à plus forte raison ne saurait-il en être question à aucun degré pour les états inconditionnés, c'est-à-dire pour tout ce qui dépasse l'Être, puisqu'elle n'est même pas applicable à tout l'Être. Au contraire, la connaissance, considérée en soi et indépendamment des conditions afférentes à quelque état particulier, ne peut admettre aucune restriction, et, pour être adéquate à la vérité totale, elle doit être coextensive, non pas seulement à l'Être, mais à la Possibilité universelle elle-même, donc être infinie comme celle-ci l'est nécessairement. Ceci revient à dire que connaissance et vérité, ainsi envisagées métaphysiquement, ne sont pas autre chose au fond que ce que nous avons appelé, d'une expression d'ailleurs fort imparfaite, des « aspects de l'Infini » ; et c'est ce qu'affirme avec une particulière netteté cette formule qui est une des énonciations fondamentales du *Vêdânta* : « *Brahma* est la Vérité, la Connaissance, l'Infini » (*Satyam Jnânam Anantam Brahma*)[1].

Lorsque nous avons dit que le « connaître » et l'« être » sont les deux faces d'une même réalité, il ne faut donc prendre le terme « être » que dans son sens analogique et symbolique, puisque la connaissance va plus loin que l'être ; il en est ici comme dans les cas où nous parlons de la réalisation de l'être total, cette réalisation impliquant essentiellement la connaissance totale et absolue, et n'étant nullement distincte de cette connaissance même, en tant qu'il s'agit, bien entendu, de la connaissance effective, et non pas d'une simple connaissance théorique et représentative. Et c'est ici le lieu de préciser un peu, d'autre part, la façon dont il faut entendre l'identité métaphysique du possible et du réel : puisque tout possible est réalisé par la connaissance, cette identité, prise universellement, constitue proprement la vérité en soi, car celle-ci peut être conçue précisément comme l'adéquation parfaite de la connaissance à la Possibilité totale[2]. On voit sans peine toutes les conséquences que l'on peut tirer de cette dernière remarque, dont la portée est immensément plus grande que celle d'une définition simplement logique de la vérité, car il y a là toute la différence de l'intellect universel et inconditionné[3] à l'entendement humain avec ses conditions individuelles, et aussi, d'un autre côté, toute la différence qui sépare le point de vue de la réalisation de celui d'une « théorie de la connaissance ». Le mot « réel » lui-même, habituellement fort vague, voire même équivoque, et qui l'est forcément pour les philosophes qui maintiennent la prétendue distinction du possible et du réel, prend par là une tout autre valeur métaphysique, en se trouvant rapporté à ce point de vue de la réalisation[4], ou, pour parler d'une façon plus précise, en devenant une expression de la permanence absolue, dans l'Universel, de tout ce dont un être atteint la possession effective par la totale réalisation de soi-même[5].

L'intellect, en tant que principe universel, pourrait être conçu comme le contenant de la connaissance totale, mais à la condition de ne voir là qu'une simple façon de parler, car, ici où nous sommes essentiellement dans la « non-dualité », le contenant et le contenu sont absolument identiques, l'un et l'autre devant être également infinis, et une « pluralité d'infinis » étant, comme nous l'avons déjà dit, une impossibilité. La Possibilité universelle, qui comprend tout, ne peut être comprise par rien, si ce n'est par elle-même, et elle se comprend elle-même « sans toutefois que cette compréhension existe d'une façon quelconque »[6] ; aussi ne peut-on parler corrélativement de l'intellect et de la connaissance, au sens universel, que comme nous avons parlé plus haut de l'Infini et de la Possibilité, c'est-à-dire en y voyant une seule et même chose, que nous envisageons simultanément sous un aspect actif et sous un aspect passif, mais sans qu'il y ait là aucune distinction réelle. Nous ne devons pas distinguer, dans l'Universel, intellect et connaissance, ni, par suite, intelligible et connaissable : la connaissance véritable étant immédiate, l'intellect ne fait rigoureusement qu'un avec son objet ; ce n'est que dans les modes conditionnés de la connaissance, modes toujours indirects et inadéquats, qu'il y a lieu d'établir une distinction, cette connaissance relative s'opérant, non pas par l'intellect lui-même, mais par une réfraction de l'intellect dans les états d'être considérés, et, comme nous l'avons vu, c'est une telle réfraction qui constitue la conscience individuelle ; mais, directement ou indirectement, il y a toujours participation à l'intellect universel dans la mesure où il y a connaissance effective, soit sous un mode quelconque, soit en dehors de tout mode spécial.

La connaissance totale étant adéquate à la Possibilité universelle, il n'y a rien qui soit inconnaissable[7], ou, en d'autres termes, « il n'y a pas de choses inintelligibles, il y a seulement des choses actuellement incompréhensibles »[8], c'est-à-dire inconcevables, non point en elles-mêmes et absolument, mais seulement pour nous en tant qu'êtres conditionnés, c'est-à-dire limités, dans notre manifestation actuelle, aux possibilités d'un état déterminé. Nous posons ainsi ce qu'on peut appeler un principe d'« universelle intelligibilité », non pas comme on l'entend d'ordinaire, mais en un sens purement métaphysique, donc au delà du domaine logique, où ce principe, comme tous ceux qui sont d'ordre proprement universel (et qui seuls méritent vraiment d'être appelés principes), ne trouvera qu'une application particulière et contingente. Bien entendu, ceci ne postule pour nous aucun « rationalisme », tout au contraire, puisque la raison, essentiellement différente de l'intellect (sans la garantie duquel elle ne saurait d'ailleurs être valable), n'est rien de plus qu'une faculté spécifiquement humaine et individuelle ; il y a donc nécessairement, nous ne disons pas de l'« irrationnel »[9], mais du « supra-rationnel », et c'est là, en effet, un caractère fondamental de tout ce qui est véritablement d'ordre métaphysique : ce « supra-rationnel » ne cesse pas pour cela d'être intelligible en soi, même s'il n'est pas actuellement compréhensible pour les facultés limitées et relatives de l'individualité humaine[10].

Ceci entraîne encore une autre observation dont il y a lieu de tenir compte pour ne commettre aucune méprise : comme le mot « raison », le mot « conscience » peut être parfois universalisé, par une transposition purement analogique, et nous l'avons fait nous-même ailleurs pour rendre la signification du terme sanscrit *Chit*[11] ; mais une telle transposition n'est possible que lorsqu'on se limite à l'Être, comme c'était le cas alors pour la considération du ternaire *Sachchidânanda*. Cependant, on doit bien comprendre que, même avec cette restriction, la conscience ainsi transposée n'est plus aucunement entendue dans son sens propre, tel que nous l'avons précédemment défini, et tel que nous le lui conservons d'une façon générale : dans ce sens, elle n'est, nous le répétons, que le mode spécial d'une connaissance contingente et relative, comme est relatif et contingent l'état d'être conditionné auquel elle appartient essentiellement ; et, si l'on peut dire qu'elle est une « raison d'être » pour un tel état, ce n'est qu'en tant qu'elle est une participation, par réfraction, à la nature de cet intellect universel et transcendant qui est lui-même, finalement et éminemment, la suprême « raison d'être » de toutes choses, la véritable « raison suffisante » métaphysique qui se détermine elle-même dans tous les ordres de possibilités sans qu'aucune de ces déterminations puisse l'affecter en quoi que ce soit. Cette conception de la « raison suffisante », fort différente des conceptions philosophiques ou théologiques où s'enferme la pensée occidentale, résout d'ailleurs immédiatement bien des questions devant lesquelles celle-ci doit s'avouer impuissante, et cela en opérant la conciliation du point de vue de la nécessité et de celui de la contingence ; nous sommes ici, en effet, bien au delà de l'opposition de la nécessité et de la contingence entendues dans leur acception ordinaire[12] ; mais quelques éclaircissements complémentaires ne seront peut-être pas inutiles pour faire comprendre pourquoi la question n'a pas à se poser en métaphysique pure.

---

1. *Taittirîyaka Upanishad*, 2ème Vallî, 1er Anuvâka, shloka 1.
2. Cette formule s'accorde avec la définition que saint Thomas d'Aquin donne de la vérité comme *adæquatio rei et intellectus* ; mais elle en est en quelque sorte une transposition, parce qu'il y a lieu de tenir compte de cette différence capitale, que la doctrine scolastique se renferme exclusivement dans l'Être, tandis que ce que nous disons ici s'applique également à tout ce qui est au delà de l'Être.
3. Ici, le terme « intellect » est aussi transposé au delà de l'Être, donc à plus forte raison au delà de *Buddhî*, qui, quoique d'ordre universel et informel, appartient encore au domaine de la manifestation, et par conséquent ne peut être dite inconditionnée.
4. On remarquera d'ailleurs l'étroite parenté, qui n'a rien de fortuit, entre les mots « réel » et « réalisation ».
5. C'est cette même permanence qu'on exprime d'une autre façon, dans le langage théologique occidental, lorsqu'on dit que les possibles sont éternellement dans l'entendement divin.
6. *Risâlatul-Ahadiyah* de Mohyiddin ibn Arabi (cf. *L'Homme et son devenir selon le Vêdânta*, p. 163).
7. Nous rejetons donc formellement et absolument tout « agnosticisme », à quelque degré que ce soit ; on pourrait d'ailleurs demander aux « positivistes », ainsi qu'aux partisans de la fameuse théorie de l'« Inconnaissable » d'Herbert Spencer, ce qui les autorise à affirmer qu'il y a des choses qui ne peuvent pas être connues, et cette question risquerait fort de demeurer sans réponse, d'autant plus que certains semblent bien, en fait, confondre purement et simplement « inconnu » (c'est-à-dire en définitive ce qui leur est inconnu à eux-mêmes) et « inconnaissable » (voir *Orient et Occident*, p. 49, et *La Crise du Monde moderne*, p. 175).
8. Matgioi, *La Voie Métaphysique*, p. 86.
9. Ce qui dépasse la raison, en effet, n'est pas pour cela contraire à la raison, ce qui est le sens donné généralement au mot « irrationnel ».
10. Rappelons à ce propos qu'un « mystère », même entendu dans sa conception théologique, n'est nullement quelque chose d'inconnaissable ou d'inintelligible, mais bien, suivant le sens étymologique du mot, et comme nous l'avons dit plus haut, quelque chose qui est inexprimable, donc incommunicable, ce qui est tout différent.
11. *L'Homme et son devenir selon le Vêdânta*, pp. 151-152.
12. Disons d'ailleurs que la théologie, bien supérieure en cela à la philosophie, reconnaît du moins que cette opposition peut et doit être dépassée, alors même que sa résolution ne lui

apparaît pas avec l'évidence qu'elle présente lorsqu'on l'envisage du point de vue métaphysique. Il faut ajouter que c'est surtout au point de vue théologique, et en raison de la conception religieuse de la « création », que cette question des rapports de la nécessité et de la contingence a revêtu tout d'abord l'importance qu'elle a gardée ensuite philosophiquement dans la pensée occidentale.

17
NÉCESSITÉ ET CONTINGENCE

Toute possibilité de manifestation, avons-nous dit plus haut, doit se manifester par là même qu'elle est ce qu'elle est, c'est-à-dire une possibilité de manifestation, de telle sorte que la manifestation est nécessairement impliquée en principe par la nature même de certaines possibilités. Ainsi, la manifestation, qui est purement contingente en tant que telle, n'en est pas moins nécessaire dans son principe, de même que, transitoire en elle-même, elle possède cependant une racine absolument permanente dans la Possibilité universelle ; et c'est là, d'ailleurs, ce qui fait toute sa réalité. S'il en était autrement, la manifestation ne saurait avoir qu'une existence tout illusoire, et même on pourrait la regarder comme rigoureusement inexistante, puisque, étant sans principe, elle ne garderait qu'un caractère essentiellement « privatif », comme peut l'être celui d'une négation ou d'une limitation considérée en elle-même ; et la manifestation, envisagée de cette façon, ne serait en effet rien de plus que l'ensemble de toutes les conditions limitatives possibles. Seulement, dès lors que ces conditions sont possibles, elles sont métaphysiquement réelles, et cette réalité, qui n'était que négative lorsqu'on les concevait comme simples limitations, devient positive, en quelque sorte, lorsqu'on les envisage en tant que possibilités. C'est donc parce que la manifestation est impliquée dans l'ordre des possibilités qu'elle a sa réalité propre, sans que cette réalité puisse en aucune façon être indépendante de cet ordre universel, car c'est là, et là seulement, qu'elle a sa véritable « raison suffisante » : dire que la manifestation est nécessaire dans son principe, ce n'est pas autre chose, au fond, que de dire qu'elle est comprise dans la Possibilité universelle.

Il n'y a aucune difficulté à concevoir que la manifestation soit ainsi à la fois nécessaire et contingente sous des points de vue différents, pourvu que l'on fasse bien attention à ce point fondamental, que le principe ne peut être affecté par quelque détermination que ce soit, puisqu'il en est essentiellement indépendant, comme la cause l'est de ses effets, de sorte que la manifestation, nécessitée par son principe, ne saurait inversement le nécessiter en aucune façon. C'est donc l'« irréversibilité » ou l'« irréciprocité » de la relation que nous envisageons ici qui résout toute la difficulté ordinairement supposée en cette question[1], difficulté qui n'existe en somme que parce qu'on perd de vue cette « irréciprocité » ; et, si on la perd de vue (à supposer qu'on l'ait jamais entrevue à quelque degré), c'est que, par le fait qu'on se trouve actuellement placé dans la manifestation, on est naturellement amené à attribuer à celle-ci une importance que, du point de vue universel, elle ne saurait aucunement avoir. Pour mieux faire comprendre notre pensée à cet égard, nous pouvons prendre ici encore un symbole spatial, et dire que la manifestation, dans son intégralité, est véritablement nulle au regard de l'Infini, de même (sauf les réserves qu'exige toujours l'imperfection de telles comparaisons) qu'un point situé dans l'espace est égal à zéro par rapport à cet espace[2] ; cela ne veut pas dire que ce point ne soit rien absolument (d'autant plus qu'il existe nécessairement par là même que l'espace existe), mais il n'est rien sous le rapport de l'étendue, il est rigoureusement un zéro d'étendue ; et la manifestation n'est rien de plus, par rapport au Tout universel, que ce qu'est ce point par rapport à l'espace envisagé dans toute l'indéfinité de son extension, et encore avec cette différence que l'espace est quelque chose de limité par sa propre nature, tandis que le Tout universel est l'Infini.

Nous devons indiquer ici une autre difficulté, mais qui réside beaucoup plus dans l'expression que dans la conception même : tout ce qui existe en mode transitoire dans la manifestation doit être transposé en mode permanent dans le non-manifesté ; la manifestation elle-même acquiert ainsi la permanence qui fait toute sa réalité principielle, mais ce n'est plus la manifestation en tant que telle, c'est l'ensemble des possibilités de manifestation en tant qu'elles ne se manifestent pas, tout en impliquant pourtant la manifestation dans leur nature même, sans quoi elles seraient autres que ce qu'elles sont. La difficulté de cette transposition ou de ce passage du manifesté au non-manifesté, et l'obscurité apparente qui en résulte, sont celles que l'on rencontre également lorsqu'on veut exprimer, dans la mesure où ils sont exprimables, les rapports du temps, ou plus généralement de la durée sous tous ses modes (c'est-à-dire de toute condition d'existence successive), et de l'éternité ; et c'est au fond la même question, envisagée sous deux aspects assez peu différents, et dont le second est simplement plus particulier que le premier, puisqu'il ne se réfère qu'à une condition déterminée parmi toutes celles que comporte le manifesté. Tout cela, nous le répétons, est parfaitement concevable, mais il faut savoir y faire la part de l'inexprimable, comme d'ailleurs en tout ce qui appartient au domaine métaphysique ; pour ce qui est des moyens de réalisation d'une conception effective, et non pas seulement théorique, s'étendant à l'inexprimable même, nous ne pouvons évidemment en parler dans cette étude, les considérations de cet ordre ne rentrant pas dans le cadre que nous nous sommes présentement assigné.

Revenant à la contingence, nous pouvons, d'une façon générale, en donner la définition suivante : est contingent tout ce qui n'a pas en soi-même sa raison suffisante ; et ainsi l'on voit bien que toute chose contingente n'en est pas moins nécessaire, en ce sens qu'elle est nécessitée par sa raison suffisante, car, pour exister, elle doit en avoir une, mais qui n'est pas en elle, du moins en tant qu'on l'envisage sous la condition spéciale où elle a précisément ce caractère de contingence, qu'elle n'aurait plus si on l'envisageait dans son principe, puisqu'elle s'identifierait alors à sa raison suffisante elle-même. Tel est le cas de la manifestation, contingente comme telle, parce que son principe ou sa raison suffisante se trouve dans le non-manifesté, en tant que celui-ci comprend ce que nous pouvons appeler le « manifestable », c'est-à-dire les possibilités de manifestation comme possibilités pures (et non pas, cela va sans dire, en tant qu'il comprend le « non-manifestable » ou les possibilités de non-manifestation). Principe et raison suffisante sont donc au fond la même chose, mais il est particulièrement important de considérer le principe sous cet aspect de raison suffisante lorsqu'on veut comprendre dans son sens métaphysique la notion de la contingence ; et il faut encore préciser, pour éviter toute confusion, que la raison suffisante est exclusivement la raison d'être dernière d'une chose (dernière si l'on part de la considération de cette chose pour remonter vers le principe, mais, en réalité, première dans l'ordre d'enchaînement, tant logique qu'ontologique, allant du principe aux conséquences), et non pas simplement sa raison d'être immédiate, car tout ce qui est sous un mode quelconque, même contingent, doit avoir en soi-même sa raison d'être immédiate, entendue au sens où nous disions précédemment que la conscience constitue une raison d'être pour certains états de l'existence manifestée.

Une conséquence fort importante de ceci, c'est qu'on peut dire que tout être porte en lui-même sa destinée, soit d'une façon relative (destinée individuelle), s'il s'agit seulement de l'être envisagé à l'intérieur d'un certain état conditionné, soit d'une façon absolue, s'il s'agit de l'être dans sa totalité, car « le mot « destinée » désigne la véritable raison d'être des choses » [3]. Seulement, l'être conditionné ou relatif ne peut porter en lui qu'une destinée également relative, exclusivement afférente à ses conditions spéciales d'existence ; si, considérant l'être de cette façon, on voulait parler de sa destinée dernière ou absolue, celle-ci ne serait plus en lui, mais c'est qu'elle n'est pas vraiment la destinée de cet être contingent comme tel, puisqu'elle se réfère en réalité à l'être total. Cette remarque suffit pour montrer l'inanité de toutes les discussions qui se rapportent au « déterminisme »[4] : c'est encore là une de ces questions, si nombreuses dans la philosophie occidentale moderne, qui n'existent que parce qu'elles sont mal posées ; il y a d'ailleurs bien des conceptions différentes du déterminisme, et aussi bien des conceptions différentes de la liberté, dont la plupart n'ont rien de métaphysique ; aussi importe-t-il de préciser la véritable notion métaphysique de la liberté, et c'est par là que nous terminerons la présente étude.

---

1. C'est cette même « irréciprocité » qui exclut également tout « panthéisme » et tout « immanentisme », ainsi que nous l'avons déjà fait remarquer ailleurs (*L'Homme et son devenir selon le Vêdânta*, pp. 254-255).
2. Il s'agit ici, bien entendu, du point situé dans l'espace, et non du point principiel dont l'espace lui-même n'est qu'une expansion ou un développement. — Sur les rapports du point et de l'étendue, voir *Le Symbolisme de la Croix*, ch. XVI.
3. Commentaire traditionnel de Tcheng-tseu sur le *Yi-king* (cf. *Le Symbolisme de la Croix*, ch. XXII).
4. On pourrait en dire autant d'une bonne partie des discussions relatives à la finalité ; c'est ainsi, notamment, que la distinction de la « finalité interne » et de la « finalité externe » ne peut paraître pleinement valable qu'autant qu'on admet la supposition antimétaphysique qu'un être individuel est un être complet et constitue un « système clos », puisque, autrement, ce qui est « externe » pour l'individu peut n'en être pas moins « interne » pour l'être véritable, si toutefois la distinction que suppose ce mot lui est encore applicable (voir *Le Symbolisme de la Croix*. pp. 204-206) ; et il est facile de se rendre compte que, au fond, finalité et destinée sont identiques.

18
NOTION MÉTAPHYSIQUE DE LA LIBERTÉ

Pour prouver métaphysiquement la liberté, il suffit, sans s'embarrasser de tous les arguments philosophiques ordinaires, d'établir qu'elle est une possibilité, puisque le possible et le réel sont métaphysiquement identiques. Pour cela, nous pouvons d'abord définir la liberté comme l'absence de contrainte : définition négative dans la forme, mais qui, ici encore, est positive au fond, car c'est la contrainte qui est une limitation, c'est-à-dire une négation véritable. Or, quant à la Possibilité universelle envisagée au delà de l'Être, c'est-à-dire comme le Non-Être, on ne peut pas parler d'unité, comme nous l'avons dit plus haut, puisque le Non-Être est le Zéro métaphysique, mais on peut du moins, en employant toujours la forme négative, parler de « non-dualité » (*adwaita*). Là où il n'y a pas de dualité, il n'y a nécessairement aucune contrainte, et cela suffit à prouver que la liberté est une possibilité, dès lors qu'elle résulte immédiatement de la « non-dualité », qui est évidemment exempte de toute contradiction.

Maintenant, on peut ajouter que la liberté est, non seulement une possibilité, au sens le plus universel, mais aussi une possibilité d'être ou de manifestation ; il suffit ici, pour passer du Non-Être à l'Être, de passer de la « non-dualité » à l'unité : l'Être est « un » (l'Un étant le Zéro affirmé), ou plutôt il est l'Unité métaphysique elle-même, première affirmation, mais aussi, par là même, première détermination. Ce qui est un est manifestement exempt de toute contrainte, de sorte que l'absence de contrainte, c'est-à-dire la liberté, se retrouve dans le domaine de l'Être, où l'unité se présente en quelque sorte comme une spécification de la « non-dualité » principielle du Non-Être ; en d'autres termes, la liberté appartient aussi à l'Être, ce qui revient à dire qu'elle est une possibilité d'être, ou, suivant ce que nous avons expliqué précédemment, une possibilité de manifestation, puisque l'Être est avant tout le principe de la manifestation. De plus, dire que cette possibilité est essentiellement inhérente à l'Être comme conséquence immédiate de son unité, c'est dire qu'elle se manifestera, à un degré quelconque, dans tout ce qui procède de l'Être, c'est-à-dire dans tous les êtres particuliers, en tant qu'ils appartiennent au domaine de la manifestation universelle. Seulement, dès lors qu'il y a multiplicité, comme c'est le cas dans l'ordre des existences particulières, il est évident qu'il ne peut plus être question que de liberté relative ; et l'on peut envisager, à cet égard, soit la multiplicité des êtres particuliers eux-mêmes, soit celle des éléments constitutifs de chacun d'eux. En ce qui concerne la multiplicité des êtres, chacun d'eux, dans ses états de manifestation, est limité par les autres, et cette limitation peut se traduire par une restriction à la liberté ; mais dire qu'un être quelconque n'est libre à aucun degré, ce serait dire qu'il n'est pas lui-même, qu'il est « les autres », ou qu'il n'a pas en lui-même sa raison d'être, même immédiate, ce qui, au fond, reviendrait à dire qu'il n'est aucunement un être véritable[1]. D'autre part, puisque l'unité de l'Être est le principe de la liberté, dans les êtres particuliers aussi bien que dans l'Être universel, un être sera libre dans la mesure où il participera de cette unité ; en d'autres termes, il sera d'autant plus libre qu'il aura plus d'unité en lui-même, ou qu'il sera plus « un »[2] ; mais, comme nous l'avons déjà dit, les êtres individuels ne le sont jamais que relativement[3]. D'ailleurs, il importe de remarquer, à cet égard, que ce n'est pas précisément la plus ou moins grande complexité de la constitution d'un être qui le fait plus ou moins libre, mais bien plutôt le caractère de cette complexité, suivant qu'elle est plus ou moins unifiée effectivement ; ceci résulte de ce qui a été exposé précédemment sur les rapports de l'unité et de la multiplicité[4].

La liberté, ainsi envisagée, est donc une possibilité qui, à des degrés divers, est un attribut de tous les êtres, quels qu'ils soient et dans quelque état qu'ils se situent, et non pas seulement de l'homme ; la liberté humaine, seule en cause dans toutes les discussions philosophiques, ne se présente plus ici que comme un simple cas particulier, ce qu'elle est en réalité[5]. Du reste, ce qui importe le plus métaphysiquement, ce n'est pas la liberté relative des êtres manifestés, non plus que les domaines spéciaux et restreints où elle est susceptible de s'exercer ; c'est la liberté entendue au sens universel, et qui réside proprement dans l'instant métaphysique du passage de la cause à l'effet, le rapport causal devant d'ailleurs être transposé analogiquement d'une façon convenable pour pouvoir s'appliquer à tous les ordres de possibilités. Ce rapport causal n'étant pas et ne pouvant pas être un rapport de succession, l'effectuation doit être envisagée ici essentiellement sous l'aspect extratemporel, et cela d'autant mieux que le point de vue temporel, spécial à un état déterminé d'existence manifestée, ou plus précisément encore à certaines modalités de cet état, n'est en aucune façon susceptible d'universalisation[6]. La conséquence de ceci, c'est que cet instant métaphysique, qui nous paraît insaisissable, puisqu'il n'y a aucune solution de continuité entre la cause et l'effet, est en réalité illimité, donc dépasse l'Être, comme nous l'avons établi en premier lieu, et est coextensif à la Possibilité totale elle-même ; il constitue ce qu'on peut appeler figurativement un « état de conscience universelle »[7], participant de la « permanente actualité » inhérente à la « cause initiale » elle-même[8].

Dans le Non-Être, l'absence de contrainte ne peut résider que dans le « non-agir » (le *wou-wei* de la tradition extrême-orientale)[9] ; dans l'Être, ou plus exactement dans la manifestation, la liberté s'effectue dans l'activité différenciée, qui, dans l'état individuel humain, prend la forme de l'action au sens habituel de ce mot. D'ailleurs, dans le domaine de l'action et même de toute la manifestation universelle, la « liberté d'indifférence » est impossible, parce qu'elle est proprement le mode de liberté qui convient au non-manifesté (et qui, à rigoureusement parler, n'est aucunement un mode spécial)[10], c'est-à-dire qu'elle n'est pas la liberté en tant que possibilité d'être, ou encore la liberté qui appartient à l'Être (ou à Dieu conçu comme l'Être, dans ses rapports avec le Monde entendu comme l'ensemble de la manifestation universelle), et, par suite, aux êtres manifestée qui sont dans son domaine et participent de sa nature et de ses attributs selon la mesure de leurs propres possibilités respectives. La réalisation des possibilités de manifestation, qui constituent tous les êtres dans tous leurs états manifestés et avec toutes les modifications, actions ou autres, qui appartiennent à ces états, cette réalisation, disons-nous, ne peut donc reposer sur une pure indifférence (ou sur un décret arbitraire de la Volonté divine, suivant la théorie cartésienne bien connue, qui prétend d'ailleurs appliquer cette conception de l'indifférence à la fois à Dieu et à l'homme)[11], mais elle est déterminée par l'ordre de la possibilité universelle de manifestation, qui est l'Être même, de sorte que l'Être se détermine lui-même, non seulement en soi (en tant qu'il est l'Être, première de toutes les déterminations), mais aussi dans toutes ses modalités, qui sont toutes les possibilités particulières de manifestation. C'est seulement dans ces dernières, considérées « distinctivement » et même sous l'aspect de la « séparativité », qu'il peut y avoir détermination par « autre que soi-même » ; autrement dit, les êtres particuliers peuvent à la fois se déterminer (en tant que chacun d'eux possède une certaine unité, d'où une certaine liberté, comme participant de l'Être) et être déterminés par d'autres êtres (en raison de la multiplicité des êtres particuliers, non ramenée à l'unité en tant qu'ils sont envisagés sous le point de vue des états d'existence manifestée). L'Être universel ne peut être déterminé, mais il se détermine lui-même ; quant au

Non-Être, il ne peut ni être déterminé ni se déterminer, puisqu'il est au delà de toute détermination et n'en admet aucune.

On voit, par ce qui précède, que la liberté absolue ne peut se réaliser que par la complète universalisation : elle sera « auto-détermination » en tant que coextensive à l'Être, et « indétermination » au delà de l'Être. Tandis qu'une liberté relative appartient à tout être sous quelque condition que ce soit, cette liberté absolue ne peut appartenir qu'à l'être affranchi des conditions de l'existence manifestée, individuelle ou même supra-individuelle, et devenu absolument « un », au degré de l'Être pur, ou « sans dualité » si sa réalisation dépasse l'Être[12]. C'est alors, mais alors seulement, qu'on peut parler de l'être « qui est à lui-même sa propre loi »[13], parce que cet être est pleinement identique à sa raison suffisante, qui est à la fois son origine principielle et sa destinée finale.

---

1. On peut encore faire remarquer que, dès lors que la multiplicité procède de l'unité, dans laquelle elle est impliquée ou contenue en principe, elle ne peut en aucune façon détruire l'unité, ni ce qui est une conséquence de l'unité, comme la liberté.
2. Tout être, pour être véritablement tel, doit avoir une certaine unité dont il porte le principe en lui-même ; en ce sens, Leibnitz a eu raison de dire : « Ce qui n'est pas vraiment *un* être n'est pas non plus vraiment un *être* » ; mais cette adaptation de la formule scolastique « *ens et unum convertuntur* » perd chez lui sa portée métaphysique par l'attribution de l'unité absolue et complète aux « substances individuelles ».
3. C'est d'ailleurs en raison de cette relativité qu'on peut parler de degrés d'unité, et aussi, par suite, de degrés de liberté, car il n'y a de degrés que dans le relatif, et ce qui est absolu n'est pas susceptible de « plus » ou de « moins » (« plus » et « moins » devant ici être pris analogiquement, et non pas dans leur seule acception quantitative).
4. Il faut distinguer entre la complexité qui n'est que pure multiplicité et celle qui est au contraire une expansion de l'unité (cf. *Asrâr rabbâniyah* dans l'ésotérisme islamique : *L'Homme et son devenir selon le Vêdânta*, p. 107, et *Le Symbolisme de la Croix*, p. 44) ; on pourrait dire que, par rapport aux possibilités de l'Être, la première se réfère à la « substance », et la seconde à l'« essence ». On pourrait envisager de même les rapports d'un être avec les autres (rapports qui, pour cet être considéré dans l'état où ils ont lieu, entrent comme éléments dans la complexité de sa nature, puisqu'ils font partie de ses attributs comme étant autant de modifications secondaires de lui-même) sous deux aspects apparemment opposés, mais en réalité complémentaires, suivant que, dans ces rapports, l'être dont il s'agit s'assimile les autres ou est assimilé par eux, cette assimilation constituant la « compréhension » au sens propre du mot. Le rapport qui existe entre deux êtres est à la fois une modification de l'un et de l'autre ; mais on peut dire que la cause déterminante de cette modification réside dans celui des deux êtres qui agit sur l'autre, ou qui se l'assimile lorsque le rapport est pris sous le point de vue précédent, qui est, non plus celui de l'action, mais celui de la connaissance en tant qu'elle implique identification entre ses deux termes.
5. Peu importe que certains préfèrent appeler « spontanéité » ce que nous appelons ici liberté, afin de réserver spécialement ce dernier nom à la liberté humaine ; cet emploi de deux termes différents a le tort de pouvoir facilement faire croire que celle-ci est d'une autre nature, alors qu'il ne s'agit que d'une différence de degrés, ou que tout au moins elle constitue une sorte de « cas privilégié », ce qui n'est pas soutenable métaphysiquement.
6. La durée elle-même, entendue au sens le plus général, comme conditionnant toute existence en mode successif, c'est-à-dire comme comprenant toute condition qui correspond analogiquement au temps dans d'autres états, ne saurait davantage être universalisée, puisque, dans l'Universel, tout doit être envisagé en simultanéité.
7. On devra se reporter à ce que nous avons dit plus haut sur les réserves qu'il convient de faire lorsqu'on veut universaliser le sens du terme « conscience » par transposition analo-

gique. — L'expression employée ici est, au fond, à peu près équivalente à celle d'« aspect de l'Infini », qui ne peut pas davantage être prise littéralement.
8. Cf. Matgioi, *La Voie Métaphysique*, pp. 73-74.
9. L'« Activité du Ciel », en elle-même (dans l'indifférenciation principielle du Non-Être), est non-agissante et non-manifestée (voir *Le Symbolisme de la Croix*, ch. XXIII).
10. Elle ne le devient que dans sa conception philosophique ordinaire, qui est, non seulement erronée, mais véritablement absurde, car elle suppose que quelque chose pourrait exister sans avoir aucune raison d'être.
11. Nous n'indiquons la traduction en termes théologiques que pour faciliter la comparaison qu'on peut établir avec les points de vue habituels à la pensée occidentale.
12. *Voir L'Homme et son devenir selon le Vêdânta, ch. XVI et XVII.*
13. Sur cette expression qui appartient plus particulièrement à l'ésotérisme islamique, et sur son équivalent *swêchchhâchârî* dans la doctrine hindoue, voir *Le Symbolisme de la Croix*, p. 82. — Voir aussi ce qui a été dit ailleurs sur l'état du *Yogî* ou du *jîvan-mukta* (*L'Homme et son devenir selon le Vêdânta*, ch. XXIV et XXVI).

Copyright © 2022 par Alicia Editions
Couverture et mise en page : Canva.com, Alicia Ed.
ISBN Ebook : 9782357289925
ISBN Livre broché : 9782357289932
Tous droits réservés

www.ingramcontent.com/pod-product-compliance
Lightning Source LLC
LaVergne TN
LVHW032004070526
838202LV00058B/6281